本书受亚热带建筑科学国家重点实验室，广东省自然科学基金资助

基于性能的超限高层建筑结构抗震设计

——理论研究与工程应用

韩小雷　季　静　著

中国建筑工业出版社

图书在版编目（CIP）数据

基于性能的超限高层建筑结构抗震设计——理论研究与工程应用/韩小雷，季静著. —北京：中国建筑工业出版社，2013.7

ISBN 978-7-112-15373-2

Ⅰ.①基… Ⅱ.①韩… ②季… Ⅲ.①高层建筑—抗震结构—防震设计 Ⅳ.①TU973

中国版本图书馆 CIP 数据核字（2013）第 082780 号

　　本书系统地论述了基于性能的超限高层建筑结构抗震设计方法，分为设计方法研究和超限工程应用两部分。设计方法研究包括：基于性能的结构抗震设计方法、结构构件变形性能指标、结构刚度控制准则、结构构件性能试验、结构模型振动台试验、结构弹塑性分析方法等；超限工程应用包括：新建超限高层建筑结构抗震设计、根据旧规范设计的续建高层建筑结构抗震设计以及需进行结构改造的高层建筑结构抗震复核。

　　本书可供土木工程专业教师和学生参考，特别适合于从事建筑结构抗震设计的工程技术人员参考。

＊　　＊　　＊

责任编辑：赵梦梅
责任设计：董建平
责任校对：王雪竹　刘　钰

**基于性能的超限高层
建筑结构抗震设计**
——理论研究与工程应用
韩小雷　季　静　著

＊

中国建筑工业出版社出版、发行（北京西郊百万庄）
各地新华书店、建筑书店经销
华鲁印联（北京）科贸有限公司制版
北京市密东印刷有限公司印刷

＊

开本：787×1092 毫米　1/16　印张：22¾　字数：560 千字
2013 年 7 月第一版　　2013 年 11 月第二次印刷
定价：**58.00** 元
ISBN 978-7-112-15373-2
（23474）

前　言

　　本书是我和我的研究团队——华南理工大学高层建筑结构研究所长期专注高层建筑结构抗震性能研究及其工程应用成果的系统总结。在我从事该领域近三十年的研究实践中，我和我的研究团队坚持理论创新的同时紧追国际国内在高层建筑结构研究领域的最新进展，不断探索创新。

　　进入 2000 年以后，随着《高规》、《抗规》等一系列新的建筑结构设计规范的实施，对高层建筑结构抗震设计提出了更严格的要求，许多定量的结构受力控制指标代替了部分定性的结构概念设计；同时随着我国经济的进一步高速发展，出现了大量超高层建筑以及平面、立面特别复杂的高层建筑，这些建筑结构超出了现行规范设计方法的适用条件，即超限工程。对于满足规范适用条件的结构，我国的抗震规范规定了"三水准，两阶段"的抗震设计方法；而对于不满足规范适用条件的超限结构，为了达到同样的抗震设防目标，则需要专门的分析论证。遗憾的是，目前尚没有统一的方法解决超限工程的抗震设计问题，多数情况下还需要靠工程师和专家的结构概念和经验来把握，至于其可靠性程度，限于技术水平，还很难定量描述。

　　超限结构主要承受竖向荷载、风荷载以及地震作用。对于竖向荷载和风荷载，即使将设计基准期从现行规范规定的 50 年提高到 200 年，荷载大小增加也不会超过 20% ~ 30%，现行规范规定的荷载分项系数、材料分项系数、内力调整系数等措施能够保证结构具有足够的可靠度；而对于地震作用，假定结构在大震作用下基本保持弹性状态，我国规范所设定的大震地震作用是小震地震作用（结构抗震计算选用的地震动水平）的 6 倍左右，按照现行规范规定的设计方法进行结构抗震设计，已无法保证结构安全。为了解决大震作用下超限结构的抗震安全性问题，通常的做法是通过提高结构的构造措施增加结构的延性，保证大震下结构的承载能力和变形能力以避免结构的倒塌。然而，这些依赖工程师结构概念和工程经验的构造措施在何种程度上能够满足抗震安全性的需要，只有通过定量分析才能准确回答。

　　超限结构抗震设计需要解决的关键问题是判断结构在大震作用下是否有足够的承载能力或变形能力以避免结构倒塌。这包括一系列的问题，首先是确定具体构造措施下结构及构件的变形能力和承载能力；其次，要准确了解结构在大震作用下的性能，必须对结构进行大震弹塑性全过程分析。为解决上述问题，我们率先引入了基于性能的结构设计思想，该思想已经为我国 10 系列规范所接受。基于性能的抗震设计方法与传统的抗震设计方法不同之处在于必须对结构进行大震作用下的弹塑性定量分析，进而从材料、构件以及结构三个层次把握结构变形及破坏程度，评估结构的抗震性能。

目前基于性能的结构抗震设计方法的困难在于：① 反映构造措施的构件受力变形关系的建立；② 反映构造措施的不同破坏程度对应的构件变形指标限值的确定；③ 基于构件层次的结构弹塑性分析方法。

本书作者通过改进纤维模型，较好地得到了不同构造措施的构件受力与变形关系。同时通过对比分析已有的构件试验结果，结合大量的构件弹塑性分析算例，并通过典型试件试验验证，针对不同的构造条件和受力状态，提出了一套对应于不同性能水准下的构件变形指标限值。在此基础上，我们将构件变形性能指标限值研究成果应用于超限工程的抗震设计分析中，建立了比较完善的基于构件层次的结构弹塑性分析方法，同时初步建立了从结构构件的角度探索整体结构抗震性能的完整的理论体系。该方法不仅适用于新建超限工程的抗震设计，同样适用于既有建筑结构的抗震鉴定评估。

已经取得的理论研究成果将在本书第一部分具体介绍。在理论研究的同时，我们不断地将研究成果应用于超限高层建筑结构抗震设计中，取得了很好的效果，多次得到以容柏生院士、魏琏教授、方小丹教授为组长的超限审查专家组的好评。本书将在第二部分介绍九个典型的超限工程应用案例，供读者深入理解基于性能的结构设计思想在实际工程中的应用。九个典型超限工程涵盖了基于性能的超限结构抗震设计分析的四个领域：① 新建超限建筑结构的抗震分析与设计；② 既有建筑改造与加固的抗震性能评估；③ "烂尾楼"续建工程的抗震性能评估；④ 特殊结构抗震设计。需要提醒读者的是，第二部分的九个超限工程案例时间上处于我们理论研究过程的不同阶段，随着研究的不断深入，有一个不断丰富、完善和成熟的过程。为了尊重事实，我们并没有为了出版此书，应用最新的研究成果对已有工程案例的超限分析过程进行修订。读者可以结合工程设计时间了解理论研究与工程应用不断完善的过程。

本书的研究成果时间跨度较大，从 01 系列规范到 10 系列规范，伴随着国际上性能抗震思想的形成和发展。此间，一直有心将我们的研究成果整理成书，以飨读者。奈何，性能之复杂、发展之迅速、成果之新颖，使我始终怀有诚惶诚恐之心，不断丰富完善我们的研究内容和研究深度，丝毫不敢懈怠。随着 10 系列新规范的实施，性能设计思想已被我国规范所接受。应广大工程师的要求，在我的爱人、同事和学生的鼓励下，遂决定将我及我的团队十余年的研究成果整理付梓。以期，帮助广大一线科研工作者和工程技术人员建立正确的基于性能的抗震设计思想，奉献我微薄之力。

鉴于目前国际国内性能设计仍在不断完善，且作者水平有限，本书的研究不可避免存在不足之处。欢迎该领域的专家、学者、工程师及广大研究人员批评指正，欢迎来电（Tel：020－87114206）、来信（Email：xlhan@ scut. edu. cn）交流讨论。我们希望你们的参与和讨论，能够帮助我们进一步的完善我们的研究，促进我国抗震性能研究不断向前发展。

本书的理论研究和工程应用均是我和我的团队（华南理工大学高层建筑结构研究所）所有老师和研究生共同努力的结果。在此特别感谢郑宜硕士、黄超博士、陈学伟博士、何伟球硕士、贺锐波硕士、彭樵斌硕士、戚永乐博士、戴金华博士、王响硕士、林生逸硕士、李建乐硕士、雷磊硕士、田小霞硕士、赵书宁硕士、何慧贤硕士、李首方硕士、吴培峰硕士、毛贵牛硕士、唐剑秋硕士、黄艺燕硕士、王建区硕士、杨坤硕士、陈勇硕士等，是他们的聪明才智和开创性研究，将整个团队的研究工作不断向前推进，同时感谢林生逸硕士和周新显博士研究生先后对本书的编辑做了大量的工作。

韩小雷

2013 年元月于华工高层所

目 录

第一部分 理论分析与试验研究

第二部分 工程应用

第一部分
理论分析与试验研究

第一章 基于性能的结构抗震设计理论与方法

第一节 基于性能的钢筋混凝土建筑结构抗震设计方法

一、引言

我国建筑结构抗震规范[1]的主要内容由以下三大部分组成：一、规范限定的适用条件；二、结构和构件的计算分析；三、结构和构件的构造要求。对于一个新建建筑物的抗震设计，当满足以上三部分要求时，就是符合规范的设计；当不满足第一部分要求时，就被称为"超限"工程，需要采取比规范第二、三部分更严格的计算和构造，以证明该建筑可以达到"小震不坏，中震可修、大震不倒"的抗震设防目标。

目前对超限工程的抗震设计尚缺乏统一的标准，缺少明确的依据和手段。对超限工程的处理方法是按照《超限高层建筑工程抗震设防管理规定》[2]以及《全国超限高层建筑工程抗震设防专项审查技术要点》[3]等要求，设计者根据具体工程超限情况，进行仔细分析、专门研究论证，从而确定采取有效的具体抗震措施，同时设计者的论证需经过抗震设防专项审查，以保证结构的抗震安全。实际上这种设计程序在某种意义上类似于抗震性能设计的步骤。

基于性能的结构抗震设计方法是目前国际上先进的抗震思想，该领域领先的美国、日本、新西兰和欧洲的抗震设计规范[4,5,6,7]目前正在由传统方法向该方法进行过渡。基于性能的结构抗震设计的特点是：使抗震设计从宏观定性的目标向具体量化的多重目标过渡，业主和设计者可选择所需的性能目标；抗震设计中更强调实施性能目标的深入分析和论证，通过论证（包括试验）可以采用现行规范或标准中还未明确规定的新结构体系、新技术、新材料；有利于针对不同抗震设防要求、场地条件及建筑的重要性采用不同的性能目标和抗震措施。鉴于上述特点，基于性能的抗震设计方法适合运用于我国目前的复杂超限建筑结构设计。

本节通过引入国际先进的基于性能的抗震思想，参考被国外广泛应用的抗震设计规范，并结合我国现行抗震设计规范体系以及作者近十年的超限工程设计经验，提出了适用于我国工程实践的钢筋混凝土建筑结构基于性能的抗震设计方法。

二、地震作用与性能目标

1. 地震作用

根据《建筑抗震设计规范》GB 50011—2010[1]（简称《抗规》）、《建筑抗震设防分类标准》GB 50223－2004[8]（简称《分类标准》）及《建筑工程抗震性态设计通则》CECS160：2004[9]（简称《设计通则》），甲、乙、丙、丁类建筑结构多遇地震（小震）、设防烈度地震（中震）、罕遇地震（大震）的取值概率原则如表1-1-1所示。

地震作用超越概率取值原则　　　　　　　　　　　　表1-1-1

建筑抗震类别	小震	中震	大震
甲类[1]	63.5%/100年	10%/100年	2%/100年
乙类	63.5%/50年	10%/50年	2%/50年
丙类	63.5%/50年	10%/50年	2%/50年
丁类	63.5%/50年	10%/50年	2%/50年

注1. 当没有批准的地震安全性评估结果时，在初步评估阶段可参考本表取值。

根据表1-1-1原则，并参考《设计通则》第4.2.2条，适用于基于性能的既有钢筋混凝土建筑结构抗震评估与加固的地震动参数如表1-1-2、表1-1-3所示。

时程分析所用的地震加速度时程最大值（cm/s², gal）　　　　表1-1-2

建筑抗震类别	抗震设防烈度	小震	中震	大震
甲类[1]	6度0.05g	22	70	135
	7度0.10g	50	135	315
	7度0.15g	80	195	450
	8度0.20g	110	255	630
	8度0.30g	180	375	830
乙、丙、丁类	6度0.05g	18	50	110
	7度0.10g	35	100	220
	7度0.15g	55	150	310
	8度0.20g	70	200	400
	8度0.30g	110	300	510

注1. 当没有批准的地震安全性评估结果时，在初步评估阶段可参考本表取值。

水平地震影响系数最大值 α_{max}　　　　　　　　　　表1-1-3

建筑抗震类别	抗震设防烈度	小震	中震	大震
甲类[1]	6度0.05g	0.05	0.16	0.31
	7度0.10g	0.11	0.30	0.70
	7度0.15g	0.18	0.44	1.01
	8度0.20g	0.35	0.57	1.41
	8度0.30g	0.41	0.84	1.88
乙、丙、丁类	6度0.05g	0.04	0.11	0.24
	7度0.10g	0.08	0.22	0.50
	7度0.15g	0.12	0.34	0.72
	8度0.20g	0.16	0.45	0.90
	8度0.30g	0.25	0.68	1.20

注1. 当没有批准的地震安全性评估结果时，在初步评估阶段可参考本表取值。

2. 性能目标

根据图 1-1-1 及图 1-1-2，可把结构的性能水平分为以下四个阶段：充分运行阶段（Operational，简称 OP）、基本运行（Immediate Occupancy，简称 IO）、生命安全（Life Safety，简称 LS）、接近倒塌（Collapse Prevention，简称 CP）。充分运行是指建筑和设备的功能在地震时或震后能继续保持，结构构件与非结构构件可能有轻微的破坏，但建筑结构完好；基本运行是指建筑的基本功能不受影响，结构的关键和重要构件以及室内物品未遭破坏，结构可能损坏，但经一般修理或不需修理仍可继续使用；生命安全是指建筑的基本功能受到影响，主体结构有较重破坏但不影响承重，非结构部分可能坠落，但不致严重伤人，生命安全能得到保障；接近倒塌是指建筑的基本功能不复存在，主体结构有严重破坏，但不致倒塌。

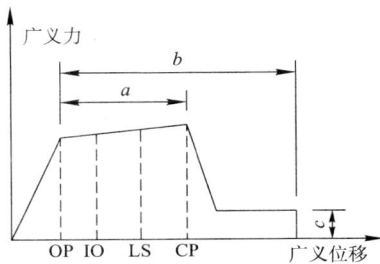

图 1-1-1 延性结构性能水平的阶段

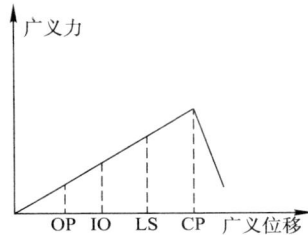

图 1-1-2 非延性结构性能水平的阶段

上述的充分运行阶段相当于工程师们熟悉的小震弹性承载力计算阶段，可以通过弹性计算进行复核。基本运行也就是目前工程界较为常用的"中震不屈服"阶段，通过一定的假设，可通过常规的弹性分析软件进行拟弹塑性的弹性计算进行复核。生命安全及接近倒塌阶段，结构已明显进入弹塑性阶段，需要进行考虑各种构造情况下构件滞回性能的弹塑性分析，才能得出合理的预期结构弹塑性评估效应。

三、基于性能的抗震设计方法

1. 基于性能抗震设计基本步骤

基于性能的抗震设计基本步骤大致由性能目标设定和设计方案选择、论证、评价组成，图 1-1-3 所示为基于性能抗震设计的基本步骤流程图。

2. 抗震性能目标设定和选用

抗震性能目标是指在设定的地震作用下结构的预期性能水准。应指出的是，建筑物的性能水准包括结构、非结构的性能水准的各种组合。鉴于复杂超限建筑结构工程的主要技术在于解决结构上的超限设计难题，因此目前的基于性能抗震设计提出的性能目标仅限于结构的性能目标。关于非结构的抗震性能水准，涉及的专业范围广泛，国内缺乏对这方面的研究，本节暂不进行讨论。

结构的超限程度直接影响结构的延性变形能力要求。因此，复杂超限高层建筑结构的抗震设计应结合结构不规则程度，在提高结构承载力、提高延性变形能力两者中选择合理的保证安全性能的手段。设计要向业主提供技术以及经济分析，而业主根据建筑物的重要性、抗震设防烈度、震后的损失和修复难度等方面综合考虑选用抗震性能目标。这些性能目标的设定都应围绕着结构安全和建筑方案设计二者的协调。

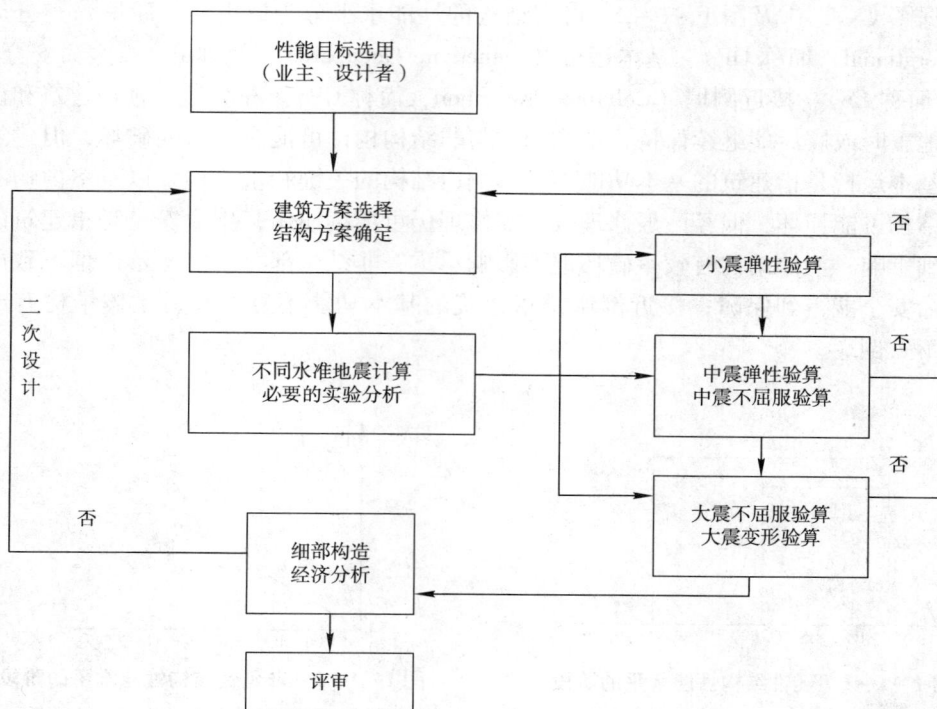

图 1 – 1 – 3　基于性能抗震设计流程图

针对基于性能的抗震设计方法特点并结合我国抗震规范[1]，对结构构件提出了五种性能水准：

小震弹性：结构全部构件的抗震承载力和层间位移均满足规范要求。构件满足弹性设计要求，构件细部抗震构造满足抗震规范要求。

中震弹性：即不考虑地震组合内力调整系数（如抗震等级四级）的情况下，结构构件承载力满足中震计算弹性。但应采用荷载作用分项系数、材料分项系数和抗震承载力调整系数。规范规定的多道防线增大系数可适当调整。

中震不屈服：指内力、材料强度均按标准值计算，并且不考虑抗震承载力调整系数，必要时阻尼比可适当增加。结构薄弱部位或重要部位在中震作用下允许承载力接近屈服阶段，但不应发生剪切等脆性破坏；构件的细部抗震构造满足延性要求。

大震不屈服：结构薄弱部位和重要部位在大震作用下允许承载力接近屈服阶段，但不应发生剪切等脆性破坏；构件的细部抗震构造满足延性要求。

大震可屈服：结构局部构件允许在大震作用下达到屈服阶段，但构件应满足选定的变形限制；竖向构件不发生剪切等脆性破坏；构件的细部抗震构造满足高延性要求。

3. 不同水准地震作用下设计计算

传统抗震设计方法采用两阶段的简化方法。第一阶段设计采用结构在小震下的弹性反应谱得到相应的地震作用效应，在可靠度分析基础上用分项系数表达式进行结构构件抗震承载力验算。第二阶段是通过内力调整系数放大和基于概念设计的抗震构造措施满足结构在中、大震作用下的"中震可修，大震不倒"，对于不规则且有明显薄弱部位的结构还需进行大震下的弹塑性层间变形验算。

与传统抗震设计方法不同的是，基于性能的抗震设计方法对各个水准下的地震作用都进行相应的计算以保证结构实现其设定的性能目标。相应的计算过程分别对应了3.2节中提出的性能水准：小震弹性、中震弹性；中震不屈服；大震不屈服；大震可屈服。

（1）小震作用下的结构构件性能分析表达式

结构在小震阶段应采用弹性反应谱分析方法。

根据现行《混凝土结构设计规范》[10]、《建筑结构荷载规范》[11] 及《抗规》[1]。所有结构构件的承载力应按表 1-1-4 要求，求出最不利的荷载组合进行设计，考虑结构、构件的内力增大、调整系数以及设计荷载分项系数。

小震荷载组合　　　　　　　　　　　　　表 1-1-4

组合	恒载 γ_G	活载 γ_{Q1}、γ_{Q2}	水平地震 γ_{Eh}	竖向地震 γ_{Ev}	风 γ_w	Ψ_Q	ψ_w
1. 恒载＋活载（恒载控制）	1.35（1.0）	1.40（0）				0.70	
1A. 恒载＋活载（活载控制）	1.20（1.0）	1.40（0）				1.00	
2. 恒载＋活载＋风（活载控制）	1.20（1.0）	1.40（0）			±1.40	1.00	0.60
2A. 恒载＋活载＋风（风载控制）	1.20（1.0）	1.40（0）			±1.40	0.70	1.00
3. 恒载＋风	1.20（1.0）				±1.40		1.00
4. 恒载＋活载＋风＋水平地震	1.20（1.0）	1.2×0.5（0）	±1.30		±1.40		0.20
5. 恒载＋活载＋水平地震	1.20（1.0）	1.2×0.5（0）	±1.30				

注：括号内的取值为该荷载对结构受力有利时的取值。

该阶段设计表达式为：

$$S \leqslant R \ \text{或} \ S_E \leqslant \frac{R}{\gamma_{RE}} \quad (\text{仅竖向地震作用时，} \gamma_{RE} \text{取} 1.0) \qquad (1-1-1)$$

式中　S——结构构件内力组合的设计值，包括组合的弯矩、轴向力和剪力设计值等；

　　　R——结构构件承载力设计值；

　　　S_E——地震作用下结构构件内力组合设计值，包括组合的弯矩、轴向力和剪力设计值等；

　　　γ_{RE}——承载力抗震调整系数，按《建筑抗震设计规范》[1]选用。

（2）中震作用下的结构构件性能分析表达式

在中震作用下，结构构件分别按弹性或不屈服进行性能分析。通过一定的假设，可通过常规的弹性分析软件进行拟弹塑性的弹性计算进行复核：

1）对性能目标设定为中震弹性的结构重要部位和薄弱部位，中震作用计算时不考虑地震组合内力调整系数，但考虑表 1-1-4 中的荷载组合的荷载分项系数，考虑材料分项系数和抗震承载力调整系数 γ_{RE}。

静力分析设计表达式：

$$S_E \leqslant \frac{R}{\gamma_{RE}} \tag{1-1-2}$$

式中符号意义同前。

2）对性能目标设定为中震不屈服的结构部位，不考虑地震组合内力调整系数，荷载分项系数均取为 1.0，不考虑材料分项系数和抗震承载力调整系数 γ_{RE}。

静力分析设计表达式：

$$S_{Ek} \leqslant R_k \tag{1-1-3}$$

式中 S_{Ek}——地震作用下结构构件内力标准组合设计值，包括组合的弯矩、轴向力和剪力设计值等；

R_k——结构构件承载力设计值，其中材料强度取用标准值，材料分项系数取为 1。

（3）大震作用下的结构构件性能分析表达式

1）对性能目标设定为中震不屈服的结构重要部位和薄弱部位，按以下荷载组合进行复核。大震作用下结构已经进入弹塑性阶段，应采用非线性计算方法。

静力弹塑性（PUSHOVER）分析设计表达式：

$$S_{Ek} \leqslant R_k \tag{1-1-4}$$

式中 R_k 为按材料标准值计算的承载力标准值。

动力弹塑性分析设计表达式：

抗剪承载力复核：

$$S_{Ek} = \gamma_v \left(D + 0.5L + E \right)_{平均} = 1.2 \left(D + 0.5L + E \right)_{平均} \leqslant R_k \tag{1-1-5}$$

抗弯承载力复核：

$$S_{Ek} = \gamma_v \left(D + 0.5L + E \right)_{平均} = 1.0 \left(D + 0.5L + E \right)_{平均} \leqslant R_k \tag{1-1-6}$$

式中 γ_v 为强剪弱弯调整系数。考虑到强剪弱弯的抗震设防概念，抗剪承载力复核时，γ_v 取 1.2；抗弯承载力复核时，γ_v 取 1.0。

2）对大震可屈服构件参考 ASCE-41[5] 对结构构件的变形验算，并进行构件变形控制。

$$\nabla_{Ek} = \left(D + 0.5L + E \right)_{平均} \leqslant \delta \tag{1-1-7}$$

式中 δ 参考 ASCE-41[5] 及 FEMA356[4] 中构件变形控制指标，应指出的是：ASCE-41[5] 及 FEMA356[4] 构件变形控制设计中，考虑到强剪弱弯的抗震设防概念，剪切变形控制已严格于抗弯变形，故不再引入强剪弱弯调整系数 γ_v。表 1-1-5～1-1-9 为根据中国规范换算后的 ASCE-41[5] 构件变形控制指标。

钢筋混凝土梁性能目标 表 1-1-5

性能目标	$\dfrac{(A_s - A'_s) f_y}{\xi_b \beta_1 f_c bh_0}$	箍筋是否符合规范	$\dfrac{V}{0.7 f_t bh_0}$	模型参数			允许准则		
				塑性转角（rad）		残余强度比	不同阶段的塑性转角（rad）		
				a	b	c	IO	LS	CP
弯曲控制时	≤0.0	是	≤0.25	0.025	0.050	0.2	0.0100	0.020	0.025
	≤0.0	是	≥0.5	0.020	0.040	0.2	0.0050	0.010	0.020
	≥1	是	≤0.25	0.020	0.030	0.2	0.0050	0.010	0.020
	≥1	是	≥0.5	0.015	0.025	0.2	0.0050	0.005	0.015
	≤0.0	否	≤0.25	0.020	0.030	0.2	0.0050	0.010	0.020
	≤0.0	否	≥0.5	0.010	0.015	0.2	0.0015	0.005	0.010
	≥1	否	≤0.25	0.010	0.015	0.2	0.0050	0.010	0.010
	≥1	否	≥0.5	0.005	0.010	0.2	0.0015	0.005	0.005
剪切控制时	箍筋间距≤$h_0/2$			0.003	0.020	0.2	0.0015	0.002	0.003
	箍筋间距>$h_0/2$			0.003	0.010	0.2	0.0015	0.002	0.003
纵向钢筋搭接不满足规范要求	箍筋间距≤$h_0/2$			0.003	0.020	0.0	0.0015	0.002	0.003
	箍筋间距>$h_0/2$			0.003	0.010	0.0	0.0015	0.002	0.003
锚入节点区钢筋不满足规范要求时				0.015	0.030	0.2	0.0100	0.010	0.015

注：1. 当上述情况同时发生时，取表中对应最小值；

2. 若箍筋在塑性铰区内间距≤$h_0/3$ 或箍筋抗剪承载力达到剪力设计值的 3/4，则认为箍筋符合规范要求，反之则不符合规范要求；

3. 当数值超出表中规定范围时，可以采用线性插值方法确定对应数值。

钢筋混凝土柱性能目标 表 1-1-6

性能目标	$\dfrac{N}{f_c A}$	箍筋是否符合规范	$\dfrac{V}{0.7 f_t bh_0}$	模型参数			允许准则		
				塑性转角（rad）		残余强度比	不同阶段的塑性转角（rad）		
				a	b	c	IO	LS	CP
弯曲控制时	≤0.178	是	≤3	0.020	0.030	0.20	0.005	0.015	0.020
	≤0.178	是	≥6	0.016	0.024	0.20	0.005	0.012	0.016
	≥0.712	是	≤3	0.015	0.025	0.20	0.003	0.012	0.015
	≥0.712	是	≥6	0.012	0.020	0.20	0.003	0.010	0.012
	≤0.178	否	≤3	0.006	0.015	0.20	0.005	0.005	0.006
	≤0.178	否	≥6	0.005	0.012	0.20	0.005	0.004	0.005
	≥0.712	否	≤3	0.003	0.013	0.20	0.002	0.002	0.003
	≥0.712	否	≥6	0.002	0.008	0.20	0.002	0.002	0.002
剪切控制时	—			—	—	—	—	—	—
纵向钢筋搭接不满足规范要求	箍筋间距≤$h_0/2$			0.010	0.020	0.40	0.005	0.005	0.010
	箍筋间距>$h_0/2$			0.000	0.010	0.20	0.000	0.000	0.000
柱轴力大于 0.70N_0	全长封闭箍筋			0.015	0.025	0.02	0.000	0.005	0.010
	其他情况			0.000	0.000	0.00	0.000	0.000	0.000

注：1. 当上述情况同时发生时，取表中对应最小值；

2. 若箍筋在塑性铰区内间距≤$h_0/3$ 或箍筋抗剪承载力达到剪力设计值的 3/4，则认为箍筋符合规范要求，反之则不符合规范要求；

3. 为保证安全，柱中应采用封闭箍筋；否则应按非延性构件要求进行计算；

4. N_0 指柱轴心抗压强度设计值；

5. 当数值超出表中规定范围时，可以采用线性插值方法确定对应数值。

钢筋混凝土梁柱节点性能目标　　　　　　　表 1-1-7

节点类型	$\dfrac{N}{f_{c}A}$	箍筋是否符合规范	$\dfrac{V}{V_{n}}$	模型参数			允许准则		
				塑性转角（rad）		残余强度比	不同阶段的塑性转角（rad）		
				a	b	c	IO	LS	CP
内部节点	≤0.178	是	≤1.2	0.015	0.030	0.2	0.0	0.0	0.0
	≤0.178	是	≥1.5	0.015	0.030	0.2	0.0	0.0	0.0
	≥0.712	是	≤1.2	0.015	0.025	0.2	0.0	0.0	0.0
	≥0.712	是	≥1.5	0.015	0.020	0.2	0.0	0.0	0.0
	≤0.178	否	≤1.2	0.005	0.020	0.2	0.0	0.0	0.0
	≤0.178	否	≥1.5	0.005	0.015	0.2	0.0	0.0	0.0
	≥0.712	否	≤1.2	0.005	0.015	0.2	0.0	0.0	0.0
	≥0.712	否	≥1.5	0.005	0.015	0.2	0.0	0.0	0.0
其他节点	≤0.178	是	≤1.2	0.010	0.020	0.2	0.0	0.0	0.0
	≤0.178	是	≥1.5	0.010	0.015	0.2	0.0	0.0	0.0
	≥0.712	是	≤1.2	0.010	0.020	0.2	0.0	0.0	0.0
	≥0.712	是	≥1.5	0.010	0.015	0.2	0.0	0.0	0.0
	≤0.178	否	≤1.2	0.005	0.010	0.2	0.0	0.0	0.0
	≤0.178	否	≥1.5	0.005	0.010	0.2	0.0	0.0	0.0
	≥0.712	否	≤1.2	0.000	0.000	—	0.0	0.0	0.0
	≥0.712	否	≥1.5	0.000	0.000	—	0.0	0.0	0.0

注：1. 若箍筋在节点区内间距≤$h_0/3$，则认为箍筋符合规范要求，反之则不符合规范要求；
　　2. 表中 V 为节点剪力设计值，V_n 为节点抗剪极限承载力；
　　3. 当数值超出表中规定范围时，可以采用线性插值方法确定对应数值。

钢筋混凝土抗震墙抗弯性能目标　　　　　　　表 1-1-8

抗震墙构件	$\dfrac{N}{f_{c}A}$	$\dfrac{V}{0.7f_{t}t_{w}l_{w}}$	有无边缘构件	塑性转角（rad）		残余强度比	不同阶段的塑性铰转角（rad）		
				a	b	c	IO	LS	CP
墙肢	≤0.08	≤3	有	0.015	0.020	0.75	0.0050	0.010	0.015
	≤0.08	≥6	有	0.010	0.015	0.40	0.0040	0.008	0.010
	≥0.20	≤3	有	0.009	0.012	0.60	0.0030	0.006	0.009
	≥0.20	≥6	有	0.005	0.010	0.30	0.0015	0.003	0.005
	≤0.08	≤3	无	0.008	0.015	0.60	0.0020	0.004	0.008
	≤0.08	≥6	无	0.006	0.010	0.30	0.0020	0.004	0.006
	≥0.20	≤3	无	0.003	0.005	0.25	0.0010	0.002	0.003
	≥0.20	≥6	无	0.002	0.004	0.20	0.0010	0.001	0.002

续表

抗震墙构件	$\dfrac{N}{f_cA}$	$\dfrac{V}{0.7f_tt_wl_w}$	有无边缘构件	塑性转角（rad）		残余强度比	不同阶段的塑性铰转角（rad）		
				a	b	c	IO	LS	CP
框支柱	箍筋满足规范要求			0.010	0.015	0.20	0.0030	0.007	0.010
	箍筋不满足规范要求			0.000	0.000	0.00	0.0000	0.000	0.000
连梁	钢筋情况	$\dfrac{V}{0.7f_tbh_0}$							
	连续纵向钢筋满足规范要求	≤3		0.025	0.050	0.75	0.0100	0.020	0.025
		≥6		0.020	0.040	0.50	0.0050	0.010	0.020
	连续纵向钢筋不满足规范要求	≤3		0.020	0.035	0.50	0.0060	0.012	0.020
		≥6		0.010	0.025	0.25	0.0050	0.008	0.010
	斜向 X 型配筋	—		0.030	0.050	0.80	0.0060	0.018	0.030

注：1. 柱中所有箍筋间距≤$h_0/2$ 及箍筋抗剪承载力大于剪力设计值时认为其满足规范要求；
    2. 若连梁箍筋在全长范围内间距≤$h_0/3$ 及箍筋抗剪承载力达到剪力设计值的 3/4，则认为箍筋符合规范要求。

钢筋混凝土抗震墙抗剪性能目标 表 1 - 1 - 9

T 抗震墙构件			层间位移角或弦转角（rad）		残余强度比	不同阶段的塑性铰转角（rad）		
			d	e	c	IO	LS	CP
墙肢			0.75	2.0	0.40	0.40	0.60	0.75
连梁	钢筋情况	$\dfrac{V}{0.7f_tbh_0}$						
	连续纵向钢筋满足规范要求	≤3	0.002	0.030	0.60	0.006	0.015	0.020
		≥6	0.016	0.024	0.30	0.005	0.012	0.016
	连续纵向钢筋不满足规范要求	≤3	0.012	0.025	0.40	0.006	0.008	0.010
		≥6	0.008	0.014	0.20	0.004	0.006	0.007

注：1. 若墙肢弹塑性性能以抗剪为主，其轴压比必须小于 0.15，否则视为非延性构件；
    2. 若连梁箍筋在全长范围内间距≤$h_0/3$ 及箍筋抗剪承载力达到剪力设计值的 3/4，则认为箍筋符合规范要求；
    3. 参数 d、e 对于墙肢为层间位移角，对于连梁为弦转角。

4. 分析软件与分析模型

构件骨架曲线和恢复力关系应通过试验数据得到，也可根据 FEMA356[4]的模型参数得到。构件骨架曲线应该包括单元线性刚度、屈服强度和屈服后的刚度特征，对于竖向构件应该考虑轴向荷载的影响。构件恢复力关系应该考虑强度、刚度的退化以及滞回捏拢效应。分析模型应考虑楼板及楼板钢筋的影响，并应真实反应结构构件的实际构造情况。

5. 地震波的选取及调整

在选取动力弹塑性时程分析中的地震加速度时程曲线时，应采用 1 组不少于 2 条场地人工波及不少于 5 条实测地震波，选取的地震波宜在卓越周期、震级、震中距、震源机理上与建筑结构所处场地条件接近，且应考虑双向地震作用。

时程曲线从工程场地安全评估报告提供的人工模拟曲线及实际记录时程曲线中挑选。将时程分析得到的小震下基底剪力与规范振型反应谱产生的小震下基底剪力作比较，时程分析结果应满足规范要求，即单个时程分析计算基底剪力结果大于反应谱法结果的 65%，时程分析的基底剪力结果的平均值大于反应谱法结果的 80%。

地震波优先按下面的方法进行调整：以该场地设计谱为目标谱，其 0.05 阻尼比的反应谱与目标谱各周期点之间的最大差异，在周期不大于 3.0s 时不宜大于 15%，在周期大于 3.0s 时不宜大于 20%；平均差异不宜大于 10%。也可将所选的地震加速度记录的峰值调整到目标设计加速度峰值，得到时程分析的设计地震加速度记录。

第二节　基于性能的既有钢筋混凝土建筑结构抗震评估与加固技术方法

一、引言

对于一个既有建筑物的抗震评估，目前国内已有标准、指南的主要思路与结构抗震设计规范的基本思路是一致的，即当一个既有建筑物满足上述规范的三部分（详本章第一节引言）要求时，就是一个合格的结构；当不满足上述规范三部分之一时，就需要进行结构抗震加固。目前需要进行结构抗震评估的既有建筑物主要是使用年限已超过二十年的多高层钢筋混凝土框架结构，以及由于改变使用功能而进行结构抗震评估的多高层钢筋混凝土框架结构和钢筋混凝土框架－剪力墙结构。通常这些建筑物计算分析时可满足规范有关的承载力要求，但由于原设计或施工原因使结构不满足规范第三部分的构造要求（即"中震可修、大震不倒"），按照现行结构鉴定标准，就必须进行结构抗震加固。这类建筑的实际性能通常有两种可能，一种是结构虽然不满足规范的构造要求，但有相当的承载力和一定的延性，通过进一步计算分析可以证明其满足"中震可修、大震不倒"的承载力和延性要求，这样的建筑应该判断为满足安全要求的；如果不能证明（或证明不能保证）其"中震可修、大震不倒"，则必须进行结构抗震加固。

目前工程上对钢筋混凝土框架结构的抗震加固，通常采用加大梁柱截面或粘贴补强材料等增大梁柱构件承载力的方法，而很少或很难对带有楼板的钢筋混凝土框架节点进行有效的加固。如果采用基于性能的抗震评估方法，通过基于构件意义的结构弹塑性分析，证明不满足规范构造要求的结构具有保证结构"大震不倒"的性能，这类结构就不必进行抗震加固。

在既有建筑结构的抗震评估与加固方面，我国已颁布执行或草拟了一系列相关技术规范[12-21]，在工程应用中起了重大的指导作用。但随着我国经济的高速发展，基于小震弹性承载力计算＋抗震延性构造措施的抗震设计方法已不能完全适用于复杂的既有建筑结构的抗震评估与加固，尤其是无法判断不满足抗震延性构造措施的既有建筑结构是否满足"大震不倒"的抗震要求。本节通过引入基于性能的抗震思想，参考国外广泛应用的抗震设计规范，并结合我国现行抗震设计规范体系的特点，提出了适用于我国工程实践的既有钢筋混凝土建筑结构抗震评估与加固的方法。本节讨论的技术思路同样适用于钢结构、钢－混凝土组合结构以及砌体结构。

二、钢筋混凝土结构性能目标

1. 既有建筑结构的宏观性能目标

表 1 – 2 – 1 是根据《抗规》[1]、《分类标准》[8]、《设计通则》[9]、《建筑抗震鉴定标准》[12] 的基本原则进行细化的既有建筑结构的性能目标。应该指出，该性能目标是满足我国抗震设防基本思想的一个最低要求，政府主管部门、业主可根据实际情况对整体结构或某些关键结构构件选用更为严格的性能目标。

既有建筑结构的客观性能目标 表 1 – 2 – 1

建筑抗震分类	小震	中震	大震
甲类	OP	OP	LS
乙类	OP	OP	LS
丙类	OP	LS	CP
丁类	IO	LS	CP

2. 既有建筑结构的量化性能目标

（1）层间位移性能目标

表 1 – 2 – 2 是既有钢筋混凝土建筑结构在不同阶段的层间位移性能指标。

既有钢筋混凝土建筑结构层间位移性能目标 表 1 – 2 – 2

建筑结构	OP	IO	LS	CP
单层钢筋混凝土柱排架	0.2%	1%	3%	4%
钢筋混凝土框架	0.2%	1%	2%	4%
钢筋混凝土框架 – 抗震墙、板柱 – 抗震墙、框架 – 核心筒	0.125%	0.625%	1.25%	2.5%
钢筋混凝土抗震墙、筒中筒	0.1%	0.5%	1%	2%
钢筋混凝土框支转换层	0.05%	0.25%	0.5%	1%

（2）钢筋混凝土结构构件性能目标

1）钢筋混凝土梁性能目标：见表 1 – 1 – 5。

2）钢筋混凝土柱性能目标：见表 1 – 1 – 6。

3）钢筋混凝土梁柱节点性能目标：见表 1 – 1 – 7。

4）钢筋混凝土抗震墙抗弯性能目标：见表 1 – 1 – 8。

5）钢筋混凝土抗震墙抗剪性能目标：见表 1 – 1 – 9。

6）基础与楼盖性能目标：

小震、中震作用下，基础和楼盖处于 OP 状态，大震作用下，基础和楼盖处于 IO 状态。

三、结构分析与评估

1. 弹性反应谱分析

结构在 OP 阶段应采用弹性反应谱分析方法，并应按现行《混凝土结构设计规范》[10]、《建筑结构荷载规范》[11]、《抗规》[1] 进行分析，但结构的抗震设计内力增大系数允许比现行规范降低一级进行采用。在 IO、LS 阶段允许采用考虑结构开裂刚度退化的拟弹塑性的弹性反应谱分析法，根据结构构件的预期刚度退化情况对其刚度进行折减，具体可按表 1-2-3 执行。

OP、IO、LS 阶段的弹性反应谱分析参数　　　　　　　　表 1-2-3

性能目标	OP	IO	LS
材料强度	设计值	标准值	平均值
荷载	按现行规范	按现行规范	按现行规范
荷载组合	$S = \gamma_G S_{GE} + \gamma_{Eh} S_{Ehk} + \gamma_{Ev} S_{Evk} + \varphi_w \gamma_w S_{wk}$	$S_k = S_{Gk} + S_{Ek}$	$S_k = S_{Gk} + S_{Ek}$
验算公式	$S \leqslant R/\gamma_{RE}$	$S_k \leqslant R_k$	$S_k \leqslant R_k$
抗震设计内力增大系数	比现行规范降低一级，但不低于四级	比现行规范降低二级，但不低于四级	比现行规范降低二级，但不低于四级
材料模量折减系数	1	0.5~1	0.3~0.6
阻尼比	0.05	0.05	0.05~0.06

2. 动力弹塑性时程分析

结构在 IO、LS 阶段的层间位移计算宜采用动力弹塑性时程分析方法，在 CP 阶段的层间位移计算应采用动力弹塑性时程分析方法，允许采用静力弹塑性分析（PUSHOVER）方法；结构在 LS、CP 阶段的构件变形计算应采用动力弹塑性时程分析方法。

（1）分析软件与分析模型

构件骨架曲线和恢复力关系应通过试验数据得到，也可根据 FEMA356[4] 的模型参数得到。构件骨架曲线应该包括单元线性刚度、屈服强度和屈服后的刚度特征，对于竖向构件应该考虑轴向荷载的影响。构件恢复力关系应该考虑强度、刚度的退化以及滞回捏拢效应。分析模型应考虑楼板及楼板钢筋的影响，并应真实反应结构构件的实际构造情况。

在进行结构分析时，应考虑 $P-\Delta$ 效应，材料特性应采用材料平均值。

（2）地震波的选取及调整

在选取动力弹塑性时程分析中的地震加速度时程曲线时，应采用 1 组不少于 2 对场地人工波及不少于 5 对实测地震波，选取的地震波宜在卓越周期、震级、震中距、震源机理上与建筑结构所处场地条件接近，且应考虑双向地震波作用。

地震波优先按下面的方法进行调整：以该场地设计谱为目标谱，其 0.05 阻尼比的反应谱与目标谱各周期点之间的最大差异，在周期不大于 3.0s 时不宜大于 15%，在周期大于 3.0s 时不宜大于 20%；平均差异不宜大于 10%。也可将所选的地震加速度记录的峰值调整到目标设计加速度峰值，得到时程分析的设计地震加速度记录。

应考虑所有结构构件和非结构构件的相互作用，选用不少于 7 对水平地震时程记录进行三维非线性时程分析（NLRH）。延性结构复核（如抗弯、压弯等）取非线性时程分析中每一对地震时程记录计算反应的包络值的平均值作为名义地震反应；有限延性结构复核（如轴压、抗剪等）取非线性时程分析中每一对地震时程记录计算反应的包络值的平均值加上非线性时程分析的包络值的标准方差作为名义地震反应；要求完全处于弹性状态的重要结构构件的非延性结构复核取非线性时程分析中每一对地震时程记录计算反应的包络值的最大值作为名义地震反应。

3. 抗震评估

（1）当既有建筑结构不满足层间位移性能目标，但全部结构构件均满足构件性能目标时，结构可不进行抗震加固。

（2）当既有建筑结构满足层间位移性能目标时，每层有超过 90% 的梁、抗震墙抗弯性能满足构件性能目标，超过 95% 的柱、梁柱节点、抗震墙抗剪性能满足性能目标，基础、楼盖均满足性能目标，且不满足性能目标的结构构件能满足比设定的性能目标低一级的性能目标时，结构可不进行抗震加固。

（3）其他情况均应进行抗震加固，且加固后的性能目标应满足层间位移目标及全部结构构件性能目标。

四、抗震加固方案

对于风和小震作用下结构承载力满足规范要求，但抗震构造措施不满足延性构造要求的建筑结构，宜优先采用基于性能的抗震评估方法证明结构是否需要进行加固；当该结构必须进行抗震加固时，宜优先考虑改变结构受力体系的方法，如对框架结构采用增加剪力墙或抗震耗能构件的措施。具体的加固方案应严格执行《混凝土结构加固设计规范》GB 50367-2006[21]。

第三节 RC 梁、柱及剪力墙构件抗震性能指标限值

一、引言

基于性能的抗震设计关键在于以下两点：其一，结构弹塑性分析；其二，合理的结构性能指标选取。其中，结构性能指标分为整体性能指标和局部性能指标。整体性能指标可由层间位移角来衡量。现行《建筑抗震设计规范》GB 50010—2010[22] 在旧规范"三水准，两阶段"设计方法的基础上，初步引入了基于性能的抗震设计思想，提出了 4 个性能目标等级、3 个地震水准、7 个性能水准，详细定义了每种性能水准计算对应的宏观损坏程度、内力组合和材料强度的取值，并有相应的层间位移角参考指标，但缺少构件变形限值规定。目前我国规范对结构构件在地震作用下的变形需求主要由相关的构造措施来保证，尚未能给出各结构构件在一定结构构造条件下变形性能的量化指标，因此无法给出结构构件

层次的损伤状况。针对该现状，本节基于中国现行规范提出了梁、柱和剪力墙构件层次的变形性能指标限值，将构造措施保证的结构变形能力进一步量化，为构件层次的基于性能的抗震设计和评估提供了理论依据。

二、构件性能状态的确定准则

《建筑抗震设计规范》[22]附录 M 关于实现抗震性能设计目标的参考方法中给出当以提高抗震安全性为主时，结构构件对应于不同性能的要求的参考指标，可按表 1 - 3 - 1 选用。表中提出了 4 个性能目标等级、3 个地震水准、7 个性能水准。7 个性能水准分别为：小震完好、中震完好、基本完好、轻 ~ 中等破坏、轻微损坏、中等破坏、不严重破坏。规范中依据震害，将结构构件在地震中的破坏程度，用构件的承载力和变形状态做适当的定量描述，以作为性能设计的参考指标，但是对构件的变形状态规范并没有给出其量化的变形限值。可以认为对于小震完好、中震完好、基本完好，其变形均处于弹性变形限值左右，故可将 7 个性能水准按照变形状态归并为 5 个变形性能水准，即完好、轻微损坏、轻 ~ 中等破坏、中等破坏、不严重破坏。本小节，将给出这 5 个变形性能水准的具体量化方法。

结构构件实现抗震性能要求的承载力参考指标示例　　　　　　　　表 1 - 3 - 1

性能目标	多遇地震	设防地震	罕遇地震
性能 1	完好，按常规设计	完好，承载力按抗震等级调整地震效应的设计值复核	基本完好，承载力按不计抗震等级调整地震效应的设计值复核
性能 2	完好，按常规设计	完好，承载力按不计抗震等级调整地震效应的设计值复核	轻 ~ 中等破坏，承载力按极限值复核
性能 3	完好，按常规设计	轻微损坏，承载力按标准值复核	中等破坏，承载力达到极限值后能维持稳定，降低少于 5%
性能 4	完好，按常规设计	轻 ~ 中等破坏，承载力按极限值复核	不严重破坏，承载力达到极限值后基本维持稳定，降低少于 10%

1. 完好

《建筑地震破坏等级划分标准》[23]中定义，基本完好（含完好）；承重构件完好；个别非承重构件轻微损坏；附属构件有不同程度破坏。一般不需修理即可继续使用。变形限值 < $[\Delta u_e]$。对于"完好"状态，《建筑抗震设计规范》[22]的描述为：所有构件保持弹性状态，各种承载力设计值（拉、压、弯、剪、压弯、拉弯、稳定等）满足规范对抗震承载力的要求 $S < R/\gamma_{RE}$，层间变形（以弯曲变形为主的结构宜扣除整体弯曲变形）满足规范多遇地震下的位移角限值 $[\Delta u_e]$。多遇地震下必须满足规范规定的承载力和弹性变形的要求。从微观的角度而言，构件的变形是材料应变发展累积的反映，材料应变的大小直接决定了构件宏观变形的大小，材料应变的大小也和构件的破坏状态密切相关，是衡量构件性能水平较好的参考依据。文献 24 认为混凝土压应变达到 0.002 时混凝土内部裂缝微小，卸载后裂缝闭合。本书建议可采用以下两个标准作为判断结构构件处于完好状态的准则。

标准 1：纵向钢筋未屈服；

标准 2：混凝土应变低于 0.002。

2. 轻微损坏

《建筑地震破坏等级划分标准》[23]中定义，建筑结构发生轻微损坏时，承重构件完好，个别非承重构件轻微损坏，附属构件有不同程度破坏，可能出现轻微的塑性变形，但不需要修理或是仅需做轻微修理就可继续使用，变形参考值为（1.5~2）$[\Delta u_e]$。《建筑抗震设计规范》[22]规定，轻微损坏时，构件处于开裂状态，变形参考值大致取中等破坏的一半。这个状态也可对应于美国 Vision 2000[25]中的"fully functional"状态，Vision 2000 中定义为，"在这个状态下结构不需要明显的修理，对于混凝土结构其表层混凝土未剥落（spalling），但受力钢筋可能屈服，残余裂缝宽度足够小，甚至不需要用喷射注浆的方式来修复结构，未约束的表层混凝土的开始剥落和可接受的裂缝宽度可以用来定义轻微破坏状态。"Priestley[24]认为对于轻微损坏状态，混凝土的压应变和钢筋的拉应变限值分别为 0.004 和 0.015。文献 26 和文献 27 认为截面边缘混凝土应变达到 0.004 时混凝土压碎剥落，并且此值较为保守；当混凝土压应变小于 0.004 时，混凝土保护层未剥落，残余裂缝小于 1mm；对于受弯构件，当纵筋拉应变小于 0.010 时，构件裂缝一般小于 1mm，可用灌注环氧树脂或是构件表面抹浆的方法进行修补，对于普通环境中构件，也可以不进行修复。本书建议可采用以下两个标准作为判断结构构件处于轻微损坏的准则。

准则 1：混凝土压应变达到 0.004；

准则 2：钢筋拉应变达到 0.015。

3. 轻~中等破坏

一般认为，对于轻~中等破坏，构件处于可修复状态，变形小于 3 倍构件弹性限值，取此时的变形限值为边缘约束混凝土达到混凝土剥落应变、纵向受拉钢筋达到 0.03 时的较小限值。文献 26 混凝土剥落应变可取为：$\varepsilon_{spall} = 0.005$。构件到达轻、中等破坏时，保护层开始剥落，构件裂缝一般小于 2mm，可采用粘贴纤维材料或是表面加设钢板的方法进行加固处理，不影响后继使用功能。本书建议可以采用以下两个标准作为判断结构构件处于轻~中等破坏的准则。

准则 1：混凝土压应变达到 0.005；

准则 2：钢筋拉应变达到 0.03。

4. 中等破坏

《建筑地震破坏等级划分标准》[23]中定义，中等破坏时结构构件出现明显的塑性变形，但控制在一般加固即恢复使用的范围。《建筑抗震设计规范》[22]中指出，结构处于中等破坏时构件变形的参考值，大致取规范弹性限值和弹塑性限值的平均值；构件接近极限承载力时，其变形比中等破坏小些；Kowalsky[28]认为破坏控制（damage control）阶段混凝土的压应变达到可以修复的极限状态。Mander[29]根据混凝土压碎和箍筋拉断的能量平衡得出了估计混凝土极限压应变的计算公式。Priestley[24]通过与试验对比后发现用此种方法计算出来的混凝土极限压应变至少具有 50% 的保守性，下文描述的不严重破坏发生在混凝土极限应变至少超出 50% 的破坏控制应变时。另外，中等破坏的构件需作一般修理，采取安全措施后可适当使用，即可以比较经济地进行修理，使修理费用小于重建费用。构件达到中等破坏时多数表面轻微裂缝，部分有明显裂缝。本书认为当框架结构构件满足以下两个判定准则之一时构件即达到中等破坏。

准则1：混凝土达到极限压应变，$\varepsilon_{cu} = 0.004 + 1.4\rho f_{yh}\varepsilon_{su}/f'_{cc}$，其中：$\rho_v$：体积配箍率，$\varepsilon_{cu}$：箍筋极限拉应变，$f'_{cc}$：约束混凝土峰值强度，$f_{yh}$：箍筋屈服强度。$\varepsilon_{cu}$通常可以超过无约束混凝土传统估计值的4到16倍，对于常见的配箍率，一般取值在0.012～0.05之间；

准则2：纵向受拉钢筋应变限值达到钢筋极限拉应变的60%。

5. 不严重破坏

《建筑地震破坏等级划分标准》[23]中定义，建筑结构严重破坏时，多数承重构件严重破坏或部分倒塌，应排险大修，局部拆除构件，变形参考值 $< 0.9 [\Delta u_p]$。接近严重破坏时，结构关键的竖向构件出现明显的塑性变形，部分水平构件可能失效需要更换，经过大修加固后可恢复使用。《建筑抗震设计规范》[22]对于不严重破坏的描述为，大致取规范不倒塌的弹塑性变形限值的90%。由此可见，《建筑地震破坏等级划分标准》[23]和《建筑抗震设计规范》[22]中严重破坏和不严重破坏指的是同一种限定状态，超过此限值则是严重破坏，低于此限值即是不严重破坏。对于RC结构构件不严重破坏状态的判定，本书认为当结构构件满足以下两个准则之一时构件即达到不严重破坏状态。

准则1：混凝土应变达到1.5倍极限压应变；

准则2：受拉纵向钢筋应变达到0.9倍极限拉应变且不超过0.08。

6. 倒塌

《建筑地震破坏等级划分标准》[23]定义为，超过50%的承重构件倒塌，需拆除，变形参考值 $> [\Delta u_p]$。对于RC结构构件倒塌状态的判定，本书认为当结构构件满足以下两个准则之一时构件即达到倒塌状态。

准则1：构件承载力下降85%；

准则2：受拉纵向钢筋应变达到钢筋极限拉应变，即受拉钢筋拉断。

将上述5个性能状态的划分标准总结如表1-3-2所示。

RC结构构件抗震性能状态划分标准　　　　　　表1-3-2

性能	规范描述	构件损伤情况	修复情况	混凝土应变限值	钢筋应变限值
完好	所有构件保持弹性状态	产生细微裂缝，受拉纵筋未屈服[24,26,30]	不用修复，立即使用	0.002	f_y/E_s
轻微损坏	可能出现轻微的塑性变形，但不达到屈服状态	混凝土保护层边缘未压碎，受拉纵筋屈服，残余裂缝宽度小于1mm[24,26,27,30]	可用灌注环氧树脂或是构件表面抹浆的方法进行修补[24,26,27,30]	0.004	0.015
轻中等破坏	构件处于可修复状态	混凝土保护层未剥落，核心区混凝土完好，残余裂缝宽度1～2mm[24,26,27,30]	可采用粘贴纤维材料或是表面加设钢板的方法进行加固处理，不影响后继使用功能[24,26,27,30]	0.005	0.030

性能	规范描述	构件损伤情况	修复情况	混凝土应变限值	钢筋应变限值
中等破坏	出现明显塑性变形，功能受损，但控制在花费合理的费用能修复	未发生纵筋压屈或断裂现象，核心区混凝土未压碎，残余裂缝宽度 > 2mm[24,26,27,30]	修理费用小于重建费用	ε_{cu}，且 < 0.020（梁 < 0.015）	$0.6 \times \varepsilon_{su}$，且 < 0.050
不严重破坏	构件严重破坏但不倒塌，生命有保障，功能严重受损	纵筋压屈或断裂，核心区混凝土压碎[24,26,27,30]	局部拆除构件	$1.5 \times \varepsilon_{cu}$	$0.9 \times \varepsilon_{su}$，且 < 0.080

注：ε_{su} 为钢筋的极限拉应变，ε_{cu} 为约束混凝土的极限压应变。

三、钢筋混凝土梁的抗震性能指标限值

1. 梁的破坏形态划分

对于梁的破坏形态有很多不同的划分方法。表 1 – 3 – 3 给出了不同研究者对破坏形态的划分与破坏现象的描述[31 – 33]。

破坏模式的分类　　　　　　　　　　　　　　　　　　　　表 1 – 3 – 3

破坏形态	现象描述
斜压破坏	若由拱腹混凝土压碎破坏引起，即为斜压破坏；
剪压破坏	达到最大试验荷载时箍筋尚未屈服，但在下降段箍筋屈服，为脆性的剪压破坏提供了有限的延性，整个过程中纵向钢筋均没有屈服，最后破坏时箍筋均被拉断，压区混凝土被压碎破坏
斜拉破坏	斜裂缝出现后迅速延伸至荷载作用点，将梁分为两部分而破坏，荷载 – 位移曲线下降陡峭；一般无腹筋梁发生典型的斜拉破坏
弯曲破坏	当受弯段钢筋屈服引起跨中垂直裂缝迅速开展而导致构件发生破坏时，即为弯曲破坏；当单元中拉筋被拉断及压区内的混凝土被压碎时，就表示该单元发生了弯曲破坏
弯剪破坏	在破坏时纵筋屈服，箍筋屈服，混凝土压碎，此时又分两种情况。第一，箍筋首先屈服，然后纵筋屈服，梁达到极限荷载，最后混凝土被压碎；第二，纵筋首先屈服，然后箍筋屈服，梁达到极限荷载，混凝土被压碎。若受拉纵筋的屈服与拱腹混凝土破坏同时发生即为弯剪破坏
剪切破坏	由拱腹混凝土劈裂破坏引起，即为剪切破坏
局压破坏	局压破坏是由于支座附近的混凝土被局部压碎而引起的整个结构破坏
斜剪破坏	当其他单元的平均剪应变达到极限剪应变时，就代表该单元发生了斜剪破坏
直剪破坏	当支座单元的平均剪应变达到极限剪应变时，就代表该单元发生了直剪破坏

大部分文献根据剪跨比来判断梁构件的破坏形态。普遍认为 $\lambda \leqslant 2$ 时为剪切破坏；$2 < \lambda \leqslant 4$ 时为弯剪破坏；$\lambda > 4$ 时为弯曲破坏。这种判别方式只考虑了梁的几何尺寸，而忽视了构件具体的受力特性对破坏形态的影响。作者[34]在已有的梁构件试验数据及设计的 468 根梁构件有限元分析结果的基础上进行归纳整理，在考虑剪跨比的基础上，进一步考虑弯剪比、名义剪应力水平等因素的影响，这些因素在一定程度上反映了梁构件内部正应力、剪应力的相对大小，提出一种更加符合梁构件破坏形态的判定标准，如表 1 – 3 – 4 所示。在表 1 – 3 – 4 中，除满足表中特定条件的构件，大部分 $\lambda \leqslant 2$ 的构件时剪切破坏，大部分

$2 < \lambda \leq 4$ 的构件为弯剪破坏，大部分 $\lambda > 4$ 的构件为弯曲破坏。剪切破坏的判断应尽可能不要漏判，少误判，这样可能少许弯剪破坏的类型被归类到剪切破坏，但判断的结果是相对安全保守的。弯曲破坏的判断应尽可能不要误判，少漏判，这样可能少许弯曲破坏的类型被归类到弯剪破坏，但判断结果也是相对安全保守的。

梁构件的破坏形态判断标准

表 1－3－4

判定标准	弯曲破坏	弯剪破坏	剪切破坏
$\lambda \leq 2$	$m < 0.5$ 且 $m \cdot \nu < 0.8$	$m < 0.9$ 且 $m \cdot \nu < 2$	其他
$2 < \lambda \leq 4$	$m < 0.5$ 且 $\nu < 1.2$	其他	$m > 0.9$ 或 $\nu > 2.4$
$4 < \lambda$	其他	$1 > m$ 且 $\nu > 1.2$	$m > 0.9$ 或 $m \cdot \nu > 1.5$

注：λ 为剪跨比，m 为弯剪比，ν 为名义剪应力水平。

表中：$m = M_u / V_u$，$\lambda = M / (Vh_0)$，$\nu = M_u / (Hbh_0)$

M_u——按照实际配筋和材料强度设计值计算的梁正截面抗弯承载力设计值；

V_u——按照实际配筋和材料强度设计值计算的梁斜截面抗剪承载力设计值；

h_0——梁截面有效高度；

M——梁端弯矩设计值；

V——梁端剪力设计值；

H——反弯点到计算截面的距离，若为悬臂构件即为试件高度；

b——梁截面宽度。

2. 梁构件的变形指标限值

通过考察剪跨比、配箍率、纵筋配筋率和 K 值 $\left(K = \dfrac{f_y \ (A_s - A'_s)}{f_c bh_0 \xi_b} \right)$、相对受压区高度、名义剪应力水平等参数，设计了 468 根 RC 梁试件，通过相关性分析，选取其中相关性最大的参数，按照上述的构件性能指标状态的确定准则，给出表 1－3－5 所示的梁构件塑性位移角限值。

梁构件的塑性位移角限值

表 1－3－5

i 弯曲破坏		完好	轻微损坏	轻中等破坏	中等破坏	严重破坏
剪跨比	判定标准					
$\lambda \leq 2$	$m < 0.5$ 且 $m \cdot \nu < 0.8$	0.003	0.005	0.009	0.016	0.028
$2 < \lambda \leq 4$	$m < 0.5$ 且 $\nu < 1.2$	0.004	0.003	0.007	0.012	0.020
$\lambda > 4$	弯曲破坏	0.008	0.003	0.007	0.015	0.025
ii 弯剪破坏						
弯剪比	名义应力水平					
≤ 0.5	≤ 0.5	0.003	0.010	0.015	0.020	0.025
≤ 0.5	≥ 1	0.003	0.005	0.010	0.015	0.020
≥ 0.8	≤ 0.5	0.003	0.005	0.010	0.015	0.020
≥ 0.8	≥ 1	0.003	0.003	0.005	0.010	0.015

i 弯曲破坏		完好	轻微损坏	轻中等破坏	中等破坏	严重破坏
iii 剪切破坏						承载力控制
弯剪比	剪跨比					
≤0.7	λ≤2	—	—	—	—	0.005
≥1.0		—	—	—	—	0.003
≤0.7	2<λ≤4	—	—	—	—	0.007
≥1.0		—	—	—	—	0.004
≤0.7	λ>4	—	—	—	—	0.008
≥1		—	—	—	—	0.005

注：1. 表中容许采用线性插值方法得到相应的位移角限值；
　　2. 表中弯曲、弯剪破坏下的完好状态对应的位移角限值及剪切破坏类型采用的位移角限值为总位移角，其余状态对应的位移角为塑性位移角（即减去屈服转角值）

四、钢筋混凝土柱的抗震性能指标限值

1. 柱破坏形态的划分

震害表明，部分柱子发生弯曲破坏，而部分柱子会发生剪切破坏，弯曲破坏的柱子和剪切破坏的柱子表现出完全不同的破坏形态。为了实施基于性能的抗震设计（PBSD），首先应该对柱子的破坏形态进行分类，然后针对不同的破坏形态给出不同的变形性能准则。柱子的破坏由两种原因造成：由于抗剪承载力不足造成了剪切破坏和由于变形能力不足造成了弯曲或弯剪破坏。在 ASCE/SEI 41－06[5]和 FEMA356[4]中，依据柱子的抗剪承载力、塑性铰区的剪力需求和箍筋形式给出了简单的破坏形态的划分标准。但是由于影响破坏形态的因素众多，若按照 ASCE/SEI 41－06[5]和 FEMA356[4]的简单方法，很多柱子的破坏形态会被错误的归类。

柱在轴力和侧向荷载的作用下，一般会出现如下破坏形式：（1）弯曲破坏：纵向钢筋屈服后发生了抗侧能力的退化，最后由于变形能力不足导致了构件的破坏，破坏现象为混凝土剥落、纵筋屈曲、混凝土压碎等；（2）剪切破坏：在纵向钢筋屈服前就发生了抗侧能力的退化，破坏现象为剪切斜裂缝的产生；（3）弯剪破坏：纵向钢筋屈服后发生了抗侧能力的退化，构件的最终破坏形式表现为剪切破坏。

美国太平洋地震工程研究中心（PEER）收集并整理了大量的柱试验数据，在这个数据库中，柱子的破坏形态被分为：弯曲破坏、弯剪破坏和剪切破坏。如果试验中没有记录到剪切变形，破坏形态划分为弯曲破坏。如果有剪切变形产生，下列情况被认为是剪切破坏：将最大等效力（F_{eff}）与按混凝土最大压应变达到 0.004 时计算出的力（$F_{0.004}$）相比较，如果最大等效力小于 95% 的 $F_{0.004}$，则认为破坏类型为剪切破坏；或者当荷载降低为峰值荷载的 80% 时的位移延性 $\mu_{fail} \leqslant 2$，则认为破坏类型为剪切破坏。其余的情况被认为是弯剪破坏[35]。

上述的这种分类方法是在试验结束后，依据试验现象来分类。然而，为了实施基

于性能的抗震设计，工程师必须在设计时就能预测柱子的破坏形态。因此，依据设计参数，预测柱子的破坏形态，是得出其抗震性能限值指标的第一步。作者收集了111个来自 PEER 数据库的柱子试验数据，通过分析给出了具有较高可靠度的划分标准，见表 1 - 3 - 6。

柱构件的破坏形态划分标准

表 1 - 3 - 6

破坏类型	判断准则
剪切破坏	$\lambda \leqslant 2$ 且 $m > 0.8$ $2 < \lambda \leqslant 4$ 且 $m \geqslant 1.5$
弯剪破坏	$\lambda \leqslant 2$ 且 $m < 0.8$ $2 < \lambda \leqslant 4$ 且 $0.7 \leqslant m < 1.5$
弯曲破坏	$2 < \lambda \leqslant 4$ 且 $m < 0.7$ $\lambda > 4$ 且 $m < 1.2$

表中：$m = M_u / V_u$，$\lambda = M / (Vh_0)$

M_u——使用柱构件的实际配筋和材料强度设计值，在柱构件轴向压力设计值作用下，按压弯构件计算得到的柱正截面抗弯承载力设计值；

V_u——使用柱构件的实际配筋和材料强度设计值，在柱构件轴向压力设计值作用下，按压弯构件计算得到的柱斜截面抗剪承载力设计值；

h_0——柱截面有效高度；

M——柱端弯矩设计值；

V——柱端剪力设计值。

2. 柱构件的变形性能指标限值

（1）完好状态的位移角限值

作者通过 K - S 检验法（Kolmogorov - Smirnov）检验，认为屈服点位移角限值较为稳定，对各因素的变化相对不敏感。取定屈服点限值时，对应于有限元模型中第一根钢筋屈服时的位移角，取值相对保守。分别以弯曲状态的位移角均值 0.0040，弯剪状态的位移角均值 0.0030 作为柱构件的完好状态的变形限值。

（2）柱构件的性能指标限值

作者在对柱构件的破坏形态、性能状态及变形性能指标研究的基础上，确定了在完好、轻微损坏、轻~中等破坏、中等破坏、不严重破坏 5 个性能水准下不同配置参数的柱构件的变形性能指标限值。表 1 - 3 - 7 - iii 中在剪切破坏的承载力控制项中给出了箍筋屈服点和混凝土剪应变达 0.015 点及峰值荷载下降至 85% 时中的较小值，即对于剪切破坏给出了更严格的控制指标，对于其他状态由于剪切破坏属于脆性破坏，破坏前没有明显的裂缝发展过程，故未给出其值。表中轴压比为轴压比设计值，即轴压力设计值与柱的全截面面积和混凝土轴心抗压强度设计值乘积之比。

柱构件的塑性位移角限值 　　　　表 1 – 3 – 7

构件设计参数				性能水准		
i 弯曲破坏下位移角限值指标		完好	轻微损坏	轻中等破坏	中等破坏	不严重破坏
轴压比	弯剪比					
≤0.1	≤0.4	0.004	0.010	0.020	0.030	0.040
≤0.1	≥0.6	0.004	0.006	0.015	0.025	0.030
≥0.6	≤0.4	0.004	0.004	0.008	0.010	0.015
≥0.6	≥0.6	0.004	0.002	0.005	0.008	0.010
ii 弯剪破坏下位移角限值指标						
轴压比	弯剪比					
≤0.1	≤0.4	0.003	0.010	0.015	0.025	0.035
≤0.1	≥0.6	0.003	0.005	0.008	0.020	0.025
≥0.6	≤0.4	0.003	0.003	0.006	0.008	0.015
≥0.6	≥0.6	0.003	0.002	0.005	0.007	0.010
iii 剪切破坏下位移角限值指标						
轴压比	弯剪比				承载力控制项	
≤0.1	≤0.4	—	—	—	—	0.008
≤0.1	≥0.6	—	—	—	—	0.007
≥0.6	≤0.4	—	—	—	—	0.005
≥0.6	≥0.6	—	—	—	—	0.004

注：1. 表中容许采用线性插值方法得到相应的位移角限值；
　　 2. 表中弯曲、弯剪破坏下的完好状态对应的位移角及剪切破坏类型采用的位移角限值为总位移角，其余状态对应的位移角为塑性位移角（即总位移角减去完好状的极限位移角。）

五、钢筋混凝土剪力墙的抗震性能及其性能指标限值

1. 剪力墙破坏形态判定

　　剪力墙一般以剪跨比、弯剪比或跨高比来预估构件的破坏形态。FEMA356[4]认为高宽比大于 3.0 时为细长墙，高宽比小于 1.5 时为矮墙。细长墙通常为弯曲所控，矮墙为剪切所控。文献 36 以弯剪比为划分剪力墙破坏形态的标准，认为弯剪比小于 0.9 的剪力墙构件通常发生弯曲破坏，大于 1.1 的剪力墙构件通常发生剪切破坏，介于 0.9 和 1.1 之间的剪力墙通常发生弯剪破坏。文献 37 对 72 个剪力墙试验数据进行了整理，进一步考虑弯剪比、边缘构件纵向配筋率等因素的影响，提出一种较符合实际情况的剪力墙构件破坏形态的判定标准，如表 1 – 3 – 8 所示。

剪力墙构件破坏形态的划分标准

表 1-3-8

破坏类型	划分标准	
剪切破坏	$\lambda < 1.5$	—
	$\lambda \geqslant 1.5$	$m > 0.9$
	$1.5 \leqslant \lambda < 2.0$	$m \leqslant 0.9$ 且 $\rho > 1\%$
弯剪破坏	$1.5 \leqslant \lambda < 2.0$	$m \leqslant 0.9$ 且 $\rho \leqslant 1\%$
	$2.0 \leqslant \lambda < 2.5$	$m \leqslant 0.9$ 且 $1\% < \rho \leqslant 4\%$
	$2.5 \leqslant \lambda < 3.5$	$0.7 < m \leqslant 0.9$ 且 $3\% < \rho \leqslant 4\%$
弯曲破坏	$2.5 \leqslant \lambda < 3.5$	$m \leqslant 0.9$ 且 $\rho \leqslant 3\%$
	$2.5 \leqslant \lambda < 3.5$	$m \leqslant 0.7$ 且 $3\% < \rho \leqslant 4\%$
	$\lambda \geqslant 3.5$	$m \leqslant 0.9$ 且 $\rho \leqslant 4\%$

注：λ 为剪力墙的剪跨比；m 表示剪力墙的弯剪比；ρ 表示剪力墙的边缘构件纵向钢筋配筋率。

表中：$m = M_{u}/V_{u} \cdot H$

M_{u}——使用剪力墙构件的实际配筋和材料强度设计值，在构件轴向压力设计值作用下，按压弯构件计算得到的剪力墙正截面抗弯承载力设计值；

V_{u}——使用剪力墙构件的实际配筋和材料强度设计值，在构件轴向压力设计值作用下，按压弯构件计算得到的剪力墙斜截面抗剪承载力设计值。

2. 剪力墙构件的变形性能指标限值

（1）完好状态的位移角限值

作者研究表明，屈服点位移角限值较为稳定，对各因素的变化相对不敏感。取定屈服点限值时，对应于有限元模型中第一根钢筋屈服时的位移角，取值相对保守。故以屈服点位移角均值 0.0025 作为剪力墙构件的完好状态的变形限值。

（2）剪力墙构件的性能指标限值

作者在对剪力墙构件的破坏形态、性能状态及变形性能指标研究的基础上，根据剪力墙构件的有限元分析结果，确定了在完好、轻微损坏、轻~中等破坏、中等破坏、不严重破坏 5 个性能水准下不同配置参数的剪力墙构件的变形性能指标限值，见表 1-3-9。

表中轴压比为轴压比设计值。

剪力墙构件的塑性位移角限值

表 1-3-9

轴压比	弯剪比	完好	轻微损坏	轻~中等破坏	中等破坏	不严重破坏
i 弯曲破坏下位移角限值指标						
$\leqslant 0.1$	$\leqslant 0.3$	0.0025	0.004	0.008	0.015	0.020
$\leqslant 0.1$	$\geqslant 0.6$	0.0025	0.003	0.007	0.012	0.018
$\geqslant 0.25$	$\leqslant 0.3$	0.0025	0.002	0.005	0.009	0.015
$\geqslant 0.25$	$\geqslant 0.6$	0.0025	0.001	0.004	0.007	0.010
ii 弯剪破坏下位移角限值指标						
$\leqslant 0.1$	$\leqslant 0.3$	0.0025	0.003	0.007	0.013	0.018
$\leqslant 0.1$	$\geqslant 0.6$	0.0025	0.002	0.005	0.012	0.015
$\geqslant 0.25$	$\leqslant 0.3$	0.0025	0.001	0.004	0.008	0.010
$\geqslant 0.25$	$\geqslant 0.6$	0.0025	0.001	0.003	0.006	0.005
iii 剪切破坏下位移角限值指标						
剪切状态给出为总位移角		0.003	0.004	0.005	0.006	0.010

注：1. 表中容许采用线性插值方法得到相应的位移角限值；
　　2. 表中弯曲、弯剪破坏下的完好状态对应的位移角及剪切破坏类型采用的位移角限值为总位移角，其余状态对应的位移角为塑性位移角（即总位移角减去完好状态的极限位移角）。

第四节　美国基于性能的高层建筑结构抗震设计规范简述

一、引言

基于性能的结构设计思想提出之前，各国规范的抗震思想多以地面运动加速度反应谱为基础，按结构延性调整结构反应的设计计算方法。抗震设计的基本目的是保障生命安全，然而近十几年来大震震害却显示，按现行规范设计和建造的建筑物，虽然在地震中没有倒塌保障了生命安全，但其破坏却造成了严重的直接和间接的经济损失，甚至影响到社会的发展，而且这种破坏和损失往往超出了设计者、建造者和业主原先的估计。因此，20世纪90年代初期美国的一些科学家和工程师首先提出了基于结构性能（performance - based）的抗震设计理论。本节简要回顾美国基于性能的抗震设计方法的发展过程，特别针对洛杉矶和旧金山的性能设计发展进行详细介绍。

二、基于性能的抗震设计方法回顾

1995 年，美国加州结构工程师协会（SEAOC）首次提出了基于性能的抗震设计概念，发布了第一个技术文件《A Framework for Performance - Based Engineering（SEAOC Vision 2000）》[38]，该文件吸取了 Northridge 以及 Kobe 等地震的震害教训，考虑了地震近场效应来修改地面运动模型，采用了最新的地震参数区划图，改进了主体结构与材料相关的设计。

1996 年，Applied Technology Council 颁布了用于混凝土结构基于性能的抗震评估与修复技术文件《Seismic Evaluation and Retrofit of Concrete Buildings（ATC - 40）》[39]。随后，1997 年，Federal Emergency Management Agency（FEMA）发布了第一本真正意义上的基于性能抗震设计规范及其注释《NEHRP Guidelines for Seismic Rehabilitation of Buildings（FEMA 273）》[40]和《NEHRP Commentary on the Guidelines for Seismic Rehabilitation of Buildings（FEMA 274）》[41]，并对弹塑性分析作出了详细的规定。

上述技术文件均不是法规性规范。2000 年，在 FEMA 273 的基础上，FEMA 颁布了预备性法制规范《Prestandard and Commentary for the Seismic Rehabilitation of Buildings（FEMA 356）》[4]。2006 年，ASCE 在 FEMA 356 的基础上正式颁布了法规性规范《Seismic Rehabilitation of Buildings（ASCE 41）》[5]。ATC - 40[39]、FEMA 273[40]、FEMA 356[4]和 ASCE 41[5]都直接采用了性能评估方法，对基于性能评估方法的基本框架与步骤、结构构件的性能水平、地震动的风险水平、抗震设防目标及相应的结构构件变形限值、抗震设防措施等内容均有详尽的论述，除了考虑结构构件性能外，还考虑了非结构构件的影响。为结构性能评估提供了规范依据，但上述技术文件均只针对既有建筑结构。

此外，FEMA 在 2006 年颁布了《Next - Generation Performance - Based Seismic Design Guidelines（FEMA 445）》[42]，为全面发展基于性能的抗震设计规范定下了发展框架。对于新建高层建筑的抗震设计，上述规范技术文件虽然在技术上适用，但仍缺乏针对性，且均不具有法律效力。

在 University of California at Berkeley 的抗震研究中心（PEER）的推动下，美国抗震设

计理论与实践最先进的西岸城市先后颁布了基于性能的高层建筑抗震设计规范。2005 年，洛杉矶颁布了《An Alternative Procedure for Seismic Analysis and Design of Tall Buildings Located in the Los Angeles Region（2005 Edition）》[43]，以下简称《洛杉矶性能高规 2005》。2007 年，旧金山市颁布了《Recommended Administrative Bulletin on the Seismic Design & Review of Tall Buildings Using Non – Prescriptive Procedures》[44]，以下简称《旧金山市性能高规 2007》。由此，美国开始步入基于性能的高层建筑抗震设计阶段。以下对这两个高层建筑结构抗震设计规范进行简介。

三、《洛杉矶性能高规 2005》简介

1. 目的、适用范围、编写依据和基本思想

该规范为高层建筑结构的抗震设计和分析提供一种新的基于性能的抗震设计方法，使结构遭受地震作用时具有确定的安全性能，更有效、更可靠地抵抗地震作用。该规范所说的高层建筑是指建筑总高度在 160ft（50m）以上的建筑。

该规范以洛杉矶建筑规范（2002 – LABC）[45]为依据，补充了在大震作用下采用非线性动力时程分析方法代替 2002 – LABC 的分析方法，并且明确规定：非线性动力时程分析方法必须是经充分试验论证和复杂力学原理推导而得到的。

该规范考虑三个地震水平和结构相应的性能目标，抗震基本要求见表 1 – 4 – 1。

抗震基本要求　　　　　　　　　　　　　　　　　　表 1 – 4 – 1

抗震阶段	地震水平[1]	分析类型	模型	延性折减系数 R	偶然偏心	材料强度折减系数 Φ	材料强度
1	50/30	线性动力分析	三维	1.0	不考虑	1.0	强度平均值
2	10/50	线性动力分析	三维	详 2002 – LABC	考虑	详 2002 – LABC	强度标准值
3	2/50	非线性动力时程分析	三维	N/A	不考虑	1.0	强度平均值

1 超越概率（%）/设计基准期（年）

（1）正常使用极限状态。选用 30 年内超越概率为 50%（重现期为 43 年）的地震水平，要求结构构件和非结构构件都不受损坏，结构构件的设计内力不折减（即折减系数为 $R = 1$）。

（2）生命安全极限状态。选用 50 年内超越概率为 10%（重现期为 475 年）的地震水平，这是 2002 – LABC[29]对结构所要求的抗震水平，它允许结构构件和非结构构件受到一定的损伤，但不危及生命安全。该规范要求使用 2002 – LABC[45]的荷载组合和构件强度设计值来检验结构构件、节点和非结构构件的强度和刚度是否满足要求。

（3）防止倒塌极限状态。选用 50 年内超越概率为 2%（重现期为 2475 年）的地震水平，这是防止结构倒塌的 MCE（Maximum Considered Earthquake）地震水平。要求使用非线性动力时程分析方法进行校核分析。只需要检验抗侧力体系的结构构件和其他结构构件，不必检验非结构构件。

注 1：PEER 是以美国国家基金支持，UC Berkeley 为首，由美国西岸 8 所在抗震领域领先的高校联合组成的科研机构。

2. 分析与设计方法

（1）正常使用极限状态

选用与工程建设场地的地质、构造、地震活动情况以及场地土特性有关的 30 年内超越概率为 50% 的地震水平对应的弹性设计反应谱，进行三维反应谱分析，不需要考虑结构偶然偏心的影响，荷载效应组合按以下组合确定：

$$1.0D + 0.5L \pm 1.0E_x \pm 0.3E_y \qquad (1-4-1)$$

$$1.0D + 0.5L \pm 0.3E_x \pm 1.0E_y \qquad (1-4-2)$$

式中 D 为恒载效应，L 为活载效应，E 为地震作用效应，E_x 为 X 向地震作用效应，E_y 为 Y 向地震作用效应。

结构的三维模型应能在一定程度上反映结构质量和刚度的空间分布，计算出结构动力特性，结构弹性模量取值应与 2002 - LABC[45] 规定相一致，但使用材料强度平均值。结构的振型参与质量不应小于 90%，地震效应组合采用 CQC 法。结构设计的反应参数（包括力、力矩和位移）不允许折减。

性能目标判别标准：所有的钢结构构件应不超过 LRFD（Load Resistance Factor Design）极限状态，所有的混凝土结构构件($\Phi = 1.0$)应不超过 USD（Ultimate Strength Design）极限状态。

（2）生命安全极限状态

与正常使用极限状态的要求基本一致，不同的是：

1）选用 50 年内超越概率为 10% 的地震水平对应的弹性设计反应谱；

2）需要考虑结构偶然偏心的影响，使用 2002 - LABC[45] 规定的荷载组合以及考虑延性折减系数 R；

3）使用材料强度标准值和相应的强度折减系数 Φ。

性能目标判别标准：结构应满足 2002 - LABC[45] 的所有要求，但将 2002 - LABC[45] 规定的最小剪重比限值减小为 2.5%（洛杉矶处于美国的 ZONE 4 区，大致相当于我国的8.5~9度区）。

（3）防止倒塌极限状态

根据 MCE 地震的水平加速度反应谱，按 ASCE 7 - 05[47] 的规定选用一组具有场地统计意义的不少于 7 对的地震时程记录进行非线性时程分析，考虑 $P - \Delta$ 效应，考虑基础强度和刚度的影响，但不考虑偶然偏心的影响，荷载组合按以下组合确定：

$$1.0D + 0.5L + 1.0E_x + 1.0E_y \qquad (1-4-3)$$

$$1.0D + 0.5L + 1.0E_x - 1.0E_y \qquad (1-4-4)$$

$$1.0D + 0.5L - 1.0E_x + 1.0E_y \qquad (1-4-5)$$

$$1.0D + 0.5L - 1.0E_x - 1.0E_y \qquad (1-4-6)$$

选取的地震时程记录在震级、震中距和震源机制等方面应与工程建设场地的 MCE 地震水平相一致，并考虑双向地震作用，对每对地震时程记录两个方向的修正取相同的放大系数和阻尼比。修正后的地震时程记录 SRSS 反应谱平均值不应低于 MCE 弹性设计反应谱的 1.3 倍。

水平抗侧力体系构件以及总刚度占结构初始总体刚度 15% 以上的其他结构构件和小塔

注 2：2002 - LABC[45] 是由 1999 SEAOC Blue Book[46] 作轻微调整修订面成的。

楼，都应在模型中模拟。分析模型中，构件的滞回性能应根据试验数据来拟合，或者使用 FEMA 356[4] 中适当的非线性反应模型参数来模拟。由于 FEMA 356[4] 规定的抗倒塌 CP 允许值是偏于保守的，如果构件变形控制在 CP 允许值以内，则无需模拟构件的强度退化、刚度退化和黏滞捏拢现象；如果超过 FEMA 356[4] 的 CP 允许值，则应考虑构件的强度退化、刚度退化和黏滞捏拢现象，并且保证结构的基底抗剪承载力不低于 FEMA 356[4] 规定的 CP 状态的 90%。并且，如果构件的允许变形限值超过 FEMA 356[4] 的 CP 状态，则要求进行合理的试验验证，并须经过专家抗震审查和建筑主管部门的批准。如果通过分析证明构件仍处于弹性阶段，则允许采用 2002 – LABC[45] 规定的弹性模量或者等效弹性模量进行分析和强度承载力校验。

采用非线性动力时程分析中每一对地震时程记录计算反应的包络值的平均值进行评估。非线性分析中，考虑材料的超强因素，使用结构构件的材料强度平均值（取 $\Phi = 1.0$）。推荐的常用材料强度平均值见表 1 – 4 – 2。

材料强度平均值

表 1 – 4 – 2

材料		强度平均值（ksi）
钢结构[1]	热轧型钢、圆钢	
	ASTM A36/A36M	$1.5f_y$
	ASTM A572/A572M Grade 42（290）	$1.3f_y$
	ASTM A992/A992M	$1.1f_y$
	其他级别	$1.1f_y$
	结构钢管	
	ASTM A500/A501/A618/A847	$1.3f_y$
	无缝钢管	
	ASTM A53/A53M	$1.4f_y$
	钢板	$1.1f_y$
	其他	$1.1f_y$
钢筋混凝土结构中的钢筋[2]		$1.17f_y$
混凝土[2]		$1.3f_c'$

1 参看 2002 – AISC 抗震规范[48]，2 参看 FEMA 356[4]。

性能目标判别标准：在非线性分析中，传力构件（如楼板、转换结构等）应能把地震作用产生的全部内力传递到相应的抗力构件上；抗侧力体系的结构构件的变形不应大于 FEMA 356[4] 规定的 CP 允许值；非抗侧力体系的结构构件的变形不应大于 FEMA 356[4] 规定的 LS 允许值，且不能丧失竖向承重能力。

3. 可突破的 2002 – LABC[45] 规范内容

（1）取消 2002 – LABC[45] 中的建筑高度限值和层间位移限值（$0.020/T^{1/3}$），结构的抗震性能通过 MCE 阶段的非线性动力时程分析来保证；

（2）在第 2 阶段分析中取消了剪重比限值。

4. 抗震审查

由于《洛杉矶性能高规 2005》[43] 的抗震设计方法较为复杂，对采用该方法设计的结构要求进行专家委员会抗震审查，并应建立一个咨询理事会来保证多个项目的抗震审查一致性。

四、《旧金山市性能高规2007》简介

1. 编制背景

由于建筑使用功能的多样化和综合化，新建高层建筑（特别是超限高层建筑）的结构设计越来越复杂，采用现行规范的抗震设计方法进行结构设计，很难满足规范关于结构和构件的性能目标要求。为了合理地进行复杂高层建筑的结构抗震设计，规范允许采用非条文性规范的抗震设计方法。

对于采用非条文性规范的抗震设计方法进行结构设计的新建高层建筑，如何合理地确定抗震性能目标，并根据性能目标进行抗震设计，评估抗震性能以及进行抗震审查是关键的问题。2007 年，旧金山市为此编制了《Recommended Administrative Bulletin on the Seismic Design & Review of Tall Buildings Using Non-Prescriptive Procedures》[44]。

2. 编制依据与关键问题

规范以《洛杉矶性能高规2005》[43]为基础，结合 PEER 的科研成果、当地高层建筑抗震设计和专家抗震审查的经验，对专家抗震审查、结构抗震分析与设计方法的关键问题进行了深入的分析和论证，提出了更合理的抗震设计和审查的要求，并增加了必要的注释。

该规范规定，只有采用非条文性规范的抗震设计方法进行新建高层建筑结构抗震设计时才需要进行专家抗震审查。每个工程项目都是不同的，没有必要建立咨询理事会来保证专家抗震审查的一致性。工程师与专家委员会之间的不同意见主要由建筑主管部门来协调。

该规范规定，只在特殊的情况下才要求进行小震作用下的正常使用极限状态的结构分析，而且在 MCE 地震水平下采用非线性分析评估时引入了能力设计的思想，以确保结构有充分抵抗地震不确定性的能力。

该规范认为，对于每个工程项目的结构和构件性能目标都不同，性能目标的确定与判别标准也很重要，并在规范中给出了专家抗震审查和抗震设计可行性报告提交的具体要求。

3. 适用范围与基本内容

规范只适用于旧金山市采用非条文性规范的抗震设计方法进行结构抗震设计的新建高层建筑，如果应用于其他城市则应进行合理的修正，如考虑近场效应、不同建筑规范以及不同工程经验的影响。

规范包括专家抗震审查、抗震设计可行性报告提交要求和抗震设计要求三方面的内容。

（1）专家抗震审查

每个该规范适用的新建高层建筑工程项目都应成立专家抗震审查委员会（SPRP）。建设主管部门选择 SPRP 委员主要根据委员具有的工程抗震审查能力，其委员应该是相关领域的权威专家，包括结构工程、地震工程、岩土工程、地质工程等领域，但不局限于这些领域。审查的内容包括地震危险性分析、地震动参数分析、抗震设计方法、抗震设计性能

目标、目标判别标准、数学建模、抗震设计与分析、设计图纸以及计算书。

SPRP 所有的报告和文件都不属于施工文件，只能通过施工图或者其他方式成为施工文件的一部分。施工文件产生的所有责任由工程师承担，审查费用应由业主承担。

（2）抗震设计可行性报告提交要求

抗震设计可行性报告应由工程师提交给建筑主管部门和 SPRP，论述选用的建筑结构体系、分析方法和性能目标，并明确与 SFBC – 2001[49] 条文性规范不同的模型参数、材料属性、位移限值、构件内力和变形能力等。抗震设计可行性报告应经过 SPRP 审查和建筑主管部门批准。

（3）抗震设计要求

规范考虑的三个地震水平与《洛杉矶性能高规 2005》[43] 相一致。

1）基本地震（中震）作用下的结构分析

通过结构分析确定结构最小需求强度、最小需求刚度和屈服机制。最小需求强度考虑抗震折减系数 R，R 的取值不仅与结构体系有关，而且与工程场地的地震动参数和场地土特性有关，且不应大于 8.5。最小需求刚度是指结构位移满足 SFBC – 2001[49] 规范的位移限值时对应的结构刚度，采用有效刚度计算方法：

①计算侧向位移的水平力不受最小基底剪力限制；

②混凝土构件的弹性模量取其毛截面的 0.5 倍进行模量折减；

③考虑基础刚度的影响；

④考虑 $P – \Delta$ 效应，考虑偶然偏心的影响。

性能目标判别标准：结构抗震设计应符合 SFBC – 2001[49] 规范的要求，但规范另有规定的除外。

2）小震作用下正常使用极限状态的结构分析

只有符合以下情况之一才要求进行正常使用极限状态下的结构分析：

①非结构构件的设计不符合 SFBC – 2001[49] 规范要求；

②在中震作用下，人为地降低构件在结构分析中的设计内力，使得构件的刚度远小于实际所需的等效线弹性刚度，导致构件在正常使用极限状态下可能产生较大的破坏（如剪力墙连梁的超限调幅等）；

③复杂结构体系虽然能满足中震作用下的构件承载力和侧向位移限值要求，但在正常使用极限状态下产生严重的扭转效应。

正常使用极限状态的结构分析应考虑预期地震水平和结构累计损伤程度，合理地估计结构实际的刚度和阻尼，可以采用线性反应谱分析方法，也可以采用时程分析方法。当采用时程分析方法时，地震时程记录的选择和修正应符合 SFBC – 2001[49] 规范要求，采用时程分析中每一对地震时程记录计算反应的包络值的平均值进行设计。

3）MCE 地震水平的结构分析

应考虑所有结构构件和非结构构件的相互作用，选用不少于 7 对水平地震时程记录进行三维非线性时程分析（NLRH）。地震时程记录应满足以下要求：

①以 MCE 地震弹性反应谱为基础，进行地震时程峰值校正或时程反应谱形状校正；

注 3：SFBC – 2001 同样是由 1999 SEAOC Blue Book[46] 作轻微调整修订而成的。

②考虑近场效应和方向效应。这是由于近场地震的主方向分量含有单向破坏脉冲，地震主方向分量的平均反应谱通常大于次方向分量的平均反应谱。当地震时程记录呈现主、次方向分量时，应根据地震时程记录的主方向分量相对于建筑结构的角度将主方向分量和次方向分量输入三维模型；当地震时程记录的方向分量呈现随机性时，应随机选择一个角度将其输入三维模型。

计算分析中应考虑 $P-\Delta$ 效应，并考虑基础的强度和刚度的影响以及结构固有的扭转效应，但不需要考虑偶然偏心的影响。对于每一对水平地震时程记录，应按以下荷载组合进行计算：

$$1.0 + L_{\text{exp}} + 1.0E \qquad\qquad (1-4-7)$$

通常取，$L_{\text{exp}} = 0.1L$，L 是 SFBC $-$ 2001[49]规范规定的活载，但不应进行活载折减。E 为大震作用下的名义地震反应。

《旧金山市性能高规2007》[44]比《洛杉矶性能高规2005》[43]对弹塑性分析模型提出了更高的要求：钢筋混凝土结构应考虑开裂、粘结滑移、屈服强化、剪切开裂后受拉刚化、节点区变形等对刚度的影响；埋置在混凝土中的钢构件应考虑埋置区对构件有效初始刚度的影响；对于弯曲型钢框架体系，应考虑梁柱节点区变形的影响等。

在时程分析中，应对预期进入弹塑性的每一个结构构件进行定义，并合理考虑结构构件的强度退化准则。通常认为构件强度退化超过峰值强度的20%属于严重退化。

最重要的是，规范引入能力设计的思想：延性结构复核（如抗弯、压弯等）取非线性时程分析中每一对地震时程记录计算反应的包络值的平均值作为名义地震反应；有限延性结构复核（如轴压、抗剪等）取非线性时程分析中每一对地震时程记录计算反应的包络值的平均值加上非线性时程分析的包络值的标准方差作为名义地震反应；要求完全处于弹性状态的重要结构构件的非延性结构复核取非线性时程分析中每一对地震时程记录计算反应的包络值的最大值作为名义地震反应。

性能目标判别标准：根据非线性时程分析中每一对地震时程记录计算反应的包络值的平均值得到的最大层间位移角不应大于3%；对于允许进入非线性状态的结构构件，应校核每一个构件及其节点是否满足变形需求；对于不允许进入非线性状态的结构构件应进行强度校核。构件的设计强度按材料的强度平均值乘以强度折减系数计算。其中，有限延性结构复核的强度折减系数按 SFBC $-$ 2001[49]规范取值，延性结构复核的强度不折减（取 $\Phi = 1.0$）。不要求进行 MCE 地震水平的非结构构件校核。规范并没有明确结构构件的变形限值，但在没有充分的试验依据情况下，可以 ASCE 41[5]中的构件变形限值为标准。

五、小结

《洛杉矶性能高规2005》[43]和《旧金山市性能高规2007》[44]已清晰展现了性能设计方法用于高层建筑结构的具体技术框架，可供我国相应规范进行修订时参考：

（1）在三水准地震作用下，分别从正常使用、生命安全和防止倒塌三个极限状态对结构进行分析和设计，保证结构满足以上三个极限状态的性能目标；

（2）基本设计地震（中震）作用下的结构分析应考虑 $P-\Delta$ 效应、基础刚度、偶然偏心的影响，但取消（或放松）剪重比限值和层间位移限值；

（3）小震作用下正常使用极限状态只在特殊的情况下才要求进行结构计算分析，并应考虑预期地震水平和结构累计损伤程度，可以采用线性反应谱分析方法，也可以采用时程分析方法；

（4）Pushover 方法不再适用于高层建筑，应采用三维非线性时程分析方法，荷载组合考虑双向地震作用。结构非线性分析反应的评估应引入了能力设计的思想，将结构构件的评估分成三个水平：延性结构复核、有限延性结构复核和完全弹性状态的非延性结构复核；

（5）混凝土结构的弹性模量应考虑开裂、粘结滑移、屈服强化、剪切开裂后的受拉刚化、节点区变形等影响，取其毛截面的 0.5 倍进行模量折减，或者根据试验数据拟合；

（6）地震时程记录的选取应满足场地特性与统计意义；

（7）非线性分析模型必须经过试验校正；

（8）变形限值可参考 FEMA 356[4]/ASCE 41[5]。

参考文献

［1］中华人民共和国国家标准. GB 50011—2001 建筑抗震设计规范［S］. 北京：中国建筑工业出版社，2008.

［2］建办质［2003］11 号. 全国超限高层建筑工程抗震设防审查专家委员会抗震设防专项审查办法［S］. 北京，2003.

［3］建质［2010］109 号. 超限高层建筑工程抗震设防专项审查技术要点［S］. 北京，2010.

［4］Federal Emergency Management Agency，Prestandard and commentary for the seismic rehabilitation of buildings［S］. FEMA 356 /FEMA 357.

［5］American Society of Civil Engineers，Seismic rehabilitation of existing buildings［S］. ASCE /SEI 41 – 06，2006.

［6］Seismic design of reinforced concrete structures for controlled inelastic response：design concepts［S］. Comite Euro – International du Beton/CEB，2003.

［7］Guidelines for seismic performance evaluation of reinforced concrete buildings［S］. Japan：Architectural Institute of Japan，2004.

［8］中华人民共和国国家标准. GB 50223—2008 建筑抗震设防分类标准［S］. 北京：中国建筑工业出版社，2008.

［9］中国工程建设标准化协会标准. CECS 160：2004 建筑工程抗震性态设计通则［S］. 北京：中国建筑工业出版社，2004.

［10］中华人民共和国国家标准. GB 50010—2002 混凝土结构设计规范［S］. 北京：中国建筑工业出版社，2002.

［11］中华人民共和国国家标准. GB 50009—2001 建筑结构荷载规范（2006 版）［S］. 北京：中国建筑工业出版社，2006.

［12］中华人民共和国国家标准. GB 50023—95 建筑抗震鉴定标准［S］. 北京：中国建筑工业出版社，1995.

［13］上海市工程建设规范. DG/TJ08 – 804 – 2005 既有建筑物结构检测与评定标准［S］. 上海，2005.

［14］广东省地方标准. 既有建筑物结构安全性检测鉴定技术标准（送审稿）［S］. 广东省建设厅，

2006.

［15］上海市工程建设规范．DGJ08－81－2000 现有建筑抗震鉴定与加固规程［S］．上海，2000.

［16］中华人民共和国国家标准．GB 50011—2001 建筑抗震设计规范［S］．北京：中国建筑工业出版社，2001.

［17］中华人民共和国国家标准．GB 50223—2004 建筑抗震设防分类标准［S］．北京：中国建筑工业出版社，2004.

［18］中华人民共和国行业标准．CECS160：2004 建筑工程抗震性态设计通则［S］．北京：中国建筑工业出版社，2004.

［19］中华人民共和国国家标准．GB 50010—2002 钢筋混凝土结构设计规范［S］．北京：中国建筑工业出版社，2002.

［20］中华人民共和国国家标准．GB 50009—2002 建筑结构荷载规范［S］．北京：中国建筑工业出版社，2002.

［21］中华人民共和国国家标准．GB 50367—2006 混凝土结构加固设计规范［S］．北京：中国建筑工业出版社，2006.

［22］中华人民共和国国家标准．GB 50011—2010 建筑抗震设计规范［S］．北京：中国建筑工业出版社，2012.

［23］中华人民共和国建设部．建抗字第 377 号 建筑地震破坏等级划分标准［S］．北京，1990.

［24］PRIESTLEY M. J. N.，CALVI G. M.，KOWALSKY M. J. Displacement－based seismic design of structures ［M］. Iuss Press Pavia，，Italy，2007.

［25］POLAND CD. SEAOC Vision 2000，A Comprehensive Approach Towards the Development of Performance-based Seismic Design Standards ［A］. 1994，pp. 265－268.

［26］蒋欢军，王斌，吕西林．钢筋混凝土梁和柱性能界限状态及其变形限值［J］．建筑结构，2010，（001）：10－14.

［27］蒋欢军，吕西林．钢筋混凝土柱对应于各地震损伤状态的侧向变形计算［J］．地震工程与工程振动，2008，28（002）：44－50.

［28］KOWALSKY M. J. Deformation limit states for circular reinforced concrete bridge columns ［J］. Journal of Structural Engineering，2000，126(8)：869－878.

［29］MANDER JB，PRIESTLEY M. J. N. Theoretical stress－strain model for confined concrete ［J］. Journal of Structural Engineering，1988，114：1804.

［30］吕西林，周定松，蒋欢军．钢筋混凝土框架柱的变形能力及基于性能的抗震设计方法［J］．地震工程与工程振动，2006，25(6)：53－61.

［31］陈廷国，杨国贤．钢筋混凝土简支深破坏形态的试验研究［J］．大连理工大学学报，1990，30（002）：185－192.

［32］柳锦春，方秦．爆炸荷载作用下钢筋混凝土梁的动力响应及破坏形态分析［J］．爆炸与冲击，2003，23(001)：25－30.

［33］易伟建，吕艳梅．高强箍筋高强混凝土梁受剪试验研究［J］．建筑结构学报，2009，（004）：94－101.

［34］戚永乐．基于材料应变的 RC 梁、柱及剪力墙构件抗震性能指标限值研究［D］：华南理工大学，2012.

［35］BERRY M.，PARRISH M.，EBERHARD M. PEER Structural Performance Database User's Manual（Version 1. 0）［R］. CA：University.

［36］刘伯权，钱国芳，童岳生．高层剪力墙的强度及变形性能的研究［J］．西安建筑科技大学学报（自

然科学版），1989，1.

［37］劳晓春. RC 矩形截面剪力墙构件的抗震性能及其性能指标限值研究 ［D］：华南理工大学，2010.

［38］Structural Engineers Association of California, A Framework for Performance-Based Engineering. SEAOC Vision 2000.

［39］Applied Technology Council, Seismic Evaluation and Retrofit of Concrete Buildings. ATC－40，1966.

［40］Federal Emergency Management Agency, NEHRP Guidelines for Seismic Rehabilitation of Buildings. FEMA 273，1997.

［41］Federal Emergency Management Agency, NEHRP Commentary on the Guidelines for Seismic Rehabilitation of Buildings. FEMA 274，1997.

［42］Applied Technology Council & Federal Emergency Management Agency, Next-Generation Performance-Based Seismic Design Guidelines Program Plan for New and Existing buildings. FEMA 445，2006.

［43］Los Angeles Tall Buildings Structural Design Council, An Alternative Procedure for Seismic Analysis and Design of Tall Buildings Located in the Los Angeles Region（2005 Edition），2005.

［44］Structural Engineers Association of Northern California, Recommended Administrative Bulletin on the Seismic Design & Review of Tall Buildings Using Non-Prescriptive Procedures，2007.

［45］Los Angeles Buildings Code. 2002－LABC

［46］Structural Engineers Association of California, Recommended Lateral Force Provisions and Commentary. 1999 SEAOC Blue Book，1999.

［47］American Society of Civil Engineers, minimum design loads for buildings and other structures. ASCE 7－05，2005.

［48］American Institute of Steel Construction, Seismic Provisions for Structural Steel Buildings. 2002－AISC，2002.

［49］San Francisco Buildings Code. SFBC－2001.

第二章　基于能力设计原理的结构抗震分析

第一节　基于能力设计原理的罕遇地震作用下转换层
结构设计方法

一、引言

我国对转换层结构的研究以及实际工程的应用始于 20 世纪 70 年代，在最近二十年得到了迅速的发展。但是目前国内对这种带有转换层的高层建筑仅有理论分析和工程实践的经验总结，并且大多还局限在多遇地震作用下的弹性范围内的结构分析研究[1-6]。对于如何保证转换主次梁、转换次次梁甚至悬挑转换梁这些复杂转换层结构在罕遇地震下"大震不倒"，目前规范采用的方法和工程界采用的水平地震作用增大系数法（$G+\beta E$）[7]均不能从定量上予以合理解决。

作者于 2003 年[8]首次将基于能力设计原理引入到转换层结构设计中，从定量上解决了转换结构"大震不倒"的问题。从已有的个别工程实践[9-13]可以看到，对于不满跨框支梁和复杂的转换主次梁、转换次次梁结构来说，运用 $G+\beta E$ 方法设计的转换结构比按现行规范设计的相应结构有较大的安全储备，其增大程度达到按现行规范设计的 120% ~ 300% 。

针对上述问题，本节开展了基于能力原理的罕遇地震作用下转换层受力特性分析，对转换层结构的能力抗震设计方法进行了初步探讨。将基于能力的设计原理引入转换层结构设计中，从工程应用的角度给出了适用于各类转换形式的能力设计简化公式，并对转换层结构的能力设计方法应用提出了建议。

二、基于能力的设计原理

基于能力的设计原理是国际著名混凝土及抗震专家 R. Park 教授和 T. Paulay 教授首次提出的[14]，其核心思想是选择理想的塑性铰位置并进行仔细的配筋设计以保证其延性抗震能力；而不利的塑性铰或破坏机制（脆性破坏）则要通过提供足够的强度（考虑超强因素）加以避免。

根据能力设计原理，选择一个合理的，动力特性可行的塑性铰机构，是成功设计一个延性抗震结构的第一步。图 2 - 1 - 1 是根据"强转换弱上部"思想所选择的带转换层结构的理想塑性铰机构[8][15]。

根据图 2 - 1 - 1，框架梁端部（D）、转换层以上结构的连梁端部（F）和转换层上部剪力墙底部（G）为带转换层结构潜在的塑性铰区域，为整个结构提供所需的延性，其他构件在地震过程中始终处于弹性（不屈服）状态，所以带转换层结构的理想能量耗散机理是指结构上所有的连梁及框架梁都达到其塑性极限状态，所有的转换层上部剪力墙底部都产生塑性铰，而其他部位始终处于弹性（不屈服）状态。通过对此理想状态下对转换层上部剪力墙的极限承载力分析[8][16]，并充分考虑转换层上部连梁（F）及转换层上部剪力墙（G）的超强因素，得出转换层上部结构的极限状态并将其作用于转换层结构中，就可以对能力保证构件落地剪力墙（A）、框支柱（B）、转换梁（H）和悬挑转换梁（I）按弹性（不屈服）状态进行强度设计。

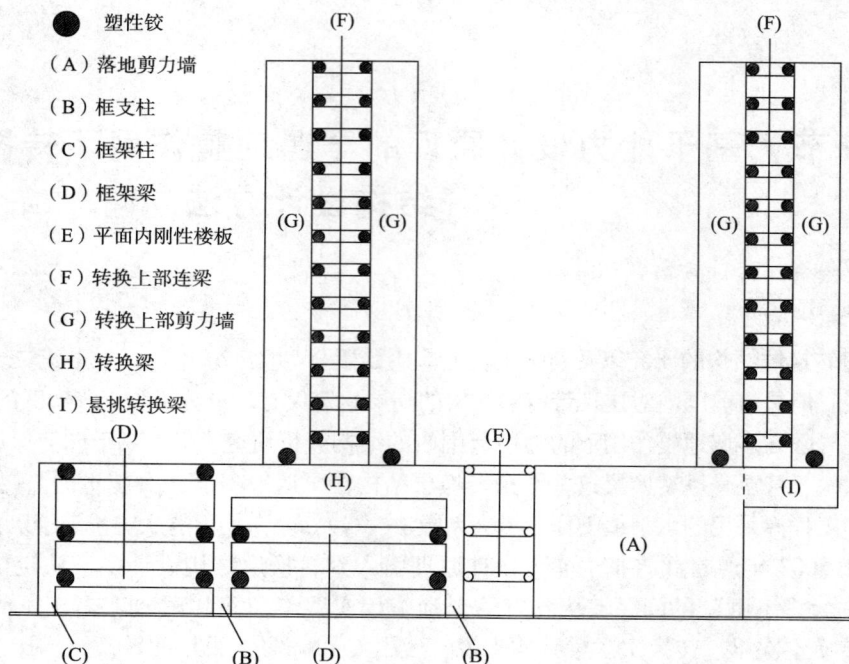

图2-1-1 根据"强转换弱上部"思想选择的塑性铰机构

三、基于能力设计原理的转换构件设计公式

作者于2005年[16]对剪力墙极限承载能力进行了分析，给出了剪力墙的弯曲超强和弯曲超强对应的剪力。从而得出影响转换结构设计的效应有四种：（1）转换层上部结构弯曲超强 M_u 作用下的转换结构效应 S_{Mu}；（2）转换结构自身在重力荷载作用下的效应 S_G；（3）转换层上部结构弯曲超强对应的剪力 V_u 作用下的转换结构效应 S_{Vu}；（4）转换结构所受罕遇地震作用的效应 S_{Er}。因此，转换构件的能力设计公式为：

$$S_0 = S_{Mu} + S_G + S_{Vu} + S_{Er} \qquad (2-1-1)$$
$$S_0 \leqslant R_k \qquad (2-1-2)$$

式中 S_0——根据能力设计原理确定的转换构件内力组合标准值，包括组合的弯矩、轴力和剪力标准值；

R_k——按现行规范的结构构件承载力标准值，按材料的强度标准值计算，不考虑承载力抗震调整系数 γ_{RE}。

对于实际工程，S_{Er} 的"准确"计算就意味着要进行非线性分析。这将给本方法广泛应用于工程设计带来很大的困难。通过大量非线性分析[8][15][16]发现，S_{Er} 在 S_0 中占的比例不大，不影响结构的能力设计。作者在文献8中通过分析总结找出了 S_{Er} 与 S_{Vu} 的关系，偏

于安全地取 $S_{Vu} + S_{Er} = \beta S_{Vu}$，$\beta$ 为考虑转换结构自身受到的罕遇地震作用的放大系数，与抗震设防烈度和转换层设置高度有关，并给出了 β 值，但此 β 值并没有考虑转换层质量和刚度的影响，作者接着在文献 15 中考虑了转换层质量和刚度对转换结构所受罕遇地震作用的影响，给出了适应于工程实际应用又较为合理的转换构件能力设计公式：

$$S_0 = S_{Mu} + S_G + \alpha\beta S_{Vu} \qquad\qquad (2-1-3)$$

式中　　α——考虑转换层刚度影响的转换结构所受罕遇地震作用的放大系数；

　　　　β——考虑转换层质量影响的转换结构所受罕遇地震作用的放大系数。

四、转换结构所受罕遇地震作用的放大系数 α、β

通过对分别位于设防烈度为 7 度和 8 度地区的按现行规范设计的大量工程算例的罕遇地震作用下弹塑性时程分析，得出式（2-1-3）的系数 α、β 建议值。

算例均采用 8 条地震波[17]对结构进行弹塑性时程分析，8 条波均为以往实测的强震记录，在地震波的选择上充分考虑结构自身特性、场地特性以及近震与远震等因素的影响，从宏观上预测结构在可能发生的强震作用下的反应。

1. 考虑转换层质量影响的转换结构在罕遇地震作用下的弹塑性时程分析

为了充分考虑到桁架转换，梁式转换及厚板转换等转换层质量（表现为转换层每平方米重力荷载代表值）的差异，对其转换结构自身受到的地震作用的影响，得出转换结构自身受到的地震作用，对位于设防烈度为 7 度和 8 度地区的大量工程算例进行了弹塑性时程分析。弹塑性时程分析采用美国纽约 Buffalo 大学的非线性分析程序 IDARC-2D 6.0[18][19]。转换层每平方米重力荷载代表值 G_t 分别取：23.2kN/m^2、46.4kN/m^2、69.6kN/m^2、92.8kN/m^2 四种情况。分析得出各种情况下的第 i 层的最大楼层剪力 V_i；最大地震反应 F_i 及上部剪力墙弯曲超强对应的剪力 V_u，并且求出各种工况下转换层及以下各层构件的内力。

2. 考虑转换层质量影响的转换结构所受罕遇地震作用的放大系数 β

根据公式 $S_{Vu} + S_{Er} = \alpha\beta S_{Vu}$，现假定转换类型为梁式转换时 $\alpha = 1$，则 $\beta = 1 + S_{Er}/S_{Vu}$，根据前面分析的结果，可以得出转换层设置在第 5 层、抗震设防烈度为 7 度 0.1g 及转换层设置在第 3 层、抗震设防烈度为 8 度 0.2g 的带转换层结构在罕遇地震下考虑转换层质量影响的转换结构所受地震作用的放大系数 β（见图 2-1-2，图 2-1-3）。

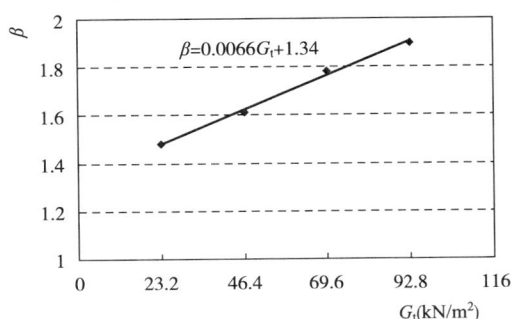

图 2-1-2　7 度设防烈度下 $Gt-\beta$ 曲线图　　　图 2-1-3　8 度设防烈度下 $Gt-\beta$ 曲线图

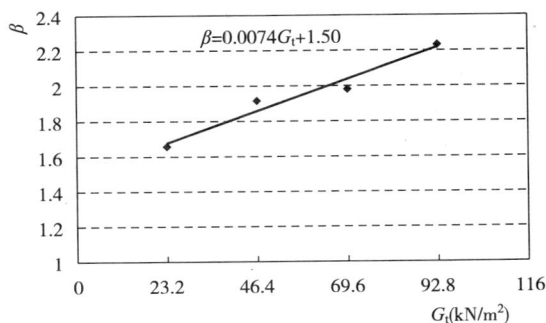

3. 考虑转换层刚度影响的转换结构在罕遇地震作用下的弹塑性时程分析

为了充分考虑桁架转换、梁式转换及厚板转换等转换层刚度的不同对其转换层结构所受地震作用的影响，在其他情况（转换层质量、阻尼等）不变的前提下，分别采用梁式转换、厚板转换以及桁架转换进行弹塑性时程分析。考虑梁式转换时转换梁截面为 $1000mm \times 2000mm$、$1000mm \times 2300mm$、$1000mm \times 2600mm$，厚板转换时考虑板厚分别为 $2000mm$、$2300mm$、$2600mm$，桁架转换时考虑如图 $2-1-4$ 所示的转换桁架形式。弹塑性时程分析选取的地震波同 1 所用算例。

仅说明该 3 节涉及算例同前页 1 所用算例。

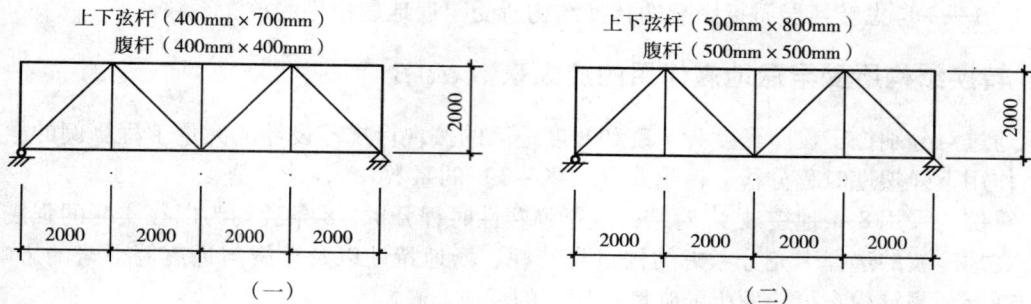

图 2 − 1 − 4　转换桁架

4. 考虑转换层刚度影响的转换结构所受罕遇地震作用的放大系数 α

由时程分析结果可以发现，在 7 度设防烈度区的转换层结构，对于同一种转换形式，构件截面的变化对于结构的基底剪力、转换层及转换层以下各楼层的地震反应产生的影响很小，大概在 ±5% 之内变化。8 度设防烈度区的结果与 7 度区的结构内力变化规律相同，地震反应变化在 ±5% 以内。

对于 7 度设防烈度区的转换层结构，转换层类型的不同对转换结构所受地震作用影响是比较大的。以梁式转换为参照对象，厚板转换时的地震反应与梁式转换时类似，而桁架转换时的地震反应则比梁式转换小很多，转换层所受地震反应及转换层以下楼层的总地震反应比梁式转换时平均小 10% ~ 15%。现在以桁架转换作为参照对象，取桁架转换时考虑转换层刚度影响的转换结构所受罕遇地震作用的放大系数 $\alpha = 1.0$，梁式、厚板转换 $\alpha = 1.05$。

5. 转换结构所受罕遇地震作用的放大系数

根据前面的讨论，可以得到转换层设置在第 5 层、抗震设防烈度为 7 度 0.1g 的带转换层结构和转换层设置在第 3 层、抗震设防烈度为 8 度 0.2g 的带转换层结构的转换结构所受罕遇地震作用放大系数 α、β。用同样的方法，可以得到各种类型的转换层结构在不同的抗震设防烈度及不同的转换层设置高度的 α、β。同时为了工程中更方便的应用，在不影响计算精度的情况下，将前面分析的结构及其他情况下的 α、β 的结果做统一归纳简化。通过计算，可以得出转换层的刚度（表现为转换层类型）、抗震设防烈度及转换层设置高度等因素对 α 的影响，但是其中抗震设防烈度及转换层设置高度对 α 的影响非常小，而且将在 β 中充分考虑这两项因素对转换结构所受地震作用的影响，所以可归纳出 α 仅与转换层的类型有关，其结果可参见表 $2-1-1$；β 与转换层每平方米重力荷载代表值、抗震设防烈度及转换层设置高度有关，可以得到：

$$\beta = 0.007 G_{\mathrm{t}} + \beta_0 \tag{2-1-4}$$

其中　G_{t}——转换层每平方米重力荷载代表值，且 $G_{\mathrm{t}} = D_{\mathrm{t}} + L_{\mathrm{t}}/2$，$D_{\mathrm{t}}$ 为转换层每平方米恒

载平均值，L_t 为转换层每平方米活载平均值，G_t、D_t、L_t 单位均为 kN/m^2。

β_0——考虑转换层质量影响的转换结构所受罕遇地震作用的初始放大系数，与抗震设防烈度与转换层设置高度有关，见表 2 - 1 - 2。

考虑转换层刚度影响的转换结构所受罕遇地震作用的放大系数 α 表 2 - 1 - 1

A	转换层类型
1.05	梁式转换、板式转换、箱形转换
1	桁架转换

考虑转换层质量影响的转换结构所受罕遇地震作用的初始放大系数 β_0 表 2 - 1 - 2

设防烈度	转换层设置高度				
	第 1 层	第 2 层	第 3 层	第 4 层	第 5 层
6 度 0.05g	1.10	1.16	1.20	1.24	1.28
7 度 0.10g	1.18	1.22	1.26	1.30	1.34
7 度 0.15g	1.30	1.34	1.38	1.42	—
8 度 0.20g	1.40	1.44	1.50	—	—
8 度 0.30g	1.44	1.48	—	—	—
9 度 0.40g	1.48	—	—	—	—

五、基于能力设计原理的转换层结构设计步骤

转换层结构能力设计的具体步骤：

（1）按现行规范设计；

（2）按文献 16 方法求出各转换层上部剪力墙在各方向的弯曲超强 M_u、超强系数 $\psi_{0,w} = M_u/M$ 及整体弯曲超强对应的设计剪力值 $V_u = \psi_{0,w}V$，计算取材料强度平均值；

（3）根据转换层的类型查表 2 - 1 - 1 得出 α，根据结构的抗震设防烈度和转换层高度查表 2 - 1 - 2 得出 β_0，以及转换层每平方米重力荷载代表值 G_t 代入式（2 - 1 - 4）得出 β，然后将剪力 V_u 放大到 $\alpha\beta V_u$，以考虑转换结构受到的罕遇地震作用；

（4）分别把 +X、-X、+Y 和 -Y 方向对应的 M_u 和 $\alpha\beta V_u$ 作用于转换结构，并考虑转换结构自身受到的重力荷载（恒载和活载的分项系数均为 1，材料强度取为标准值），即可直接得出各方向按式（2 - 1 - 3）计算的 S_0 和配筋需求；

（5）分别按 +X、-X、+Y 和 -Y 方向验算转换结构是否满足式（2 - 1 - 2），若不满足，则修改转换结构后重新验算。若改变不大，直接回到第 4 步；若改变较大，需回到第 1 步。

在初步设计阶段，按上述的方法可能过于繁复。一般情况下（除了高烈度、高位转换的情况）$S_{Vu} + S_{Er}$ 对转换构件的设计影响比较小，在满足现行规范后，取 1.1（$S_{Mu} + S_G$）进行转换层结构的能力设计，对于初步设计是可以接受的。这样，直接取出相关的转换构件，就可以对其单独的构件进行能力设计。而且，根据一定的工程经验，通常可以判断出起控制作用的超强方向，避免了多个超强方向的验算。

六、能力设计方法与其他方法的工程算例对比

1. 工程概况

本工程算例位于 7 度 0.1g 地区，层高、混凝土强度等级及各标准层如图 2−1−5 ~ 图 2−1−8 所示，所有钢筋均采用 HRB400。结构总高为 81.5m，结构转换层设置在第 4 层。采用中国建筑科学研究院的结构空间有限元分析设计软件 SATWE 进行多遇地震下的弹性分析（以下所有计算结果均是针对结构 Y 方向），计算结果均满足现行规范要求。

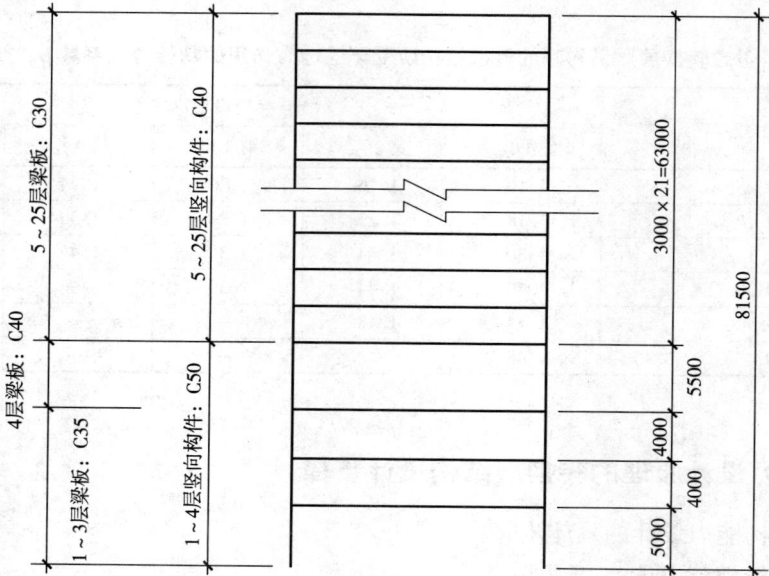

图 2−1−5 结构层高及各层混凝土等级

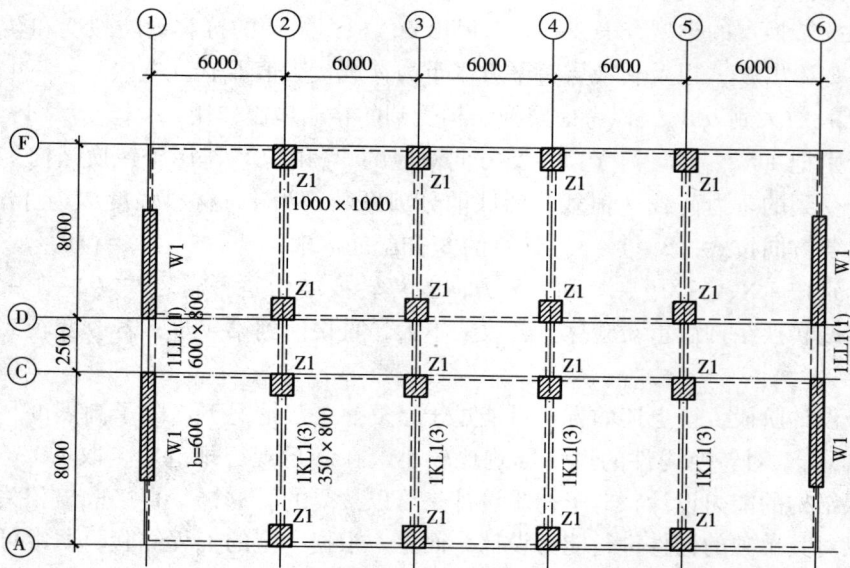

图 2−1−6 第一标准层（1~3 层）结构平面图

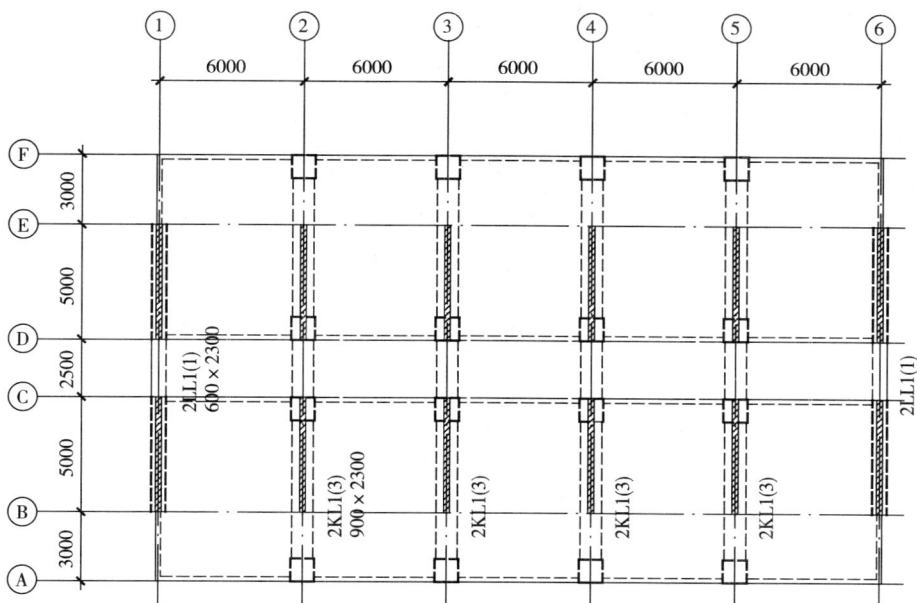

图 2-1-7 第二标准层 (第4层) 结构平面图

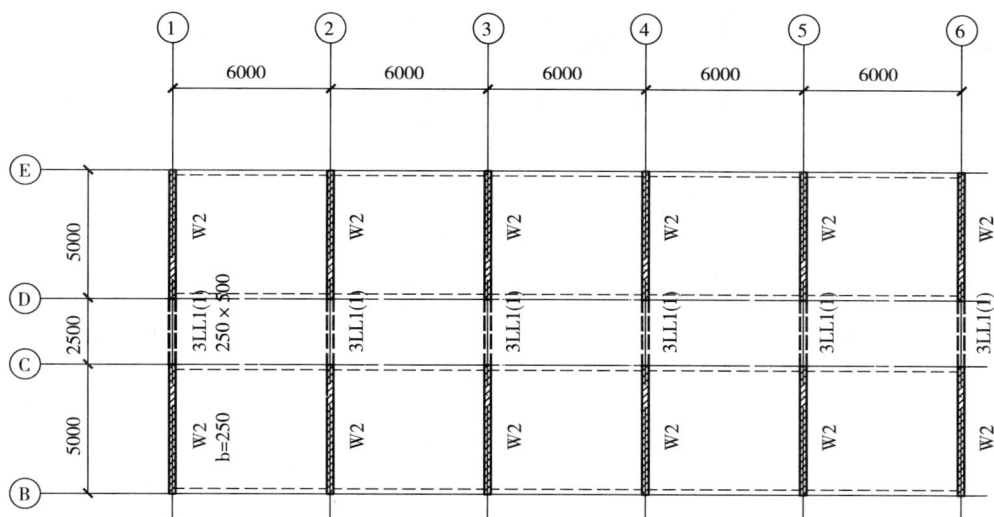

图 2-1-8 第三标准层 (5~25层) 结构平面图

2. 规范方法、$G + \beta E$ 方法与能力设计方法对比

根据文献 15 的方法，计算出转换层上部剪力墙及上部结构弯曲超强对应的剪力 V_u 对转换层作用，然后计算转换层及以下结构的内力。图 2-1-9 为②轴转换结构计算简图。

比较结果见表 2-1-3、表 2-1-4。表 2-1-3 中 M_1、M_2、M_3 分别表示转换梁 2KL1 (3) 第一跨梁或第三跨梁的边支座、跨中和中间支座的弯矩，$Z1_{边}$、$Z1_{中}$ 分别表示与转换层相连接的Ⓕ轴边柱和Ⓓ轴中柱的柱顶处；W1 表示落地墙。弯矩 M 的单位是

kN·m,梁以梁底受拉为正，柱以 +Y 侧受拉为正；剪力和轴力的单位是 kN。括号外与括号内的结果分别表示地震方向为 +Y 向与 -Y 向时的内力结果。

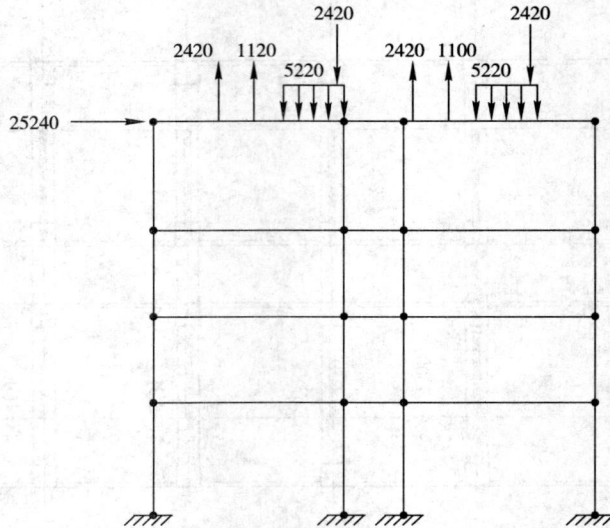

图 2 - 1 - 9　②轴转换结构计算简图

各种方法计算的转换构件内力　　　　　　　表 2 - 1 - 3

		按现行规范	$G + \beta E$ 方法	能力设计方法
2KL1	M_1	-1872	-3356	-2250
	M_2	14840	21877	15467
	M_3	-1630	-2581	-1871
	V	7323	9634	6699
Z1边	N	—	9772 (3081)	6852 (161)
	M	—	3354 (-1538)	2242 (-427)
	V	—	-824 (375)	-552 (103)
Z1中	N	—	8796 (4400)	7798 (5399)
	M	—	1173 (-1259)	620 (-706)
	V	—	-339 (352)	-182 (195)
W1	V	775	4844	2643

表 2 - 1 - 4 中给出与表 2 - 1 - 3 中相应的配筋，其中带 " * " 号的是构造配筋，A_x 表示柱子的单边配筋，纵筋的单位是 mm^2，箍筋的单位是 $mm^2/0.1m$。与表 2 - 1 - 1 中柱和墙剪力对应的是剪应力水平，表示为 $V/f_c bh_0$。

| | | 各种方法计算的转换构件配筋及剪应力水平 | | 表 2−1−4 |
		按现行规范	$G+\beta E$ 方法	能力设计方法
2KL1	A_{s1}	* 12500	* 12500	* 12500
	A_{s2}	14600	26328	18075
	A_{s3}	* 12500	* 12500	* 12500
	A_v	* 580	* 580	* 580
Z1$_边$	A_x	* 2000	* 2000	* 2000
	$V/f_c bh_0$	0.009	0.038	0.025
Z1$_中$	A_x	* 2000	* 2000	* 2000
	$V/f_c bh_0$	0.003	0.016	0.009
W1	$V/f_c bh_0$	0.011	0.071	0.039

注：由于设计工况太多，表 2−1−3 中没有给出按现行规范设计的柱子的内力，只在表 2−1−4 中给出配筋及剪应力比。在给出柱和墙的剪应力比时，对应的均是相应的最大剪力。

由表 2−1−3～表 2−1−4 可以看出，对于不满跨的转换梁，在抗弯承载力方面，工程界应用的 $G+\beta E$ 方法比其他的方法有较大的承载力需求，而本节的能力设计方法比现行规范有一定的提高；在抗剪承载力方面，$G+\beta E$ 方法的需求比其他两种方法有一定的提高，而能力设计方法的需求则略小于现行规范方法。对于转换柱，$G+\beta E$ 方法、能力方法同现行规范方法一样，只需要配置规范规定的构造配筋要求，就可以满足其压弯强度需求；对于转换柱和落地墙的抗剪需求，$G+\beta E$ 方法、能力方法都比现行规范方法有较大的提高，但是由其相应的剪应力比也可以发现每种方法的抗剪都很容易满足。

对于转换层结构的承载力需求，$G+\beta E$ 方法最大；现行规范方法最小；能力方法介于最大和最小之间，且安全储备略大于现行规范方法，并且经济合理、概念明确。

七、小结

（1）作者将基于能力的设计原理引入转换层结构设计中，采用"强转换弱上部"的结构设计思想，引用了简化的能力设计公式（见式 2−1−3），其关键是确定了式中考虑转换层质量和刚度影响的转换结构所受罕遇地震作用的放大系数 α 和 β。

（2）作者在大量的算例基础上，考虑不同的转换形式、不同转换层高度以及地震烈度，制订出适用于不同情况的 α、β 值取值表。给出了转换层结构能力设计的具体步骤，以及适用于转换层结构初步设计的简化设计方法及建议。

（3）针对某个工程算例，对运用"强转换弱上部"思想进行转换结构的能力设计方法与按我国现行规范方法以及在工程界应用的水平地震作用增大系数法（$G+\beta E$）进行设计对比，通过对比可以看出对于转换层结构的承载力需求，按本节的能力设计方法略大于现行规范方法，但是比 $G+\beta E$ 方法小很多，并且概念明确，确保转换结构"大震不倒"。

第二节　基于能力设计原理的双肢剪力墙极限承载力分析

一、引言

　　鉴于目前采用的分析方法对转换层结构在罕遇地震作用下抗震性能评估的不确定性，作者将基于能力的设计原理引入转换层结构设计，提出"强转换弱上部"的结构设计思想[8]（见图 2-1-1）。并在其基础上，讨论了满足我国规范要求的上部剪力墙在极限状态下的材料超强和强度取值，并进行了剪力墙塑性极限分析，给出了剪力墙在理想极限状态下的超强计算公式[16]。

　　如果上部结构是严格按能力设计方法进行"强墙弱连梁"设计，则上部结构为理想极限状态的假定是成立的。但是在实际工程中，上部结构是按我国现行规范要求进行计算和设计的，规范构造要求及设计者的人为因素等都会给上部结构带来不明确的超强因素，理想极限状态能否达到是一个很大的疑问。

　　双肢剪力墙所开孔洞的大小和数量直接影响其受力特点、内力分布情况、变形状态和破坏形式，即连梁的超强剪力 V_{EO} 对双肢剪力墙的性能有重大的影响，但如果取 $V_{EO} = \sum_{1}^{n} V_{EO,i}$（ $V_{EO,i}$ 为每个连梁的超强剪力，见图 2-2-1）则过于保守。T. 鲍雷等人[20]认为在高层建筑结构中，所有的连梁塑性铰不会同时出现（或部分连梁塑性铰会出现过大变形而破坏退出工作），因而应对其进行折减：

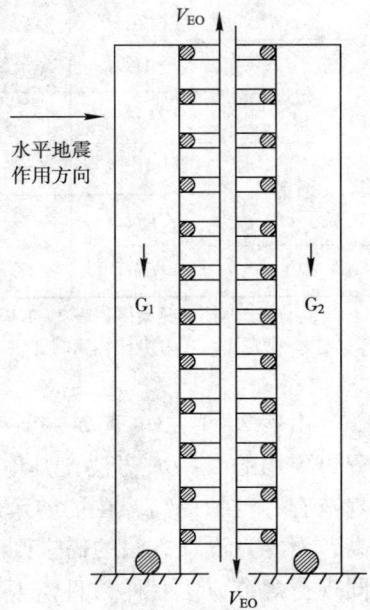

图 2-2-1　连梁的超强剪力 V_{EO}

$$V_{EO} = \left(1 - \frac{n}{80}\right) \sum_{1}^{n} V_{EO,i} \qquad (2-2-1)$$

式中　n 为转换层上部结构连梁的数目，且 $n \le 20$（ $n > 20$ 取 $n = 20$ ）。

　　该折减公式只考虑了转换层上部结构连梁的数目或剪力墙高宽比的影响，与实际误差较大。本节将通过对双肢剪力墙的静力推覆分析（Push-over 分析），揭示其极限状态的多种形式，并提出连梁强度折减系数 K，对在理想极限状态下的连梁剪力超强进行折减。

二、极限状态的材料超强

　　截面的超强强度[20]应考虑可能引起强度超过理想强度值的所有因素，包括材料的实际强度超过其规定的屈服强度，在大变形时由于应变强化而引起钢筋强度的额外增大，由于约束作用和应变率的影响引起的混凝土受压强度的增加等等。超强强度 S_0 是能力设计原理的重要概念，其与同一截面的理想强度 S_i（截面按规范规定的强度指标所提供的名义强度）有如下的关系：

$$S_0 = \lambda_0 S_i \qquad (2-2-2)$$

式中　λ_0 是考虑组成材料强度增大而设的超强系数。

对应于能力设计原理，材料的超强强度应为材料的统计平均值或试验实测值。但在进行结构分析时，结构并未建成，无法采用相同材料制作试件，加以试验测定。因此，按照设计中选定的钢筋品种和混凝土强度等级，其性能指标采用最具有代表性的统计平均值较为合理。另一方面，根据我国现行规范，高层剪力墙结构必须设置约束边缘构件或构造边缘构件，按此设计的剪力墙受压区具有相当好的约束，其极限压应变 ε_{cu} 的一般取值范围从 0.012 到 0.050，超过无约束混凝土传统估计值的 4 到 16 倍[20]，截面具有很大的曲率延性[21]。因此，可以预期剪力墙受拉区钢筋经过应变强化，其强度将会充分发挥达到其极限抗拉强度平均值 f_{bm}，根据过镇海在书[22]中给出的钢筋的屈服强度平均值 f_{ym} 及极限抗拉强度平均值 f_{bm} 取值见表 2-2-1。混凝土的抗压强度只对压弯或纯弯构件的受压区高度有影响，而对结构的抗弯超强没有太大影响，因此忽略约束混凝土的强度增大，直接采用文献 22 中给出的混凝土抗压强度平均值 f_{cm}（见表 2-2-2）。

钢筋抗拉强度平均值（N/mm²）　　　　　　　　　　　　　表 2-2-1

种类	符号	f_{ym}	f_{bm}
HPB235（Q235）	φ	275	385
HRB335（20MnSi）	Φ	390	545
HRB400（20MnSiV、20MnSiNb、20MnTi）	Ф	470	660

混凝土强度平均值（N/mm²）　　　　　　　　　　　　　　表 2-2-2

强度种类	混凝土强度等级												
	C20	C25	C30	C35	C40	C45	C50	C55	C60	C65	C70	C75	C80
f_{cm}	19.0	22.7	26.1	29.8	33.3	36.9	39.5	43.3	46.1	49.7	53.3	56.7	60.1
f_{tm}	2.19	2.41	2.61	2.80	2.98	3.13	3.23	3.34	3.41	3.50	3.58	3.65	3.72

三、静力推覆（Push-over）分析

1. Push-over 方法概述

Push-over 分析方法属于静力弹塑性分析方法，即结构在侧向静力作用单调加载下的弹塑性分析。通过推覆分析，可了解和评估结构在地震作用下的内力和变形特性、塑性铰出现的顺序和位置、结构薄弱环节以及可能的破坏机制。这种途径比进行非线性动力时程分析简单，可用于近似评估结构抵御地震的能力；不足的是无法得知所分析的结构在某个具体地震作用下的结构反应和破坏情况。

2. 非线性分析程序 IDARC-2D

双肢剪力墙非线性分析采用美国纽约 Buffalo 大学开发的二维平面分析程序 IDARC-2D6.0[18]。IDARC-2D 的结构模型是由一系列平行的平面框架结构和横向连梁构成的杆件模型。杆件采用的是宏单元，其中采用了梁-柱单元、剪力墙单元、一维杆件单元、横向连梁单元及约束弹簧单元。由于采用刚性楼板假定，同一楼层处各节点具有同一水平侧

移自由度。IDARC – 2D 是在 DRAIN – 2D[23] 的基础上发展起来的，它与后者的主要不同是采用了分布柔度杆单元模型，并采用了三参数控制的三线形恢复力模型，可较灵活地模拟混凝土结构的强度、刚度退化及捏缩效应。

（1）参数 α

该参数控制刚度退化的程度（见图 2 – 2 – 2（a）），在延伸的骨架曲线上设定一公共点 A（竖向坐标为 $-ap_y$），卸载曲线在达到 x 轴之前指向 A 点。α 在 1~4 之间，α 值越大，刚度退化程度也越大，一般取 2。

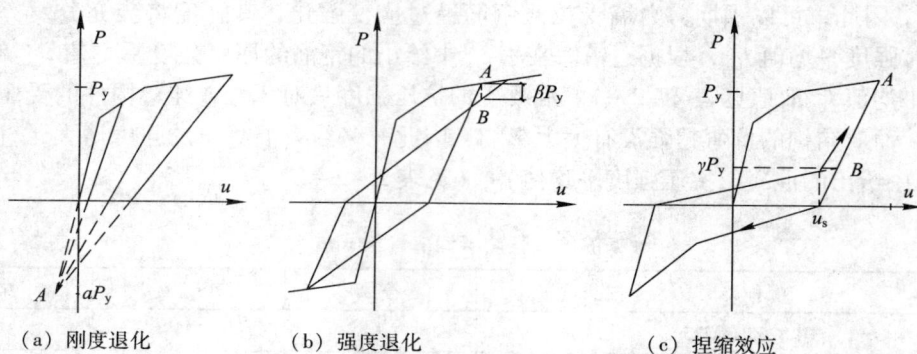

| (a) 刚度退化 | (b) 强度退化 | (c) 捏缩效应 |

图 2 – 2 – 2 三参数 Park 恢复力模型的控制参数

（2）参数 β

该参数控制强度退化的程度（见图 2 – 2 – 2（b））。将再加载曲线指向的目标点 A 降低为 B（竖向坐标为 $(1-\beta)P_y$）。β 在 0~1 之间，β 值越大，强度退化程度也越大，一般取 0.1。

（3）参数 γ

该参数控制恢复力滞回捏拢效应的程度（见图 2 – 2 – 2（c））。将初始目标点 A 沿卸载线降低到 B 点（竖向坐标为 rP_y）。再加载曲线在达到开裂闭合点 u_s 之前指向 B 点，在开裂闭合点后指向 A 点。γ 在 0~1 之间，γ 越小，滞回捏拢效应越明显，一般取 0.5。

3. 分析模型的选取

对如图 2 – 2 – 3（a）所示双肢剪力墙进行非线性分析。由 IDARC – 2D 程序的假定，选取图 2 – 2 – 3（b）的计算简图，分别考虑楼层数 n 分别为 10 层、15 层和 20 层（楼层高均为 3m）。整体系数 α[24] 值在联肢剪力墙范围内的双肢剪力墙，即 $\alpha<10$，且墙肢的线刚度大于连梁线刚度的 5 倍（保证墙肢不成为壁式框架柱）[25]，α 值的大小通过连梁截面和楼层数 n 进行改变。墙肢的截面分别为 200mm × 2000mm，200mm × 3000mm，200mm × 4000mm，连梁截面分别为 200mm × 200mm 至 200mm × 800mm。在此基础上还考虑了连梁和墙肢配筋的影响，连梁配筋率分别取 0.2、0.3、0.4 和 0.5，墙肢的配筋分别取 Ⅰ 类和 Ⅱ 类（Ⅰ 类配筋表示暗柱配筋率为 1.0，墙段配筋率为 0.25，Ⅱ 类配筋表示暗柱配筋率为 1.2，墙段配筋率为 0.4）。混凝土强度等级为 C30，钢筋强度等级为 HRB400，材料强度采用平均值，并且考虑在不同侧向力模式下的双肢剪力墙的静力弹塑性分析。剪力墙轴力的取值，考虑按现行规范对轴压比的限制，一级抗震（7、8 度）为 0.5，二级抗震为 0.6，

由轴压比反算剪力墙在重力荷载代表值作用下的轴力，以此轴力作为分析模型的轴力，并由此推算出各个节点的节点质量。

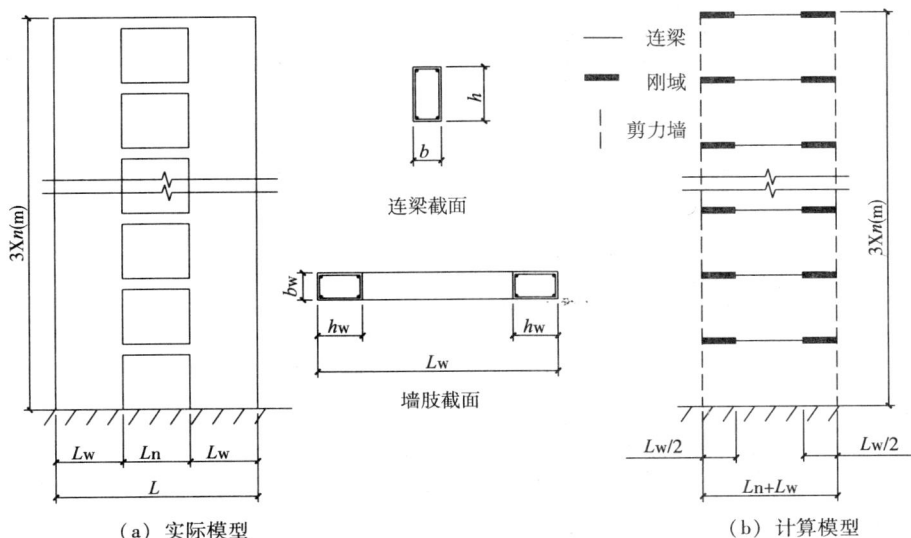

图 2-2-3　实际模型与计算简图

　　IDARC-2D 剪力墙分析模型忽略了轴力变化对弯矩-曲率曲线的影响，然而双肢剪力墙的连梁剪力对墙肢轴力的改变会影响墙肢的弯矩-曲率曲线。本节采用两种方式来减小剪力墙模型对分析结果的影响：一方面对计算的模型进行限制，减小连梁对墙肢轴力的影响，通过对剪力墙模型在不同轴力下的 $M-\phi$ 曲线的计算，发现只要轴力的变化在一定的范围以内（ $\pm 20\%$ ）， $M-\phi$ 曲线的骨架相差不大；另一方面适当对墙肢的初始轴力进行调整，按式（2-2-1）初步计算出连梁对墙肢轴力影响（连梁剪力超强），然后将连梁剪力超强的一部分先加于初始轴力，使剩下的改变量在轴力的20%范围内。选取部分有代表性的模型计算参数见表2-2-3~表2-2-5：

10 层模型计算参数　　　　　　　　　　　　　　表 2-2-3

编号	层数 n	墙肢 b_w/m	墙肢 h_w/m	墙肢 L_w/m	连梁 b/m	连梁 h/m	L/m	整体系数 α	初始轴力 /kN	连梁配筋率/%	能力方法计算的 V_{EO}/kN	调整后初始轴力 左墙肢	调整后初始轴力 右墙肢
A0	10	0.2	0.4	3	0	0	9	0	4.290	0	0	4290	4290
A1	10	0.2	0.4	3	0.2	0.2	9	0.83	4.290	0.2	43	4290	4290
A2	10	0.2	0.4	3	0.2	0.3	9	1.48	4.290	0.2	111	4290	4290
A3	10	0.2	0.4	3	0.2	0.4	9	2.21	4.290	0.2	209	4290	4290
A4	10	0.2	0.4	3	0.2	0.5	9	2.98	4.290	0.2	339	4290	4290
A5	10	0.2	0.4	3	0.2	0.6	9	3.78	4.290	0.2	499	4290	4290
A6	10	0.2	0.4	3	0.2	0.7	9	4.6	4.290	0.2	690	4290	4290
A7	10	0.2	0.4	3	0.2	0.8	9	5.42	4.290	0.2	912	4423	4357

15 层模型计算参数 表 2 - 2 - 4

编号	层数 n	墙肢 b_w/m	墙肢 h_w/m	墙肢 L_w/m	连梁 b/m	连梁 h/m	L/m	整体系数 α	初始轴力 /kN	连梁配筋率/%	能力方法计算的 V_{EO}/kN	调整后初始轴力 左墙肢	调整后初始轴力 右墙肢
B0	15	0.2	0.4	3	0	0	9	0	4.290	0	0	4290	4290
B1	15	0.2	0.4	3	0.2	0.2	9	1.25	4.290	0.2	60	4290	4290
B2	15	0.2	0.4	3	0.2	0.3	9	2.22	4.290	0.2	154	4290	4290
B3	15	0.2	0.4	3	0.2	0.4	9	3.31	4.290	0.2	292	4290	4290
B4	15	0.2	0.4	3	0.2	0.5	9	4.47	4.290	0.2	472	4290	4290
B5	15	0.2	0.4	3	0.2	0.6	9	5.67	4.290	0.2	695	4290	4290
B6	15	0.2	0.4	3	0.2	0.7	9	6.9	4.290	0.2	961	4161	4419
B7	15	0.2	0.4	3	0.2	0.8	9	8.12	4.290	0.2	1270	3775	4805

20 层模型计算参数 表 2 - 2 - 5

编号	层数 n	墙肢 b_w/m	墙肢 h_w/m	墙肢 L_w/m	连梁 b/m	连梁 h/m	L/m	整体系数 α	初始轴力 /kN	连梁配筋率/%	能力方法计算的 V_{EO}/kN	调整后初始轴力 左墙肢	调整后初始轴力 右墙肢
C0	20	0.2	0.4	3	0	0	9	0	4.290	0	0	4290	4290
C1	20	0.2	0.4	3	0.2	0.2	9	1.66	4.290	0.2	74	4290	4290
C2	20	0.2	0.4	3	0.2	0.3	9	2.96	4.290	0.2	190	4290	4290
C3	20	0.2	0.4	3	0.2	0.4	9	4.41	4.290	0.2	359	4290	4290
C4	20	0.2	0.4	3	0.2	0.5	9	5.96	4.290	0.2	581	4290	4290
C5	20	0.2	0.4	3	0.2	0.6	9	7.56	4.290	0.2	855	4290	4290
C6	20	0.2	0.4	3	0.2	0.7	9	9.19	4.290	0.2	1183	3884	4696
C7	20	0.2	0.4	3	0.2	0.8	9	10.8	4.290	0.2	1563	3409	5171

4. 计算结果分析

部分有代表性的模型计算结果的基底剪力系数 - 顶点位移/总高度图和极限状态破坏示意图（基底剪力系数为水平侧向力与总结点质量之比值）如图 2 - 2 - 4 ~ 图 2 - 2 - 9所示：

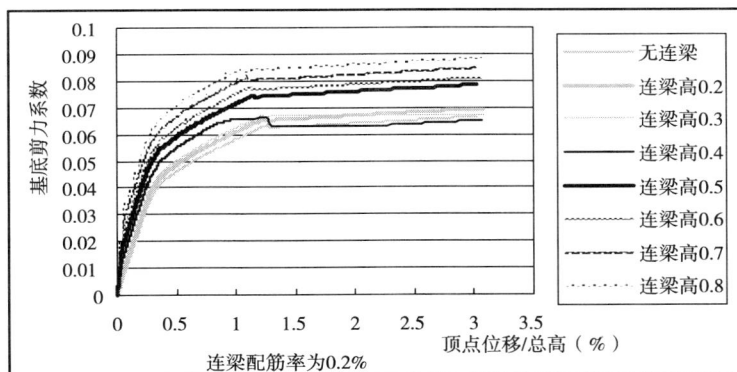

图 2-2-4　10 层模型的基底剪力系数-顶点位移/总高度图

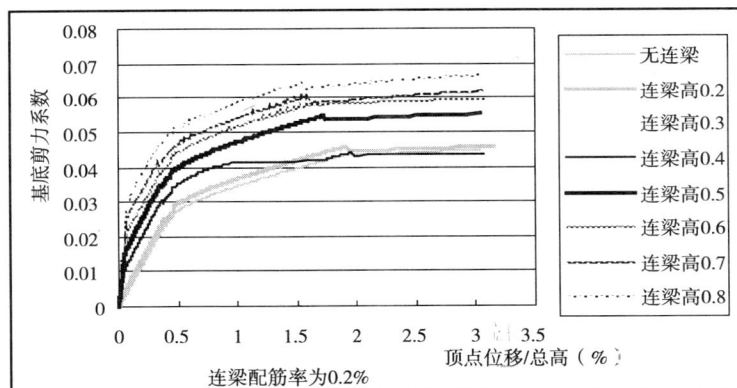

图 2-2-5　15 层模型的基底剪力系数-顶点位移/总高度图

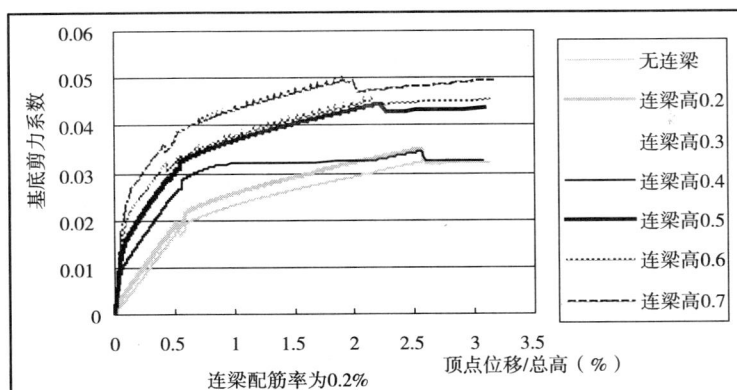

图 2-2-6　20 层模型的基底剪力系数-顶点位移/总高度图

图示说明：

×	混凝土开裂，钢筋初始屈服	——	连梁
○	充分发展的塑性铰	——	刚域
＊	塑性弯曲破坏	│	
S	初始剪切裂缝开展	│	剪力墙
F	剪切破坏	○—○	刚性连杆

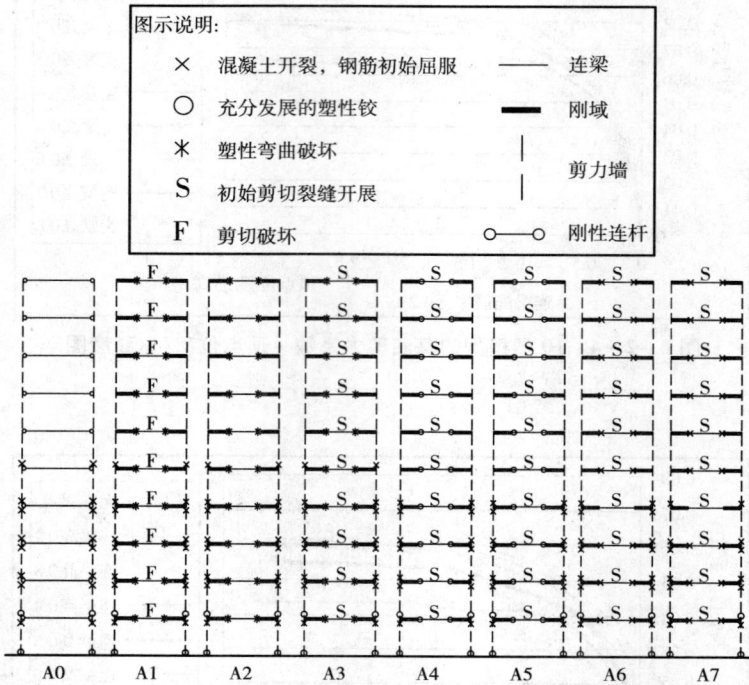

图 2 - 2 - 7　10 层模型最终极限状态破坏示意图

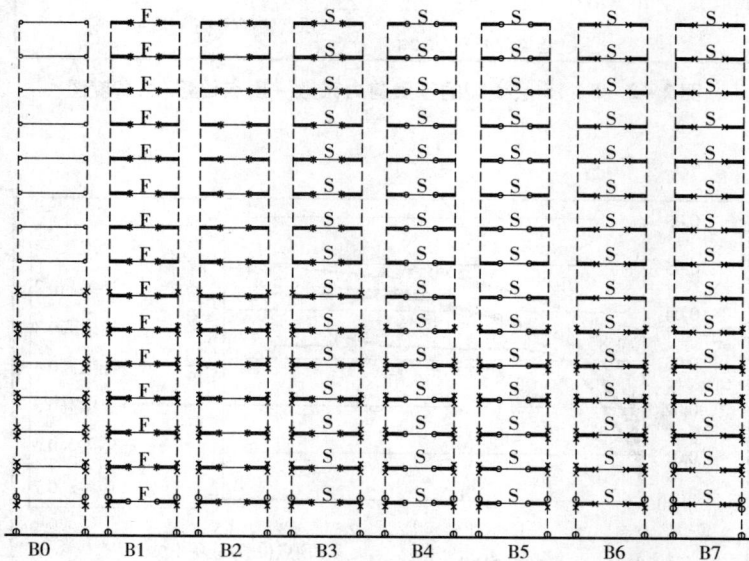

图 2 - 2 - 8　15 层模型最终极限状态破坏示意图

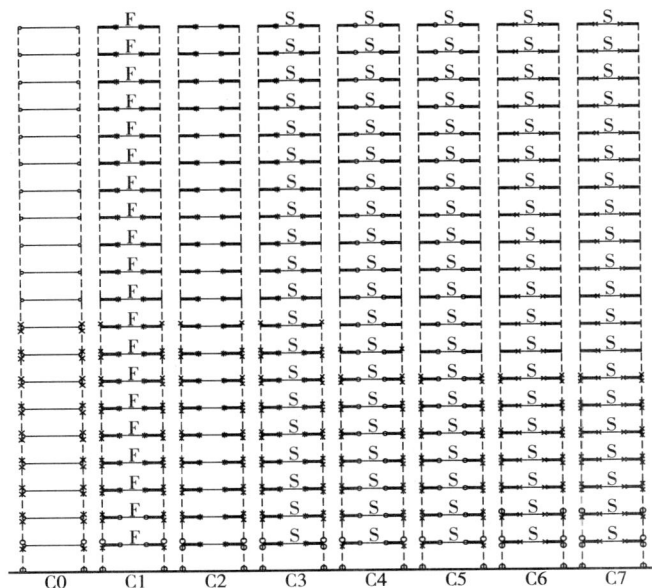

图 2 - 2 - 9　20 层模型最终极限状态破坏示意图

（1）破坏状态概述

由计算结果分析可知，双肢剪力墙的破坏并非一定按理想极限状态发展，归纳起来可以分为 3 种形式：

1）连梁退出工作，全部侧向力由墙肢承担。

2）连梁先屈服，然后墙肢弯曲破坏丧失承载能力。这种破坏形式又可以细分为塑性铰充分发展与塑性铰没有充分发展两种类型。

3）连梁不屈服，墙肢弯曲破坏后丧失承载能力。

影响双肢剪力墙极限状态的因素主要有以下几个方面：

①双肢剪力墙的整体性，体现为整体性系数 α 值。随着 α 值的增大，双肢剪力墙抵抗侧向力的能力提高，而且其极限破坏状态也随之而变化，从连梁退出工作 1）到连梁先屈服墙肢后破坏 2），并最后过渡到连梁不屈服墙肢破坏 3）的形式。

②连梁配筋率 ρ_b，其影响主要体现在整体性较弱的双肢剪力墙，配筋率的增大会改变双肢剪力墙的破坏状态，而且在一定程度上还可以提高其承载力；然而对于整体性较强的双肢剪力墙，连梁的配筋率并不能改变其破坏状态，对承载力的提高也很有限，且会使其延性大大降低。

③楼层数 n，准确地说应该是墙肢的高宽比 $\chi = \dfrac{H}{L_w}$。虽然整体性系数本身已经考虑了楼层数 n 的影响，但是由以上的分析可知，相同整体性系数和连梁配筋率的双肢剪力墙，楼层数 n 较大的双肢剪力墙连梁的塑性开展比楼层数 n 较小的连梁要充分。这主要是因为随着楼层数 n 的增多，墙肢的高宽比 χ 也随之增大，弯曲变形逐渐成为主要的变形形式，高宽比 χ 越大其弯曲变形就越大，弯曲变形越大使连梁梁端产生的转动就越大，所以连梁的塑性发展要比楼层数较小的情况要充分。亦即相同整体性系数和连梁配筋率的情况下，

高宽比 χ 增大，其最终破坏状态会由 3）向 1）变化，连梁的塑性发展会越充分。

（2）连梁强度折减系数

双肢剪力墙的整体系数 α、连梁配筋率 ρ_b 和墙肢高宽比 χ 直接影响着双肢剪力墙的极限破坏状态和连梁塑性发展程度，并最终影响墙肢轴力的改变量。若以连梁的超强强度为基础，当连梁塑性铰充分发展时，连梁对墙肢轴力的改变量就是前面所论述的连梁剪力超强 $\sum_1^n V_{EO,i}$；然而，当连梁塑性铰没有充分发展甚至连梁不屈服，连梁对墙肢轴力的改变量就要小于连梁剪力超强 $\sum_1^n V_{EO,i}$。所以，需要引入一折减系数对连梁剪力超强 $\sum_1^n V_{EO,i}$ 进行折减，称这个系数为连梁的强度折减系数 K。连梁的强度折减系数 K 是与双肢剪力墙的整体系数 α、连梁配筋率 ρ_b 和墙肢高宽比 χ 等相关的，下面对它们之间的关系进行分析。

以连梁强度折减系数为竖坐标，整体系数 α 为横坐标，画出它们之间的关系图，见图 2－2－10 ～图 2－2－12。由图拟合出多条曲线方程，归纳这些曲线可知，折减系数 K 中与整体系数 α 有关项为 $x\alpha^{-0.8}$，即

$$K = x\alpha^{-0.8} \tag{2-2-3}$$

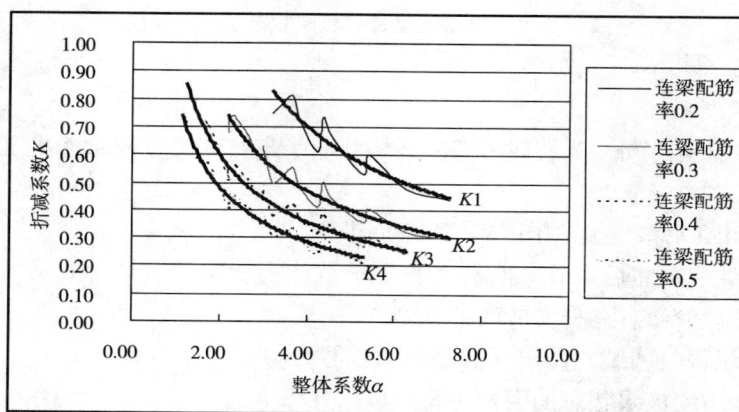

图 2－2－10　10 层模型的折减系数 K 与整体系数 α 的关系曲线

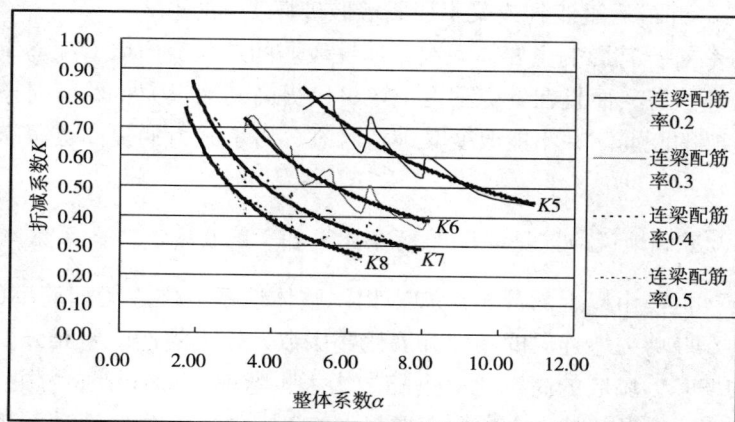

图 2－2－11　15 层模型的折减系数 K 与整体系数 α 的关系曲线

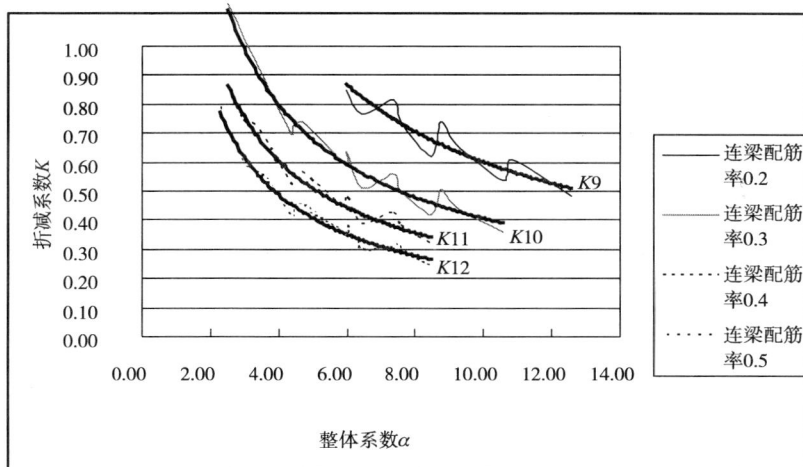

图 2 - 2 - 12 20 层模型的折减系数 K 与整体系数 α 的关系曲线

公式 （2 - 2 - 4） 中系数 x 与连梁配筋率 ρ_b 的关系如图 2 - 2 - 13 所示，由图归纳可知

$$x = y\rho_b^{-1} \tag{2 - 2 - 4}$$

公式 （2 - 2 - 5） 中系数 y 与墙肢高宽比 χ 的关系如图 2 - 2 - 14 所示，由图归纳可知

$$y = （0.0003\chi + 0.0015） \tag{2 - 2 - 5}$$

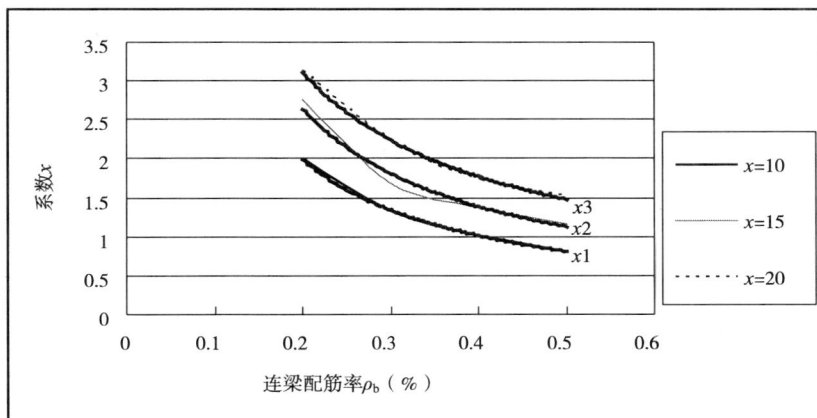

图 2 - 2 - 13 系数 x 与连梁配筋率 ρ_b 的关系

　　综合上面所有的归纳，可得到与双肢剪力墙的整体系数 α、连梁配筋率 ρ_b 和墙肢高宽比 χ 有关的连梁强度折减公式为：

$$K = 10^{-4} （3\chi + 15） \rho_b^{-1}\alpha^{-0.8} \tag{2 - 2 - 6}$$

　　为了验算此公式的正确性，用该公式重新计算以上计算模型的折减系数，与非线性分析所得的折减系数进行比较（计算结果见表 2 - 2 - 6），两者之间较为吻合，证明归纳的公式正确。通过此公式，还可以确定双肢剪力墙的最终极限状态的破坏形式（见表 2 - 2 - 7）。

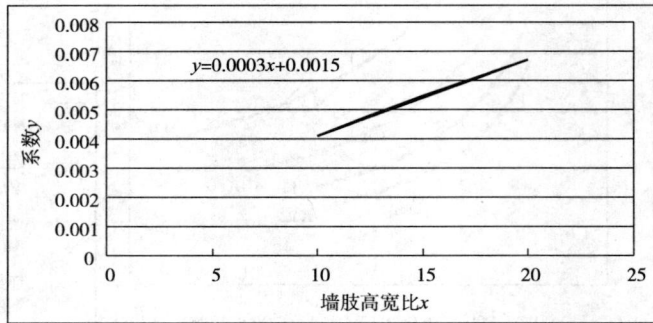

图 2 – 2 – 14　系数 y 与墙肢高宽比 χ 的关系

模型折减系数对比及破坏形式　　　　　　　　　　　表 2 – 2 – 6

编号	整体系数 α	连梁配筋率 /%	连梁对墙肢轴力的改变量 /kN	能力方法计算的 V_{EO}/kN	$\sum_1^n V_{EO,i}$/kN	实际的折减系数	推导公式的折减系数 K	破坏形式
				$L_n = 2000\text{mm}$				
A0	0.00	0	0	0	0	—	—	I
A1	1.25	0.2	0	65	74	—	1.88	I
A2	2.19	0.2	0	166	190	—	1.20	I
A3	3.20	0.2	269	314	359	0.75	0.89	II A
A4	4.24	0.2	355	508	581	0.61	0.71	II B
A5	5.28	0.2	453	748	855	0.53	0.59	II B
A6	6.29	0.2	565	1035	1183	0.48	0.52	II B
A7	7.26	0.2	687	1368	1563	0.44	0.46	II B

由系数 K 确定最终极限状态下的破坏形式　　　　　　表 2 – 2 – 7

连梁强度折减系数 K	$K \geqslant 1$	$1 > K \geqslant 0.75$	$0.75 > K \geqslant 0.4$	$K < 0.4$
破坏形式	I	IIA	IIB	III

注：A 表示塑性铰充分发展的状态；B 表示塑性铰未充分发展的状态。

四、小结

本节通过对一系列双肢剪力墙模型用 IDARC – 2D 进行静力推覆分析（Push – over 分析），揭示了其极限状态的多种形式，考察双肢剪力墙整体系数 α、连梁配筋率 ρ_b 和墙肢高宽比 χ 等因素对其极限状态的影响，并与理想极限状态进行对比，提出连梁强度折减系数 K（见式 2 – 2 – 5）对在理想极限状态下的连梁剪力超强进行折减，得出在不同极限状态下连梁对墙肢轴力的改变量，其结果可用于双肢剪力墙整体的超强计算。

参考文献

［1］韩小雷，杨坤，郑宜，季静．带梁式转换层的超限高层建筑结构设计．昆明理工大学学报（理工版）［J］．2004，29（6）：P84～P87

［2］季静，韩小雷，杨坤，郑宜．带主次梁转换层的超限高层建筑结构设计．结构工程师［J］．2004，21（2）：P1～P4

［3］魏琏，王森，韦承基．高层建筑转换梁结构类型及计算方法的研究．建筑结构［J］．2001，21（11）：P7～P14

［4］王森，魏琏．不同高位转换层对高层建筑动力特性和地震作用影响的研究．建筑结构［J］．2002，32（8）：P54～P58

［5］李安起，赵黎明等．钢筋混凝土高位厚板转换层现场试验研究 建筑技术开发［J］．2003，30（11）：P1～P2

［6］戴国亮，梁书亭，蒋永生等．迭层空腹桁架转换层结构的静力性能分析．东南大学学报（自然科学版）［J］．2000，30（4）：P39～P42

［7］傅学怡，贾建英．结构抗震的一个新理念—反应谱弹性大震试析．第十七届全国高层建筑结构学术会议论文集［C］，2002

［8］郑宜．罕遇地震作用下基于能力设计原理的转换层结构设计研究［D］．华南理工大学硕士学位论文．2003

［9］韩小雷等．广州中信豪庭（四十三层带转换层高层建筑）结构初步设计研究［R］．华南理工大学建筑设计研究院，2002 年 8 月

［10］韩小雷等．广州华标涛景湾一期（三十三层带转换层高层建筑）结构初步设计研究［R］．华南理工大学建筑设计研究院，2002 年 9 月

［11］韩小雷等．广州华标涛景湾二期（三十三层带转换层高层建筑）结构初步设计研究［R］．华南理工大学建筑设计研究院，2003 年 11 月

［12］韩小雷等．广州华标涛景湾三期（四十八层带转换层高层建筑）结构初步设计研究［R］．华南理工大学建筑设计研究院，2005 年 10 月

［13］韩小雷等．清远盛泰大厦 B 栋基于性能和能力的结构抗震安全性复核报告［R］．华南理工大学建筑学院高层建筑结构研究所，2005 年 12 月

［14］R. Park, T. Paulay. Reinforced Concrete Structure［M］. John Wiley & Sons, New York, 1975

［15］杨坤．基于能力设计原理的罕遇地震作用下转换层受力特性研究［D］．华南理工大学硕士学位论文．2005

［16］王建区．基于能力原理的双肢剪力墙极限承载力分析及其弹塑性性能研究［D］华南理工大学硕士学位论文．2005

［17］Minimum Design Load for Buildings and Other Structures. ASCE Standard. American Society of Civil Engineers. SEI/ASCE-02. 2003

［18］R. E. Valles, A. M. Reinhorn. IDARC 2D Version 4. 0：A Program for the Inelastic Analysis of Buildings. Technical Report NCEER-96-0010，1996

［19］R. E. Valles, A. M. Reinhorn. IDARC 2D Version 6. 0 User's Guide. State University of New York at Buffalo，2004. 7

［20］T. 鲍雷，M. J. N. 普里欺特利 著，戴瑞同，陈世鸣等译．钢筋混凝土和砌体结构的抗震设计［M］．中国建筑工业出版社，1999

［21］钱稼茹，吕文，方鄂华．基于位移延性的剪力墙抗震设计．建筑结构学报［J］．1999，20（3）：42－49

［22］过镇海．混凝土的强度和本构关系－原理与应用［M］．北京：中国建筑工业出版社，2004

［23］Prakash V，Powell GH，Cambell S．DRAIN－2DX，Base program description and user guide，version 1. 10. University of California at Berkeley，1993

［24］中华人民共和国行业标准．JGJ3—91 钢筋混凝土高层建筑结构设计与施工规程［S］．北京：中国建筑工业出版社，1991

［25］梁启智．高层建筑结构分析与设计［M］．华南理工大学出版社，1992

第三章　高层建筑结构楼层侧向刚度控制准则

第一节　高层建筑楼层侧向刚度变化控制准则

一、引言

目前世界上主要国家结构抗震设计规范[1-5]对建筑结构楼层侧向刚度及其沿结构高度变化均有明确的规定，以避免因楼层侧向刚度突变引起结构地震反应加剧和局部构件变形集中。美国规范[1]要求当楼层位移角大于上一层位移角的1.3倍时，楼层侧向刚度必须大于上一层侧向刚度的70%；澳大利亚和新西兰规范[2]要求楼层位移角除以楼层剪力小于上一层的1.4倍；日本规范[5]要求楼层位移角倒数（刚性率）不小于地面以上各层位移角倒数平均值的60%。我国规范[3]借鉴了上述美国和新西兰规范，要求楼层侧向刚度大于上一层侧向刚度的70%；2004年8月1日开始试用的《建筑工程抗震性态设计通则》[4]完全引用了美国规范[1]的条文要求。可见当结构层高不变时，各国规范在建筑结构楼层侧向刚度变化控制方面几乎是相同的。

典型的建筑结构侧向变形可以分为剪切型和弯曲型两种。剪切型变形结构的位移角沿高度是逐渐减小的，弯曲型变形的结构则相反，而且，以上两种变形的相邻楼层位移角之比沿结构高度变化非常大，各国规范均采用一个确定的数值来控制结构楼层侧向刚度变化是不尽合理的。对于以剪切型变形为主的结构，各国规范（日本规范[5]采用平均值，对层数较多的高层建筑显然不适用）有一定控制效果，本节中作者通过大量算例，认为美国规范[1]的控制准则最合理，但对于以弯曲型变形为主的结构，以上规范条文均是不合理的。例如对于一个高层建筑剪力墙结构，当连梁刚度很弱时，楼层层高变化几乎不影响结构的侧向变形，结构沿高度仍然是较均匀的，但当某层层高增大一倍时，按我国规范[3]的条文判断，该结构楼层侧向刚度极不均匀，若要满足规范的要求，必须将首层至层高增大层的剪力墙厚度成倍增加，这样显然不合理。本节从匀质构件在倒三角形荷载作用下的侧移曲线和位移角出发，提出以弯曲型变形为主的高层建筑结构在地震作用下的侧移曲线、层间位移角变化或楼层侧向刚度比接近匀质构件的相应参数时，结构楼层侧向刚度趋于均匀。通过算例说明了提出的控制高层建筑侧向刚度变化准则的可行性。

二、楼层侧向刚度控制准则的建立

抗弯刚度为 EI 的匀质构件在倒三角形荷载作用下的简图如图 3-1-1 所示。

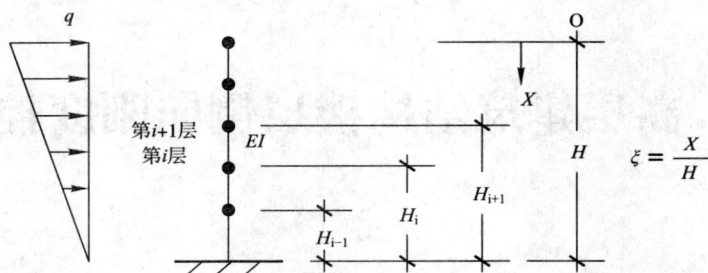

图 3 – 1 – 1 计算简图

结构侧移：ξ

$$\Delta_\xi = \frac{qH^4}{120EI}(11 - 15\xi + 5\xi^4 - \xi^5) \tag{3 – 1 – 1}$$

侧移一阶导数：

$$\frac{\mathrm{d}\Delta_\xi}{\mathrm{d}x} = \frac{qH^3}{120EI}(-15 + 20\xi^3 - 5\xi^4) \tag{3 – 1 – 2}$$

侧移二阶导数：

$$\frac{\mathrm{d}\Delta_\xi^2}{\mathrm{d}^2x} = \frac{qH^2}{6EI}(3\xi^2 - \xi^3) \tag{3 – 1 – 3}$$

由公式（3 – 1 – 1），（3 – 1 – 2），（3 – 1 – 3）分别可以看出均匀结构在倒三角形荷载作用下的侧移、位移角以及有害位移角沿结构高度都是变化的。中国和美国规范[1,3,4]要求楼层侧向刚度比不小于 0.7，主要反映层间位移之比；澳大利亚和新西兰规范[2]要求层间位移角除以层剪力之比小于 1.4，主要反映层间位移角之比，当层高不变时，澳大利亚和新西兰规范[64]与中国和美国规范[25][27][63]基本一致，但均未考虑结构位移角沿高度的变化。

当建筑结构在倒三角形荷载作用下侧向变形与图 3 – 1 – 1 所示均匀构件侧向变形相同时，结构侧向刚度均匀，这里称为均匀结构。

中国和美国规范[1,3,4]定义的第 i 层与第层 $i + 1$ 楼层侧向刚度比为 K_{i1}：

$$K_{i1} = \frac{V_i/\delta_i}{V_{i+1}/\delta_{i+1}} \tag{3 – 1 – 4}$$

澳大利亚和新西兰规范[2]定义的第 i 层与第 $i + 1$ 层楼层位移角除以楼层剪力之比为 K_{i2}：

$$K_{i2} = \frac{\dfrac{\delta_i}{h_i}/V_i}{\dfrac{\delta_{i+1}}{h_{i+1}}/V_{i+1}} = \frac{h_{i+1}}{h_i} \times \frac{V_{i+1}/\delta_{i+1}}{V_i/\delta_i} = \frac{h_{i+1}}{h_i K_{i1}} \tag{3 – 1 – 5}$$

式中 V_i、V_{i+1} 为第 i、$i + 1$ 层层高中点位置的剪力；δ_i、δ_{i+1} 为第 i、$i + 1$ 层层间位移。

$$V_i = \frac{qH(\xi_{i-1} + \xi_i)(4 - \xi_{i-1} - \xi_i)}{8} \tag{3 – 1 – 6}$$

$$V_{i+1} = \frac{qH(\xi_i + \xi_{i+1})(4 - \xi_i - \xi_{i+1})}{8} \tag{3 – 1 – 7}$$

$$\delta_i = \frac{qH^4 \ (15\xi_{i-1} - 15\xi_i - 5\xi_{i-1}^4 + 5\xi_i^4 + \xi_{i-1}^5 - \xi_i^5)}{120EI} \tag{3-1-8}$$

$$\delta_{i+1} = \frac{qH^4 \ (15\xi_i - 15\xi_{i+1} - 5\xi_i^4 + 5\xi_{i+1}^4 + \xi_i^5 - \xi_{i+1}^5)}{120EI} \tag{3-1-9}$$

式中　$\xi_i = 1 - \dfrac{H_i}{H}$。

将公式（3-1-6）～（3-1-9）代入公式（3-1-4）可得：

$$[K_{i1}] = \frac{V_i/\delta_i}{V_{i+1}/\delta_{i+1}} = \frac{(\xi_{i-1} + \xi_i) \ (4 - \xi_{i-1} - \xi_i)}{(\xi_i + \xi_{i+1}) \ (4 - \xi_i - \xi_{i+1})} \times \frac{(15\xi_i - 15\xi_{i+1} - 5\xi_i^4 + 5\xi_{i+1}^4 + \xi_i^5 - \xi_{i+1}^5)}{(15\xi_{i-1} - 15\xi_i - 5\xi_{i-1}^4 + 5\xi_i^4 + \xi_{i-1}^5 - \xi_i^5)}$$

$$\tag{3-1-10}$$

将公式（3-3-6）～（3-3-9）代入公式（3-3-5）可得：

$$[K_{i2}] = \frac{(1 - \xi_{i+1}) \ (\xi_i + \xi_{i+1}) \ (4 - \xi_i - \xi_{i+1})}{(1 - \xi_i) \ (\xi_{i-1} + \xi_i) \ (4 - \xi_{i-1} - \xi_i)} \times \frac{(15\xi_{i-1} - 15\xi_i - 5\xi_{i-1}^4 + 5\xi_i^4 + \xi_{i-1}^5 - \xi_i^5)}{(15\xi_i - 15\xi_{i+1} - 5\xi_i^4 + 5\xi_{i+1}^4 + \xi_i^5 - \xi_{i+1}^5)}$$

$$\tag{3-1-11}$$

由公式（3-1-10），（3-1-11）可见：均匀结构楼层侧向刚度变化与结构总高度、层高、楼层位置等因素有关，各国规范仅给出一个定值是有局限性的。

建筑结构楼层侧向刚度突变通常有以下三种情况：1. 楼层层高突变；2. 部分竖向构件刚度突变；3. 楼层层高突变以及部分竖向构件刚度也突变。当建筑结构出现上述三种情况之一时，结构侧向位移发生突变，楼层侧向刚度不均匀导致地震反应增大，局部变形集中。这时通常可以采用一些构造措施，控制结构楼层侧向刚度变化与上述均匀结构的相应参数接近，使结构侧向刚度趋于均匀。

三、算例分析

对于一栋 29 层，层高为 3m 的均匀结构，按公式（3-1-10），（3-1-11）计算的楼层侧向刚度沿结构高度变化见表 3-1-1，表 3-1-2。可见，无论结构层高是否变化，按各国规范定义的楼层侧向刚度沿结构高度都是变化的，且相差很大。结构平面布置如图 3-1-2 所示，7 度（0.1g）抗震设防，Ⅱ类场地土，剪力墙厚 250mm 时可以满足我国现行规范抗震设计的要求。结构分析采用空间杆—墙板元模型，假设楼板平面内刚度无限大。当结构某一层刚度沿高度突变（变小）时，为了使刚度趋于均匀，将刚度突变的楼层及其以下楼层的竖向构件截面加大，使结构侧移曲线（或楼层侧移刚度比）与上述均匀结构在倒三角形荷载作用的相应参数接近。

楼层与上一层侧向刚度之比 K_{i1}　　　　　　　表 3-1-1

楼层位置	1	2	3	4	5
层高均为 3 米	3.02	1.62	1.37	1.27	1.18
楼层所在位置层高变为 6 米	1.22	0.85	0.74	0.66	0.63

楼层与上一层层间位移角除以楼层剪力之比 K_{i2} 表 3 - 1 - 2

楼层位置	1	2	3	4	5
层高均为 3 米	0.33	0.62	0.73	0.79	0.85
楼层所在位置层高变为 6 米	0.41	0.59	0.68	0.76	0.79

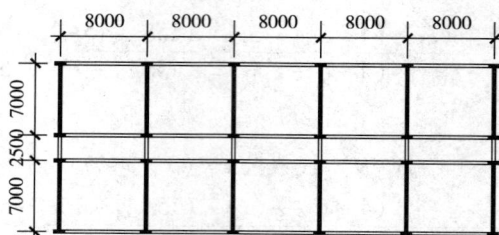

图 3 - 1 - 2 剪力墙结构平面图

1. 楼层层高突变

当第五层层高由 3m 变为 6m 时，表 3 - 1 - 3、表 3 - 1 - 4 给出了结构首层至五层不同墙厚的计算结果。

计算结果（连梁截面 200mm × 200mm——弱连梁）   表 3 - 1 - 3

墙 厚（mm）	位移角之比 $\dfrac{\Delta_5/h_5}{\Delta_6/h_6}$	K_{i1} $\dfrac{V_5/\Delta_5}{V_6/\Delta_6}$	K_{i2} $\dfrac{\Delta_5/V_5 h_5}{\Delta_6/V_6 h_6}$	基底剪力（kN）	基底弯矩（kN·m）	最大层间位移角
150	0.85	0.616	0.812	3817	187064	1/960
200	0.83	0.628	0.796	3856	186040	1/1054
250	0.82	0.640	0.781	3895	184776	1/1127
300	0.81	0.653	0.766	3934	183516	1/1186
350	0.79	0.666	0.751	3993	183304	1/1234
400	0.78	0.679	0.736	4088	184834	1/1274
450	0.77	0.692	0.723	4179	186216	1/1309
500	0.76	0.705	0.709	4265	187485	1/1338
550	0.75	0.718	0.696	4346	188660	1/1364
600	0.74	0.731	0.684	4425	189770	1/1387
700	0.71	0.758	0.66	4572	191823	1/1425
800	0.69	0.785	0.637	4710	193700	1/1456
900	0.68	0.813	0.615	4840	195434	1/1482

计算结果（连梁截面 200mm×700mm——强连梁）　　　表 3－1－4

墙厚（mm）	位移角之比 $\dfrac{\Delta_5/h_5}{\Delta_6/h_6}$	K_{i1} $\dfrac{V_5/\Delta_5}{V_6/\Delta_6}$	K_{i2} $\dfrac{\Delta_5/V_5h_5}{\Delta_6/V_6h_6}$	基底剪力（kN）	基底弯矩（kN·m）	最大层间位移角
150	0.93	0.563	0.888	4087	199423	1/2449
200	0.89	0.585	0.855	4199	201746	1/2758
250	0.88	0.598	0.836	4301	203288	1/2992
300	0.86	0.621	0.805	4395	204456	1/3175
350	0.85	0.623	0.803	4495	206335	1/3307
400	0.83	0.635	0.787	4621	211090	1/3361
450	0.81	0.657	0.761	4736	215159	1/3404
500	0.81	0.659	0.759	4842	218690	1/3439
550	0.78	0.682	0.733	4941	221801	1/3469
600	0.78	0.684	0.731	5034	224588	1/3493
700	0.76	0.708	0.706	5204	229365	1/3533
800	0.71	0.756	0.661	5359	233370	1/3563
900	0.70	0.771	0.649	5501	236798	1/3588

2. 部分竖向构件截面突变

当结构首层至五层中部两片双肢墙由 8 根 900mm×900mm 柱代替时（如图 3－1－3 所示），剪力墙结构变为部分框支剪力墙结构，表 3－1－5、表 3－1－6 给出了结构首层至五层剩余剪力墙不同厚度的计算结果。表格最后一行分别为结构首层至五层中部四片剪力墙由 16 根 900mm×900mm 柱代替后的结果（如图 3－1－4 所示），这时落地剪力墙厚度 250mm 不变。

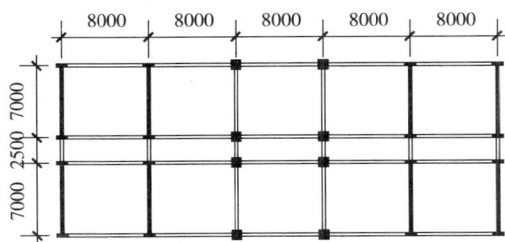

图 3－1－3　框支剪力墙结构平面图

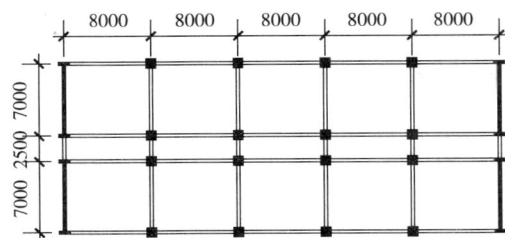

图 3－1－4　框支剪力墙结构平面图

计算结果（连梁截面 200mm×200mm——弱连梁） 表 3-1-5

墙厚（mm）	位移角之比 $\dfrac{\Delta_5/h_5}{\Delta_6/h_6}$	K_{i1} $\dfrac{V_5/\Delta_5}{V_6/\Delta_6}$	K_{i2} $\dfrac{\Delta_5/V_5h_5}{\Delta_6/V_6h_6}$	基底剪力（kN）	基底弯矩（kN·m）	最大层间位移角
150	0.95	1.093	0.915	3976	171815	1/1178
200	0.93	1.125	0.889	4057	173205	1/1226
250	0.89	1.167	0.857	4129	174362	1/1266
300	0.88	1.189	0.841	4193	175355	1/1299
350	0.85	1.221	0.819	4251	176234	1/1327
400	0.85	1.232	0.812	4305	177026	1/1352
450	0.82	1.275	0.784	4355	177747	1/1373
500	0.80	1.307	0.765	4401	178405	1/1392
550	0.79	1.329	0.752	4444	179011	1/1409
600	0.76	1.371	0.729	4484	179571	1/1424
700	0.73	1.436	0.696	4555	180579	1/1450
800	0.71	1.480	0.676	4622	181467	1/1471
900	0.67	1.566	0.639	4680	182247	1/1489
	1.01	1.035	0.966	4297	176405	1/1315

计算结果（连梁截面 200mm×700mm——强连梁） 表 3-1-6

墙厚（mm）	位移角之比 $\dfrac{\Delta_5/h_5}{\Delta_6/h_6}$	K_{i1} $\dfrac{V_5/\Delta_5}{V_6/\Delta_6}$	K_{i2} $\dfrac{\Delta_5/V_5h_5}{\Delta_6/V_6h_6}$	基底剪力（kN）	基底弯矩（kN·m）	最大层间位移角
150	1.06	0.978	1.022	4441	191912	1/2797
200	1.02	1.013	0.987	4520	192894	1/2996
250	0.98	1.062	0.942	4588	193617	1/3147
300	0.96	1.083	0.923	4663	195634	1/3241
350	0.92	1.135	0.881	4747	199067	1/3285
400	0.89	1.167	0.857	4822	201943	1/3320
450	0.87	1.198	0.835	4889	204409	1/3349
500	0.85	1.229	0.814	4949	206550	1/3373
550	0.84	1.240	0.806	5003	208440	1/3393
600	0.81	1.293	0.773	5054	210123	1/3410
700	0.78	1.346	0.743	5143	212980	1/3439
800	0.74	1.420	0.704	5220	215334	1/3462
900	0.70	1.484	0.674	5287	217324	1/3480
	1.23	0.849	1.178	4648	194121	1/3056

3. 楼层层高突变和部分竖向构件截面突变

表 3 - 1 - 7、表 3 - 1 - 8 给出了第 1 节，第 2 节两种刚度突变同时发生时的计算结果。

计算结果（连梁截面 200mm × 200mm——弱连梁）　　　　表 3 - 1 - 7

墙厚（mm）	位移角之比 $\dfrac{\Delta_5/h_5}{\Delta_6/h_6}$	K_{i1} $\dfrac{V_5/\Delta_5}{V_6/\Delta_6}$	K_{i2} $\dfrac{\Delta_5/V_5 h_5}{\Delta_6/V_6 h_6}$	基底剪力（kN）	基底弯矩（kN·m）	最大层间位移角
150	0.94	0.555	0.901	3844	183199	1/1102
200	0.91	0.578	0.865	3870	181816	1/1151
250	0.89	0.590	0.847	3922	181879	1/1192
300	0.86	0.613	0.816	3997	183110	1/1227
350	0.85	0.625	0.800	4068	184218	1/1256
400	0.83	0.637	0.785	4135	185220	1/1283
450	0.82	0.649	0.770	4199	186153	1/1306
500	0.79	0.672	0.744	4259	187022	1/1326
550	0.78	0.684	0.731	4317	187842	1/1344
600	0.76	0.707	0.707	4373	188621	1/1361
700	0.74	0.732	0.683	4478	190070	1/1389
800	0.70	0.768	0.651	4576	191399	1/1413
900	0.68	0.793	0.631	4669	192631	1/1433
	1.06	0.497	1.006	4009	183813	1/1244

计算结果（连梁截面 200mm × 700mm——强连梁）　　　　表 3 - 1 - 8

墙厚（mm）	位移角之比 $\dfrac{\Delta_5/h_5}{\Delta_6/h_6}$	K_{i1} $\dfrac{V_5/\Delta_5}{V_6/\Delta_6}$	K_{i2} $\dfrac{\Delta_5/V_5 h_5}{\Delta_6/V_6 h_6}$	基底剪力（kN）	基底弯矩（kN·m）	最大层间位移角
150	1.06	0.493	1.014	4189	201087	1/2557
200	1.02	0.515	0.971	4280	202405	1/2758
250	0.98	0.537	0.931	4360	203374	1/2914
300	0.96	0.549	0.911	4433	204153	1/3038
350	0.94	0.560	0.893	4501	204822	1/3142
400	0.91	0.583	0.858	4566	205426	1/3229
450	0.89	0.594	0.842	4645	207655	1/3274
500	0.88	0.606	0.825	4726	210344	1/3301
550	0.85	0.628	0.796	4801	212735	1/3324
600	0.82	0.651	0.768	4872	214903	1/3343
700	0.79	0.674	0.742	5002	218661	1/3375
800	0.78	0.687	0.728	5120	221858	1/3399
900	0.74	0.733	0.682	5228	224617	1/3419
	1.28	0.408	1.225	4331	203839	1/2828

4. 计算结果分析

世界上主要国家结构抗震规范对楼层侧向刚度变化的控制如本节引言部分所述。这里认为合理的楼层侧向刚度变化如表3-1-1、表3-1-2中黑体数字所示。

由表3-1-3~表3-1-8可得出以下结论：

（1）当层高不变时，即使五层以下三分之二的剪力墙由柱代替、五层以下其他剪力墙厚度保持250mm不变也能满足各国规范[1-3]的要求；

（2）当仅五层层高变大时，即使首层至五层的剪力墙厚度由250mm减小到150mm，也能满足外国规范[1,2]的要求；要满足我国规范[3]的要求，将使结构首层至五层的剪力墙厚度由250mm变为500mm（弱连梁）或700mm（强连梁）；

（3）当五层层高变大、结构首层至五层三分之二剪力墙由柱代替时，即使首层至五层剪力墙厚度由250mm减小到150mm，也能满足外国规范[1,2]的要求；

（4）当五层层高变大、结构首层至五层三分之一剪力墙由柱代替时，要满足我国规范[3]的要求，可使结构首层至五层的剪力墙由250mm变为600mm（弱连梁）或850mm（强连梁）；

（5）按本节的控制准则，当仅五层层高变大后，结构首层至五层剪力墙厚度可以不变（弱连梁）或由250mm变为400mm（强连梁）；

（6）按本节的控制准则，当仅结构首层至五层三分之一剪力墙由柱代替时，结构首层至五层墙厚度由250mm变为300mm（弱连梁）或450mm（强连梁）；

（7）按本节的控制准则，当五层层高变大、结构首层至五层三分之一剪力墙由柱代替时，结构首层至五层剪力墙厚度由250mm变为400mm（弱连梁）或550mm（强连梁）；

（8）在各种情况下，随着结构底部剪力墙厚度增加，结构最大层间位移减小，结构底部剪力和弯矩均增大。

由以上结论可见：对于带转换层的高层建筑结构，各国规范[1-4]的相关条文无法合理地控制楼层侧向刚度变化；按本节控制准则设计的结构与结构概念以及工程经验相一致，可以有效地控制楼层侧向刚度的变化。

四、设计建议

转换层的设置导致高层建筑结构楼层侧向刚度突变，不仅采用柱支承剪力墙使竖向构件截面突变，而且转换层在使用功能上兼作会所，使转换层层高相对其上一层的住宅层高突变。作者在计算某三十一层框支剪力墙结构[6]时，当采用中国规范[3]的楼层侧向刚度比控制准则时，转换层以下剪力墙厚度达到700~900mm，而采用本节提出的控制准则时，转换层以下的剪力墙厚度可以减小200~300mm。由于地震作用大小沿结构高度近似呈倒三角形分布，为了与我国现行规范一致，以便工程设计人员使用，仍采用楼层侧向刚度比控制结构侧向刚度变化。合理的楼层侧向刚度比为 $[K_{i1}]$（式3-1-10）。

$[K_{i1}]$ 仅与结构总高度、层高以及楼层位置有关，而与结构刚度和荷载大小无关，使用非常方便。在工程设计时建议：以弯曲型变形为主的建筑结构楼层侧向刚度比不应小于0.90 $[K_{i1}]$，不宜小于1.00 $[K_{i1}]$。

第二节　框支剪力墙结构楼层侧向刚度比

一、引言

高层建筑转换层结构楼层侧向刚度沿高度的分布规律，对地震作用下的结构动力响应和破坏过程有着显著的影响。历次重大震害及振动台试验均表明[7,8]：转换层结构底部刚度过弱将导致严重的震害。对于框支剪力墙高层建筑，需要控制的是设置在结构中下部的转换层上下楼层侧向刚度。在此情况下，转换层上下楼层间的地震作用力突变明显，但转换层上下楼层间的地震剪力突变并不明显。因此，地震剪力与层间变形比值法所控制的本质即是层间变形之比。上节分析表明，现行规范所定义的层间变形限值在控制以弯曲型变形为主的高层建筑中存在明显的不完善现象。另外，针对高层建筑转换层结构，我国《高层建筑混凝土结构技术规程》[9]附录E（本节以下简称《高规》）还规定了带转换层高层建筑结构首层转换时，转换层上部与下部结构的等效剪切刚度比不应大于2；三层及三层以上转换时，转换层上部与下部结构的等效侧向刚度比不应大于1.3，同时楼层侧向刚度不小于上层侧向刚度的0.6倍（以下简称等效侧向刚度法）。但该规定仅建立于定量的弹性计算基础上，缺乏严密的理论推导及大量的弹塑性验算；且当结构为非首层转换时，又往往受《高规》[9]所定义的楼层侧向刚度不小于上一层侧向刚度的0.6倍所限制，而不起控制作用。

本节从基本力学概念和理想变形状态出发，提出一种新的楼层侧向刚度准则——修正的层间位移角比值法。并通过典型框支剪力墙结构大量的弹性及弹塑性地震分析，对不同楼层侧向刚度控制准则下的转换层结构动力响应和屈服机制等进行了比较。

二、框支剪力墙结构合理楼层侧向刚度比推导

1. 理想化杆件的变形曲线

将以弯曲型变形为主的高层建筑理想化为一悬臂杆件，如图 3-2-1 所示。若杆件上任一点抗侧刚度与其外力效应相协调对应，即合理的杆件刚度分布应使其在外力效应下，杆件任一点都达到其屈服曲率 φ。设在任意侧向力分布下的悬臂杆件，距杆顶 x 处的弯矩为 $M(x)$，抗弯刚度为 $EI(x)$，由材料力学公式：

$$\frac{M(x)}{\varphi} = EI(x) \qquad (3-2-1)$$

如果已知杆件底部的抗弯刚度 $EI(H)$，底部弯矩 $M(H)$，则杆件中任一点的抗弯刚度可表示为：

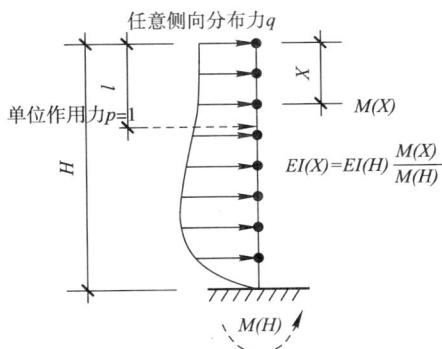

图 3-2-1　理想杆件位移曲线计算简图

$$EI(x) = EI(H)\frac{M(x)}{M(H)} \qquad (3-2-2)$$

65

若忽略杆件的剪切变形，杆件任一点 l 处位移（即杆件变形曲线）为：

$$\Delta_l = \int_l^H \frac{M(x) M(p)}{EI(x)} \mathrm{d}x = \int_l^H \frac{M(x) (x-l)}{EI(H) \frac{M(x)}{M(H)}} \mathrm{d}x = \frac{M(H)}{EI(H)} \left(\frac{x^2}{2} - lx \right) \Big|_l^H$$

$$= \frac{M(H) H^2}{2EI} (1 - 2\xi + \xi^2) \qquad (3-2-3)$$

其中，$\xi = \dfrac{l}{H}$，l 为所求位移质点到杆件顶点的距离；当 $l = 0$ 时，即杆件的顶点位移 $\Delta_l = \dfrac{M(H) H^2}{2EI}$，当 $l = H$ 时，即杆件的底部位移 $\Delta_l = 0$。

2. 高层建筑转换层结构合理的位移角比值

若高层建筑结构变形与上述理想化杆件相一致，则从公式（3-2-3）可得，结构第 $i-1$ 层、第 i 层及第 $i+1$ 层位移 Δ_{i-1}、Δ_i 及 Δ_{i+1} 分别为：

$$\Delta_{i-1} = \frac{M(H) H^2}{2EI} (1 - 2\xi_{i-1} + \xi_{i-1}^2) \qquad (3-2-4)$$

$$\Delta_i = \frac{M(H) H^2}{2EI} (1 - 2\xi_i + \xi_i^2) \qquad (3-2-5)$$

$$\Delta_{i+1} = \frac{M(H) H^2}{2EI} (1 - 2\xi_{i+1} + \xi_{i+1}^2) \qquad (3-2-6)$$

第 i 层及第 $i+1$ 层层间位移 δ_i 及 δ_{i+1} 分别为：

$$\delta_i = \Delta_i - \Delta_{i-1} = \frac{M(H) H^2}{2EI} (2\xi_{i-1} - 2\xi_i - \xi_{i-1}^2 + \xi_i^2) \qquad (3-2-7)$$

$$\delta_{i+1} = \Delta_{i+1} - \Delta_i = \frac{M(H) H^2}{2EI} (2\xi_i - 2\xi_{i+1} - \xi_i^2 + \xi_{i+1}^2) \qquad (3-2-8)$$

第 i 层及第 $i+1$ 层层间位移角 θ_i 及 θ_{i+1} 分别为：

$$\theta_i = \frac{\delta_i}{h_i} \qquad \theta_{i+1} = \frac{\delta_{i+1}}{h_{i+1}} \qquad (3-2-9)$$

联合式（3-2-7）～（3-2-9）可得，第 i 层与第 $i+1$ 层层间位移角比值 k_i 为：

$$k_i = \frac{\theta_i}{\theta_{i+1}} = \frac{(2\xi_{i-1} - 2\xi_i - \xi_{i-1}^2 + \xi_i^2)}{(2\xi_i - 2\xi_{i+1} - \xi_i^2 + \xi_{i+1}^2)} \cdot \frac{\xi_i - \xi_{i+1}}{\xi_{i-1} - \xi_i} \qquad (3-2-10)$$

从式（3-2-10）可见，结构的层间变形比值与其所在楼层、层高及结构总高度直接相关，而并不是现行规范所定义的固定值。

由于实际结构质量主要集中在楼层处，变形中也包含剪切型变形的贡献。而对于理想杆件，其质量均匀分布且不考虑剪切变形，因此实际结构与理想杆件在质量分布及变形机制上的区别，将引起上述层间位移角比值一定的变化。对于转换层设置在五层或 30m 以下的常规高层建筑转换层结构可引入修正系数 Ψ，以近似考虑上述影响。则实际工程中高层建筑转换层结构应控制的层间位移角比值为：

$$K_i \leqslant \Psi \cdot k_i = \Psi \cdot \frac{(2\xi_{i-1} - 2\xi_i - \xi_{i-1}^2 + \xi_i^2)}{(2\xi_i - 2\xi_{i+1} - \xi_i^2 + \xi_{i+1}^2)} \cdot \frac{\xi_i - \xi_{i+1}}{\xi_{i-1} - \xi_i} \qquad (3-2-11)$$

为进一步确定修正系数 Ψ 的合理取值，并分析上述层间位移角比值在实际工程中的应用情况，作者在文献 10 采用高层建筑空间结构分析软件 SATWE，对若干个通过抽象、简化而建立的典型转换层结构工程算例按振型分反应谱法进行地震作用下的拟静力分析。由于篇幅所限，这里仅以图 3-2-2 所示结构为例进行分析，该算例位于抗震设防烈度为 7 度 0.1g 地区，分别考虑转换层楼层设置在首层、三层、五层时的三种情况，结构总层数为 20 层，总高度为 63～75m，高宽比为 2.9～3.4，总建筑面积为 16400m^2，每平方米重量约为 15kN。结构布置、层高和混凝土强度等级如图 3-2-2 所示。

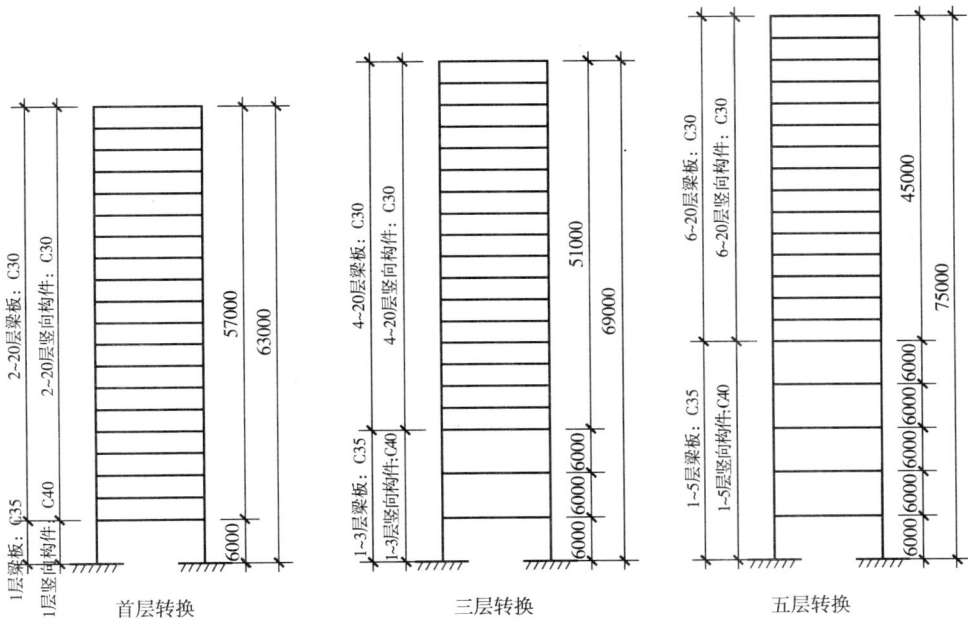

（a）层高及混凝土等级示意图

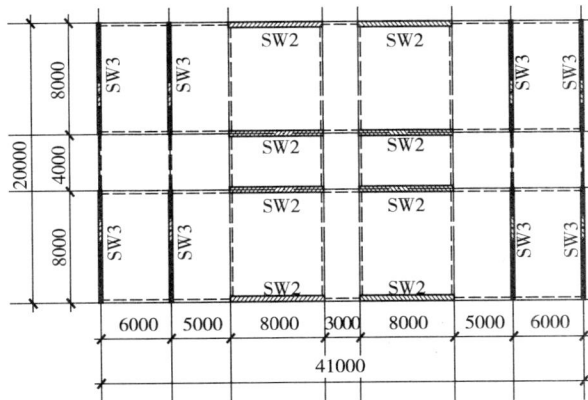

（b）转换层结构平面布置

图 3-2-2　结构布置图（一）

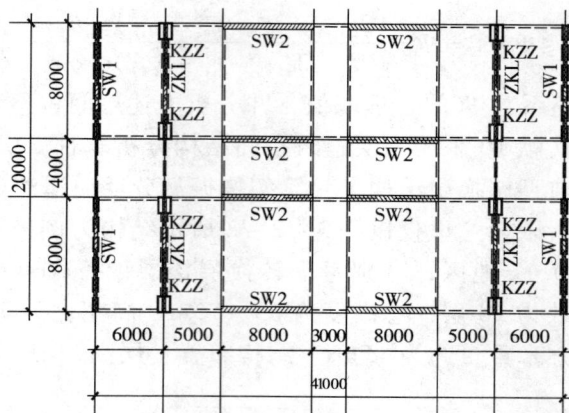

（c）标准层结构平面布置

图 3 - 2 - 2　结构布置图（二）

说明：

除注明外，转换层结构平面图中未标注的梁均为虚梁 100×100，落地剪力墙 SW1 厚度根据不同的侧向刚度准则确定，纵向剪力墙 SW2 厚度为 400，框支柱 KZZ 为 1100×1100，转换梁 ZKL 为 500×1000。

除注明外，标准层结构平面图中未标注的梁均为虚梁 100×100，纵向剪力墙 SW2 厚度为 400，框支剪力墙 SW3 厚度为 250。（单位均为 mm）

仅调整落地剪力墙厚度，使修正系数 Ψ 不同，考察转换层上，下结构层间位移角及内力随 Ψ 的变化情况。其中层间位移角变化：转换层层间位移角 θ_1 与转换层上一层层间位移角 θ_2 之比；内力变化：1）框支剪力墙在转换层以上一层所承受的剪力大小。2）落地剪力墙在转换层上、下层的剪力突变值（即落地剪力墙在转换层所承受剪力与其在转换层上一层所承受剪力之差）与落地剪力墙在转换层所承受剪力之比。

由图 3 - 2 - 3（a）可以看出，在修正系数 Ψ 不变的情况下，转换层位置越高，转换层上、下结构层间位移角比值 θ_1/θ_2 将增加；转换层位置不变时，随着修正系数 Ψ 的增加，θ_1/θ_2 比值将增加，在 $\Psi \le 1.15$ 时，θ_1/θ_2 基本 ≤ 1。由图 3 - 2 - 3（b）可以看出，转换层位置不变时，随着修正系数 Ψ 的增加，落地剪力墙墙厚需求减少；当修正系数 Ψ 相同，且 $\Psi \le 1.15$ 时，转换层设置位置越高，墙厚需求增加；当 $\Psi \le 1.10$ 时，转换层设置位置越高，墙厚需求急剧增长，结构偏于保守。因此对常规的高层建筑转换层结构，层间位移角比值 K_i 及合适的修正系数 Ψ（$\Psi \le 1.15$）基本能反映转换层上、下层间位移角变化及落地剪力墙墙厚需求情况。

由图 3 - 2 - 4（a）、（b）可以看出，转换层位置不变时，随着修正系数 Ψ 的增加，框支剪力墙所承受的剪力及落地剪力墙剪力突变比例均增加。当修正系数 $\Psi = 1.00$ 时，不论转换层高低，框支剪力墙所承受的剪力及落地剪力墙剪力突变比例均较小；当 $1.00 \le \Psi \le 1.15$ 时，转换层位置不同时，内力变化略有不同，但差异不大；当 $\Psi \ge 1.15$ 时，框支剪力墙所承受的剪力及落地剪力墙剪力突变比例均急剧增长，内力变化较大，即转换层上一层框支剪力墙及落地剪力墙剪力分配严重不均，转换层楼板受力较大。

68

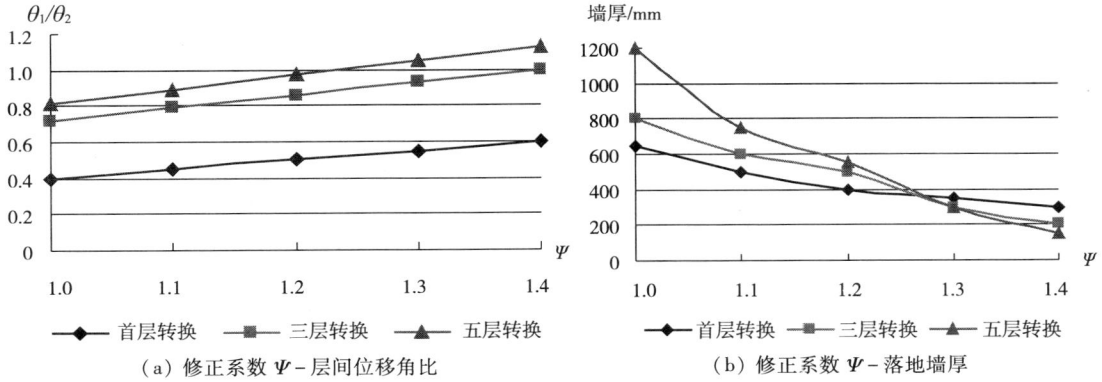

（a）修正系数 Ψ－层间位移角比　　　　　　（b）修正系数 Ψ－落地墙厚

图 3－2－3　不同修正系数 ψ 工况下层间位移角及落地剪力墙墙厚变化图

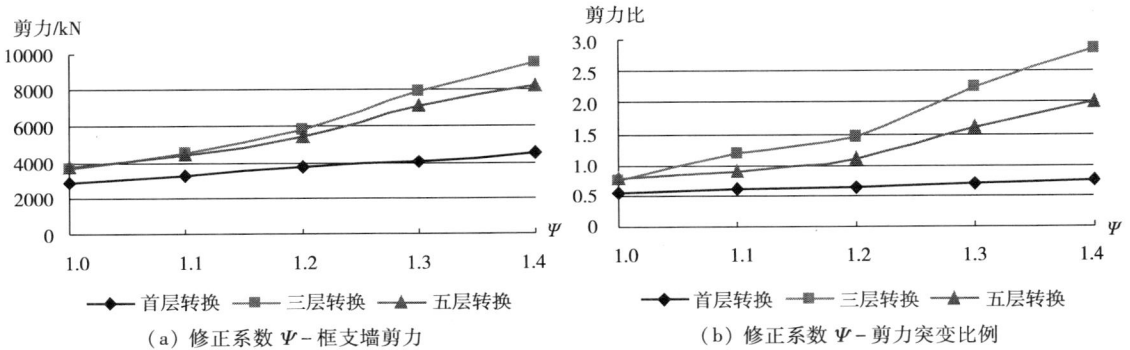

（a）修正系数 Ψ－框支墙剪力　　　　　　（b）修正系数 Ψ－剪力突变比例

图 3－2－4　不同修正系数 ψ 工况下框支墙剪力及落地墙剪力突变比例变化图

从图 3－2－3（a）可见，式（3－2－11）得出的结构层间位移角限值远小于现行规范 1.3 的要求。分析结果也表明，当结构层间位移角接近 1.3 时，转换层结构下部刚度削弱严重，可以直观判断以层间位移角比值为 1.3 的固定值控制以弯曲型变形为主的高层建筑转换层结构是不适宜的。为了与《省高规》[11] 所规定（楼层位移角不大于上层位移角的 1.3 倍）的楼层侧向刚度准则相区别，本节称按式（3－2－11）所控制的高层建筑转换层结构层间楼层侧向刚度准则为修正的层间位移角比值法。

从式（3－1－11）可见，高层建筑框支转换层结构层间位移角比值 K_i 只与结构总高度、层高以及楼层位置有关，而与结构刚度和荷载分布及大小无关。

三、算例分析

以图 3－2－2 结构为例，仅对落地剪力墙厚度进行调整，分别满足《高规》[9] 附录 E 的等效侧向刚度法、《抗规》[3] 的地震剪力与层间位移比值法及本节提出的修正的层间位移角比值法三种楼层侧向刚度控制准则下的高层建筑转换层结构楼层侧向刚度需求，考察结构在弹性及弹塑性状态下的受力特点、抗震性能及屈服机制。

1. 框支剪力墙结构的弹性静力分析

在多遇地震作用下，采用 SATWE 程序对上述三种楼层侧向刚度控制准则下的结构进行计算分析，结果如表3-2-1所示：

不同侧向刚度控制准则下的结构分析结果 　　　　　表3-2-1

	转换层设置所在层数	第一自振周期	最大层间位移角	落地剪力墙厚度	地震剪力与层间位移比	高规附录E等效侧向刚度比	层间位移比	基底剪力	基底弯矩
《高规》附录E等效侧向刚度比值法	首层	2.41	1/1168	450	1.10	2.00	0.47	5545	161708
	三层	2.64	1/1182	400	0.59	1.30	0.91	5258	173836
	五层	2.87	1/1215	400	0.52	1.30	1.03	4698	182347
《抗规》地震剪力与层间位移比值法	首层	2.59	1/1030	120	0.70	6.25	0.74	5420	158376
	三层	2.64	1/1202	450	0.60	1.17	0.88	5319	174640
	五层	2.86	1/1402	800	0.60	1.07	0.92	5127	188277
修正的层间位移角比值法	首层	2.41	1/1168	450	1.10	2.00	0.46	5545	161708
	三层	2.64	1/1220	500	0.62	1.07	0.87	5374	175395
	五层	2.87	1/1297	550	0.55	0.97	0.99	4877	184682

注：结构平面对称，均匀，第一结构扭转周期与第一平动周期比值及扭转位移比，均满足《高规》[9]要求。

从表3-2-1计算结果可以看出：

（1）在不同的楼层侧向刚度控制准则情况下，转换层位置不变时，随着结构底部剪力墙厚度增加，结构最大层间位移减小，结构整体底部剪力和弯矩均增大。但构件抗力的增长远远大于因刚度增长所带来的结构底部的剪力和弯矩的增长。如转换层结构设置在五层时，墙厚从以《高规》[9]附录E所定义的等效剪弯刚度比值法控制下的400mm增长至以《抗规》[3]所定义的地震剪力与层间位移比值法控制下的800mm，墙厚增长2倍；而整体剪力增长仅为1.09倍，整体弯矩增长仅为1.03倍。可以认为在弹性阶段，以振型分解反应谱法计算的转换层结构，转换层结构下部刚度的减弱并不会使结构的整体剪力及弯矩在底部产生较大的突变。

（2）转换层结构设置在首层时，从现行规范所定义的两种楼层侧向刚度控制准则分析结果可得，转换层结构抗侧刚度需求取决于等效侧向刚度法，主要原因是《抗规》[3]所定义的地震剪力与层间位移比值法，在层间剪力相差不大的情况下，其本质是层间位移的比值。在以弯曲型变形为主的高层结构中，底层的层间位移为绝对的有害位移，而底层以上所有楼层均累积以下所属楼层的非有害位移，因此有害位移占所在楼层的层间位移比例以底层最大（100%），结构底层的层间位移远远少于上层。张晖，杨联萍等人于1999年[12]曾分析一60层高层建筑，其二层结构有害位移占所在楼层的层间位移由底层的100%锐减为34.7%。而《抗规》[3]地震剪力与层间位移比值法直接采用结构的层间位移作为其计算参数，并没有考虑结构有害位移与非有害位移在不同的楼层所占的比例，导致转换层结构底部抗侧刚度需求过小。

（3）转换层在三层及以上时，从现行规范[3,9]所定义的两种侧向刚度控制准则可得，转换层结构抗侧刚度需求取决于《抗规》[3]所定义的地震剪力与层间位移比值。主要原因是层间位移的数值与层高成正比，转换层往往需要较大的层高，而《抗规》[3]层间刚度法直接采用结构的层间位移作为其计算参数，并没有考虑结构层间高度的变化对控制准则参数带来的影响，导致转换层结构底部抗侧刚度需求过大。

（4）修正的层间位移角比值法与等效侧向刚度比值法所设计出的转换层结构刚度相接近。按等效侧向刚度比值法准则控制时，转换层结构设置越高，抗侧刚度需求减少，在首层、三层及五层时，落地剪力墙厚度分别为450mm、400mm及400mm；结构按修正的层间位移角比值法设计时，转换层结构竖向构件的截面刚度随着转换层设置位置的递增而增长，在首层、三层及五层时，分别为450mm、500mm及550mm。高位转换应提供更高的转换层抗侧刚度需求，以缓和结构因刚度变化及竖向构件不连续所引起的不利抗震效应，因此修正的层间位移比值法更趋合理。

2. 框支转换层结构弹塑性动力时程分析

合理的转换层抗震设防概念应为强转换，弱上部，以保证转换层免于过早出现屈服状态，从而导致转换层进一步的刚度及强度削弱，影响上部结构的延性发展。由于结构采用振型分解反应谱法进行地震作用下的静力分析时，无从考察结构在地震作用下实际的屈服机制、相应构件的延性要求及极限的抗震性能指标。因此，为了了解转换层结构的屈服机制和极限状态，对结构进行在罕遇地震作用下的弹塑性动力时程分析。

（1）弹塑性分析参数选取

本节工程算例的弹塑性时程分析采用二维平面分析程序IDARC[13]。结构分析模型采用杆系-层间模型，恢复力模型采用程序提供的由三参数控制的三折线形恢复力模型，此模型可以较好地模拟钢筋混凝土构件的刚度、强度退化和捏缩效应。选取国际上具有完整时程校正的地震记录近30条，包括不同持时，幅值及频谱特性，如表3-2-2所示，进行结构的弹塑性动力时程分析。

（2）弹塑性动力时程分析结果

为了得到三种楼层侧向刚度控制准则下的结构在不同的地震波作用下的屈服机制和所能达到的极限性能指标，即在指定的地震激励下，结构倒塌前所能承受的地震波极限峰值加速度，本节将对结构所施加的地震波峰值加速度从7度多遇地震的峰值加速度$0.035g$一直调整至9度罕遇地震的峰值加速度$0.600g$，增幅步长为$0.020g-0.030g$。当结构在临近经历剧烈动力特性变化时，加速度增幅步长将缩减至$0.005g-0.01g$，以分析和考察结构在较大的动力特性变化时，其相应的结构响应。

地震波选用　　　　　　　　　　　　　　　表3-2-2

地震波代号	地震波信息
GM1	1940，El Centro Site，270 Deg
GM2	1952，Hollywood Storage P. E.，0Deg
GM3	1952，Hollywood Storage P. E.，270 Deg
GM4	1999，Turkey，duzce

地震波代号	地震波信息
GM5	1999，Turkey，erzincan
GM6	1979，Bonds Corner El Centro Site，270 Deg
GM7	1979，Bonds Corner El Centro Site，310 Deg
GM8	1979，James RD. El Centro，220 Deg
GM9	1979，James RD. El Centro，310 Deg
GM10	1966，Parkfield Cholame，Shandon，40 Deg
GM11	1966，Parkfield Cholame，Shandon，130 Deg
GM12	1971，San Fernando 8244 Orion Blvd.，90 Deg
GM13	1971，San Fernando 8244 Orion Blvd.，180 Deg
GM14	1971，San Fernando Pocoima. Dam，196 Deg
GM15	1971，San Fernando Pocoima. Dam，286 Deg
GM16	1971，San Fernando，69 Deg
GM17	1971，San Fernando，159 Deg
GM18	1985，Mexico City，Station 1，180 Deg
GM19	1985，Mexico City，Station 1，270 Deg
GM20	1989，Loma Prieta，Oakland Outer Wharf，0 Deg
GM21	1989，Loma Prieta，Oakland Outer Wharf，270 Deg
GM22	1992，Cape Mendocino，Petrolia，90 Deg
GM23	1994，Northridge，Arleta and Nor Hoff Fire Station，90 Deg
GM24	1994，Northridge，Santa Monica，City Hall Grounds，0 Deg
GM25	1994，Northridge，Santa Monica，City Hall Grounds，90 Deg
GM26	1994，Northridge，Sylmar County Hosp.，90 Deg
GM27	1995，Kobe，Kjma
GM28	1995，Kobe，Takarazuka
GM29	1952，Taft Lincoln School，69 Deg
GM30	1952，Taft Lincoln School，339 Deg

图 3 - 2 - 5 表示了根据三种不同楼层侧向刚度控制准则设计的结构在不同地震波作用下的屈服机制和极限性能指标。横轴为地震波代号，纵轴为地震峰值加速度（单位为 g）及屈服机制代号。控制准则 1、2、3 分别表示的是层间刚度按《高规》[9] 附录 E 等效侧向刚度比值法、《抗规》[3] 地震剪力与地震层间位移比值法及本节所提出的修正的层间位移角比值法控制下所得到的结构工况。屈服机制代号 I - I 表示结构倒塌时转换层上部首先进入屈服状态，而转换层下部尚未出现屈服状态；I - II 表示转换层上部首先进入屈服状态，转换层下部随后也出现屈服状态；II - I 表示转换层下部首先进入屈服状态，而转换层上部尚未出现屈服状态；II - II 表示转换层下部首先进入屈服状态，转换层上部随后也出现屈服状态。缺省时，表示结构经峰值加速度为 0.600g 罕遇地震仍未出现屈服状态。

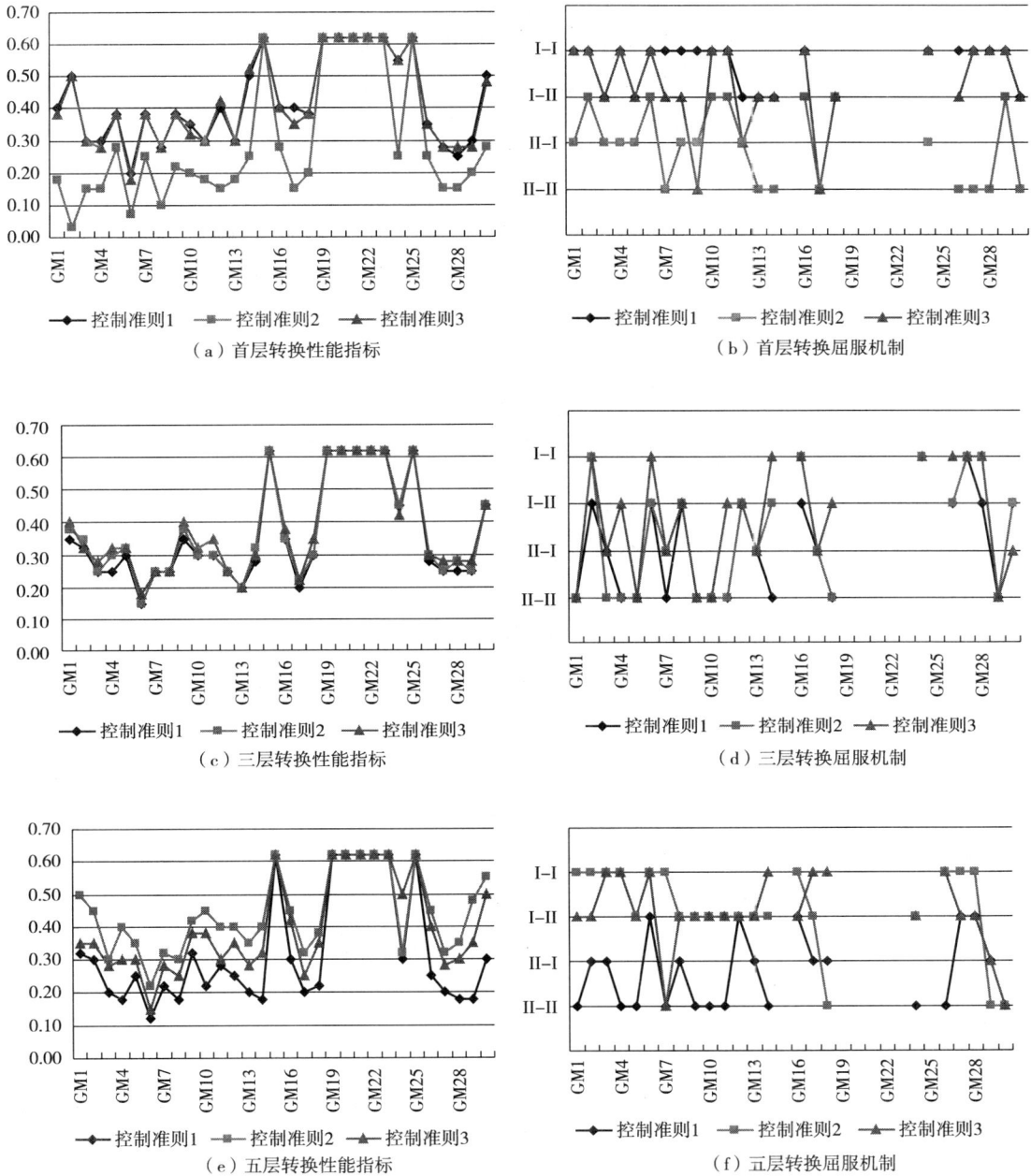

（a）首层转换性能指标

（b）首层转换屈服机制

（c）三层转换性能指标

（d）三层转换屈服机制

（e）五层转换性能指标

（f）五层转换屈服机制

图 3 - 2 - 5 不同控制准则下转换层结构性能指标及屈服机制

从图 3 - 2 - 5 分析可得：

1）不同的地震波激励对结构的影响相差很大，从几倍到十几倍。应进行有代表性的大量地震波作用下的弹塑性时程分析，并从概率统计的意义上判定结构的抗震性能。

2）转换层结构设置在首层时，等效侧向刚度法及本节所提出的修正的层间位移角比值法准则控制下的结构具有相近的抗震性能指标及屈服机制，在罕遇地震作用下均有良好的屈服机制，并免于倒塌。而地震剪力与地震层间位移比值法控制的结构底部刚度削弱严重，除了强度特别小的个别波外，如 GM21 等，均难以承受罕遇地震作用。

3）转换层结构设置在三层时，三种楼层侧向刚度准则控制下的转换层结构底部刚度相近，均能保证结构在罕遇地震作用下不倒塌；但等效侧向刚度准则控制下的转换层结构底部刚度相对较小，其性能指标及屈服机制略差。

4）转换层结构设置在五层时，地震剪力与层间位移比值法准则控制下结构的抗震性能及屈服机制均优于等效侧向刚度法及修正的位移角比值法，但其抗侧刚度需求过大；由于转换层结构设置位置较高，在较多的地震波工况下，三种准则均难以保证转换层底部不进入屈服的耗能机制。

5）在相同的性能指标屈服机制要求下，高位转换较低位转换往往需要更高的刚度和强度；若盲目加大转换层结构底部刚度，使塑性铰只能在转换层上部出现，可能导致结构不经济，甚至导致整个结构体系在罕遇地震作用下处于弹性状态，难以发挥转换层结构上部强大的延性耗能体系。从转换层结构设置在五层时结构内力、位移图及性能屈服机制表可见，虽然转换层结构底部先于上部首先屈服对结构抗震极为不利，但保证结构底部依然有一定的安全储备，不因构件的开裂而引起强度和刚度的急剧变化，从而允许结构转换层底部出现一定的塑性铰发展是可以接受的。

四、小结

本节从理论上推导出理想化杆件的层间位移角比值（见式 3 - 2 - 10）。考虑到结构实际变形中包含有剪切型变形，因此在层间位移角比值公式中引入修正系数 ψ，得到高层建筑转换层结构应控制的层间位移角比值（见式 3 - 2 - 11）。结果表明，结构的层间位移角比值 K_i 与其所在楼层、层高及结构总高度直接相关，而并不是现行规范所定义的固定值。并通过算例分析，确定合适的修正系数（$\psi \leqslant 1.15$），至此提出了一种新的楼层侧向刚度控制准则—修正的层间位移角比值法。

基于等效侧向刚度法、地震剪力与层间位移比值法及本节提出的修正层间位移角比值法三种楼层侧向刚度控制准则设计同一结构，分别探讨了其在弹性及弹塑性状态下的受力特点、抗震性能及屈服机制。

通过对比分析可知：

1.《省高规》[11] 所定义的层间位移角比值1.3，将导致转换层下部刚度削弱严重，不适宜控制以弯曲变形为主的高层建筑转换层结构；《抗规》[3] 的地震剪力与层间位移比值法直接采用结构的层间位移作为其计算参数，并没有考虑结构有害位移在不同的楼层及层高所占的比例，导致转换层结构底部抗侧刚度在首层转换层时需求过小，而在高位转换时则需求过大；《高规》[9] 按等效侧向刚度比值法准则控制时，转换层结构设置越高，抗侧刚度需求减少，与高位转换的抗震概念设计相矛盾。本节提出的修正层间位移角比值法以理想变形状态为基准，有效地考虑了转换层层高、设置位置的影响，所得的抗侧刚度需求符合高位转换的抗震概念。

2. 修正的层间位移角比值法控制下的转换层结构，在不同的高位转换均出现相对合理的抗震性能指标及屈服机制。初步研究表明，本节所提出的修正的层间位移角比值法控制准则较现行规范的更趋合理。

第三节　转换层结构楼层侧向刚度的有害位移角控制法

一、引言

　　本节对各国规范[1-3,9,11,14]所述各控制准则所采用的结构变形参数与结构侧向刚度的相关性进行初步的比较分析,提出采用楼层有害位移角这一结构变形参数控制结构楼层侧向刚度。通过大量结构算例分析,将楼层有害位移角比 $\gamma_{[\theta]} \leqslant 0.9$ 作为带转换层的高层建筑结构楼层侧向刚度的控制准则。同时,采用杆系和有限元两种不同的计算模型对带转换层结构的楼层侧向刚度比进行讨论,初步探讨转换层上、下部剪力墙和转换大梁刚度以及转换层层高对转换层刚度的贡献,得到转换层有害位移的合理修正系数 K_u,进一步得到一种新的带转换层的高层建筑结构楼层侧向刚度的控制准则———修正的有害位移角比 $K_u\gamma_{[\theta]} \leqslant 0.9$。

二、有害位移角的定义和计算

1. 有害位移角的定义

　　以弯曲型和弯剪型变形为主的高层建筑结构的层间位移由无害位移和有害位移组成[15]。有害位移直接引起结构破坏,是由各楼层构件自身变形引起的,无害位移是由于下一层构件变形引起的本层层间位移,除引起 $P-\Delta$ 效应外,对本楼层的结构破坏程度并不产生直接的影响,层间位移与剪力墙的内力并没有对应关系。

　　针对楼层变形特性,将有害位移角定义为:取该楼层及上部各层为计算模型,将其下部固定,施加作用在上部结构楼层的等效水平地震力所得的该楼层位移角为有害位移角。

2. 有害位移角的计算

　　各楼层等效水平地震力计算模型如图 3-3-1 所示,计算公式为

$$F_i = V_i - V_{i+1} \tag{3-3-1}$$

式中：　F_i 为第 i 层楼层的等效水平地震力；V_i 为第 i 层计算所得的楼层剪力。当 i 层为顶层时,取 $F_i = V_i$。

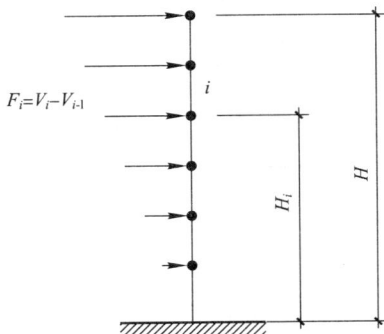

图 3-3-1　楼层等效水平地震力计算模型

本节主要研究的是带转换层的高层建筑结构（如图 3-3-2（a）所示）。计算转换层有害位移角时，采用图 3-3-2（b）所示模型，将转换层与上部结构层视为在转换层下部固定的结构，在等效水平地震力作用下得到的转换层水平位移与转换层层高的比值即为转换层有害位移角；当计算转换层上部楼层的有害位移角时，将上部剪力墙结构下部固定，如图 3-3-2（c）所示，求得在等效水平地震力作用下该楼层的水平位移与楼层层高的比值，即为该楼层的有害位移角。

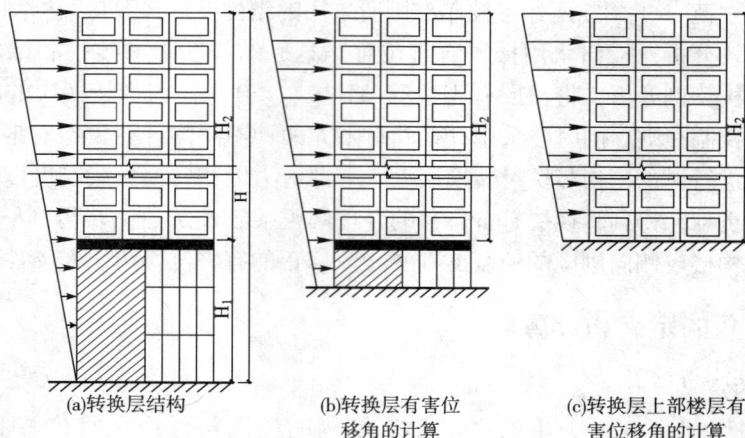

图 3-3-2 带转换层结构的有害位移角计算模型

（a）转换层结构　　（b）转换层有害位移角的计算　　（c）转换层上部楼层有害位移角的计算

三、结构变形参数与结构刚度及受力特性相关性的分析

通过一典型的弯曲型变形为主的结构，比较结构层的有害位移角和层间位移、层间位移角三者与结构受力性能的相关性，说明采用本节定义的有害位移角作为结构侧向刚度比的控制指标的可行性和合理性。

结构平面布置如图 3-3-3 所示，共有 20 层，转换层设置在第 3 层，层高为 6m，转换层以下落地剪力墙厚度为 450mm，混凝土强度等级为 C40，转换层上部为剪力墙结构，混凝土强度等级为 C30，层高为 3m，剪力墙厚度为 250mm。抗震设防烈度为 7 度，场地类别为 II 类。

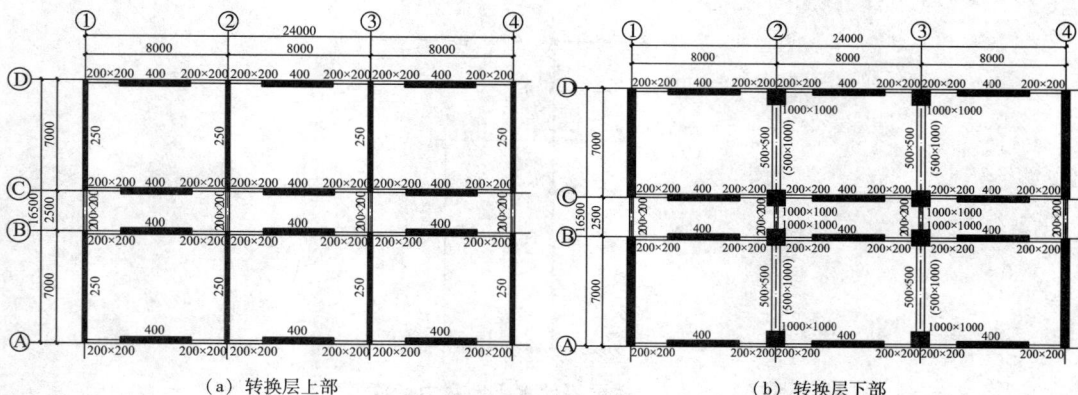

（a）转换层上部　　　　　　　　（b）转换层下部

图 3-3-3 转换层上下部结构平面（单位：mm）

计算结果如表 3 - 3 - 1 所示。

地震作用下的楼层反应和变形　　　　　　　　　　表 3 - 3 - 1

楼层	楼层剪力/kN	楼层弯矩/（kN·m）	层间位移/mm	层间位移角/rad	有害层间位移角/rad
20	397.66	1138.97	1.84	1/1633	1/394737
19	670.48	3148.48	1.85	1/1624	1/187500
18	879.42	5776.75	1.85	1/1619	1/119522
17	1018.7	8803	1.85	1/1620	1/87719
16	1102.73	12044.71	1.84	1/1628	1/69606
15	1145.26	15356.77	1.82	1/1644	1/58366
14	1159.55	18628.27	1.8	1/1671	1/50676
13	1160.15	21781.21	1.76	1/1708	1/45181
12	1163.54	24772.33	1.71	1/1757	1/40928
11	1184.96	27595.1	1.65	1/1821	1/37453
10	1233.9	30278.51	1.58	1/1902	1/34443
9	1312.56	32882.15	1.5	1/2006	1/31679
8	1418.26	35489.59	1.4	1/2143	1/29155
7	1545.9	38201.01	1.29	1/2327	1/26810
6	1688.63	41124.01	1.16	1/2585	1/24671
5	1838.59	44361.83	1.01	1/2970	1/22727
4	1988.8	48001.29	0.84	1/3571	1/20994
3	2300.84	56836.29	1.63	1/3688	1/18518
2	2485.07	67754.93	1.23	1/4889	1/14262
1	2557.19	80169.82	0.51	1/11673	1/11673

由表 3 - 3 - 1 可知：（1）结构楼层剪力和弯矩的最大值均出现在结构底部，结构的层间位移和层间位移角的最大值均出现在结构顶部。从结构整体受力上来说，结构变形与结构的受力并没有对应关系。（2）该结构在第三层转换，结构转换层处的楼层剪力值为上部楼层剪力值的 1.15 倍，转换层的层间位移、层间位移角和有害位移角分别为上层变形值的 1.95、0.97、1.13 倍，有害位移角的增长倍数与楼层剪力的增长倍数基本一致。结构的层间位移和层间位移角均不能很好地反映结构楼层的受力和刚度。（3）有害位移角能够较好地反映结构整体和楼层的受力特性。有害位移角的最大值一般均出现在结构的底部，随着结构楼层所受剪力和弯矩的减小，结构的有害位移角也以与之相近似的幅度随之减小，能够较为合理地反映结构楼层力 - 刚度 - 变形的关系。

四、带转换层的高层建筑结构楼层侧向刚度比的合理控制

采用 SAP2000 结构分析软件[16]对一个带转换层的高层建筑结构体系的空间模型进行弹性阶段的分析。通过改变转换层的设置位置、转换层层高等分析结构有害位移角的变化

对结构抗震性能的影响，进一步证明采用本节提出的用楼层有害位移角比控制带转换层的高层建筑结构楼层侧向刚度的合理性，进而提出采用楼层有害位移角比作为带转换层的高层建筑结构楼层侧向刚度比的控制准则，并得出这一控制准则的合理取值。

1. 计算模型

计算模型所采用的结构与图 3 – 3 – 3 的结构相同，分别将转换层设置在首层、第 3 层及第 5 层，考虑转换层层高为 4m、5m、6m 时的情况。

2. 计算结果

通过对把转换层设置在不同位置的 54 个算例进行计算分析，考察转换层上、下部刚度变化对抗震性能的影响。

（1）对结构变形的影响

转换层刚度的变化对转换层上一楼层的层间位移角 θ_2 影响较大，θ_2 随着下部楼层刚度的增大而减小；对转换层上一楼层有害位移角 $[\theta_2]$ 的影响很小。而计算模型中转换层上部的结构布置和受力均没有较大的变化，可见结构楼层的有害位移角更能体现出与结构楼层刚度及受力的一致性。

（2）对结构受力的影响

当结构转换层设置在某一层，转换层楼层的落地剪力墙厚度增大时，各结构的 V'/V 值随之减小楼层有害位移角比 $\gamma_{[\theta]}$ 亦随之减小，$\gamma_{[\theta]}$ 能够反映出 V'/V 的变化趋势。其中 V' 表示落地剪力墙分配的层剪力，V 表示结构层计算总剪力值。可见，通过控制 $\gamma_{[\theta]}$，可使转换层上一楼层的楼层总剪力在框支剪力墙和落地剪力墙之间达到合理的分配，从而有效地控制结构转换层处的剪力突变和转换层附近剪力墙的应力集中，达到使结构具有合理受力性能的目的。

（3）对结构抗震性能目标的影响

转换层设置在首层，V'/V 值均小于 1，层间位移角比 γ_θ 均小于 0.5；转换层设置在第 3 层，V'/V 值均在 1.1～1.7 之间，γ_θ 均为 0.9 左右；转换层设置在第 5 层，V'/V 值均在 1.5～2.5 之间，γ_θ 均为 1.1 左右。可见，当转换层设置在不同位置时，在合理经济的范围内，无论如何加厚转换层下部剪力墙的厚度，结构 V'/V、γ_θ 的计算值都处于不同的数值区域，所以应考虑采用不同的结构抗震性能目标来控制结构楼层的上、下部侧向刚度；当转换层设置位置相同时，通过改变转换层上、下部的刚度，使结构的层间位移角比 γ_θ 和剪力比 V'/V 控制在一个合理范围内，结构可达到相同的受力和变形目标。

3. 有害位移角比的控制

通过本节 4.2 的分析可知，对于不同转换层高度的结构，当 $\gamma_{[\theta]} \leqslant 0.9$ 时，首层转换框支剪力墙结构的 V'/V 一般均小于 0.80，γ_θ 一般均小于 0.45；在第 3 层转换时，V'/V 值一般均小于 1.45，γ_θ 一般均小于 0.90；在第 5 层转换时，V'/V 值一般均小于 2.10，γ_θ 一般均小于 1.05。

当 $\gamma_{[\theta]} > 0.9$ 时，随着下部剪力墙厚度的减小，有害位移角比将出现较大幅度的增大，与之相对应的是转换层层间位移角比 γ_θ 和上一楼层的 V'/V 值也将出现较大幅度的增大，结构的受力和变形将可能产生一定程度的突变。

作者[17]还对另一不同平面布置的 30 层带转换层的高层建筑结构计算模型进行了 35 个

算例的分析，通过调整落地剪力墙在转换层上部的洞口的大小、转换层的设置位置、转换层层高等分析结构有害位移角的变化对结构抗震性能的影响，得到与上述算例类似的结论。

可见，控制 $\gamma_{[\theta]} \leqslant 0.9$ 基本能保证转换层设置在不同位置时转换层上下部结构变形均匀连续，抗侧力构件受力合理以及相邻楼层刚度变化的连续性，保证结构达到一个经济合理的楼层侧向刚度。

五、转换层有害位移的修正

根据转换层结构中转换大梁的受力和变形特征，采用杆系和有限元两种不同的计算模型对转换层结构的侧向刚度比进行讨论。从结构转换层的有害位移计算出发，探讨转换层上、下部剪力墙和转换大梁刚度对转换层刚度的贡献，通过考察杆系模型计算结果与有限元模型计算结果的差异，以有限元模型的计算结果为基础，对杆系模型计算得到的转换层有害位移进行修正，使修正后的有害位移值与有限元模型的计算值相符。

1. 计算模型

以图 3-3-4 所示的模型为标准二维计算模型（以下简称为标准模型），结构共 20 层，结构转换层层高为 6000mm，开间为 7000mm，转换层上部混凝土强度等级为 C30，剪力墙厚度为 250mm，落地剪力墙混凝土强度等级为 C40，墙厚为 500mm，转换梁截面尺寸为 500mm×2000mm，框支柱截面尺寸为 1000mm×1000mm。

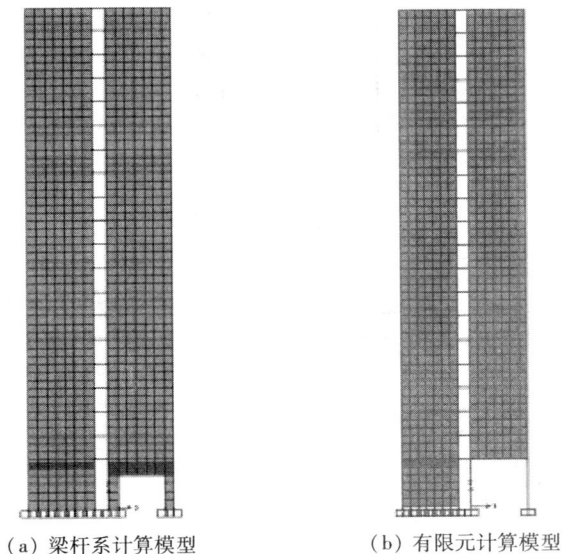

（a）梁杆系计算模型　　　　　　（b）有限元计算模型

图 3-3-4　有害位移修正计算模型

2. 转换层有害位移的修正

改变转换层上、下部剪力墙厚度、转换梁刚度、转换层层高等结构参数，分别计算侧向均布荷载和倒三角形荷载作用下，各个结构参数对转换层有害位移的影响，归纳得出修正系数。计算结果见图 3-3-5、图 3-3-6，由于不同的荷载分布对转换层有害位移修正的影响很小，故以下讨论忽略其影响。

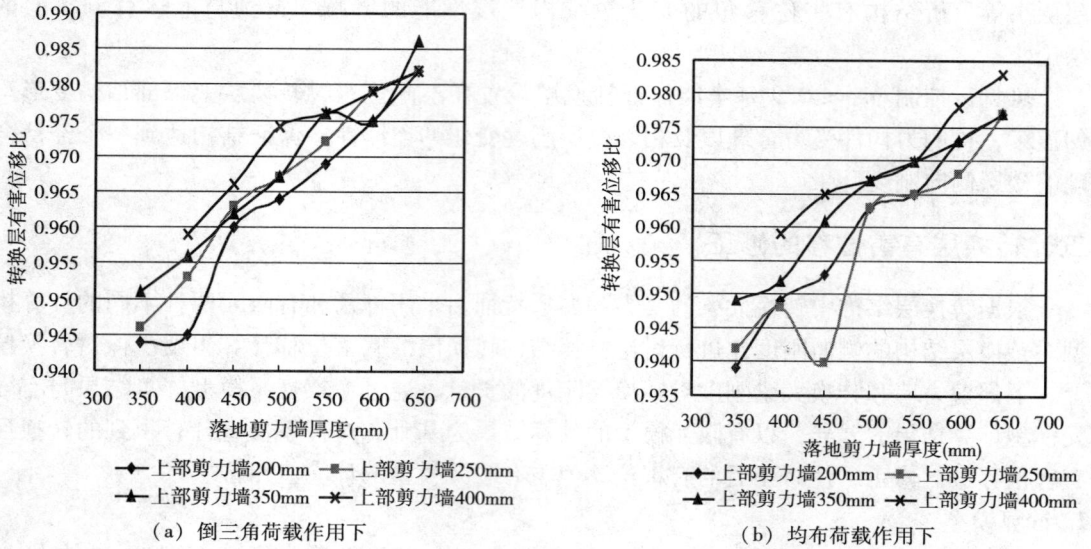

（a）倒三角荷载作用下

（b）均布荷载作用下

图 3 – 3 – 5　不同剪力墙厚度的转换层有害位移比

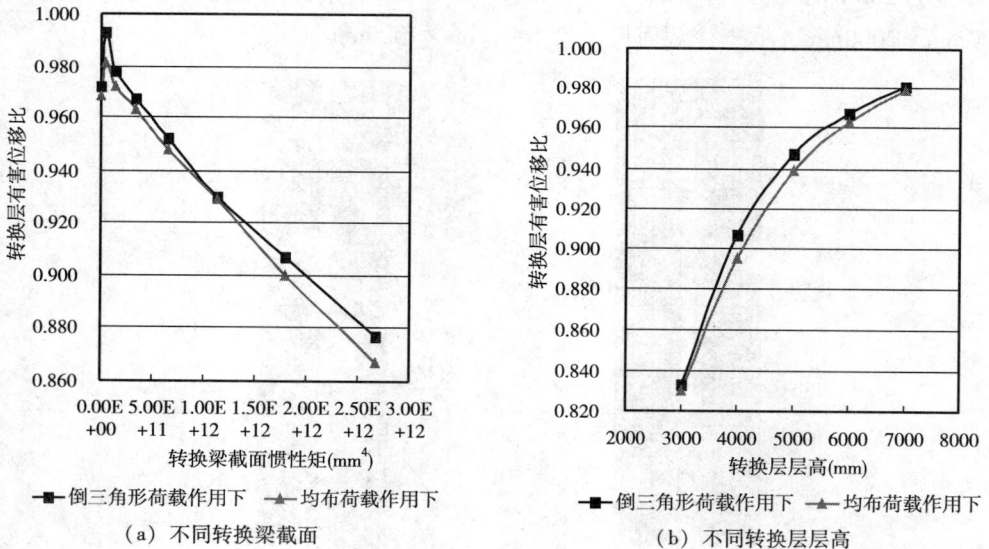

（a）不同转换梁截面

（b）不同转换层层高

图 3 – 3 – 6　不同转换梁截面与转换层层高的转换层有害位移比

（1）剪力墙厚度对转换层有害位移的修正

由图 3 – 3 – 5 可知，相对于标准模型，上部剪力墙厚度每增加或减小 50mm，结构的转换层有害位移比增大或减小 0.3%；下部剪力墙每增加或减小 50mm，结构的转换层有害位移比增大或减小 0.4%。剪力墙厚度对转换层有害位移的影响系数为：

$$\alpha_{u} = 1 + \frac{0.003}{50}(t_{\text{上}} - 250) + \frac{0.004}{50}(t_{\text{下}} - 500) \tag{3 – 3 – 2}$$

式中，$t_上$、$t_下$分别为上、下部剪力墙厚度，mm。

（2）转换梁刚度对转换层有害位移的修正

相对标准模型中的转换梁截面为500mm×2000mm的转换层结构，在不同的转换梁截面情况下，求出各结构转换层有害位移比如图3-3-6（a）所示。由图3-3-6（a）可知，转换梁截面惯性矩I相对于标准模型的I_k每增大或减小一倍，结构的转换层有害位移比减小或增大1.1%。则转换梁刚度对转换层有害位移的影响系数u为：

$$u = 1 - 0.011\left(\frac{I - I_k}{I_k}\right) \tag{3-3-3}$$

式中　I_k为标准模型的转换梁截面惯性矩，取为$6.51 \times 10^{11} \text{mm}^4$。

（3）转换层层高对转换层有害位移的修正

相对于标准模型中的转换层层高为6000mm的转换层结构，在不同的层高情况下，求出各转换层有害位移比如图3-3-6（b）所示。由图3-3-6（b）可知，相对于标准模型转换层层高影响系数μ_u与层高的增高率的平方（$(h - h_k)/1000)^2$存在如下关系：

$$\mu_u = 1 \pm 0.015\left(\frac{h - h_k}{1000}\right)^2 \tag{3-3-4}$$

（$h \leq 6000$mm 时，取负号；$h > 6000$mm 时，取正号）

式中　h_k为标准模型转换层层高，取为6000mm；h为计算模型转换层层高。

（4）讨论

通过验证可知，本节影响系数计算公式（3-3-2）～（3-3-4）所得结果与模型实际计算所得结果的误差均不超过5%。

由上文讨论分析可归纳出转换层结构杆系模型转换层有害位移的修正系数计算公式为：

$$K_u = \alpha_u u \mu_u k_u \tag{3-3-5}$$

式中　k_u为本节所取标准杆系模型转换层有害位移的修正系数，此处取倒三角形荷载分布和均布荷载分布计算值的平均值，$k_u = 0.965$。

六、转换层结构楼层侧向刚度设计建议

带转换层的高层建筑结构楼层侧向刚度控制准则在工程设计中的应用建议如下：

（1）采用本节提出的方法计算有害位移角；

（2）根据公式（3-3-5）计算转换层楼层修正系数K_u；

（3）将修正系数K_u应用于$\gamma_{[\theta]} \leq 0.9$这一准则。

基于前文推导所采用计算模型的$K_u = 1$这一特殊情况，由

$$\gamma_{[\theta]} = \frac{[\theta_1]}{[\theta_2]} = \frac{u_1/h_1}{u_2/h_2}, \quad u_1、u_2 为有害位移，h_1、h_2 为楼层层高，\quad \gamma'_{[\theta]} = \frac{K_u[\theta_1]}{[\theta_2]} \leq 0.9$$

可得：

$K_u\gamma_{[\theta]} \leq 0.9$，称之为修正的有害位移角比值法。

图3-3-5、图3-3-6中的转换层有害位移比为有限元模型计算得到的转换层有害

位移与杆系模型计算得到的转换层有害位移的比值。

七、小结

（1）较之楼层层间位移、楼层层间位移角，本节提出的楼层有害位移角更能合理地反映结构楼层力－刚度－变形的一致性。

（2）对于转换层设置位置不同的结构，应采用不同的受力和变形目标，根据不同的结构抗震性能目标来控制结构楼层的侧向刚度比。

（3）控制转换层上、下部楼层有害位移角比 $\gamma_{[\theta]} \leqslant 0.9$，基本能保证转换层设置在不同位置时转换层上部和下部结构变形均匀连续，抗侧力构件受力合理以及相邻楼层刚度变化的连续性，保证结构达到一个经济合理的楼层侧向刚度比。

（4）归纳出带转换层的高层建筑结构转换层有害位移的修正系数 K_u，得到修正的有害位移角比值法 $K_u \gamma_{[\theta]} \leqslant 0.9$，应用于工程设计时，更能准确合理地反映结构的变形，达到更好地控制结构楼层侧向度的目的。

第四节　基于概率和位移的框支剪力墙结构抗震性能评估方法

一、引言

基于位移的抗震设计方法多强调控制结构的整体变形，并作为结构抗震设计的基本指标。如何保证结构在各水准地震作用下的构件变形同样满足相应的性能指标，目前尚处于初步研究阶段。本节通过一系列统计可靠性分析，从控制构件变形的方面进一步完善基于位移的抗震设计方法。在对结构进行多条地震波弹塑性时程分析时，发现结构在某些地震波作用下的抗震性能良好，但在另一些地震波作用下抗震性能则达不到性能指标，这种情况下比较难以评估结构的安全性，本节针对这一情况提出的基于概率和位移的抗震设计方法对结构进行安全性的评估，为可靠度理论在结构抗震安全性评估中的方便应用提供借鉴。

二、框支剪力墙结构地震反应量的计算

1. 计算模型

研究对象是带转换层的部分框支剪力墙钢筋混凝土结构。计算模型是位于结构抗震设防烈度为 7 度 － 0.10g（8 度 － 0.20g）地区，场地类别为 Ⅱ 类，总层数为 20，转换层设置在第五层。竖向构件混凝土等级均为 C40，转换层下部由落地剪力墙和框架组成，层高为 6m，梁板混凝土等级 C40，剪力墙厚度为 1200mm（2100mm）。转换层上部为剪力墙结构，层高 3m，梁板混凝土等级 C30（C40），剪力墙厚度为 200mm（250mm）。计算地震作用方向为横向。结构平面以及构件尺寸如图 3 － 4 － 1 所示。（说明：括号内为 8 度 － 0.20g 地区结构的信息）。

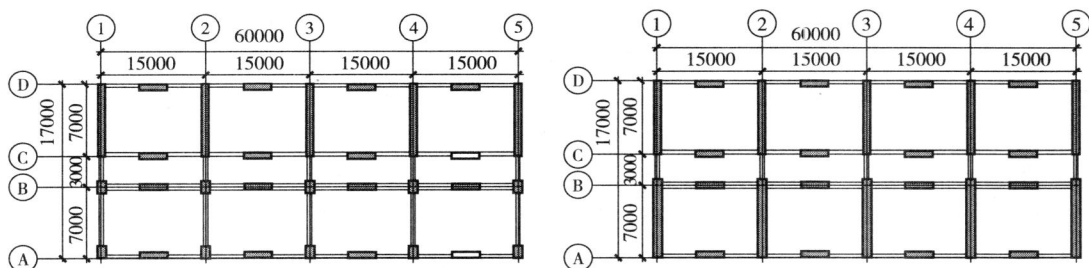

图 3-4-1　转换层上、下层结构平面布置图

2. 地震作用与地震波的选取

抗震设防等级直接关系到建筑物的抗震安全性和遭受地震破坏的危险性程度，因此在基于性能抗震设计理论中抗震设防水准的选择占有非常重要的地位。参考《建筑工程抗震性态设计通则》CECS160：2004[4]第 4.2.2 条，地震波参数如表 3-4-1 所示。目前，研究者普遍达成了定性的共识[18]：输入地震波的反应谱须拟合设计反应谱。尽管选波的基本原则要求输入地震波的反应谱与场地设计反应谱一致，但并不是也不可能要求所选地震波的反应谱与规范标准反应谱在所有频段均有非常好的拟合。本节采用按地震加速度记录反应谱特征周期 T_g 和结构第一周期 T_1 双指标选波，从 8000 多条的地震波数据库中选取了30 条符合要求的地震波进行计算分析。

时程分析所用的地震加速度时程最大值　　　　　　　　　　　　表 3-4-1

	6 度（0.05g）	7 度（0.10g）	7 度（0.15g）	8 度（0.20g）	8 度（0.30g）
小震	18	35	55	70	110
中震	50	100	150	200	300
大震	110	220	310	400	510

3. 性能目标

性能目标划分详本书第一章第一节 2.2 相关内容。由于算例分析时我国规范没有给出构件的截面变形的限值，故本节的构件性能指标采用了美国规范 ASCE41-06[19]所规定的 CP 限值，如下表 3-4-2 所示：

构件变形性能目标量化　　　　　　　　　　　　表 3-4-2

构件类型		框支柱	框架梁	剪力墙	连梁
CP 限值	转角（rad）	0.010	0.020	0.009	0.025
	剪切变形	—	—	0.008	0.020

4. 弹塑性分析方法

弹塑性时程分析采用二维平面杆系分析程序 IDARC-2D 6.0[13]，结构模型采用由一系列平行的平面框架和横向连梁构成的杆件层模型。剪力墙、梁和柱单元的截面性质

（$M-\varphi$关系曲线）根据混凝土和钢筋的应力－应变性质由纤维模型分析计算。滞回曲线采用 Park 三参数模型，本工程分别取刚度退化系数 $\alpha=2$、$\alpha=0$ 模拟一般的弯曲滞回模型和剪切滞回模型；取基于能量的强度退化系数 $\beta_e=0.1$ 和基于能量的延性退化系数 $\beta_d=0$ 模拟构件因耗能和延性引起的强度衰减；取间隙闭合滑移指数 $\gamma=0.5$ 模拟裂缝张开和闭合的典型效应。

杆件弯曲特性的改变采用传递塑性模型，即通过分布柔度来反映塑性的发展状况。分布柔度是通过屈服渗透系数修正杆件的截面抗弯刚度来实现的，而屈服渗透系数的取值取决于杆件端部弯矩的数值。结构损伤分析采用了目前被广泛接受的双参数累积损伤模型[20]，该模型同时考虑到变形和耗能两种反映钢筋混凝土结构损伤的主要控制因素。

三、框支剪力墙结构地震反应量的统计特征

首先假设各个反应量分别服从正态、对数正态、极值Ⅰ型、极值Ⅱ型分布，然后采用非参数假设检验法（$K-S$法）对以上假设进行判断。

通过对整体反应量：最大顶点位移、最大基底剪力、各层最大层间位移角和局部反应量：各楼层梁端截面的转角，各楼层柱端截面的转角，以及各楼层剪力墙端截面的转角的计算分析，对于七、八度区框支剪力墙结构均得到相同的检验结果如下[20]：

（1）对于最大顶点位移和各层层间位移角，对数正态分布的拟合度最好；对最大基底剪力，正态分布的拟合度最好。

（2）框架梁端截面、连梁截面、框架柱截面的转角均符合对数正态、极值Ⅰ型、极值Ⅱ型分布。但是，对数正态分布拟合得最好。剪力墙截面的转角的检验结果对数正态分布最好，接受通过率超过90%。

本节分析时所有构件均取对数正态分布。

四、框支剪力墙结构地震反应的可靠性分析

对于确定性的结构，可以认为地震输入的随机性对结构抗震可靠度的影响远大于结构随机参数的影响，故不考虑结构随机参数的因素。而且，结构各反应量只考虑在具有特定发生概率的地震作用下抗震结构的条件破坏概率。

1. 破坏准则

整体破坏准则：当结构的任一楼层层间位移角达到1%，该楼层失效，结构失效。该准则与我国相关的规范及试验是比较一致的，与我国《建筑抗震设计规范》GB 50011－2001[3]规定的弹塑性层间位移角限值（$[\theta_P]=1/100$）完全一致。

局部破坏准则：构件的任一截面位移达到表3－4－2相应的性能目标位移，则认为该构件失效。

2. 构件的可靠度与可靠指标的计算

由于构件的截面转角符合对数正态分布，根据上述的局部破坏准则，参照公式（3－4－1），可以算出每个构件的可靠指标[21]。

$$\beta=\frac{\ln\left[\left(\mu_R\sqrt{1+\delta_S^2}\right)\big/\left(\mu_S\sqrt{1+\delta_R^2}\right)\right]}{\sqrt{\ln\left[\left(1+\delta_R^2\right)\left(1+\delta_S^2\right)\right]}} \tag{3－4－1}$$

式中　β——结构构件可靠度；

　　　μ_R——结构构件转动能力平均值；

　　　μ_S——结构构件转动需求平均值；

　　　δ_R——结构构件转动能力标准差；

　　　δ_S——结构构件转动需求标准差。

3. 所有构件的可靠度和可靠指标的统计

分别将 30 条地震波作用所有的框架梁端、连梁梁端、柱端、剪力墙端截面转角可靠指标合并起来进行统计。经非参数假设检验（K-S 法）发现，合并后的转角可靠指标均不符合前面给出的四种概率分布形式。但为了大致反映结构构件截面的破坏程度，按对数正态分布求出各类构件截面转角可靠指标的均值、标准差和超越概率（当目标可靠指标为 2 时，对应的可靠度为 99.3%，即构件基本不会发生破坏。超越概率是指可靠指标小于 2 的概率），如表 3-4-3 所示：

类构件合并后的转角可靠指标的统计参数　　　　　　　　　表 3-4-3

	七度区框支剪力墙结构				八度区框支剪力墙结构			
	框架梁	连梁	框支柱	剪力墙	框架梁	连梁	框支柱	剪力墙
平均值	20.33	3.65	16.87	17.49	20.42	3.01	17.63	13.39
标准差	3.28	3.78	8.77	11.49	2.62	2.71	5.96	8.96
超越概率	0.00%	42.24%	0.00%	0.00%	0.00%	51.74%	0.00%	0.00%

4. 整体的可靠度和可靠指标的计算

根据上文所提出的整体破坏准则，认为结构的任一楼层层间位移角达到 1% 的状态为结构破坏的状态。由计算可知：七度区带转换层结构竖向构件中最低的可靠度和可靠指标分别为：99.70% 和 2.487。八度区的为：99.65% 和 2.159。由此可知，该两个结构均安全。

5. 基于概率和位移的抗震设计方法的提出

基于概率和位移的抗震设计方法进行结构安全性评估的步骤如下：

（1）按照"双频段控制"方法选定 30 条以上的地震波，并将其按照结构所在烈度区大震的水平进行调幅。

（2）进行大震弹塑性时程分析，得出各反应量的概率分布形式和相应的数学特征值。

（3）根据美国规范 ASCE41-06[19] 规定的构件截面变形 CP 限值，计算出各构件的可靠度和可靠指标。

（4）得出各类构件的可靠指标的分布，以便预见构件在大震下的破坏状态。

（5）根据上面的整体破坏准则，得出结构的可靠度和可靠指标。

五、框支剪力墙结构的抗震措施有效性的评价

首先严格按我国抗震规范[3]设计出处于七、八度区的一、三、五层转换的典型框支剪力墙结构（结构布置与图 3 - 4 - 1 相同）。然后，采用基于概率和位移的抗震设计方法对严格按照我国规范设计的七、八度区框支剪力墙结构进行可靠性分析比较，探讨上述的抗震措施和构造措施对不同烈度区的框支剪力墙结构的可靠性的影响。

1. 规范规定的抗震措施和构造措施

我国规范按传统习惯，主要根据地震烈度分区（同时也考虑了结构的总高度）将结构划分成从高到低（一级至四级）的四个抗震等级，并从一级抗震等级到三级抗震等级采用了从严到松的内力增强措施和抗震构造措施，用于钢筋混凝土框支剪力墙结构的主要抗震措施如表 3 - 4 - 4 所示：

中国《建筑抗震设计规范》GB 50011—2001[3] 规定的框支剪力墙结构抗震措施

表 3 - 4 - 4

抗震等级	一级抗震等级 用于 8 度 ≤80m 抗震墙和框支层框架及 7 度 >80m 框支层框架	二级抗震等级 用于 7 度的抗震墙和框支层框架及 7 度 ≤80m 抗震墙
底层柱下端截面和框支柱顶层上端截面的抗弯能力增强系数措施	1.5	1.25
抗震墙的抗弯能力增强措施	底部加强部位及以上一层应按墙肢底部截面组合弯矩设计值采用；其他部位应乘以增大系数 1.2。	—
构件和节点的剪力增强措施	严格	中等
抗震构造措施	严格	中等

另外几个间接影响结构反应性态的抗震控制措施和构造措施包括：多遇地震标准值作用下的层间位移角控制条件、竖向构件轴压比限制条件、层刚比控制条件、竖向构件最小配筋率限制条件。

2. 分析结果的比较

由表 3 - 4 - 5 ～ 表 3 - 4 - 6 可知通过对以上计算结果的分析，转换层设置在首层，三层和五层的结构均可以得到以下结论：

（1）七度区框支剪力墙结构的顶点位移和可靠度最低楼层的层间转角平均值与八度区的相差不大，八度区的略小。

（2）框架梁的可靠指标：八度区结构比七度区的大；框支柱的可靠指标：八度区结构比七度区的大；连梁的可靠指标：八度区结构比七度区的小；剪力墙的可靠指标：八度区结构与七度区差别不大，七度区的略大。

（3）在首层和三层转换时：八度区的结构体系可靠指标比七度区略大。在五层转换时：八度区的结构体系可靠指标比七度区略小，如表 3 - 4 - 6 所示。

反应量统计特征　　　　　　　　　　　　　　　　表 3 − 4 − 5

转换层所在位置	结构所在烈度区	整体反应量统计特征				各构件端截面可靠指标的统计特征值			
		统计特征值	顶点位移（mm）	基底剪力（kN）	可靠度最低楼层的层间转角（rad）	框架梁	连梁	框支柱	剪力墙
首层	七度区	平均值	171.095	5010.639	0.447	—	2.918	11.198	19.892
		标准差	52.640	864.660	0.116	—	2.247	0.430	12.074
		95%分位点	275.081	6432.879	0.688	—	29.52%	0.00%	0.00%
	八度区	平均值	160.555	9119.175	0.421	—	2.692	22.031	16.060
		标准差	51.317	1405.119	0.112	—	2.533	2.586	9.333
		95%分位点	263.249	11430.391	0.650	—	48.19%	0.00%	0.00%
三层	七度区	平均值	183.159	5154.366	0.490	11.361	3.201	10.529	17.368
		标准差	77.078	1070.026	0.153	2.920	3.080	3.498	9.752
		95%分位点	327.033	6914.402	0.791	0.00%	38.84%	0.00%	0.00%
	八度区	平均值	165.884	10207.384	0.464	19.187	3.159	22.102	16.727
		标准差	51.464	1703.350	0.118	3.022	2.590	7.139	8.896
		95%分位点	268.885	13009.146	0.690	0.00%	40.09%	0.00%	0.00%
五层	七度区	平均值	182.309	6264.470	0.523	20.326	3.648	16.867	17.490
		标准差	57.588	1377.420	0.142	3.282	3.183	8.765	11.492
		95%分位点	285.309	8530.123	0.793	0.00%	42.24%	0.00%	0.00%
	八度区	平均值	176.573	12824.871	0.566	20.425	3.010	17.635	13.392
		标准差	50.984	2344.334	0.161	4.617	2.711	5.959	8.964
		95%分位点	275.711	16680.957	0.865	0.00%	51.74%	0.00%	0.00%

结构体系可靠度和可靠指标　　　　　　表 3 − 4 − 6

转换层所在位置	结构所在烈度区	数学特征值	按整体破坏准则	
首层	七度区	可靠度	0.998	0.998
		可靠指标	2.964	2.964
	八度区	可靠度	0.999	0.999
		可靠指标	3.148	3.148

续表

转换层所在位置	结构所在烈度区	数学特征值	按整体破坏准则	
三层	七度区	可靠度	0.991	0.991
		可靠指标	2.377	2.377
	八度区	可靠度	0.999	0.999
		可靠指标	3.074	3.074
五层	七度区	可靠度	0.994	0.994
		可靠指标	2.487	2.487
	八度区	可靠度	0.985	0.985
		可靠指标	2.159	2.159

3. 分析结果的讨论

（1）框支层部分的构件可靠指标：八度区结构比七度区大。这是由于不同的抗震等级对应的抗弯能力增强措施和抗震构造措施不同，八度区是一级抗震而七度区是二级抗震。

（2）转换层以下落地剪力墙可靠指标：八度区结构比七度区略大，这除了抗震等级不同以外，还与层刚比控制准则有关：落地剪力墙在转换层以下的墙厚加大很多，远远超过受力所需的截面尺寸，而八度区更是如此。

（3）转换层以上的双肢剪力墙和连梁可靠指标：八度区的比七度区的可靠指标略小，这是由于：1）七度区地震作用较小，多遇地震下的弹性层间位移角限制条件不再对连梁、剪力墙截面的选择起控制作用；而轴压比成为对剪力墙截面选择起控制作用的因素，而且七度区框支剪力墙的配筋量是由最小配筋率条件确定的，这些因素相当于对七度区剪力墙抗弯能力增强措施起了补偿作用。2）八度区虽然有剪力墙和连梁的抗弯能力增强措施，但是设计过程表明，连梁和剪力墙截面尺寸是由多遇地震下的层间位移角限制条件控制，大多数的构件截面配筋量全由计算控制，富余度没有七度区时的大。

六、小结

（1）通过对一带转换层部分框支剪力墙钢筋混凝土结构进行抗震分析，利用统计和概率分析手段，得出了弯曲型转换层结构的各反应量符合的具体概率分布形式：最大基底剪力，正态分布的拟合度最好；最大顶点位移和各层层间位移角，对数正态分布的拟合度最好；各构件的截面转角，对数正态分布的拟合度最好。

（2）根据美国规范 ASCE41－06[19]的有关结构层间位移和结构构件变形的有关规定作为性能目标，计算结构体系和构件的可靠度和可靠指标，并归纳出采用基于概率和位移的抗震设计方法进行评估结构安全性的思路。

（3）应用基于概率和位移的抗震设计方法对七度区和八度区的框支剪力墙结构的可靠性分析比较，得出：对于转换层以下框支层部分，八度区结构的构件的可靠度比七度区结构的高；对于转换层以上楼层部分，八度区结构的构件的可靠度比七度区结构的略低。结构的整体反应和体系的可靠度则差别不大。

参考文献

[1] ICC, International Building Code [S], International Code Council, Falls Church, VA, 2000

[2] Australia/New Zealand Standard, Draft 8 of Earthquake Loading [S], Wellington, 2003.

[3] GB 50011—2001, 建筑抗震设计规范 [S]. 北京：中国建筑工业出版社，2001.
GB 50011—2001, Code for seismic design of buildings [S]. Beijing：China Architecture and Building Press, 2001.（in Chinese）

[4] CECS 160：2004 建筑工程抗震性态设计通则（试用）[S]

[5] AIJ, Draft of AIJ recommendations for loads on buildings [S], 2004（in Japanese）

[6] 韩小雷等. 华标涛景湾二期初步设计文件 [R]. 2003.10

[7] 日本建筑学会. 阪神, 淡路大震灾调查报告 [R]. 日本建筑学会，1997.
Architectural Institute of Japan. Reports on the damage investigation of the Kobe and Tankaiso Earthquake [R]. Japan：Architectural Institute of Japan, 1997.

[8] 叶献国，徐勤，李康宁等. 地震中受损钢筋混凝土建筑弹塑性时程分析与振动台试验研究 [J]. 土木工程学报，2003, 36（12）：20 - 25.
Ye Xianguo, Xu Qin, Li Kangning, et al. Experimental research on inelastic time - history analysis and shaking table test for a reinforced concrete building damaged in earthquake. China Civil Engineering Journal, 2003, 36（12）：20 - 25.

[9] JGJ3—2002, 高层建筑混凝土结构技术规程 [S]. 北京：中国建筑工业出版社，2002
JGJ3—2002, Technical specification for concrete structures of tall building [S]. Beijing：China Architecture and Building Press, 2002.（in Chinese）

[10] 何伟球. 高层建筑转换层结构楼层侧向刚度控制准则的研究初探 [D]. 广州：华南理工大学，2006.
He Weiqiu. PRELIMINARY STUDY OF INTER - STOREY LATERAL STIFFNESS RATIO IN FRAME - SUPPORTED SHEAR - WALL STRUCTURES. Guangzhou：South China University of Technology, 2006.

[11] DBJ/T 15—46—2005, 广东省实施《高层建筑混凝土结构技术规程》JGJ3 - 2002 补充规定 [S]. 北京：中国建筑工业出版社，2005.
DBJ/T 15—46—2005, Additional regulations of technical specification for concrete structures of tall building [S]. Beijing：China Architecture and Building Press, 2005.（in Chinese）

[12] 张晖，杨联萍，周文星. 钢筋混凝土超高层建筑层间位移限值的探讨 [J]. 建筑结构学报，1999, 20（3）：8 - 14.
Zhang Hui, Yang Lianping, Zhou Wenxing. Discussion on story drift limit of super high - rise reinforced concrete buildings [J]. Journal of building structures, 1999, 20（3）：8 - 14.（in Chinese）

[13] Valles R E, Reinhorn A M. IDARC - 2D Version 4.0：A program for the inelastic analysis of buildings [R]. Technical Report NCEER - 96 - 0010, 1996.

[14] 冶金工业部建筑研究总院工程抗震研究室. 九国抗震设计规范汇编 [M]. 北京：地震出版社，1982：627.

[15] 张晖，杨联萍，周文星，等. 钢筋混凝土超高层建筑层间位移限值的探讨 [J]. 建筑结构学报，1999, 6：8213.
Zhang Hui, Yang Lian - ping, Zhou Wen - xing, et al. Discussion on story drift limit of superHigh2rise reinforced concrete buildings [J]. Journal of Building Structures, 1999, 6：8213.

[16] CSI. Computers and structures 分析参考手册 [M]. California：Inc Berkeley, 2004.

[17] 田小霞. 带转换层的框支剪力墙结构楼层侧向刚度控制准则的研究 [D]. 广州：华南理工大学建

筑学院土木工程系, 2007.

[18] 杨溥, 李英民, 赖 明. 结构时程分析法输入地震波的选择控制指标 [J]. 土木工程学报, 2000, 33 (6): 33 – 37.

[19] Seismic rehabilitation of existing buildings [S]. ASCE /SEI 41 – 06.

[20] Park Y J. Damage – limiting: A seismic design of buildings [J]. Earthquake Spectra, 1986, 3 (1): 1 –26.

[21] 何慧贤. 基于概率和位移的抗震设计方法在带转换层结构的应用 [D]. 广州: 华南理工大学, 2008.

第四章　抗震试验研究

第一节　复杂高层建筑的模拟地震振动台试验

一、引言

带有转换层的部分框支剪力墙结构是一种抗震性能极其不利的结构形式[1~4]，但在工程设计中由于建筑功能的需要而大量应用。本节通过对一栋即将建造的钢筋混凝土部分框支剪力墙结构模型的模拟地震振动台试验，分析模型结构的自振特性、阻尼比、地震反应特征、破坏形态和破坏机理，进而推算出原型结构在各级地震作用下的地震反应，评价其抗震性能，同时对结构设计提出改进意见。

试验于 2005 年 12 月在中国建筑科学研究院新建的国内最大振动台上完成，其竖向承载力达 65t，与国内其他振动台相比有较大的提高。模型自重及底座总重量为 59.9t，重力加速度相似比可以降至 1.69∶1。与以往的钢筋混凝土高层建筑振动台试验相比，该试验可以更准确的预测结构竖向构件抗剪承载能力这一重要的结构抗震指标。

二、工程概况

该工程地下 5 层，地上 49 层，地面以上高度为 159.1m，结构转换层的平面图如图 4-1-1 所示。

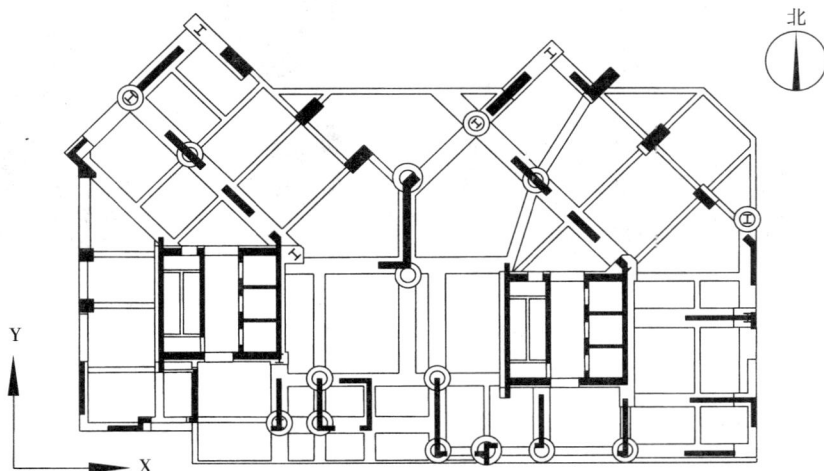

图 4-1-1　转换层的平面图

结构设计以我国规范和部分美国规范为依据[5-8]，采用部分框支剪力墙结构体系。第1～4层是以钢管混凝土柱及剪力墙核心筒竖向构件为主的框架剪力墙结构，第4层作为转换层，采用型钢混凝土梁式转换，第5～49层为剪力墙结构。设防烈度为7度，设计地震分组为第一组，场地类别为Ⅱ类。

根据我国规范[5-7]，该建筑属于复杂高层结构。这是因为：（1）该建筑的高度超过规范中B级钢筋混凝土框支剪力墙结构120m的高度限值；（2）该建筑的高宽比为7.9∶1，超过规范中7∶1的限值；（3）第4层为转换层，竖向抗侧力构件不连续；（4）转换层抗侧力构件的层间受剪承载力小于上一层的75%，楼层抗剪承载力突变；（5）平面布置凹凸不规则，塔楼标准层平面凹进的一侧为相应投影方向总尺寸的35%，超过规范中30%的允许值。

三、模型的振动台试验

1. 模型设计及制作

试验模型见图4－1－2。模型总高度为8.16m，总质量为59.9t，其中模型及配重为55.9t，底板为4t。

(a)北立面

（b）东立面

图4－1－2　试验模型

（1）相似关系

根据动力相似理论进行模型设计，采用考虑人工质量的混合相似模型，通过设置配重来满足质量和活荷载的相似关系，以长度、质量密度、混凝土弹性模量为基本相似系数，由此得到反映相似模型整个物理过程的其他相似条件[7]。试验所用相似关系见表4－1－1。

模型的相似关系　　　　　　　　　　　　　　　　表 4－1－1

物理量	相似比	物理量	相似比
长度	1：20	质量密度	4.98：1
弹性模量	1：2.38	时间	1：5.81
位移	1：20	频率	5.81：1
应力	1：2.38	速度	1：3.44
应变	1.00：1	加速度	1.69：1

（2）模型材料

模型材料主要采用砂浆、镀锌铁丝和 Q235 钢板。砂浆用来模拟混凝土，通过降低砂浆的弹性模量，可以满足试验要求。镀锌铁丝用来模拟原型结构的配筋，它便于绑扎、焊接和弯制成任何形状，镀锌铁丝网用作墙、板的分布筋。Q235 钢板用来模拟原型型钢。模型模板采用泡沫塑料，这是因为泡沫塑料与砂浆相比，其弹性模量、抗剪模量和密度都很小，因此对模型刚度影响较小，而且制作方便。按面积相似原则及等强度要求确定模型配筋量，模型结构根据实际配筋情况设计并加工。

2. 地震波选择

根据规范要求[5-8]，选用两条实际强震地震波 EL－CENTRO 波和 LIVERMOR 波及一条由该工程场地地震安全性评价报告提供的人工波作为振动台输入的台面激励。首先进行水平单向试验，每条地震波在两个水平方向分别输入；再进行 EL－CENTRO 波双向输入，两方向加速度峰值比为 1：0.85[9]。

3. 测量方案

试验中共布置 47 个加速度传感器来测量模型的加速度响应。其中，在台面 x、y 向各布置一个，用于测量振动台面的加速度；在第 1、4、5、11、17、23、29、35、41 和 49 层的结构平面刚度中心及左端各设置两个（共 40 个）；在第 4、11、23、35 和 49 层的平面右端 y 向各设置一个（共 5 个）。

应变片布置在核心筒剪力墙、钢管混凝土框支柱及型钢混凝土转换梁等关键构件上，共计 64 片。

4. 试验工况

对于试验模型，各试验阶段首先用峰值为 0.05g 的 x、y 向白噪声对模型进行频谱扫描，以得到各阶段的自振频率、振型和阻尼比等结构自身的动力特征参数，并观测模型的破坏情况。然后，用所选用的 3 条地震波分别进行 x 向、y 向及 EL－CENTRO 波双向输入。依次进行 7 度小震、7 度中震、7 度大震、8 度中震加强、8 度大震、8 度大震加强和 9 度大震的振动台试验，峰值加速度根据加速度相似比进行调整[10]。由于试验条件限制，9 度大震只进行了 EL－CENTRO 波 x 向的试验。

四、试验结果及分析

1. 试验现象

7 度小震作用后，模型表面未出现裂缝。通过白噪声扫描发现模型自振频率和震前相比变化很小，可以认为结构完全处于弹性状态。

7度中震作用后，在转换层以上的个别楼层（第5、6和10层），剪力墙根部出现细微水平裂缝，南立面一根转换梁端部出现微小裂缝，通过白噪声扫描发现模型自振频率与7度小震后相同。可见结构的整体刚度并没有降低，结构基本处于弹性工作阶段。

7度大震作用后，第10层南立面一处剪力墙的根部出现水平裂缝，第5、6、8、9、13和14层等的南立面的部分连梁端部出现竖向裂缝。框支柱应变均较小，说明其受力较小。由于核心筒在结构内部，无法直接观察到其是否遭到破坏。通过白噪声扫描发现结构的自振频率有所下降，但是下降幅度不大，说明裂缝有所发展，但结构的整体刚度下降不大。

8度大震作用后，模型的位移反应很明显，能够听到铅块的撞击声。第2层南立面和西立面的两片落地剪力墙出现贯通的水平裂缝，通过白噪声扫描发现，结构的自振频率继续下降，与震前相比，下降约20%左右，说明已经有部分构件发生严重破坏。

9度大震弱作用后，剪力墙及连梁的裂缝发展比较充分。底层、第2层和第4层均有部分落地剪力墙根部出现明显的水平裂缝，在第5层（转换层的上一层），外围剪力墙根部有水平裂缝出现，且开裂明显。第5~49层的大部分连梁端部均有明显的竖向裂缝出现。第44和49层东南角部的剪力墙出现水平裂缝和从洞口角部延伸出来的斜裂缝，说明结构顶部鞭梢效应明显。最后通过白噪声扫描发现，结构的自振频率继续下降，与震前相比，下降约30%，说明结构的裂缝已经发展得比较充分。

2. 模型结构的动力特性

为分析模型结构在不同阶段的动力特性及其变化规律，在试验前及每阶段试验后，分别对模型输入 x 和 y 向的白噪声进行扫频，通过模态分析得到不同试验阶段后 x 和 y 向的自振频率、振型和阻尼比。经过8次白噪声激振后所得自振频率及阻尼比如下表4-1-2所示。

模型结构的自振频率及阻尼比　　　　　　　　表4-1-2

| 工况 | 自振频率/Hz | | | | | | 阻尼比/% | |
| | 一阶 | | 二阶 | | 三阶 | | | |
	x 向	y 向	x 向	y 向	x 向	y 向	x 向	y 向
试验前	1.66	1.72	6.26	7.38	11.64	14.69	6.5	7.2
7度小震	1.72	1.75	6.18	7.19	11.67	14.37	7.4	8.0
7度中震	1.72	1.72	6.06	6.97	11.38	13.91	7.6	7.7
7度大震	1.50	1.63	5.37	6.79	10.22	13.34	7.8	7.7
8度中震加强	1.41	1.53	5.12	6.27	9.75	12.64	7.9	8.9
8度大震	1.34	1.47	4.85	6.06	9.25	12.25	8.4	8.9
8度大震加强	1.25	1.41	4.48	5.71	8.67	11.60	9.0	9.0
9度大震弱	1.22	1.38	4.37	5.55	8.49	11.72	11.7	10.4

由表 4-1-2 可以看出：（1）模型结构 x 向的前二阶自振频率分别为 1.66 和 6.26Hz，y 向的前二阶自振频率分别为 1.72 和 7.38Hz，可见 y 向的自振频率略大于 x 向，y 向刚度也略大于 x 向；（2）模型结构的第一振型为 x 向平动，第二振型为 y 向平动；（3）模型结构的自振频率随地震烈度的提高而降低，而阻尼比则随结构破坏的加剧而提高，振型形态没有根本变化；（4）从自振频率的变化可知，结构的最终整体等效抗侧刚度为开裂前的 46%。

3. 模型结构的动力反应

（1）模型结构的加速度反应

根据各楼层加速度反应时程得到模型结构的加速度反应最大值。试验中测量的台面加速度与输入的地震加速度基本一致。图 4-1-3～图 4-1-6 为 7 度小震和 7 度大震作用下 x、y 向的加速度放大系数包络图。由图中可以看出，在 y 向地震波输入时，3 条波中人工波反应最小，而在 x 向地震波输入时，人工波反应最大。最大加速度反应都发生在结构的顶层，且比下面楼层大很多，说明模型结构的反应以第一振型为主，由于高阶振型有所影响，因此有一定的鞭梢效应。在同级地震波输入下，模型结构顶层以下楼层的 x 向加速度反应比 y 向的大，但在高烈度地震时结构顶层的 y 向加速度放大系数比 x 向的大。随着地震波烈度的提高，加速度放大系数有所下降，说明结构逐步进入非线性阶段，结构的刚度逐步下降。

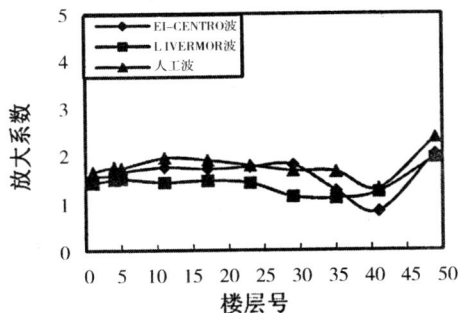

图 4-1-3　7 度小震作用下各层的 x 向
加速度放大系数包络图

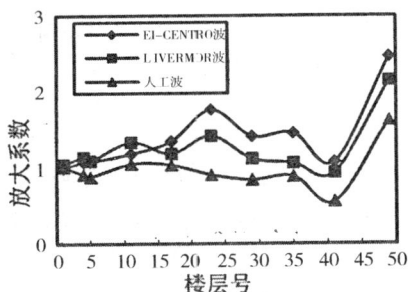

图 4-1-4　7 度大震作用下各层的 x 向
加速度放大系数包络图

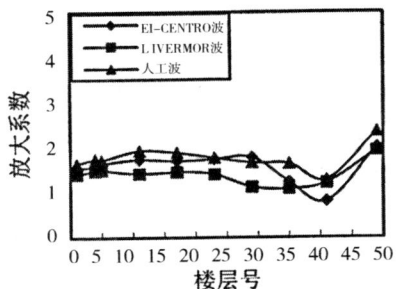

图 4-1-5　7 度小震作用下各层
的 y 向加速度放大系数包络图

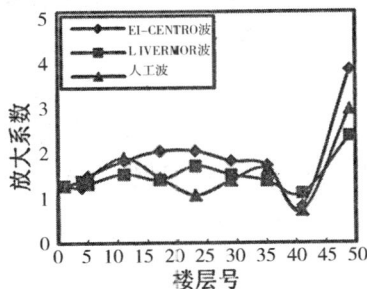

图 4-1-6　7 度大震作用下各层
的 y 向加速度放大系数包络图

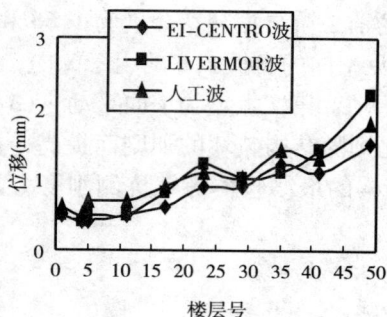

图 4 - 1 - 7　7 度小震作用下 x 向
各层的侧向位移包络图

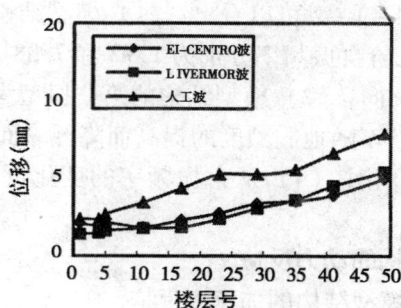

图 4 - 1 - 8　7 度大震作用下 x 向
各层的侧向位移包络图

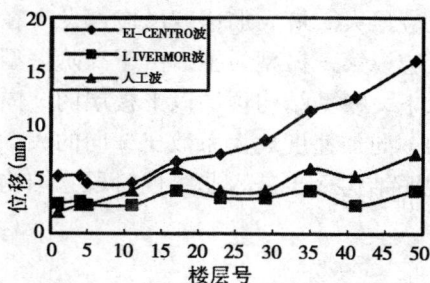

图 4 - 1 - 9　7 度小震作用下 y 向
各层的侧向位移包络图

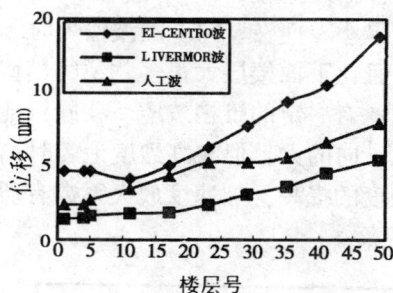

图 4 - 1 - 10　7 度大震作用下 y 向
各层的侧向位移包络图

（2）模型结构的位移反应

图 4 - 1 - 7～图 4 - 1 - 10 为输入 7 度小震和 7 度大震作用下 x、y 向的侧向位移包络图。从图中可以看出，随着台面地震波加速度峰值的提高，模型结构的位移逐渐增大。x 向地震波输入时，人工波的位移反应较大；而 y 向地震波输入时，EL - CENTRO 波的位移反应明显大于其他两条波。7 度小震作用下，侧移曲线有凹凸，但位移较小，说明结构有足够的抗侧移刚度；7 度大震作用下，侧移曲线形状趋于平缓，模型结构的位移明显变大，说明部分构件已经出现严重破坏，结构的总体抗侧移刚度下降明显。变形曲线总趋势为弯剪型变形，说明原型结构核心筒与其他剪力墙具有良好的协同工作性能。

通过布置在模型第 4、11、23、35 和 49 层平面两端的 y 向加速度传感器测得模型结构的加速度反应，积分求得位移，根据位移差可以求出结构的扭转位移角。试验结果表明，结构的扭转效应不明显，即使输入双向地震波，扭转位移角也较小，说明模型结构的扭转变形较小，抗扭刚度良好。

4. 模型结构的应变反应

（1）核心剪力墙的应变反应

底层核心剪力墙在 7 度小震和 7 度中震作用下的应变比较小，均没有超过 1.50×10^{-4}。在 7 度大震作用下，布置在底层剪力墙端部的应变片在 x 向人工波作用下的应变达

到了 3.58×10^{-4}，之后应变随着地震作用的增大而减小，说明该部位在 7 度大震作用下已经开裂。与底层核心剪力墙相比，第 4 层核心剪力墙在同等地震作用下的反应小，破坏程度较轻，最大应变仅 3.23×10^{-4}。第 5 层核心剪力墙的反应值随地震作用增加而增加，且该层的应变比第 4 层的应变大，在 7 度大震作用下，核心剪力墙应变在 EL – CENERO 波双向输入时达到了 3.58×10^{-4}，其后随地震等级提高，仍然持续增大，说明此处剪力墙还能继续工作。试验结果还表明，核心剪力墙在底层和第 5 层（转换层的上一层）破坏较大，与试验前预计的相符。

（2）钢管混凝土框支柱的应变反应

钢管混凝土框支柱在各级地震作用下的应力较小。底层框支柱的应变在 7 度大震作用下为 2.61×10^{-4}，在 EL – CENGTRO 波 8 度大震强 y 向地震作用输入时仅为 3.49×10^{-4}；第 4 层框支柱的最大应变为 2.52×10^{-4}。

（3）型钢混凝土转换梁的应变反应

型钢混凝土转换梁在各级地震作用下的反应均较小。其中布置在型钢上的应变片的最大应变仅为 1.60×10^{-4}；布置在转换梁上下混凝土表面的应变片的应变大于型钢梁上的应变，其最大值在 8 度大震加强人工波 x 向工况下达到了 2.96×10^{-4}。

五、原型结构的抗震性能分析

根据模型结构与原型结构之间的各种相似关系，可以由模型结构的反应推算出原型结构的各种反应。

1. 原型结构的动力特性

根据相似关系，推算出原型结构的自振频率及周期，原型结构的 x 向第一、二阶自振频率分别是 0.2857 和 1.077Hz，对应的周期分别为 3.500 和 0.928s，结构的 y 向第一、二阶自振频率分别为 0.296 和 1.270Hz，对应的周期分别为 3.378 和 0.787s。从试验结果还可以看出，结构的自振频率随着输入地震波峰值的加大而下降，阻尼比则逐步提高，说明结构逐步进入非线性阶段。

2. 原型结构的位移反应

表 4 – 1 – 3 列出了原型结构顶点在不同地震作用下的最大位移和位移角。由表 4 – 1 – 3 可见，7 度小震作用下，结构 x、y 向的顶点最大位移分别为 36.67 和 27.33mm，对应的位移角分别为 1/4339 和 1/5821；7 度大震作用下，结构 x、y 向的顶点最大位移分别为 162.00 和 219.30mm，对应的位移角分别为 1/982 和 1/925。

表 4 – 1 – 4 为不同烈度地震作用下原型结构各层的最大层间位移角。由表 4 – 1 – 4 可见，7 度小震作用下，x、y 向的层间最大位移分别为 1/1410 和 1/1700，均小于 1/1000，满足规范要求的弹性层间位移角的限值[4-5]要求；7 度大震作用下，x、y 向的层间最大位移角分别为 1/381 和 1/261，均小于 1/120，满足规范要求的层间弹塑性位移角限值[4-5]要求。7 度小震作用下，转换层的 x、y 向层间最大位移角分别为 1/1720 和 1/1730；7 度大震作用下则分别为 1/888 和 1/261，与相邻楼层相比，没有明显突变。可见，原型结构的位移反应良好，没有明显的薄弱部位，没有倒塌趋势。

原型结构顶点的最大位移及位移角　　　　表 4 - 1 - 3

工况	最大位移/mm		最大位移角	
	x 向	y 向	y 向	x 向
7 度小震	36.67	27.33	1/4339	1/5821
7 度中震	78.67	85.33	1/2022	1/1865
7 度大震	162.00	219.30	1/982	1/925

原型结构的层间最大位移角　　　　表 4 - 1 - 4

层号	层间最大位移角					
	7 度小震		7 度中震		7 度大震	
	x 向	y 向	x 向	y 向	x 向	y 向
49	1/1550	1/2190	1/787	1/915	1/444	1/348
41	1/1410	1/2200	1/732	1/905	1/381	1/398
35	1/1780	1/2210	1/882	1/1050	1/509	1/427
29	1/1520	1/1860	1/1030	1/1050	1/524	1/535
23	1/1620	1/2110	1/1000	1/1420	1/515	1/583
17	1/2320	1/1700	1/1330	1/1520	1/648	1/551
11	1/2818	1/2739	1/1369	1/1910	1/671	1/446
4	1/1720	1/1730	1/1080	1/1200	1/888	1/261

3. 原型结构的应力反应

（1）核心剪力墙的应力反应

7 度小震和 7 度中震作用下，底层核心剪力墙的应力较小，均小于 5.29MPa，第 4 和 5 层剪力墙的应力反应更小。7 度大震作用下，底层核心剪力墙的应力达 12.63MPa，剪力墙出现裂缝；第 4 层和第 5 层剪力墙的最大应力分别为 7.58 和 12.63MPa，均没有裂缝出现。8 度大震作用下，底层剪力墙局部已经破坏；第 4 层剪力墙的最大应力达 10.83MPa，第 5 层剪力墙的最大应力达 15.55MPa；在随后更大的地震作用下，应力继续增大，说明剪力墙还能继续工作。核心剪力墙受力大小（破坏程度）的顺序是底层→第 5 层→第 4 层。试验表明，核心剪力墙在底层和第 5 层（转换层上一层）的受力较大，属于薄弱部位。

（2）钢管混凝土框支柱的应力反应

7 度小震和 7 度中震作用下，底层和第 4 层框支柱的应力均小于 24.9MPa；7 度大震作用下，底层框支柱的最大应力为 53.7MPa，第 4 层框支柱的最大应力为 37.4MPa；8 度大震作用下，底层和第 4 层框支柱的最大应力分别为 69.5 和 43.8MPa。可见，底层框支柱的应力水平大于第 4 层，但所有框支柱在各级地震作用下的应力均较小，说明框支柱没有受到破坏，也说明由于采用了钢管混凝土，框支柱的承载力及延性都得到了改善。

（3）型钢混凝土转换梁的应力反应

型钢混凝土转换梁上的最大应力在各级地震作用下均较小，最大仅为 33.6MPa；转换梁上下混凝土表面的最大应力为 10.56MPa；转换梁跨中截面底部的应力明显大于上部，说明转换大梁在地震作用下的受力性能还是以受弯为主。可见，采用型钢后，转换梁的承载力提高明显，具有足够的安全储备，在地震作用下的工作性能良好。

六、小结

（1）在各级地震作用输入过程中，结构裂缝开裂不明显，裂缝宽度较小，除第5层以下的个别剪力墙外，结构无明显的薄弱部位。

（2）结构的自振频率随输入地震加速度幅值的增大而减少，阻尼比随结构破坏的加剧而提高。7度小震和7度中震作用下，结构基本处于弹性状态；7度大震作用下，结构的自振频率开始下降，进入弹塑性阶段；8度大震作用下，部分构件受到破坏，刚度下降明显；9度大震弱作用下，结构裂缝充分展开，刚度降幅加大，但没有倒塌趋势。

（3）就结构的加速度反应而言，x向输入时人工波的反应最小，y向输入时人工波的反应最大。结构以第一振型为主，存在高阶振型的影响，有一定的鞭梢效应。

（4）在7度小震和7度大震作用下结构的水平侧向位移和层间位移角均满足规范要求。7度大震作用下，转换层的层间位移角与相邻层相比变化不明显，其值满足规范要求。结构在各级地震作用下没有明显的扭转效应，抗扭刚度大。

（5）核心剪力墙、钢管混凝土柱和型钢混凝土转换梁等重要构件的工作性能良好，基本达到了既定的设计目标。

（6）对原型结构设计的建议：①适当加强结构核心剪力墙底层和第5层的配筋；②改善第5、6层东北角剪力墙的承载力和延性；③加强第5~15层西南角两片剪力墙的刚度；④适当改善第5层以上南立面中部连梁的设计；⑤适当加强顶部结构的强度和延性。

第二节　无边缘约束构件剪力墙的对比试验研究

一、引言

在我国89系列规范[11]颁布以前，对剪力墙边缘约束构件的设置无具体要求；在89系列规范中，仅根据抗震等级和是否加强部位对剪力墙边缘构件的纵筋和箍筋作了最小值规定；2002系列规范[12]则对于剪力墙边缘构件的约束区范围和配筋率作了较详细的规定。

本试验针对广州花园酒店改造项目而提出，有关花园酒店改造项目的其他相关信息详工程实例五。

广州花园酒店于20世纪80年代初建造，主要依据我国74系列规范及当时的英国规范，原设计采用了结构竖向构件不连续的钢筋混凝土部分框支剪力墙结构体系。从目前我国建筑结构规范[12]的角度来看，原结构抗震构造最大的不足在于剪力墙无约束边缘构件。2006年5月国家旅游局正式确定广州花园酒店为首批白金五星级酒店创建单位，根据白金五星级酒店的硬件要求，需要在结构约50%的剪力墙上开启约500个大小为1.2m×2.2m~2.5m×2.2m不等的门洞。通过基于性能的抗震设计方法对原结构及开洞后的结构进行分析[13]，由于原结构具有很大的承载力安全富余，剪力墙切割开启门洞后，仅需作简单的构造加强处理：对开洞连梁进行加固，使其纵筋满足抗弯要求，并形成封闭的箍筋；对墙肢被切断的水平分布筋进行封闭[13]。

为验证上述措施的安全性，按一定缩尺比例设计了十片剪力墙试件进行低周往复荷载试验，通过考察不同构造情况下（即按不同规范设计）开洞前后剪力墙的承载力和延性的变化，从而验证剪力墙开洞对结构抗震性能的影响，证明改造后结构的安全性[14]。

二、试验概况

综合考虑试验室条件，并根据非线性有限元程序 DIANA 的分析结果[14]，分别截取原型中破坏比较典型的各个部分，按照缩尺比例简化，开洞前简化为模型一，开洞后简化为模型二和模型三（图 4-2-1 所示）进行试验。

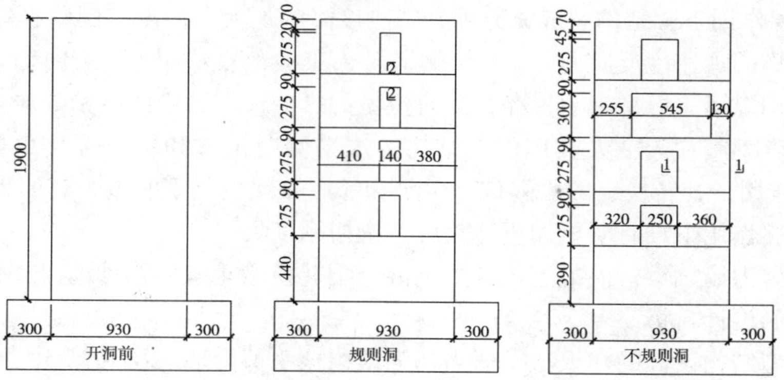

图 4-2-1　试件开洞前后几何尺寸

注：对试件一开规则洞为试件 5、开不规则洞为试件 9；对试件 2 开规则洞为试件 6；对试件 3 开规则洞为试件 7；对试件 4 开规则洞为试件 8、开不规则洞为试件 10。

1. 墙肢设计

本次试验根据试件构造、开洞尺寸不同分别制作了十个试件。试件 1、2、3、4 为开洞前模型，即模型一；试件 5、6、7、8 为开规则洞模型，即模型二；试件 9、10 为开不规则洞模型，即模型三。

为确保模型结构底部为没有转动的嵌固端，在试件的底部设计了刚性基座（1530mm 长 ×400mm 宽 ×470mm 高）。对所取试件在长度和高度方向上取缩尺比例为 1:7；厚度方向缩尺比例控制在 1:3.0~1:1.5，且缩尺后取定值 100mm。缩尺后试件开洞前后的几何参数见图 4-2-1，各试件设计参数如下表 4-2-1所示，所有试件均采用强度等级为 C30 细石混凝土，并对混凝土取样制作 15 个标准立方体试块，与试件同等条件下养护，测其压力实验值，根据过镇海等[15]建议的混凝土强度计算方法得其设计值为 15.58MPa，作为计算各试件重力荷载代表值作用下墙肢轴压比的依据；通过对钢筋的拉伸试验测得其性能指标如下表 4-2-2 所示。此外，由于原结构改造时对开洞边缘进

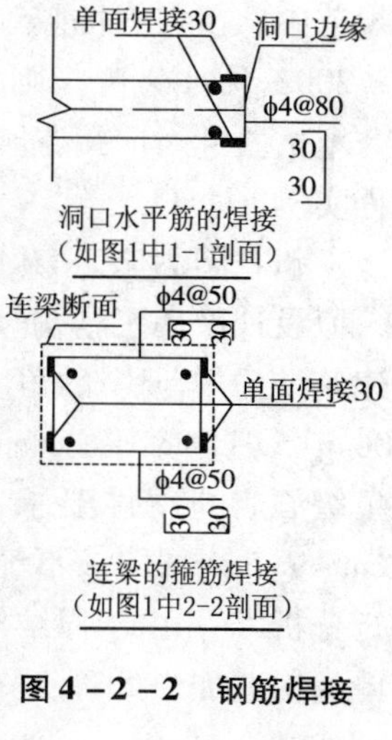

洞口水平筋的焊接
（如图1中1-1剖面）

连梁的箍筋焊接
（如图1中2-2剖面）

图 4-2-2　钢筋焊接

行加固[14]，使其连梁形成封闭箍筋，在试件设计时也对开洞边缘及其连梁进行了钢筋的封闭焊接，如图4-2-2。按现行规范设计的试件在端部均设置了$100mm \times 100mm$的暗柱，竖向配四根6号钢筋，箍筋为间距80mm的8号钢筋。

试件参数				表 4-2-1

参数＼编号	试件 1	试件 2	试件 3	试件 4
开洞情况	开洞前	开洞前	开洞前	开洞前
设计依据	现行规范	现行规范	原结构	原结构
轴压比	0.24%	0.36%	0.24%	0.36%
配筋率　竖直分布筋	0.52%		1.32%	1.32%
水平分布筋	0.475%		0.314%	0.314%
端部水平箍筋	1.14%		0.314%（全部为拉筋）	
墙体中部拉筋布置	梅花状		无	梅花状

钢筋性能指标				表 4-2-2

钢筋类别	屈服强度（MPa）	极限强度（MPa）	屈服应变（$\mu\varepsilon$）	极限应变（$\mu\varepsilon$）	弹性模量（N/mm²）
4 号铁丝	345	442	1560	2000	2.21×10^5
6 号钢筋	429	533	2000	2460	2.15×10^5
8 号钢筋	425	530	2000	2460	2.14×10^5

2. 试验装置及加载方式

竖向荷载采用两个50t液压千斤顶一次施加到剪力墙所需轴压比，试验过程中保持数值不变，利用滚轴保持竖向荷载与试件同时移动，模拟 $P-\Delta$ 效应，试验加载装置如图4-2-3所示。滚轴滚动摩擦系数为0.03，在其表面涂有润滑剂以减少摩擦，其摩擦力可忽略。水平荷载采用美国 MTS 公司的数控拉压作动筒作用在试件顶部进行低周往复加载，加载方式为力—位移混合加载[16]，直至试件破坏停止试验。

3. 测点布置和测试内容

试件每层均布置位移计，以测量其侧移，并在试件基座梁布置了6个百分表，测量基座的转动和滑移；模型一墙体内布置24片应变片，模型二、三墙体及连梁内共分别布置52片、69片应变片。

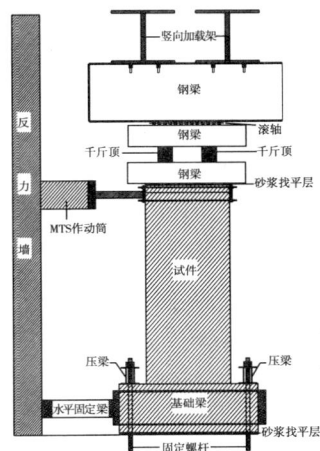

图 4-2-3　加载装置

测试内容包括：（1）观察试件的裂缝分布及破坏形态；（2）测定试件的开裂荷载、屈服荷载、极限荷载及相应变形；（3）测定试件的整个加载过程荷载与顶点位移的滞回曲线、钢筋的应变分布规律。

三、试验现象

从试验现象可知，所有试件从加载到破坏都经历了弹性阶段、弹塑性阶段和破坏阶段，图4-2-4分别给出了整片墙、开规则洞和开不规则洞情况下三个典型试件的整体破坏图。

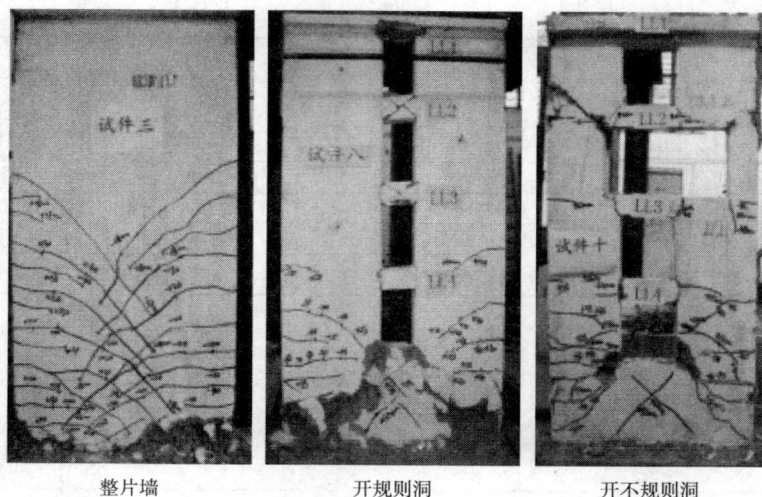

图4-2-4　整体破坏图

由图4-2-4可知，整片墙的最初开裂和最后破坏均集中在墙体根部，同时在试件底部三分之二高度范围内裂缝均匀分布；开规则洞墙体的破坏首先是连梁的端部出现塑性铰、梁内出现"X"形裂缝，然后在墙体根部及第1层洞口的根部两侧混凝土保护层严重脱落及钢筋屈服或被拉断，同时在底层未开洞的高度范围内伴随出现多条水平裂缝；开不规则洞墙体的破坏首先是连梁的端部出现塑性铰，墙体的破坏主要集中在最大洞口的上部两角部位及第一层洞口的根部，两侧混凝土保护层脱落比较严重使钢筋暴露，出现明显拉伸和弯曲，并在试件底部800mm高范围内伴随出现多条裂缝。

同一模型中各试件不同在于：

（1）轴压比较小时，墙体底部开裂范围较大，并且裂缝分布均匀、发展充分；轴压比较大时，墙体裂缝较少，并集中在墙体根部及第一层洞口的根部两侧。

（2）相同荷载条件下，按原结构设计的试件与按现行规范设计的试件相比，开裂范围较大，且裂缝在墙体下部范围内分布均匀、发展充分。

四、试验结果及分析

表4-2-3给出了所有试件相关试验结果，其中试件的屈服荷载及极限荷载的确定根据钢筋混凝土装配整体式框架节点与连接设计规程[17]中附录A的建议。

表4-2-4给出原结构根据相似比转化后的内力标准组合值，并与相同轴压比下试件3、试件7、试件10的各阶段水平承载力试验值比较，表明改造后的结构满足规范的抗震要求，且承载力有一定富余。

试件试验数据 表 4 - 2 - 3

试件编号	轴压比	位移（mm）		荷载（kN）		屈服时的割线刚度（N/mm）	延性系数
		屈服	极限	屈服	极限		
1	0.24	5	42	105	130	2.1×10^4	8.4
2	0.36	5	25	120	150	2.4×10^4	5.0
3	0.24	9	38.7	140	177	1.5×10^4	4.3
4	0.36	10	34	180	197	1.8×10^4	3.4
5	0.18	7	35	87	118	1.2×10^4	5.0
6	0.36	7	28	120	145	1.7×10^4	4.0
7	0.18	8	36	90	124	1.1×10^4	4.5
8	0.36	10	37	135	160	1.4×10^4	3.7
9	0.08	8	40	45	58	0.5×10^4	5.0
10	0.08	6	54	52.5	75	0.9×10^4	9.0

注：延性系数的确定均按照试件的承载力下降为极限承载力的 85% 时的位移作为极限位移计算得出[16]。

各阶段承载力比较 表 4 - 2 - 4

工况	小震下剪力值（kN）			中震下剪力值（kN）			大震下剪力值（kN）		
	试验值	标准组合值	安全系数	试验值	标准组合值	安全系数	试验值	标准组合值	安全系数
试件 3	75.2	16.7	4.5	140.8	41.4	3.4	154.2	102.8	1.5
试件 7	58.3	12.1	4.8	105.1	30.8	3.4	119.5	79.6	1.5
试件 10	32.2	10	3.2	60.8	25.3	2.4	70.3	63.9	1.1

1. 轴压比相同、开洞情况相同、设计依据不同的试件比较

以试件 1 和试件 3 的试验结果为例进行对比，两试件均为整片墙，轴压比为 0.24，区别为：试件 1 按现行规范设计，试件 3 为花园酒店原结构设计。

从恢复力特性分析：如图 4 - 2 - 5 所示，两个试件的滞回曲线虽都比较饱满；但试件 3 单个加载循环的滞回环面积明显大于试件 1，表现出更好的耗能性能。从刚度和承载力分析：由图 4 - 2 - 6 可知，在变形能力相同情况下，试件 3 在刚度、承载能力方面均比试件 1 大；由表 4 - 2 - 3 可知，试件 3 的屈服承载力和极限承载力均比试件 1 大，其极限承载力提高约 30%，主要由于试件 3 的竖向配筋量大于试件 1（见表 4 - 2 - 1）。

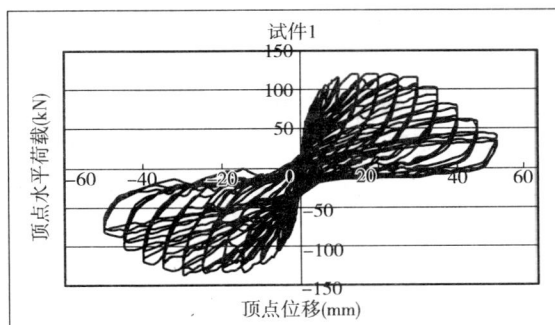

图 4 - 2 - 5 试件顶点荷载—位移滞回曲线（一）

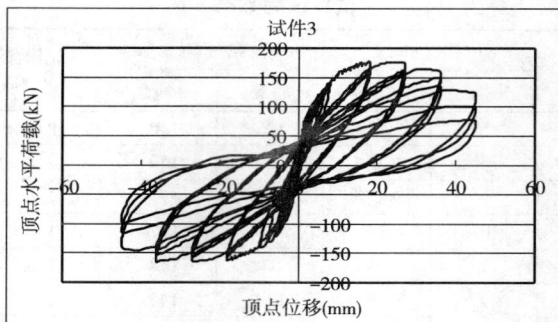

图 4 – 2 – 5　试件顶点荷载—位移滞回曲线（二）

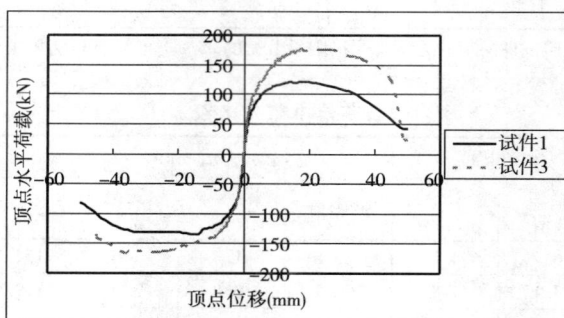

图 4 – 2 – 6　试件 1、3 的骨架曲线

从延性方面分析：由于试件 3 没有根据构造要求配有暗柱，使其延性系数比配有暗柱的试件 1 降低了 40%，但仍能满足现行规范对单片剪力墙的延性要求。

从变形能力分析：由表 4 – 2 – 3 可知，试件 1 的变形能力比试件 3 略有提高。

从试验结果来看，无论整片墙还是改造后开规则洞墙在轴压比和开洞情况相同、设计依据不同的条件下比较，都有与上述试件 1 和试件 3 相似的结果，即按原结构设计的试件延性虽有降低，但仍能满足现行规范要求，而由于竖向分布筋的增大引起的承载力提高保证了结构的安全性。但对于开不规则洞的试件 9 和试件 10 的比较中，表现出按原结构设计开洞加固后的试件 10 在延性、承载能力、及割线刚度均比按现行规范的试件 9 有较大提高，这说明提高开洞率较大的剪力墙的竖向配筋比增设边缘约束构件能更有效的提高其延性、承载能力等综合抗震性能。

2. 设计依据相同、轴压比相同、开洞情况不同的试件比较

下面以试件 4 和试件 8 的结果为例进行对比，两试件均按照花园酒店原结构设计，试件的配筋量相同，轴压比为 0.36，区别在于：试件 4 为未开洞的整片墙，试件 8 为规则开洞墙。

从恢复力特性分析：如图 4 – 2 – 8 所示，两个试件的滞回曲线均比较饱满，说明了在无边缘约束构件的情况下，合适的配筋率也可使剪力墙具有良好的恢复力特性及耗能能力。

从刚度和承载力分析：由图 4 – 2 – 7 和表 4 – 2 – 3 可知，在屈服位移相同的情况

104

下，试件8在刚度、承载力方面均比试件4在不同程度上有所降低，试件8比试件4的屈服承载力和极限承载力均降低了25%左右，但仍能满足现行规范对剪力墙承载能力的要求。

从延性方面分析：由图4-2-7可知，试件8比试件4下降平缓，表明开洞后剪力墙连梁的破坏增强了试件的延性和耗能能力。同时由表4-2-3中延性系数比较可知，依据原结构设计的相同结构开洞后（试件8）比开洞前（试件4）在承载力降低的情况下有更好的延性。

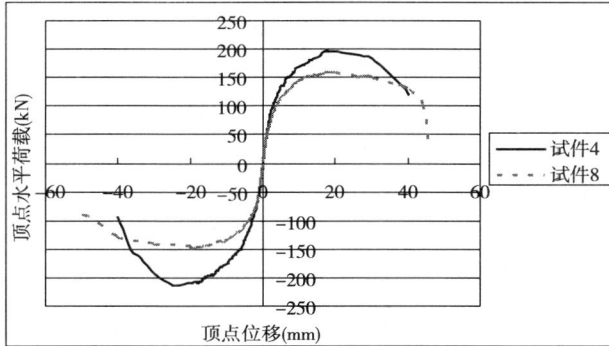

图4-2-7 试件4、8的骨架曲线

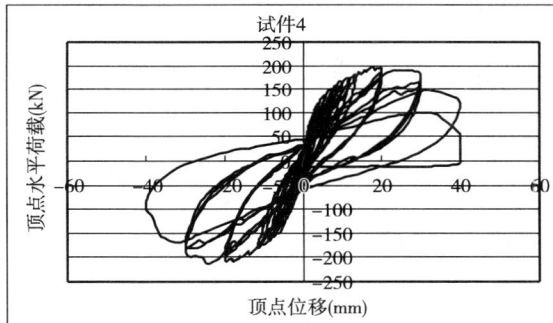

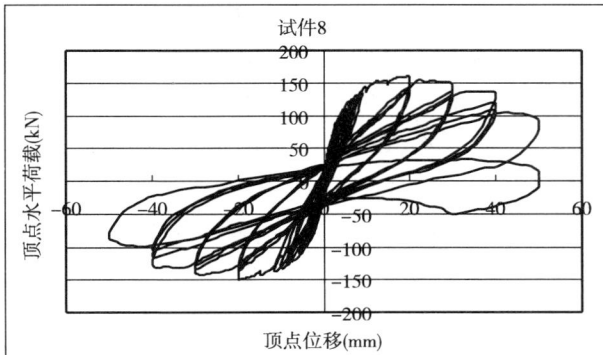

图4-2-8 试件顶点荷载—位移滞回曲线

从变形能力分析：由表 4 - 2 - 3 可知，试件 8 的变形能力比试件 4 提高 10% 左右。

从试验结果来看，在设计依据相同、轴压比相同条件下对开洞前、后的剪力墙试件进行比较，都有与上述试件 4 和试件 8 相似的结果，即开洞后的试件在承载能力方面虽有降低，但仍能满足设定的性能目标[14]，而延性的提高使结构具有更好的耗能性能。对于按现行规范设计的试件表现出更合理的抗震性能：开洞后试件的承载能力基本保持不变，极限位移增大了 40%。

五、小结

（1）对于花园酒店原结构，开洞剪力墙在轴压比较小或开洞面积较大时，由于墙体竖向分布配筋率比现行规范要求约大 3 倍，使墙体保证具有一定延性和较好的承载能力，基本达到与按现行规范设置边缘约束构件同样的效果。

（2）严格按照现行规范设计的剪力墙，在开小洞后，墙体的承载能力基本保持不变，而屈服位移有明显提高。

（3）改造后的花园酒店原结构与按现行规范设计的结构在同等荷载条件下相比，延性虽有所降低，但仍符合现行规范对高层结构的延性要求，改造后的开洞剪力墙在墙肢、连梁适当加固的情况下，能满足现行抗震规范要求，并且有较大的安全度。

（4）对于开不规则洞口的剪力墙，适当提高墙肢分布钢筋的配筋率，有助于提高其延性和抗震承载力。

第三节　带阻尼器大跨度复杂建筑结构振动台试验

一、引言

本试验针对广州中州中心二期提出项目提出，由华南理工大学高层建筑结构研究所和广州大学工程抗震研究中心合作完成。该工程其他详细信息详工程应用部分工程实例九。中州二期项目结构在首层以上设置两道抗震缝，将上部分成三个相对独立的结构体块，长条形塔楼（体块一）部分采用框架剪力墙结构，楼面为框架主梁 + 预应力混凝土板结构；裙楼（体块二）部分采用框架结构，楼面为框架主梁 + 预应力混凝土板结构；大门架（体块三）部分结构体系作为二期建设。本振动台试验是针对体块三巨型观光门架开展相关研究。观光门架高度为 86.25m，底层平面尺寸为 96.69m × 87.86m。

本试验的主要目的是通过模拟地震振动台试验验证该巨型门架的抗震性能。

二、工程概况

巨型观光门架左右塔楼顶部都加强为劲性钢筋混凝土筒体，结构平面图如图 4 - 3 - 1、4 - 3 - 2 所示。

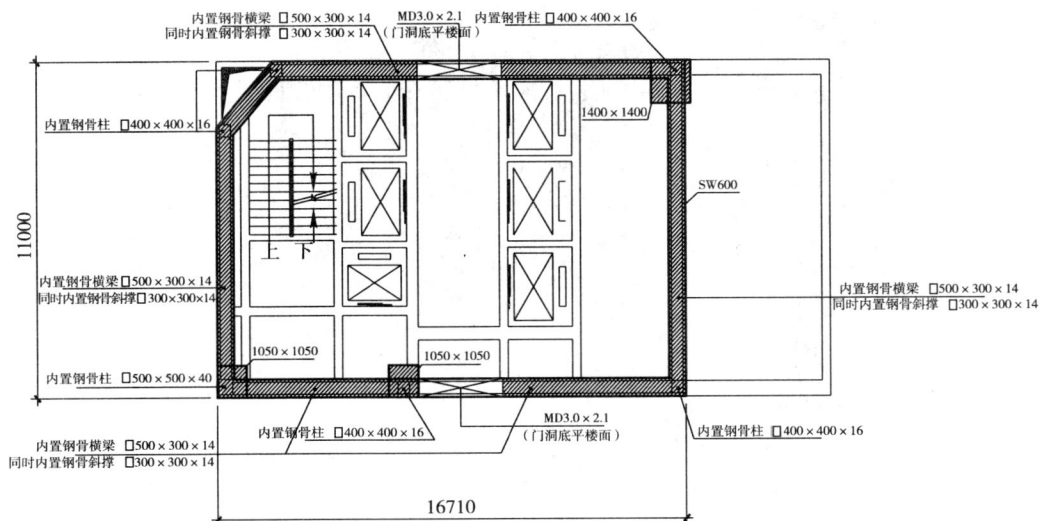

图 4-3-1 塔楼 1 结构布置图

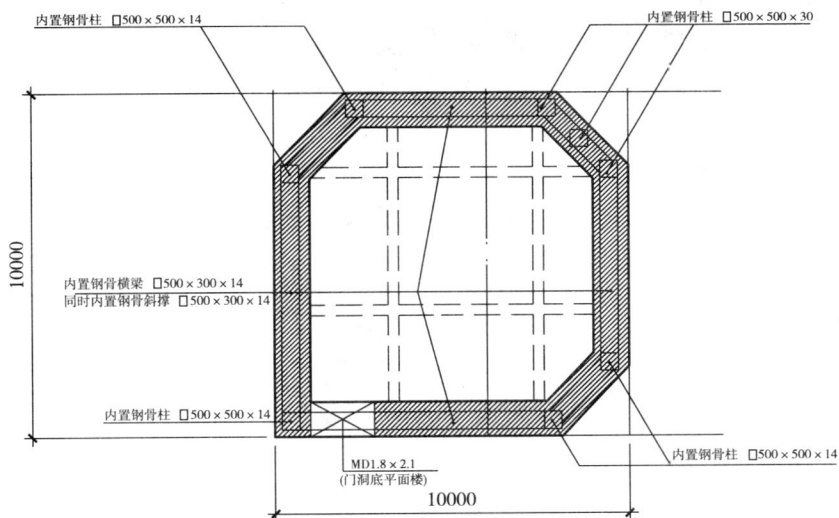

图 4-3-2 塔楼 2 结构布置图

本工程建筑物抗震设防类别为丙类，抗震设防烈度为 7 度，抗震等级为二级。设计基本地震加速度为 0.10g，设计地震分为第一组。场地土类为中软场地土，建筑场地类别为 Ⅱ 类，设计使用年限为 50 年。

三、模型的振动台试验

1. 模型设计及制作

本次试验采用混合相似模型设计方案是较为理想的。模型结构的模拟重点在保证结构的刚度相似，并兼顾强度相似。实验模型见图 4-3-3。

图 4 – 3 – 3 试验模型

（1）相似关系

根据振动台的承载能力、结构的总重量，估算模型与原型的相似关系见表 4 – 3 – 1。其中最终弹性模量的相似关系是根据模型材料试块的测试结果加以调整得到的。

模型与原型的相似关系　　　　　　　　　　　　　　　表 4 – 3 – 1

相似系数	符号	公式	比值（模型/原型）
尺寸	S_l	模型 l/原型 l	1/30
弹性模量	S_E	模型 E/原型 E	1/3.2
加速度	S_a	$S_a = S_E S_l^2 / S_m$	1/0.8
质量	S_m	模型 m/原型 m	1/3600
时间	S_t	$S_t = (S_l/S_a)^{1/2}$	0.163
频率	S_f	$S_f = 1/S_t$	6.12
速度	S_v	$S_v = (S_l S_a)^{1/2}$	0.20
位移	S_u	$S_u = S_l$	1/30
应力	S_σ	$S_\sigma = S_E$	1/3.2
应变	S_ε	$S_\varepsilon = 1$	1

阻尼器的设计也是根据相似关系推算得来的，在推导过程中初设弹性模量相似系数，进行模型材料试块实测弹性模量后再进行调整，调整弹性模量后的阻尼器各参数理论计算结果

见表 4 - 3 - 2。在实际理论计算时，采用阻尼器生产厂检测后的实测参数。

阻尼器设计参数理论推导结果　　　　　　　　　　　　　　　表 4 - 3 - 2

相似系数	符号	公式	比值（模型/原型）
阻尼力	S_F	$S_F = S_m S_a$	1/3600
80 吨	S_F	$S_F = S_m S_a$	0.28kN
100 吨	S_F	$S_F = S_m S_a$	0.35kN
阻尼器阻尼系数 C2000 - 0.3	S_C	$S_C = S_F / S_v^\alpha$	1.119 kN/（m/s）
阻尼器阻尼系数 C2500 - 0.4	S_C	$S_C = S_F / S_v^\alpha$	1.639kN/（m/s）

（2）人工配重

根据振动台的承载能力和模型的实际重量，可计算出所需配重。模型总重量 = 总配重量 + 模型重量 + 底板重量 = 4447.02 + 333.2 + 4200 = 8980.22（kg）。

（3）模型材料

模型材料主要采用水泥砂浆、回火镀锌铁丝和成品矩形方钢管。水泥为 425R 号硅酸盐水泥，骨料为粗砂和细砂。选用不同配合比使微粒混凝土达到不同的强度等级和弹性模量，以模拟原型 C30～C60 混凝土。回火镀锌铁丝用来模拟原型结构的配筋，它便于绑扎、焊接和弯制成任何形状，回火镀锌铁丝网用作墙、板的分布筋。成品矩形方钢管用来模拟桁架型钢。外模板用木板制作，由底层往上逐步提升。内模板用泡沫塑料，便于加工成型和捣碎拆除。微粒混凝土浇筑时用小振捣器振捣和小铁钎插捣，保证模型浇筑质量。微粒混凝土采用保水封闭养护，广州气温高，养护时间可以缩短，可在保证养护质量的前提下缩短工期。

2. 地震波选择

为满足本工程抗震设防特别需要，采用 2 组实际地震记录和 1 组场地人工地震波作为振动台试验的输入地震波。其中，安评报告中分别给出了罕遇地震（大震）、设防烈度地震（中震）和多遇地震（小震）三类地震影响下本场址一组人工地震波。真实强震记录采用 1940 年的 EL CENTRO 波和 1952 年的 TAFT 波。

振动台试验时各加速度峰值按模拟相似系数放大，持续时间按模拟相似系数压缩。分别进行 x 向和 y 向单向输入，x、y 双向输入及 x、y、z 三向输入。

3. 测量方案

测点的布置主要考虑测试模型的动力特性、结构的地震反应以及关键部位的受力情况和弹塑性变形情况。因此，需要在适当部位布设加速度传感器、位移传感器及应变片。

为了解结构模型在 X、Y、Z 三个方向上的地震反应情况，加速度传感器和位移传感器沿结构的三个方向布置。在 2 个塔楼结构中心点布置加速度传感器及位移传感器。同时为了考虑高空连廊和低空连廊的地震反应，在高空连廊和低空连廊的中心点布置了加速度和位移传感器。图 4 - 3 - 4 为核心筒—低空连廊加速度和位移传感器测点布置平面示意图。

(a)

(b)

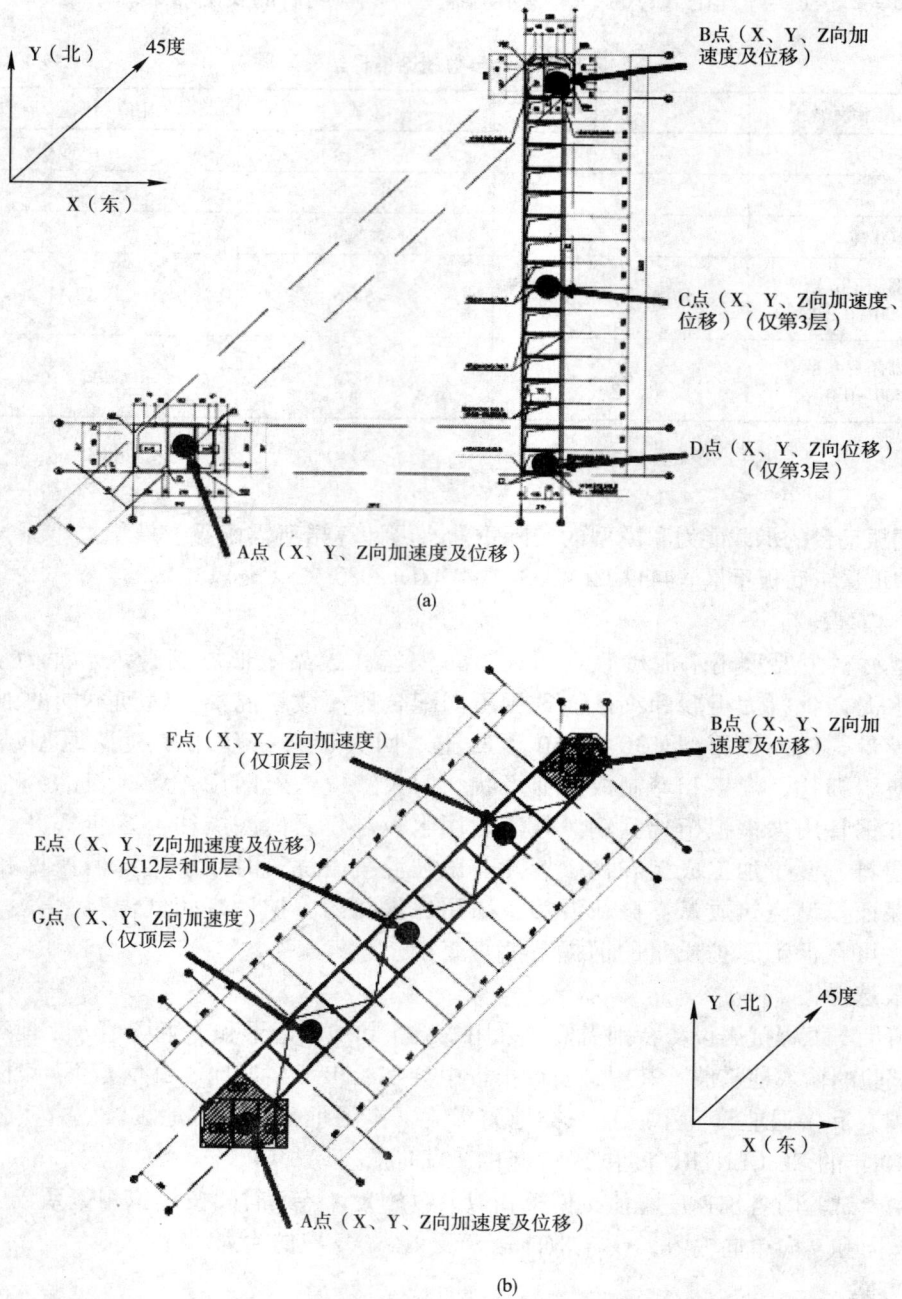

图 4－3－4　核心筒—高空连廊加速度和位移传感器测点布置平面示意图

应变测点重点布置在高空连廊两端核心筒竖向构件（剪力墙），以及高空连廊钢桁架内设计院所关注的重要部位处。

4. 试验工况

在进行结构地震反应试验之前，先进行结构的模态测试，分别在 X、Y、Z 三个方向输入白噪声，测定结构震前的动力特性。在每个地震水准试验前后，各输入一次白噪声用以测定结构动力特性的变化情况。在每个地震水准反应试验过程中，均按照先进行有控试验（连接阻尼器）后进行无控试验（未连接阻尼器）的顺序进行。

地震反应测试的试验工况如下：

（1）在多遇地震作用下，分别按甲方提供的人工波、天然波 1（Elcentro 波）、天然波 2（Taft 波）三个地震波进行 X 向、Y 向和 Z 向的单向输入。然后再进行 X + Y 双向输入，确定结构的最不利地震输入方向。

（2）在设防烈度地震作用下，分别进行 X 向和 Y 向单向输入，然后进行 X + Y 双向输入和 X + Y + Z 三向输入。

（3）在罕遇地震作用下，分别进行 X 向和 Y 向单向输入，以便与结构动力弹塑性时程分析结果进行比较。为体现实际地震情况，进行 X + Y + Z 三向输入。本试验中，最不利地震波采用了 Elcentro 波。

四、试验结果及分析

1. 模型结构的动力特性

为了测定模型结构在地震作用后动力特性的变化，在不同强度地震作用前后对模型输入加速度峰值为 0.05 g、频带宽为 0.1 ~ 40Hz 的白噪声。利用丹麦 B&K 公司的 PULSE8.0 operational modal analysis 软件对结构各部位测点的加速度响应信号进行模态分析。经过 6 次白噪声激振后所得自振频率及阻尼比如表 4 - 3 - 3 所示。

模型结构的自振频率及阻尼比　　　　　　　　　　表 4 - 3 - 3

振型描述	频率（Hz）	周期（s）	阻尼比%
135°方向一阶平动	1.427	0.701	3.634
45°方向一阶平动	2.052	0.487	3.072
整体扭转、塔楼 1 一阶扭转、塔楼 2 在 135°方向一阶平动	3.910	0.155	1.535
整体扭转、塔楼 1 二阶扭转、塔楼 2 在 0°方向一阶平动	6.459	0.155	1.949
高空连廊竖向振动、塔楼 1 在 0°二阶平动、塔楼 2 在 90°方向二阶平动	8.500	0.118	0.765
整体扭转、塔楼 1 在 0°方向三阶平动、塔楼 2 在 0°方向二阶平动	10.650	0.094	0.423

注：45°为沿高空连廊方向，135°为与高空连廊垂直方向。

2. 模型结构的动力反应

（1）模型结构的加速度反应

在三个水准地震作用下，主体结构加速度反应沿高度分布比较均匀。加速度最大值有时发生在结构顶层，有时发生在中间层，顶部鞭梢效应不是十分显著，加速度放大系数大多数在 2.5 以内，平均值在 2 以内。图 4 - 3 - 5 ~ 图 4 - 3 - 8 为塔楼 1 各层的最大加速度包络值。

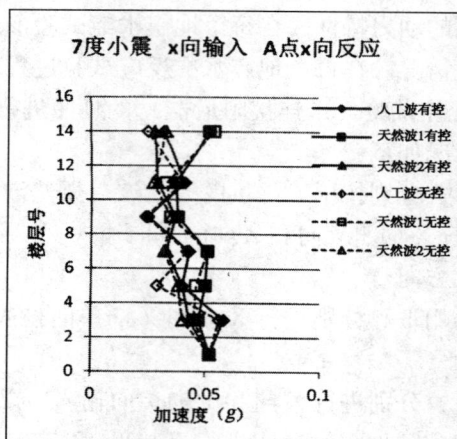

图 4 – 3 – 5　7 度小震作用下塔楼 1 各层的 x 向加速度包络图

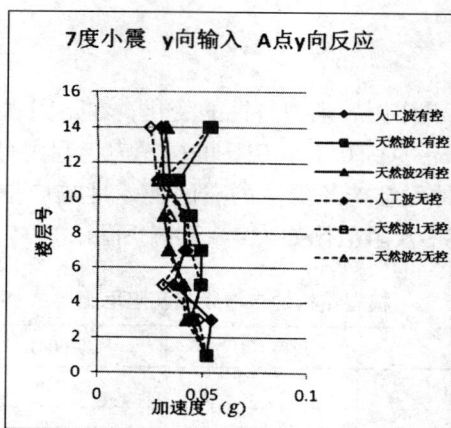

图 4 – 3 – 6　7 度小震作用下塔楼 1 各层的 y 向加速度包络图

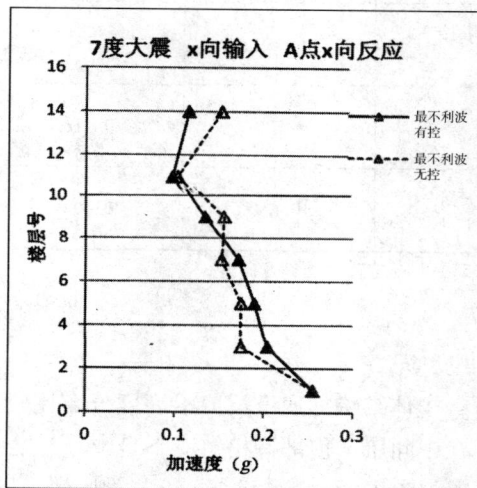

图 4 – 3 – 7　7 度大震作用下塔楼 1 各层的 x 向加速度包络图

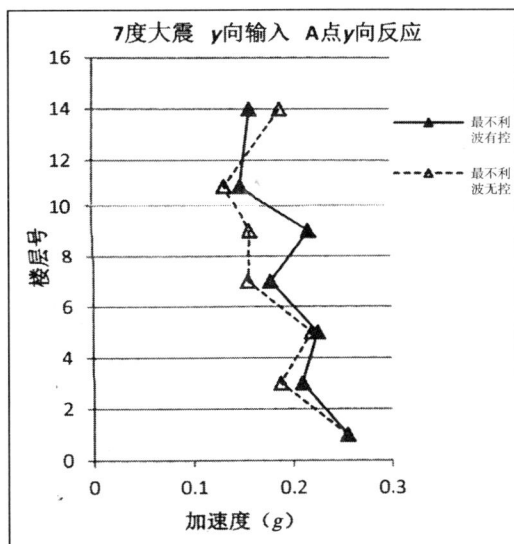

图 4 - 3 - 8　7 度大震作用下塔楼 1 各层的 y 向加速度包络图

从加速度反应的控制效果来看，阻尼器对各测点加速度的减震控制效果不一，有阻尼器与无阻尼器加速度反应的比值介于 0.51 ~ 2.21 之间，多遇地震、设防烈度地震和罕遇地震下各测点的平均值为 1.04、1.06 和 1.067，即总体控制效果不明显。

（2）模型结构的相对位移反应

在多遇地震和设防烈度地震作用下，单向输入和多向输入时 EL - centro 波作用下结构的反应均较大，而人工波作用下结构的反应较小，结构变形均匀。多向地震作用同单向地震作用相比，结构模型变形相差不大。图 4 - 3 - 9 ~ 图 4 - 3 - 12 为塔楼 1 各层的最大相对位移包络值。

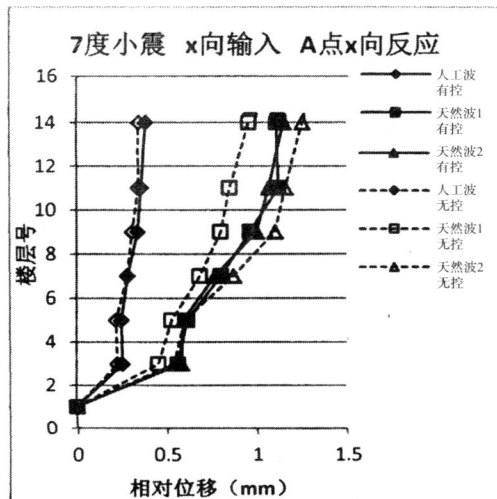

图 4 - 3 - 9　7 度小震作用下塔楼 1 各层 x 向侧向位移包络图

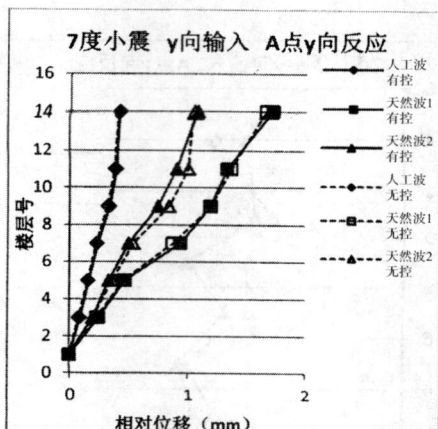

图 4 – 3 – 10 7 度小震作用下塔楼 1 各层 y 向侧向位移包络图

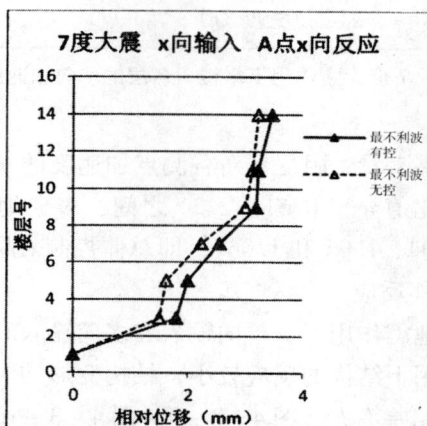

图 4 – 3 – 11 7 度大震作用下塔楼 1 各层 x 向侧向位移包络图

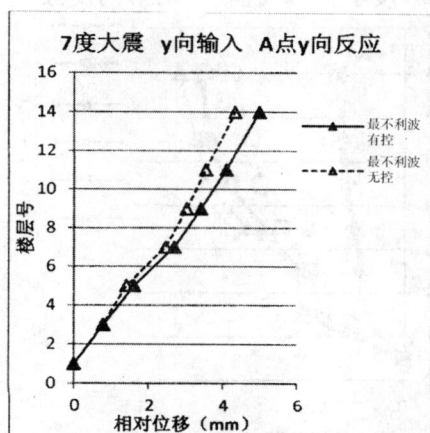

图 4 – 3 – 12 7 度大震作用下塔楼 1 各层 y 向侧向位移包络图

塔楼 1 多遇地震、设防烈度地震和罕遇地震下最大相对位移平均值分别为 0.955mm、0.877mm 和 0.939mm，塔楼 2 多遇地震、设防烈度地震和罕遇地震下最大相对位移平均值分别为 0.905mm、0.975mm 和 1.049mm，高空连廊 E 点多遇地震、设防烈度地震和罕遇地震下最大相对位移平均值分别为 0.814mm、0.815mm、0.870mm。也就是说，塔楼 1 和塔楼 2 有一定的控制效果，低空连廊测点 C 和测点 D 控制效果不显著，而高空连廊测点 E 的控制效果比较显著，平均能达到 20% 的控制效果。

多遇地震时，有阻尼器和无阻尼器情况下塔楼结构间 X 向位移比值的最大值分别为 1.30 和 1.46，Y 向位移比值的最大值分别为 1.20 和 1.15；设防烈度地震时，有阻尼器和无阻尼器情况下塔楼结构间 X 向位移比值的最大值分别为 1.44 和 1.52，Y 向位移比值的最大值分别为 1.07 和 1.12；罕遇地震时，有阻尼器和无阻尼器情况下塔楼结构间 X 向位移比值的最大值分别为 1.8295 和 1.5805，Y 向位移比值的最大值分别为 1.2702 和 1.3542；从而说明结构有比较明显的扭转效应。

在单向和多向地震作用下，塔体 1 和塔体 2 间在顶层天面处 X 方向的扭转较大，在第 11 层处 Y 方向的扭转较大，即总体说来，结构上部扭转严重。

有阻尼器情况下，在多遇地震、设防烈度地震和罕遇地震作用下，塔体 1 和塔体 2 间在三种地震波作用下扭转角的最大值平均分别为 0.4522×10^{-3}rad，1.6×10^{-3}rad 和 2.5×10^{-3}rad；无阻尼器情况下，在多遇地震、设防烈度地震和罕遇地震作用下，模型结构在三种地震波作用下扭转角的最大值平均分别为 0.6465×10^{-3}rad，1.9×10^{-3}rad 和 1.7×10^{-3}rad。可见，阻尼器对塔楼 1 和塔楼 2 间的扭转角有比较显著的控制效果，多遇地震、设防烈度地震和罕遇地震下扭转角的控制效果分别为 0.705、0.774 和 0.553，即扭转角减震效果平均达到了 32%。

3. 模型结构的应变反应

由于采用混合相似模型，忽略了重力效应的影响，模型的应变变化情况并不能简单地换算成原型的应力情况，但从应变的相对值的变化情况，可以定性地判断结构应力变化情况。并根据应变的变化情况，检测模型结构的裂缝开展情况。

广州中州中心二期项目模型振动台试验过程中，模型结构在七度多遇地震（七度小震）作用下，各个测点的应变时程曲线拉压应变对称。对结构在有阻尼器（有控）和无阻尼器（无控）作用下的反应进行了对比分析，除底层 Z1 的 X 向外，底层 Z1、Z2、Z3、Z4 钢筋混凝土柱在有控时的压应变比无控时有所减少。其中，结构底层钢筋混凝土柱 Z3 的 Y 向（无控）底部拉应变最大值为 $247\mu\varepsilon$，压应变最大值为 $-191\mu\varepsilon$；Z3 的 Y 向（有控）底部拉应变最大值为 $150\mu\varepsilon$，压应变最大值为 $-148\mu\varepsilon$。钢筋混凝土剪力墙在有控时的拉压应变均比无控时小。其中，底层剪力墙 SW5（无控）底部拉应变最大值为 $198\mu\varepsilon$，压应变最大值为 $-176\mu\varepsilon$；SW5（有控）底部拉应变最大值为 $186\mu\varepsilon$，压应变最大值为 $-170\mu\varepsilon$。对于钢桁架结构的高空连廊，除下弦杆 CH44 以外，安装阻尼器对结构的反应值基本上也有一定的降低作用。

在七度设防烈度地震（七度中震）作用下，除底层 Z1 的 X 向外，底层 Z1、Z2、Z3、Z4 钢筋混凝土柱在有控时的压应变均比无控时有所减少，其中，结构底层钢筋混凝土柱 Z3 的 Y 向（无控）底部拉应变最大值为 $498\mu\varepsilon$，压应变最大值为 $-428\mu\varepsilon$，Z3 的 Y 向

（有控）底部拉应变最大值为 $348\mu\varepsilon$，压应变最大值为 $-379\mu\varepsilon$。钢筋混凝土剪力墙在有控时的拉压应变均比无控时小，其中，底层剪力墙 SW5（无控）底部拉应变最大值为 $384\mu\varepsilon$，压应变最大值为 $-358\mu\varepsilon$，SW5（有控）底部拉应变最大值为 $341\mu\varepsilon$，压应变最大值为 $-310\mu\varepsilon$。对于钢桁架结构的高空连廊，在有控时，各通道的应变反应均有所减小。

在七度罕遇地震（七度大震）作用下，底层 Z1、Z2、Z3、Z4 钢筋混凝土柱在有控时的拉压应变均比无控时减小更大，减震效果明显。其中，结构底层钢筋混凝土柱 Z1 的 X 向（无控）底部拉应变最大值为 $728\mu\varepsilon$，压应变最大值为 $-589\mu\varepsilon$，而 Z1（有控）底部拉应变最大值为 $555\mu\varepsilon$，压应变最大值为 $-525\mu\varepsilon$。钢筋混凝土剪力墙 SW5 除底层压应变外，在有控时的应变反应均比无控时小。对于钢桁架结构的高空连廊，在有控时应变反应均有所减小，钢桁架结构（CH45，无控）的最大拉应变为 $268\mu\varepsilon$，最大压应变为 $-342\mu\varepsilon$，小于屈服应变。

在八度罕遇地震（八度大震）作用下，底层 Z1、Z2、Z3、Z4 钢筋混凝土柱在有控时的应变反应减小更为明显。其中，结构底层钢筋混凝土柱 Z3 的 X 向（无控）底部拉应变最大值为 $728\mu\varepsilon$，压应变最大值为 $-634\mu\varepsilon$，Z3 的 X 向（有控）底部拉应变最大值为 $441\mu\varepsilon$，压应变最大值为 $-329\mu\varepsilon$。钢筋混凝土剪力墙在有控时的拉压应变均比无控时小。对于钢桁架结构的高空连廊，在有控时减震效果更为显著，其中，上弦杆（CH45）处（无控）拉应变最大值为 $311\mu\varepsilon$，压应变最大值为 $-449\mu\varepsilon$，该处（有控）时拉应变最大值为 $182\mu\varepsilon$，压应变最大值为 $-208\mu\varepsilon$，应变有了大幅度降低。

五、原型结构的抗震性能分析

根据模型结构与原型结构之间的各种相似关系，可以由模型结构的反应推算出原型结构的各种反应。

1. 原型结构的动力特性

将试验中测得的模型结构震前的各阶周期与由原型设计计算值换算后的周期进行比较，前六阶周期平均误差在 12.4% ~30% 以内。

模型在经历多遇地震作用后，结构的各阶频率与震前相比变化很小，平均下降 0.46%，可认为结构处在弹性工作阶段；在经历设防烈度地震作用后，各阶频率与震前相比下降平均达到 9.04% 左右，连梁部位出现裂缝；在经历罕遇地震作用后，各阶频率与震前相比平均下降达到 15.98%，已出现裂缝部位进一步发展，未发现新的裂缝，在经历八度罕遇地震作用后，各阶频率与震前相比平均下降达到 18.31%，整体结构仍保持抗震承载能力。

地震作用前进行的模态试验中，测得模型结构的前六阶模态阻尼比依次为：3.634%、3.072%、3.417%、1.949%、0.765% 和 0.423%。

2. 原型结构的位移反应

在三水准地震作用下，结构 X 向层间位移最大值大多出现在底层、在 Y 向大多出现在第 7 层或第 9 层。多遇地震作用下，结构层间位移角最大值的平均值为 1/1155；在罕遇地震作用下，结构层间位移角最大值为 1/141。

在三水准地震作用下，塔楼 2 与塔楼 1 之间最大水平位移的比值大多大于 1.2，结构上部扭转反应较大，顶层天面处 X 方向的扭转较大，在第 11 层处 Y 方向的扭转较大。

在三水准地震作用下，主体结构加速度反应沿高度分布比较均匀。在不同地震波作用下，加速度最大值有时发生在结构顶层，有时发生在中间层，顶部鞭端效应不是十分显著，加速度放大系数大多数在 2.5 以内，平均值在 2 以内。

3. 原型结构的应变反应和破坏情况

多遇地震作用下，各个测点的应变的时程曲线拉压应变对称，结构处于弹性工作状态，混凝土核芯筒底部和柱底部是结构受力较大的区域，钢结构应变最大值远小于屈服应变。在设防烈度地震作用下，混凝土结构出现裂缝，主要出现在塔楼的 3 - 9 层连梁部位。在罕遇地震作用下，已出现裂缝的部位，裂缝进一步发展，钢结构应变最大值小于屈服应变。

经试验分析，结构必须注意的应力较大的区域主要有以下几个部位：① 塔楼的 3 ~ 9 层连梁端部出现裂缝，该处为薄弱部位；② 混凝土结构底部是应力较大的区域。

4. 装阻尼器后结构反应的变化情况

阻尼器对整体结构的周期影响不大；阻尼器对高空连廊测点 E 的控制效果比较显著，相对位移、层间位移和层间位移角平均能达到 20% 的控制效果。阻尼器对塔楼 1 和塔楼 2 的相对位移、层间位移和层间位移角有一定的控制效果。对塔楼 1 和塔楼 2 之间的扭转角有比较显著的控制效果，多遇地震、设防烈度地震和罕遇地震下扭转角的控制效果分别为 0.705、0.774 和 0.553，即扭转角减震效果平均达到了 32%。整体而言，有阻尼器的结构应变反应小于无阻尼器的应变反应。

六、小结

模型结构在三种地震波作用下，经历多遇地震、设防烈度地震和罕遇地震作用后，试验宏观现象和实测数据分析表明，结构总体上满足初步设计目标的抗震设防要求。装设了阻尼器后，对整体结构的抗震安全性有一定程度的改善，由于本工程为空间结构，建议对阻尼器布设的位置和参数进行进一步的优化，使得阻尼器能起到更好的减震效果。

参考文献

[1] 赵西安. 现代高层建筑结构设计 [M]. 北京：科学出版社，2000.

[2] 徐培福，王翠坤，郝锐坤等. 转换层设置高度对框支剪力墙结构抗震性能的影响 [J]. 建筑结构，2000，30（1）：38 - 42.
Xu Pei-fu, Wang Cui-kun, Hao Rui-kun et al. Effect of the level of transfer story on aseismic behavior of shear wall structure with supporting frames [J]. Building Structure, 2000, 30（1）：38 - 42.

[3] 黄襄云，金建敏，周福霖等. 高位转换层框支剪力墙高层建筑结构抗震性能研究 [J]. 地震工程与工程振动，2004，24（3）：73 - 81.
Huang Xiang-yun, Jin Jian-min, Zhou Fu-lin et al. Seismic behavior analysis of a high - rise building of frame-shear wall structure with high transfer floor [J]. Earthquake Engineering and Engineering Vibration, 2004, 24（3）：73 - 81.

[4] 季静，韩小雷，杨坤等. 带主次梁转换层的超限高层建筑结构设计 [J]. 结构工程师，2005，21

（2）：1－4.

Ji Jing, Han Xiao-lei, Yang Kun et al. Structural design of a tall building with primary and secondary girder transfer floor beyond code limits ［J］. Structural Engineers, 2005, 21 （2）：1－4.

［5］中华人民共和国国家标准. GB 50011—2001 建筑抗震设计规范（2008 年版）［S］. 北京：中国建筑工业出版社，2008.

［6］中华人民共和国行业标准. JGJ3—2002，J 86—2002，高层建筑混凝土结构技术规程［S］. 北京：中国建筑工业出版社，2002.

［7］中华人民共和国行业标准. JG101—96，建筑抗震试验方法规程［S］. 北京：中国建筑工业出版社，1997.

［8］International Code Council（ICC）. International Building Code 2000 ［S］.

［9］魏德敏，李联彬. 组合结构的三维地震响应分析 ［J］. 华南理工大学学报 自然科学版，2002，30（12）：67－70.

Wei Dei-min, Li Lian-bin. Analysis of 3-dimensional dynamic response of composite structure under seismic load ［J］. Journal of South China University of Technology, Natural Science Press, 2002, 30 （12）：67－70.

［10］肖从真，王翠坤，郝锐坤等. 珠海信息大厦模型振动台试验与分析 ［J］. 建筑科学，2003，19（6）：1－3.

Xiao Cong-zhen, Wang Cui-kun, Hao Rui-kun et al. Mode shaking-table test and analysis of Zhuhai Information Building ［J］. Building Science, 2003, 19 （6）：1－3.

［11］中华人民共和国国家标准. GB 11—89，建筑抗震设计规范 ［S］. 北京：中国建筑工业出版社，1989.

［12］中华人民共和国国家标准. GB 50011—2001，建筑抗震设计规范 ［S］. 北京：中国建筑工业出版社，2001.

［13］韩小雷等，广州花园酒店基于性能的结构可行性研究报告 ［R］，华南理工大学建筑学院，2006.

［14］韩小雷等，广州花园酒店西塔"白金五星级酒店"改造结构抗震试验研究报告 ［R］，华南理工大学建筑学院，2007.

［15］过镇海，混凝土的强度与本构关系 ［M］. 北京：中国建筑工业出版社，2004.

［16］中华人民共和国国家标准. GB 50512—92，混凝土结构试验方法标准 ［S］. 北京：中国建筑工业出版社，1992.

［17］中国工程建设标准化委员会标准. CECS43：92，钢筋混凝土装配整体式框架节点与连接设计规程 ［S］. 北京：中国建筑工业出版社，1992.

第五章　结构弹塑性分析方法

第一节　基于 OpenSEES 的剪力墙低周往复荷载试验的数值分析

一、引言

钢筋混凝土剪力墙结构是目前工业与民用建筑中最重要的结构形式之一，对其进行非线性分析是相关研究中的难点和热点。

剪力墙非线性分析模型包括微观模型和宏观模型。微观模型又分为整体式模型、分离式模型及组合模型等[1]。宏观模型因其自由度小、计算量较小，适用于整体结构弹塑性分析，引起了研究者的广泛关注。Kabeyasawa 等[2]通过对足尺七层框剪结构进行拟动力试验研究，将剪力墙理想化成三竖线单元（TVLEM）；瑞士学者 Linca 等[3]对 TVLEM 进行改进，提出四弹簧单元；Milev[4]对 TVLEM 进行修正，提出了二维板模型；为解决 TVLEM 的弯曲弹簧与两边柱杆元相协调的问题，Vulcano 等[5]提出了一个修正模型，这一模型是用多个竖向弹簧代替旋转弹簧代表压弯刚度，同时有一个水平弹簧代表剪切刚度。

本节基于 OpenSEES 程序和多竖向弹簧单元（MVLEM）模拟剪力墙结构，通过对 OpenSEES 进行二次开发，编制了剪力墙弹塑性分析程序 SWNA，并对广州花园酒店剪力墙低周往复试验进行数值模拟，将分析结果与试验结果进行对比。

二、多竖向弹簧单元理论

MVLEM 克服了 TVLEM 中弯曲弹簧和边柱杆元的协调关系不明确的缺点，它只需要给出拉压和剪切滞回关系，避免了使用弯曲弹簧时确定弯曲滞变特性的困难，同时可以考虑在地震反应中剪力墙截面中和轴的移动。

MVLEM 的建模方法是将剪力墙横截面划分为若干份，每个区域以拉压弹簧来模拟，拉压弹簧的属性由混凝土与钢筋的材料本构来确定。本节采用的拉压弹簧的恢复力模型是由 DRAN - 2D[6] 的恢复力模型改进而来，如图 5 - 1 - 1 所示。

对于普通剪力墙结构，恢复力模型参数取值为 $\alpha = 1.0$、$\beta = 1.5$、$\gamma = 1.05$、$\delta = 0.5$ [7]。弹簧

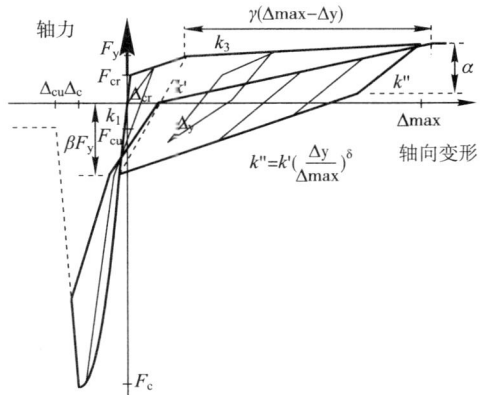

图 5 - 1 - 1　竖向弹簧恢复力模型

本构曲线关键点的力与变形值的求解公式如下表 5 – 1 – 1 所示。

竖向弹簧恢复力模型参数计算公式　　　　　　表 5 – 1 – 1

参数	描述	公式
k_1	初始弹性刚度	$k_1 = A_c E_c / L$
F_{cr}	混凝土开裂拉力	$F_{cr} = f_{ct} A_c$
F_y	钢筋屈服力	$F_y = f_y A_s$
Δ_y	钢筋屈服时变形	$\Delta_y = A_s E_s / L$
k_3	钢筋强化刚度	$k_3 = f_{hard} k_s$
F_c	混凝土极限压力	$F_c = f_{ck} A_c$
Δ_c	混凝土极限压力时变形	$\Delta_c = \varepsilon_c L$
F_{cu}	混凝土压碎后残余力	$F_{cu} = f_{cu} A_c$
Δ_{cu}	混凝土压碎后残余变形	$\Delta_{cu} = \varepsilon_{cu} L$

　　二维 MVLEM 在距离底部 cL 的地方设置一个剪切弹簧反映剪切变形，共 3 个自由度。三维 MVLEM 设置 3 个水平弹簧，包括双向剪切弹簧及扭转弹簧，共 6 个自由度，如图 5 – 1 – 2所示。

　　剪切弹簧恢复力模型可采用线弹性本构或 DRAIN – 2D 的剪切本构，如图 5 – 1 – 3 所示。水平弹簧的高度系数 c 值要根据预计的单元曲率分布来确定，Vulcano 等[5]取不同的 c值（$c = 0$、0.2、0.3、0.4）进行试算，发现 $c = 0.4$ 时结果最好。本节采用的 c 值为 0.4。

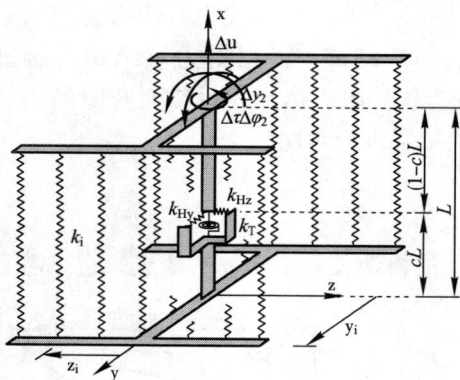

图 5 – 1 – 2　MVLEM 三维单元示意图

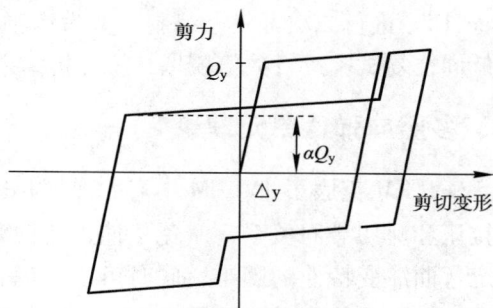

图 5 – 1 – 3　水平剪切弹簧恢复力模型

三、OpenSEES 程序介绍

　　OpenSEES 全称为 Open System for Earthquake Engineering Simulation[8]，是开源的地震工程模拟系统；其程序代码是公开的，用户可以通过编程手段为系统增加新的材料本构和单元类型。程序具有丰富的材料与单元模型，适用于分析结构在地震作用下的反应。

　　Kutay Orakcal 等人[9]依据上述理论在 OpenSEES 里写入基于材料单轴本构的 MVLEM 2D 单元，并用低周往复试验进行校正，发现该单元能够很好地模拟剪力墙结构。Matej

Fischinger 等[10]在 DRIAN-2D 的基础上，在 OpenSEES 里写入基于弹簧本构的 MVLEM 3D 单元，与 1:3 剪力墙振动台试验对比后，发现 MVLEM 3D 单元能很好地反映剪力墙动力特性。本节基于 Matej Fischinger 开发的 MVLEM 3D 单元对花园酒店的剪力墙试验进行数值模拟。

OpenSEES 是基于 Tcl/Tk 脚本语言的分析程序，该程序可通过编程实现自适应转换非线性求解方案，调整分析步长直至求解收敛为止，这解决了剪力墙非线性计算中的收敛性问题。

四、剪力墙低周往复试验

第四章第二节所述花园酒店剪力墙试验共对 12 个剪力墙试件进行低周往复试验，本节对试件 1 至试件 4 进行数值模拟。试件 1 至试件 4 墙高为 1.9m，其配筋、构造和轴压比等属性如下表 5-1-2 所示。试件截面配筋图如图 5-1-4、图 5-1-5 所示。

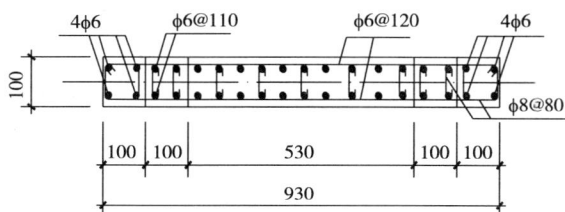

图 5-1-4　试件 1、试件 2 截面配筋图

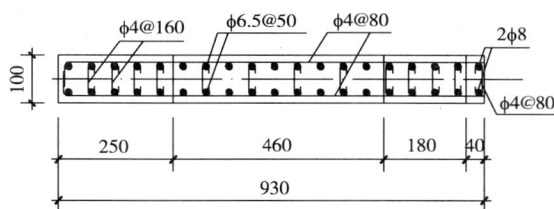

图 5-1-5　试件 3、试件 4 截面配筋图

试件参数　　　　　　　　　　　　　　　　　　　　　　表 5-1-2

编号	试件 1	试件 2	试件 3	试件 4
设计依据	现行规范	现行规范	原结构	原结构
轴压比	0.24	0.36	0.24	0.36
竖直配筋	$\phi6@110$	$\phi6@110$	$\phi6.5@50$	$\phi6.5@50$
水平配筋	$\phi6@120$	$\phi6@120$	$\phi4@80$	$\phi6@120$
端部拉筋	$\phi8@110\times80$	$\phi8@110\times80$	$\phi4@160\times50$	$\phi4@160\times50$
中部拉筋	$\phi8@110\times120$	$\phi8@110\times120$	0	$\phi4@160\times100$

混凝土材料强度是通过混凝土试块进行取样测量获得。经材料试验测得混凝土立方体抗压强度统计平均值为 $f_{cu,m}=34.43\text{MPa}$。试验模型结构所用的钢筋采取逐类取样，钢筋材料试验结果如下表 5-1-3 所示。

121

钢筋性能指标					表 5 – 1 – 3
钢筋 型号	屈服 强度 （MPa）	极限 强度 （MPa）	屈服 应变 （με）	极限 应变 （με）	弹性 模量 （N/mm²）
φ4	345	442	1560	2000	2.21×10^5
φ6	429	533	2000	2460	2.15×10^5
φ8	425	530	2000	2460	2.14×10^5

试验加载装置如图 5 – 1 – 6 所示。水平荷载采用美国 MTS 公司的数控拉压作动筒施加，竖向荷载采用 50t 液压千斤顶施加。

竖向荷载采用千斤顶一次施加到剪力墙所需轴压比，并在试验过程中保持不变；水平荷载采用拉压作动筒低周往复加载，在结构构件达到屈服荷载前采用力控制循环加载方式，每级荷载增量约为结构承载力的 10%，直至试件屈服；试件屈服后，采用位移控制循环加载方式，以试件屈服位移作为每级循环位移增加量，每级控制位移做 3 次循环，当试件承载力下降到极限承载力的 60% ~75% 或试件破坏明显时停止试验。

五、数值分析

OpenSEES 程序是高效非线性有限元分析程序，但是现阶段没有可视化操作界面，MVLEM 的每根弹簧的位置与本构属性都需要文本输入，前处理工作量大。为解决上述问题，采用面向对象语言对 OpenSEES 进行二次开发，编制了剪力墙非线性分析程序 SWNA。该程序计算流程如图 5 – 1 – 7 所示。

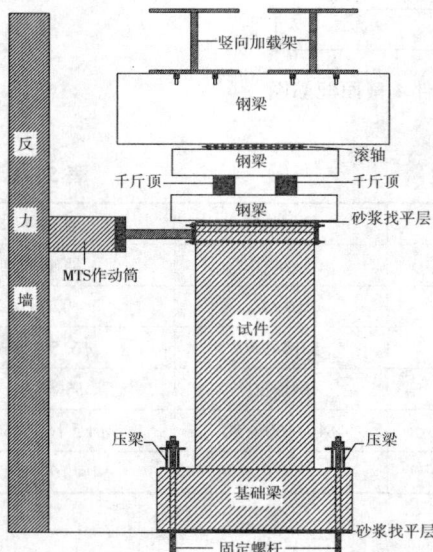

图 5 – 1 – 6　试验加载装置图

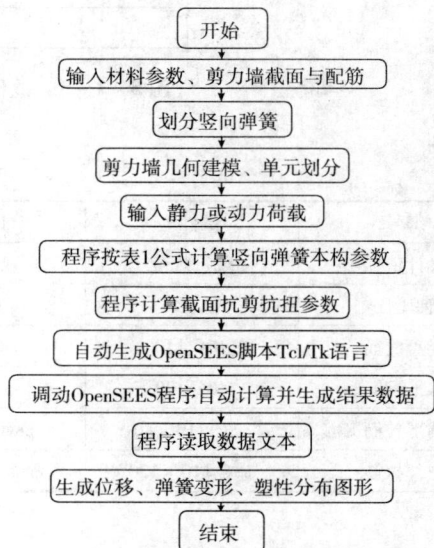

图 5 – 1 – 7　SWNA 程序流程图

程序对试件混凝土本构的计算采用修正后 Kent – Park 模型[11-12]。该模型考虑了箍筋对约束区混凝土强度及延性的提高。程序根据截面配筋情况按式（5－1－1）~（5－1－4）计算得到约束区混凝土的应力－应变关系。钢筋材料采用二折线本构，钢筋硬化系数为 1/1000，弹性模量及屈服强度按表 5－1－3 取值。程序将计算得到的材料本构参数按表 5－1－1 的公式计算生成竖向弹簧的恢复力模型。

$$\sigma_c \begin{cases} Kf'_c \left[2\left(\dfrac{\varepsilon_c}{\varepsilon_0}\right) - \left(\dfrac{\varepsilon_c}{\varepsilon_0}\right)^2 \right] & \varepsilon_c \leq \varepsilon_0 \\ Kf'_c \left[1 - Z\left(\varepsilon_c - \varepsilon_0\right) \right] & \varepsilon_0 \leq \varepsilon_c \leq \varepsilon_{20} \\ 0.2Kf'_c & \varepsilon_c > \varepsilon_{20} \end{cases} \qquad (5-1-1)$$

$$\varepsilon_0 = 0.002K \qquad (5-1-2)$$

$$K = 1 + \frac{\rho_s f_{yh}}{f'_c} \qquad (5-1-3)$$

$$Z = \frac{0.5}{\dfrac{3 + 0.29f'_c}{145f'_c - 1000} + 0.75\rho_s \sqrt{\dfrac{h'}{S_h}} - 0.002K} \qquad (5-1-4)$$

将剪力墙模型沿高度划分为 4 段进行数值模拟，剪力墙截面共划分为 48 个弹簧，结点数为 5，单元数为 4，自由度数为 30，模型如图 5－1－8 所示。若预期分析法不符合平截面假定，可沿水平方向划分单元。弹簧的恢复力参数不进行调整，按默认值输入。收敛准则、分析步长及迭代方法为自适应调节，直到求解收敛为止。

计算时间描述以试件 1 为例，分析步数为5410，计算机 CPU 为 AMD Athlon（tm）64 Processor 3200 +（2.1GHz），1GB 内存，计算时间仅为34s。程序对 4 片剪力墙进行低周往复试验数值分析，分析得到水平作用力与顶部位移的曲线，并与试验结果对比，如图 5－1－9 所示。

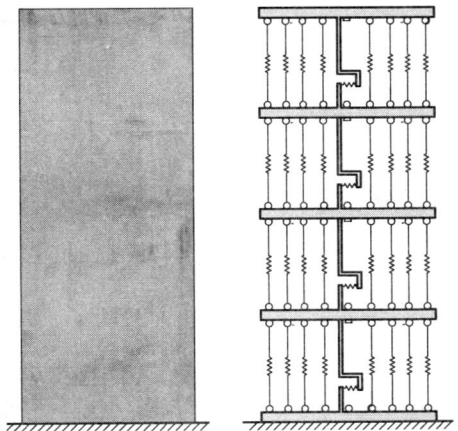

图 5－1－8 试件的有限元模型图

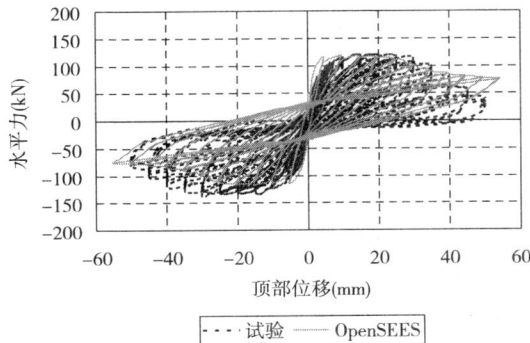

（a）试件 1

图 5－1－9 OpenSEES 分析得到力－位移曲线与试验结果对比（一）

123

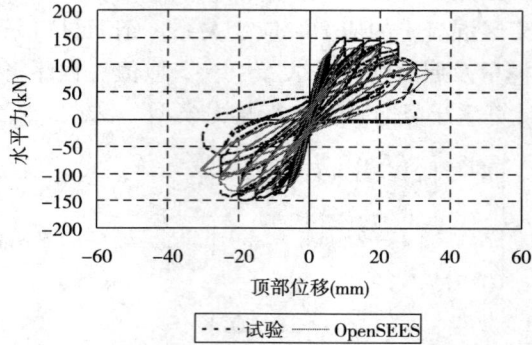

（b）试件 2

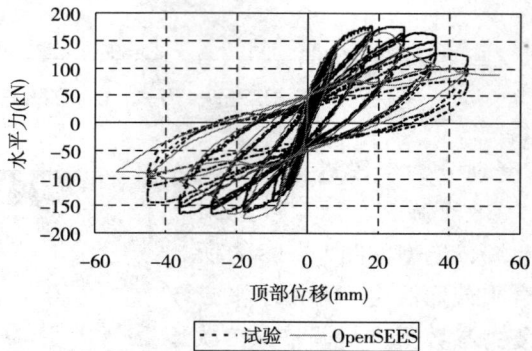

（c）试件 3

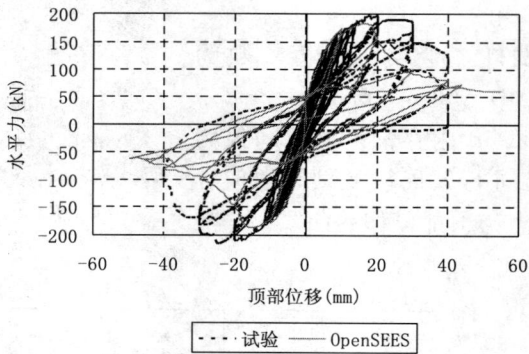

（d）试件 4

图 5 - 1 - 9　OpenSEES 分析得到力 - 位移曲线与试验结果对比（二）

由图 5 - 1 - 9 可见，试验和分析得到的滞回曲线能够较好地吻合；按现有规范设计的试件 1 与试件 2 的滞回曲线吻合程度高，试件 3 与试件 4 的下降段部分比试验结果要陡一些，但在总体上的强度及延性方面的模拟情况良好。由于单个 MVLEM 基于平截面假定，所以在弹塑性阶段吻合情况良好，到强非线性破坏阶段吻合程度较差。在基于性能的抗震设计中，要求保证剪力墙处生命安全状态或防止倒塌状态。上述两个状态均不处于强非线性破坏阶段[13]。因此，相对较粗的 MVLEM 就可应用于基于性能的抗震设计与分析。

用 SWNA 程序对 OpenSEES 计算结果进行后处理，可以得到剪力墙结构的变形，弹簧变形及弹簧非线性状态的全过程，试件 1 的数值分析结果如图 5 - 1 - 10、5 - 1 - 11 所示。由图 5 - 1 - 10 可见，MVLEM 表述剪力墙的往复荷载作用下，由于受到压弯作用，中和轴不断移动。

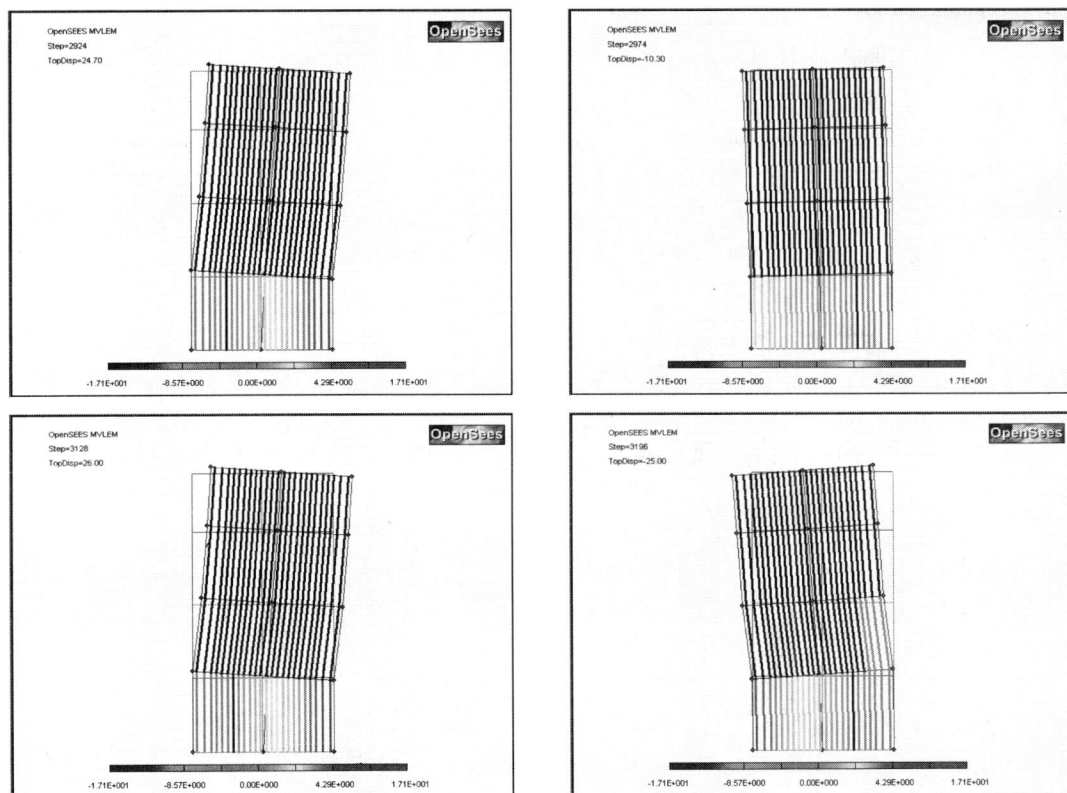

图 5 - 1 - 10 SWNA 显示的剪力墙单元竖向弹簧变形

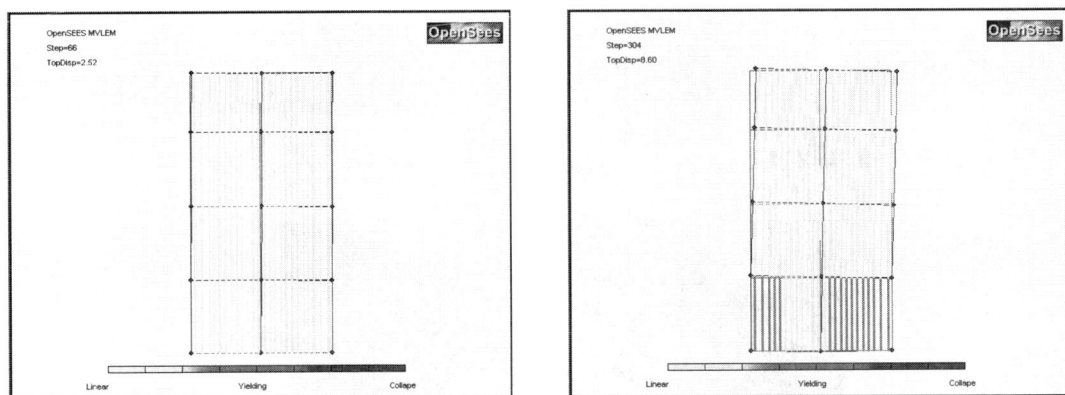

（a）

图 5 - 1 - 11 SWNA 显示的剪力墙单元破坏全过程 （一）

125

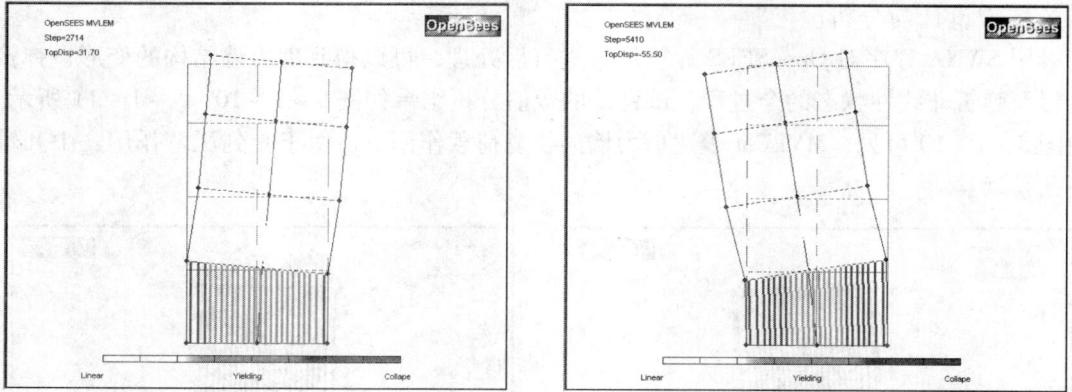

（b）

图 5 – 1 – 11　SWNA 显示的剪力墙单元破坏全过程（二）

由图 5 – 1 – 11 可见，MVLEM 表述了剪力墙的破坏机制，塑性变形主要发生在底部，塑性变形时，先是钢筋进入屈服阶段，然后两侧混凝土被压坏退出工作，压坏部分从两侧向中间扩展，最后由于底部大部分混凝土被压坏，钢筋屈服，抗侧能力下降，导致整片墙破坏。试件 1 最终破坏形态的试验与模拟结果对比如图 5 – 1 – 12、图 5 – 1 – 13 所示。

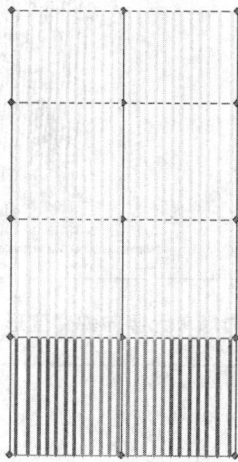

（a）SWNA 分析结果　　　　　　　　　　（b）试验结果

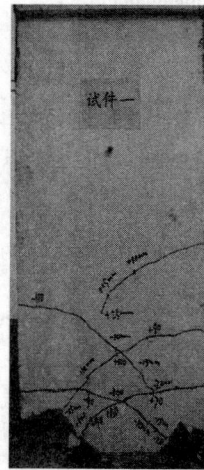

图 5 – 1 – 12　试件 1 数值分析与试验结果的塑性区对比

图 5 – 1 – 13　试件 1 局部破坏

六、小结

通过 OpenSEES 平台对剪力墙试验进行数值模拟，结果表明，经过试验校正的剪力墙宏观单元 MVLEM 能够在一定精度上反映剪力墙的非线性行为，包括中和轴移动、剪切变形影响、局部塑性状态及破坏机制等，且自由度数少、节约计算时间，因此该数值模型及 OpenSEES 程序适用于带剪力墙的高层结构的抗震分析及性能设计。

针对剪力墙分析对 OpenSEES 进行二次开发，提供了直观的分析结果，减少了建模分析的工作量。基于 OpenSEES 的 SWNA 程序可应用于对大量不同构造与配筋的剪力墙结构的静力和动力性能分析，从而以数值分析代替试验，回归分析得到剪力墙定量化的抗震性能指标，这对基于性能的抗震设计具有一定的意义。

第二节　足尺钢框架振动台试验及动力弹塑性数值模拟

一、引言

2007 年 9 月 27 日在目前世界上最大的模拟地震振动台（日本 E – Defense）上进行了足尺钢框架振动台试验，并举行了 2007 年度预测性分析比赛（Blind Analysis Contest）[14]。该比赛由第 14 届世界地震工程会议（14WCEE）与日本防灾科学技术研究所兵库抗震工学研究中心联合举办，分四个组别：3D 科研组、3D 工程组、2D 科研组及 2D 工程组，由日本、美国、中国、新西兰、意大利和英国等多个国家共 47 个队伍参加，代表了工程抗震结构非线性领域的最新研究和应用水平。该比赛要求对一足尺钢框架结构进行振动台试验预测性分析，提交分析结果（包括结构各种地震反应及倒塌时间）并与振动台试验结果进行对比，以结果的准确性作为评判的标准。作者所在研究团队参加了这次比赛，并荣获 3D 科研组第三名[15]。本节介绍该振动台试验以及作者在比赛中所完成的基于纤维模型的结构弹塑性数值模拟方法。

二、足尺试验模型

1. E – Defense 振动台

2005 年 1 月 15 日，日本防灾科学技术研究所（National Research Institute for Earth Science and Disaster Prevention，以下简称 NIED）在神户附近的 Miki 市建成了目前世界上最大的模拟地震振动台 E – Defense[16]。E – Defense 全称为"实体三维振动破坏试验振动台"，E – Defense 振动台由实验楼、控制楼、油压设备、准备楼和三维振动台等设施组成，其尺寸为 20m×15m，最大竖向承载力为 12000kN，其 XY 方向最大加速度为 900cm/s²，Z 方向最大加速度为 1500cm/s²。

2. 足尺钢框架主体结构

本次振动台结构试验的试件为一个钢框架＋压型钢板混凝土楼板的结构体系。试件结构平面为 10m×6m 的矩形，Y 方向两跨，柱距为 5m，X 方向一跨，柱距为 6m。其中，Y 方向为试件受荷的主要方向。试件基础高度为 1.5m，首层层高为 3.875m，2 ~ 4 层层高均为 3.500m，女儿墙高度为 0.600m，试件总高为 16.475m。试件各层结构布置见图 5-2-1，各构件截面与材料如下表 5-2-1 所示。

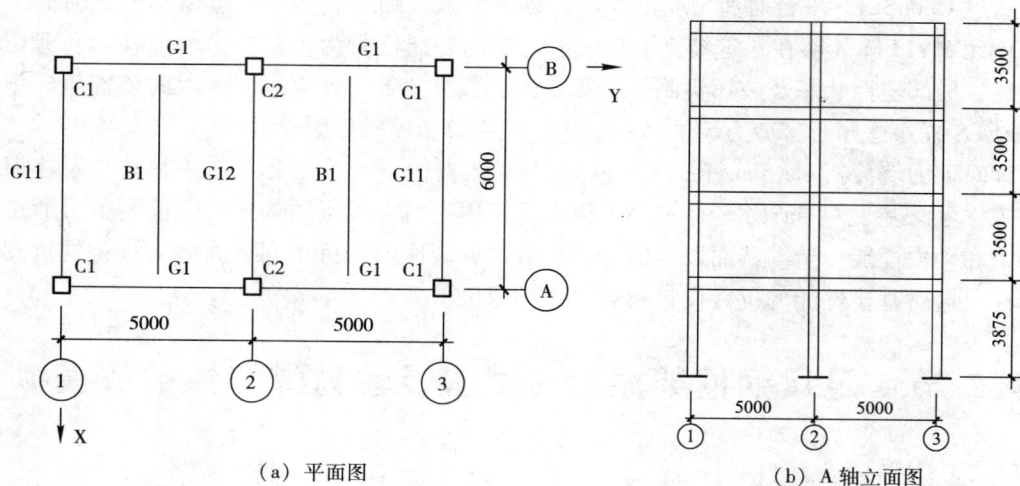

（a）平面图　　　　　　　　　　（b）A 轴立面图

图 5-2-1　试件平面及立面图

钢框架采用构件截面与材料　　　　　　　　　　表 5-2-1

层号	梁（SN400B）			柱（BCR295）
	G1	G11	G12	C1，C2
4	H-346×174×6×9	H-346×174×6×9	H-346×174×6×9	RHS-300×9
3	H-350×175×7×11	H-350×175×7×11	H-350×175×9×14	RHS-300×9
2	H-396×199×7×11	H-400×200×8×13	H-400×200×8×13	RHS-300×9
1	H-400×200×8×13	H-400×200×8×13	H-390×200×10×16	RHS-300×9

试件与振动台的连接为固结，设计中不考虑柱底连接变形或破坏对上部结构的影响。即使上部结构发生破坏，柱底的连接仍保持在弹性范围。首先利用 16 个 M22 和 8 个 M36 锚栓把柱底固结于一钢支座，钢支座再通过 20 个 M48 的地脚螺栓与振动台稳固连接，从而达到固结的效果。

为了节省支模和便于施工，试件的楼板均采用压型钢板组合楼板，压型钢板可兼模板的作用。其中，2～4 层楼板均采用波高为 75mm，厚度为 1.2mm 的镀锌压型钢板，压型钢板上翼缘以上的混凝土厚度为 100mm，板中配筋为双层双向 D6@150，如图 5-2-2 所示。组合梁中的栓钉采用单排式排放，栓钉高 110mm，直径为 19mm，按 200mm 的间距焊接于钢梁的上翼缘。屋面层楼板采用厚度为 1.2mm 的镀锌平板，其上依次浇有 150mm 的钢筋混凝土板和 100mm 的矿渣混凝土板。试件板钢筋均采用搭接连接。整体结构施工完成后如图 5-2-3 所示。

图 5 - 2 - 2 组合楼板的钢筋布置

图 5 - 2 - 3 试验前整体结构图

3. 试验选用的地震动

本次试验选用 1995 年 1 月 27 日日本兵库县南部地震（即阪神地震）时在 Takatori 记录站的实测记录。日本兵库县南部地震震级为 7.2，震中位于兵库县首府神户市和淡路岛之间的海底，震源深度 17.27km，属于浅源地震。地震记录持时 41s，南北方向最大加速度为 0.606g，东西方向最大加速度为 0.657g，竖直方向最大加速度为 0.279g。其中南北方向作为 Y 方向输入，东西方向作为 X 输入，竖直方向作为 Z 方向输入。

三、OpenSEES 分析模型

1. 模型本构关系

本次结构非线性分析中主要使用非线性梁柱单元 nonlinear beam column，此单元是基于纤维模型的非线性单元，可应用于杆系结构的静力与动力非线性分析并且考虑 P - Delta 效应。混凝土采用 Kent - Scott - Park 本构模型[17,18]，如图 5 - 2 - 4 所示，该模型根据大量试验结果进行回归分析得到，形式简单直观，工程中使用方便，可以考虑横向约束作用对混凝土强度与延性的提高。钢材采用 Giuffré - Menegotto - Pinto[19,20] 本构模型，如图 5 - 2 - 5 所示，该模型能够很好地模拟钢材的刚度退化及屈曲行为。

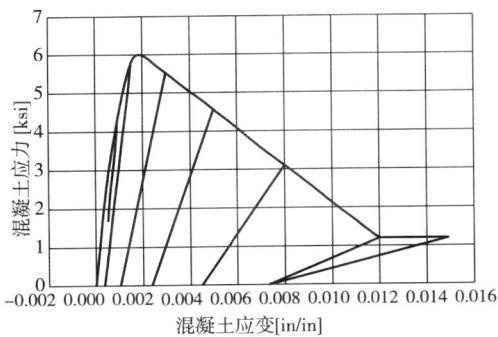

图 5 - 2 - 4 Kent - Scott - Park 混凝土本构模型

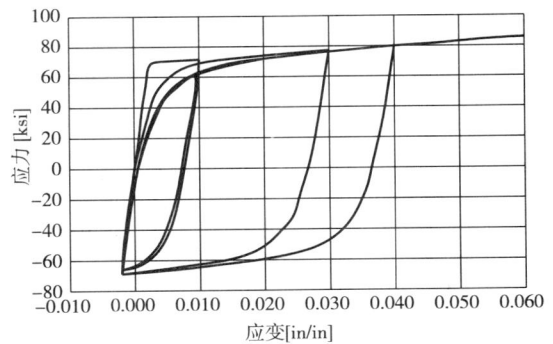

图 5 - 2 - 5 Giuffré - Menegotto - Pinto 钢材模型

2. 数值分析模型

通过 OpenSEES v1.7.2 分析软件对该钢框架结构进行三维弹塑性时程分析，采用纤维单元模拟梁柱构件，考虑 P - Delta 效应。为了考虑钢柱的屈曲行为，钢柱单元需要稍为细分[21]。梁柱单元的纤维截面划分如图 5 - 2 - 6、图 5 - 2 - 7 所示。

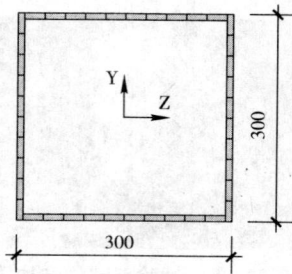

图 5 - 2 - 6 钢柱纤维截面

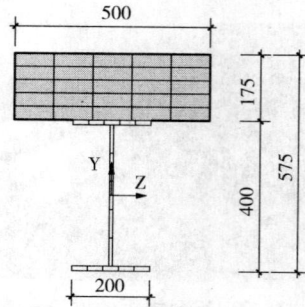

图 5 - 2 - 7 组合梁纤维截面

在进行结构动力试验之前，NIDE 对结构采用的钢材及混凝土进行材料试验，模型材料参数基于上述材料试验进行调整，钢材参数如下表 5 - 2 - 2 所示。

OpenSEES 钢材的材料参数（W 为腹板，F 为翼缘） 表 5 - 2 - 2

构件	屈服强度 F_y（MPa）	弹性模量 E_s（MPa）	构件	屈服强度 F_y（MPa）	弹性模量 E_s（MPa）
RHS300	350	233333	H346W	400	200000
H400F	325	162500	H350F	300	200000
H400W	370	246667	H350W	350	233333
H340F	300	200000	H390	300	200000
H340W	350	233333	H396F	300	200000
H346F	340	226667	H396W	360	200000

在进行结构动力试验之前，为了解钢构件的抗震性能，NIDE 对钢构件包括钢梁、组合梁及钢柱进行四项低周往复荷载试验。本节通过纤维单元建立低周往复荷载试验的数值模型，并与试验结果进行对比。通过对比分析，钢梁与钢柱在不需要进行参数调整的情况下仍与构件试验结果相当吻合，组合梁模型需要进行参数调整，经过承载力与延性参数调整后基本与试验吻合。试验装置与分析结果如图 5 - 2 - 8、图 5 - 2 - 9 所示。

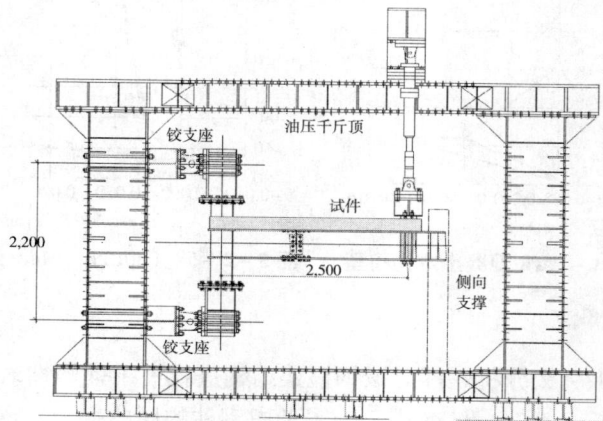

（a）钢梁低周往复荷载试验装置图

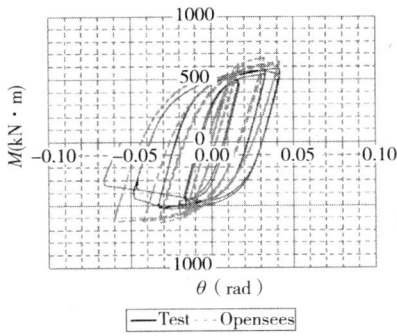

（b）钢梁 $M-\theta$ 曲线对比

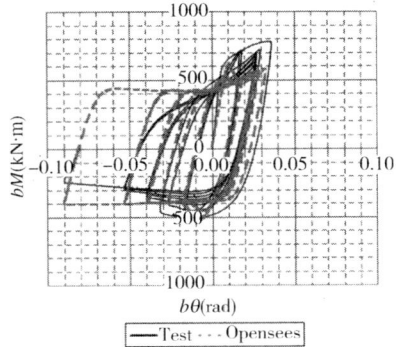

（c）组合梁 $M-\theta$ 曲线对比

图 5 - 2 - 8 钢梁与组合梁低周往复荷载试验数值模拟

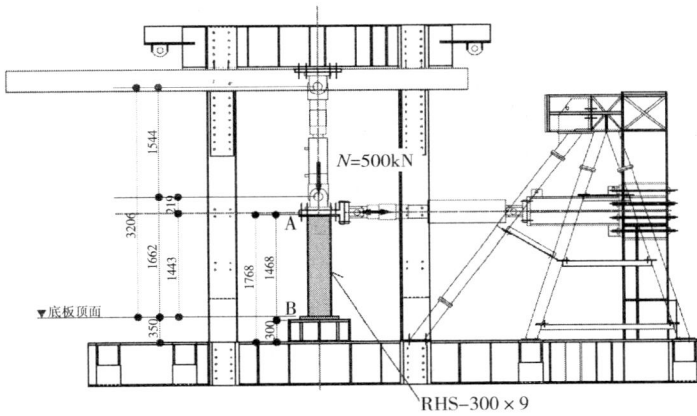

（a）钢柱低周往复荷载试验装置图

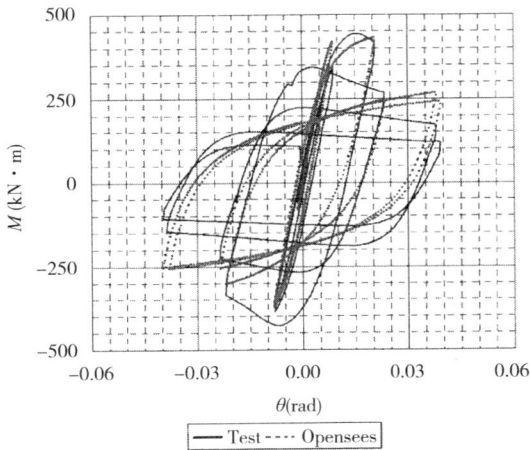

（b）钢柱 $0°M-\theta$ 曲线对比

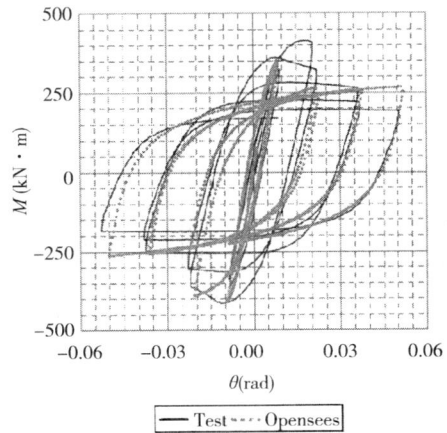

（c）钢柱 $45°M-\theta$ 曲线对比

图 5 - 2 - 9 钢柱低周往复荷载试验数值模拟

131

确定了材料参数与构件模型后，进行整体结构建模，模型如图 5 - 2 - 10 所示。模型质量详细数据由 NIDE 提供。分别在 OpenSEES 与 SAP2000 建立模型并进行模态分析。SAP2000 计算得到周期为：$T_1 = 0.7313s$，$T_2 = 0.6973s$，$T_3 = 0.5322s$；OpenSEES 计算得到周期为：$T_1 = 0.7226s$，$T_2 = 0.6906s$，$T_3 = 0.5281s$。两者模态分析结果基本吻合。

在 $0.1 \times$ Takatori 单向地震动激励下对 OpenSEES 模型进行结构弹性时程分析，并将分析结果与 SAP2000 进行对比，顶部位移反应时程对比如图 5 - 2 - 11 所示。模态分析与弹性时程分析的对比，可以验证 OpenSEES 模型的合理性。

图 5 - 2 - 10 OpenSEES 钢框架模型图

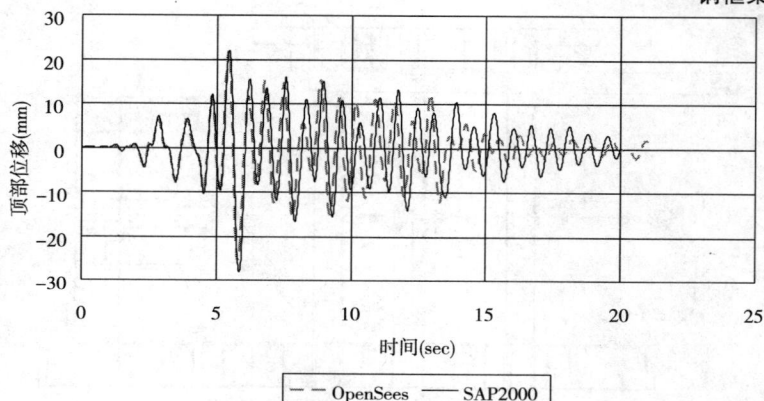

图 5 - 2 - 11 OpenSEES 与 SAP2000 弹性时程分析对比

四、Perform - 3D 分析软件及分析模型

1. Perform - 3D 分析软件

Perform - 3D 是结构三维非线性分析与性能评估的最新软件，由美国加州大学伯克利分校的 Powell 教授开发，主要用于建筑结构抗震设计的弹塑性分析。Perform - 3D 程序中的构件类型很多，组成构件的材料种类也很多，为设计人员提供了足够的选择。Perform - 3D 程序从弹性单元（Elastic）、非弹性单元（Inelastic）、材料（Materials）、截面（Cross Sections）等多方面描述模型的 $F - D$ 曲线，并采用统一的骨架曲线"YULRX"曲线来表达非线性子单元的力 - 变形关系，见图 5 - 2 - 12。Perform - 3D 程序的构件采用宏单元模型，包括：柱单元、梁单元、剪力墙单元、一般墙单元、黏滞阻尼器单元、防屈曲支撑单元、节点单元等。常用的单元为：柱单元、梁单元、剪力墙单元和节点单元。Perform - 3D 在宏单元模型中可以采用组合单元来考虑由多种材料构成的构件拉压、弯曲、剪切、扭转等效应。

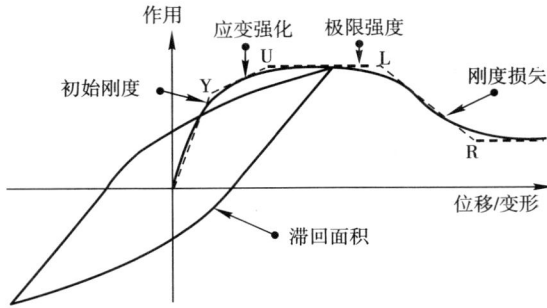

图 5 - 2 - 12 非线性单元特性

混凝土材料的本构关系采用 Mander 约束混凝土本构模型。如图 5 - 2 - 13 所示。根据实测力学性能指标,钢材采用三折线无下降段的应力—应变关系曲线(以钢柱 RHS300 为例),考虑钢材屈服后的强化强度,不考虑钢材的强度退化,如图 5 - 2 - 14 所示。

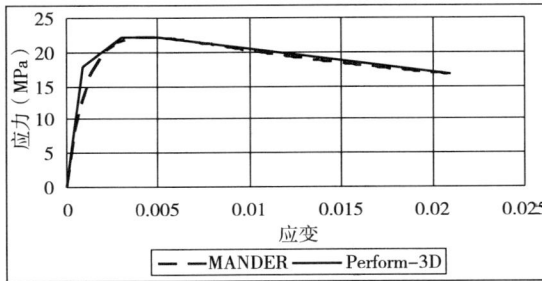

图 5 - 2 - 13 Mander 约束混凝土本构模型

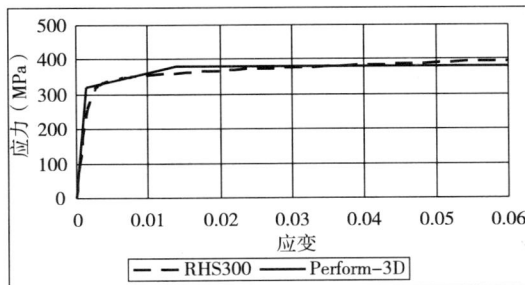

图 5 - 2 - 14 钢柱 RHS300 应力 - 应变关系曲线

2. 数值分析模型

通过 Perform - 3D 分析软件对该钢框架结构进行三维弹塑性时程分析,采用纤维单元和塑性铰模拟梁柱构件,考虑 P - Delta 效应。梁柱纤维单元的纤维截面划分如图 5 - 2 - 6、图 5 - 2 - 7 所示。梁柱塑性铰单元属性的输入如图 5 - 2 - 15、图 5 - 2 - 16 所示。

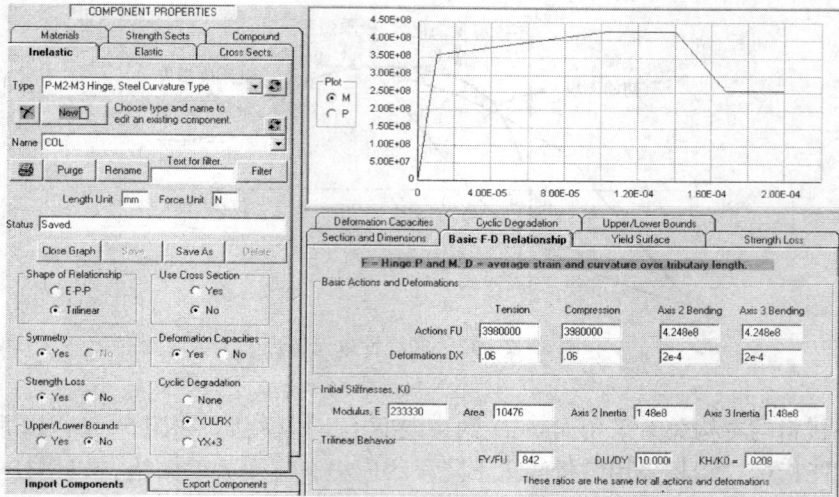

(a)

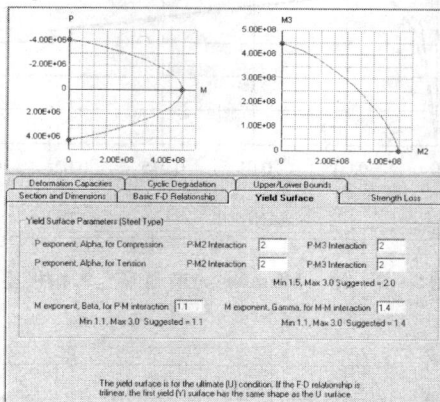

(b)

图 5 - 2 - 15 Perform - 3D 程序中柱塑性铰单元属性的输入

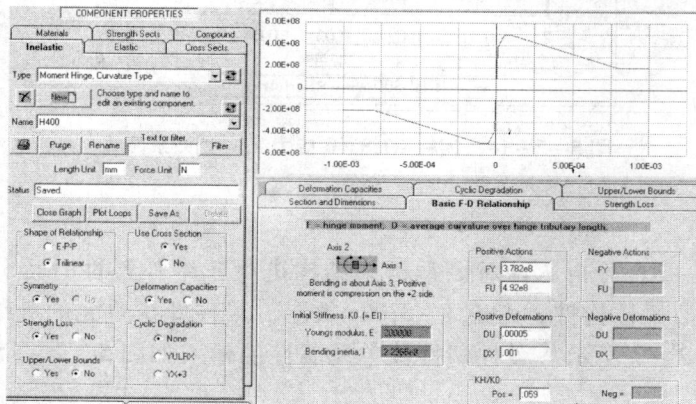

图 5 - 2 - 16 Perform - 3D 程序中钢梁塑性铰单元属性的输入

在进行结构动力试验之前，NIDE 对结构采用的钢材及混凝土进行材料试验，模型材料参数基于上述材料试验进行调整，钢材参数如下表 5 - 2 - 3 所示。

Perform - 3D 钢材的材料参数（W 为腹板，F 为翼缘）　　　　　表 5 - 2 - 3

构件	屈服强度	极限强度	弹性模量	构件	屈服强度	极限强度	弹性模量
	F_y（MPa）	F_u（MPa）	E_s（MPa）		F_y（MPa）	F_u（MPa）	E_s（MPa）
H400F	325	450	200000	H350F	300	420	220000
H400W	370	475	190000	H350W	350	450	220000
H340F	300	440	210000	H390F	300	450	200000
H340W	350	465	210000	H390W	300	450	200000
H346F	340	450	200000	H396F	300	450	200000
H346W	400	470	200000	H396W	360	480	200000

在进行结构动力试验之前，为了解钢构件的抗震性能，NIDE 对钢构件包括钢梁、组合梁及钢柱进行四项低周往复荷载试验。采用 Perform - 3D 程序对柱构件进行低周往复试验模拟分析并与试验结果进行对比。通过对比分析，纯钢梁构件在低周往复荷载作用下发生了屈曲，构件承载力有下降。纤维模型可以较好的模拟纯钢梁构件的弹塑性行为，但不能模拟构件因屈曲而导致的承载力下降。组合梁构件在低周往复荷载作用下发生了屈曲，组合梁底部受压时，构件承载力有下降。纤维模型不能模拟组合钢梁受压屈曲后承载力下降。柱构件在低周往复荷载作用下也发生了局部屈曲，构件承载力下降。纤维模型可以较好的模拟柱构件的弹塑性行为和刚度退化。但不能模拟构件因局部屈曲而导致的承载力下降。试验装置与分析结果如图 5 - 2 - 17 ~ 图 5 - 2 - 19 所示。

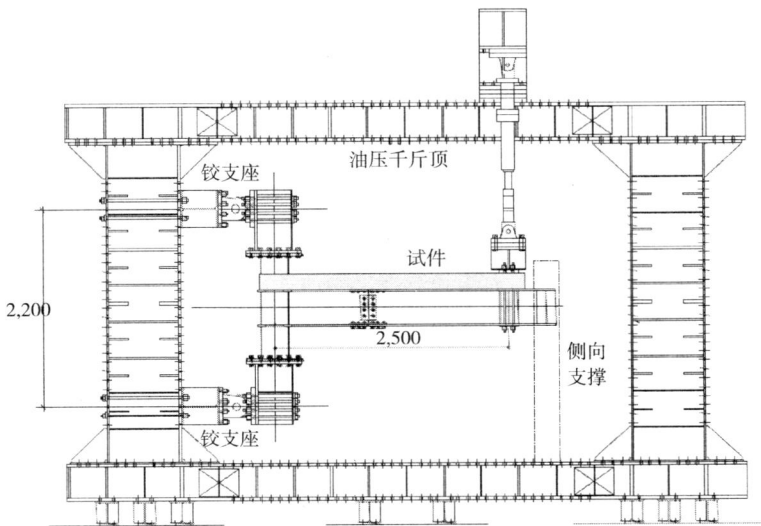

（a）钢梁低周往复荷载试验装置图

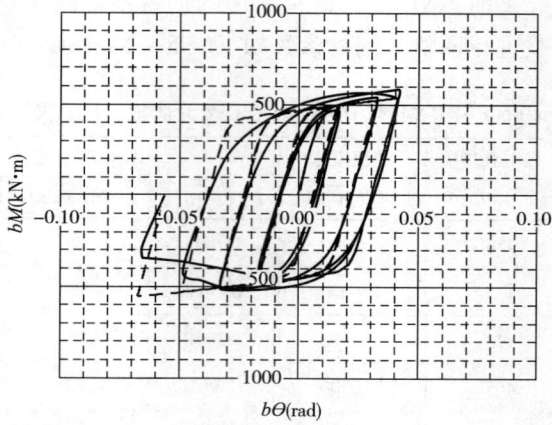

（b）钢梁纤维单元 $M - \theta$ 曲线对比

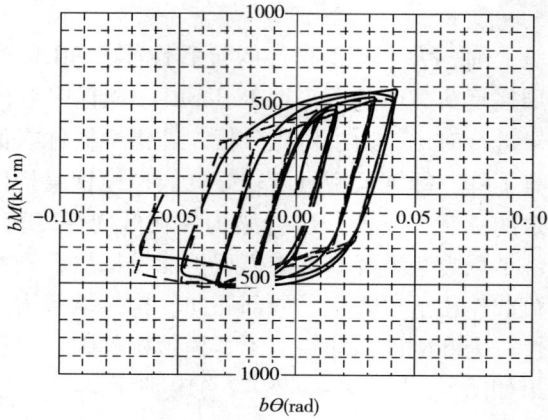

（c）钢梁塑性铰单元 $M - \theta$ 曲线对比

图 5 - 2 - 17　钢梁低周往复荷载试验数值模拟

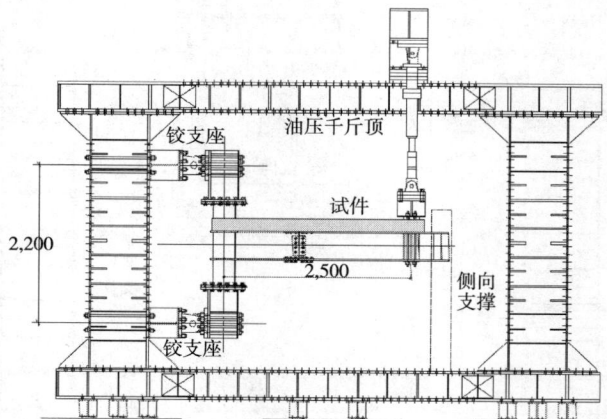

（a）组合梁低周往复荷载试验装置图

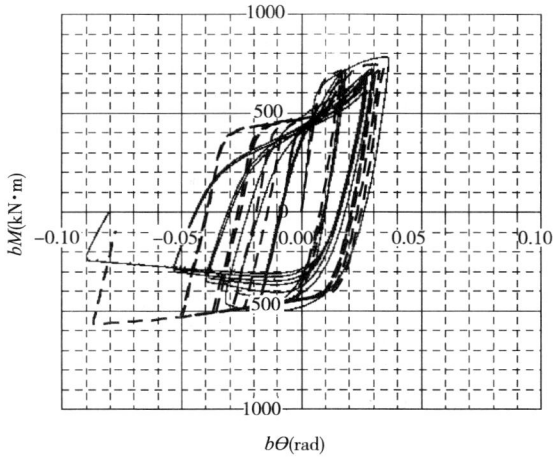

（b）组合梁纤维单元 $M - \theta$ 曲线对比

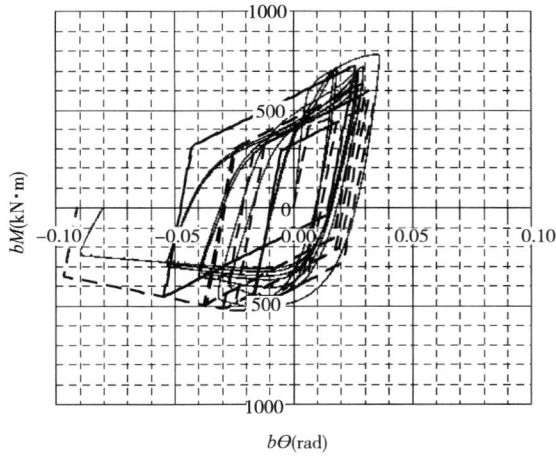

（c）组合梁塑性铰单元 $M - \theta$ 曲线对比

图 5 - 2 - 18　组合梁低周往复荷载试验数值模拟

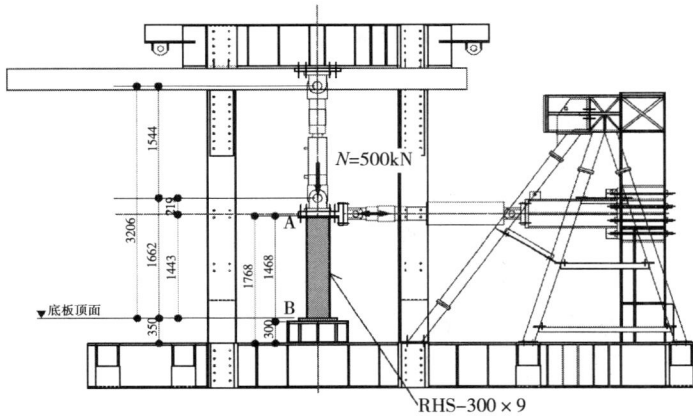

（a）钢柱低周往复荷载试验装置图

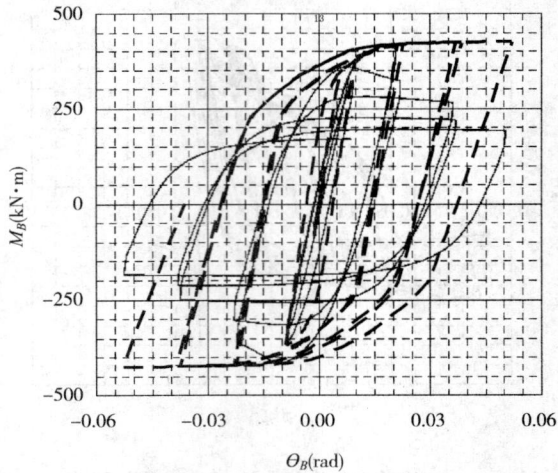

（b）钢柱纤维单元 45°$M - \theta$ 曲线对比

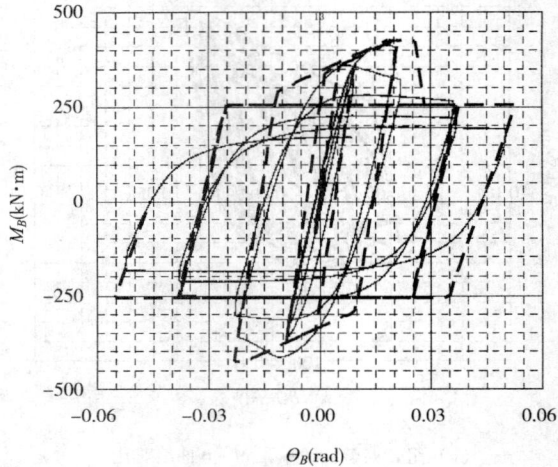

（c）钢柱塑性铰 45°$M - \theta$ 曲线对比

图 5 - 2 - 19　钢柱低周往复荷载试验数值模拟

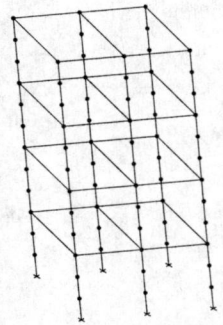

　　确定了材料参数与构件模型后，进行整体结构建模，模型如图 5 - 2 - 20 所示。分别在 Perform - 3D 与 ETABS 建立模型并进行模态分析 ETABS 计算得到周期为：$T_1 = 0.9400\text{s}$，$T_2 = 0.8688\text{s}$，$T_3 = 0.8160\text{s}$；Perform - 3D 纤维单元计算得到周期为：$T_1 = 0.9359\text{s}$，$T_2 = 0.8476\text{s}$，$T_3 = 0.8016\text{s}$；Perform - 3D 塑性铰单元计算得到周期为：$T_1 = 0.9383\text{s}$，$T_2 = 0.8513\text{s}$，$T_3 = 0.8042\text{s}$。三者模态分析结果基本吻合。

　　在 0.1 × Takatori 单向地震动激励下对 Perform - 3D 模型进行结构弹性时程分析，并将分析结果与 ETABS 进行对比，顶部

图 5 - 2 - 20　Perform - 3D 钢框架模型图

位移反应时程对比如图 5 - 2 - 21 所示。模态分析与弹性时程分析的对比，可以验证 Perform - 3D 模型的合理性。

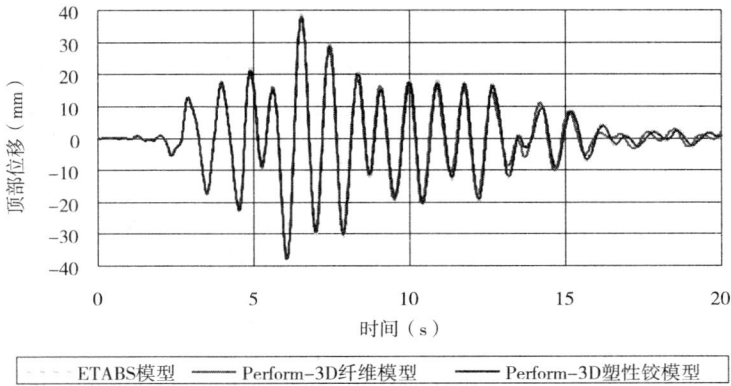

图 5 - 2 - 21　**Perform - 3D 与 ETABS 弹性时程分析对比**

五、钢框架的弹塑性分析

1. 静力弹塑性分析（Pushover）

在计算重力荷载后，对框架 Y 方向进行静力弹塑性分析，分析结果如图 5 - 2 - 22 ～ 5 - 2 - 27 所示。分析时荷载模式采用 Takatori 地震动相应的反应谱进行谱分析后得到的楼层作用力。由结构变形图可知，大的层间位移集中在首层，出现这种现象的原因是由于柱端局部屈曲引起的柱子的破坏。

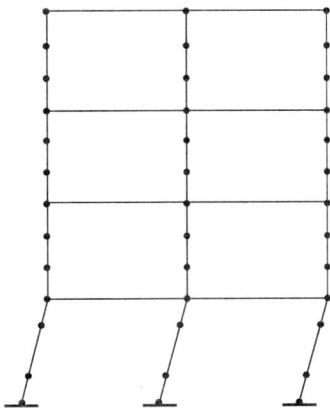

图 5 - 2 - 22　**Pushover**
变形图（OpenSEES）

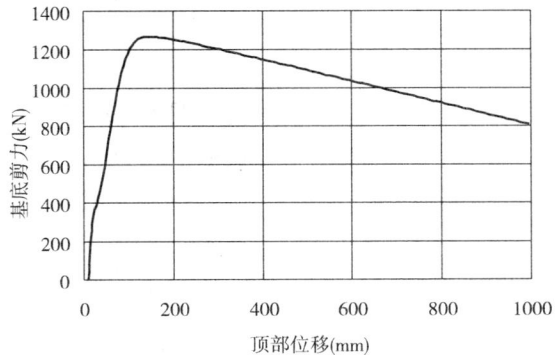

图 5 - 2 - 23　**Pushover** 的基底
剪力 - 顶部位移曲线（OpenSEES）

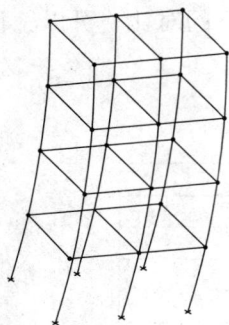

图 5 – 2 – 24　Pushover 变形图
（Perform – 3D 纤维单元）

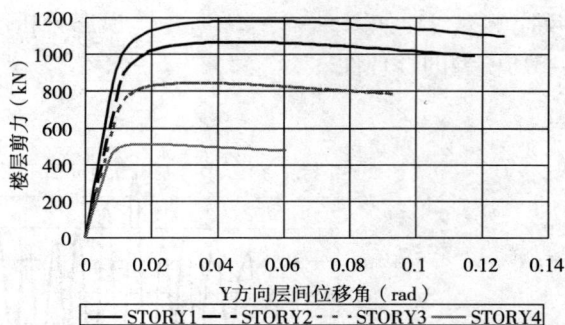

图 5 – 2 – 25　Pushover 的楼层剪力与层间位移角关系图
（Perform – 3D 纤维单元）

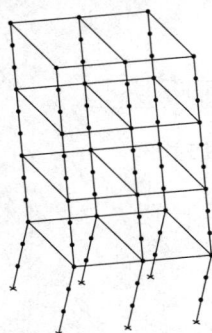

图 5 – 2 – 26　Pushover 变形
图（Perform – 3D 塑性铰单元）

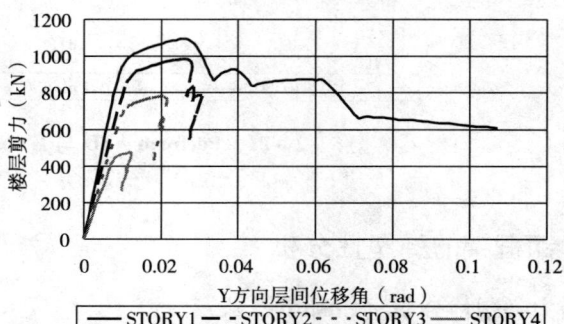

图 5 – 2 – 27　Pushover 的楼层剪力与层间
位移角关系图（Perform – 3D 塑性铰单元）

2. 动力弹塑性分析

试验过程分三部分：$0.4 \times$ Takatori 小震作用，$0.6 \times$ Takatori 中震作用，$1.0 \times$ Takatori 大震作用。数值模型采用瑞利阻尼，第一振型与第二振型采用阻尼系数为 0.02，地震作用及分析步长为 $0.02s$。时程分析三向地震作用按实际地震动输入。求解方法采用 Newmark 直接积分法，$\alpha = 0.5$，$\beta = 0.25$，收敛准则为能量准则。

3. OpenSEES 分析结果

两方向首层位移角时程曲线如图 5 – 2 – 28 所示，当位移角达到 ± 0.13（rad）$\approx 1/8$ 时，认为结构已经倒塌，经 OpenSEES 分析，结构经过小震中震后，进入大震后 $6.26s$，首层位移角达到 0.13（rad），结构倒塌。试验实测倒塌时间为 $6.24s$。

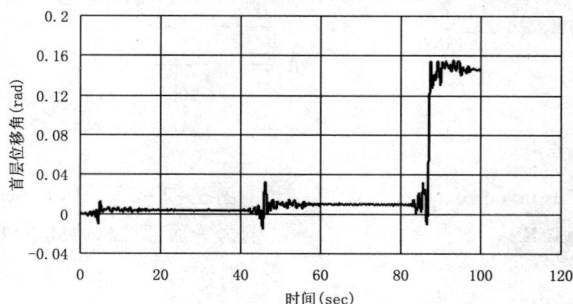

（a）Y 方向

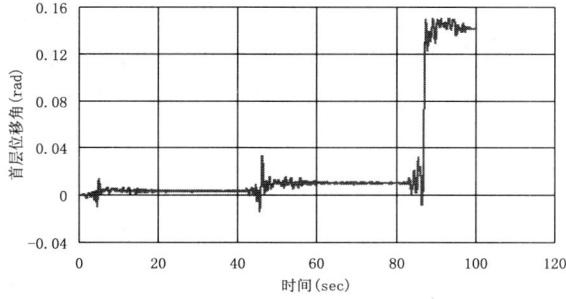

（b）X 方向

图 5 - 2 - 28　首层位移角时程曲线

　　试验测得结构在 $0.6 \times$ Takatori 地震动激励下楼层相对位移时程、楼层绝对加速度时程，并计算到相应楼层剪力时程与倾覆弯矩时程。将 OpenSEES 计算得到上述反应的最大值与试验结果[15]进行对比，如图 5 - 2 - 29 ~ 图 5 - 2 - 32 所示。结构变形预测稍有偏差，电算结果表明侧向变形集中在首层，而试验结果表明侧向变形比较均匀。楼层绝对加速度、楼层倾覆弯矩与楼层剪力基本与试验一致。

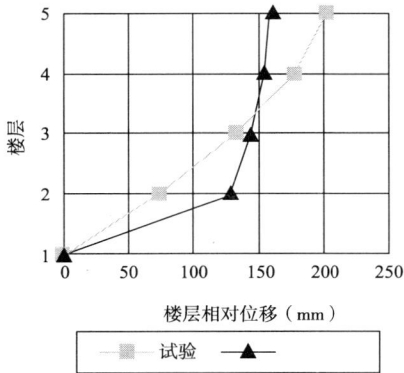

图 5 - 2 - 29　楼层最大相对位移（Y 方向）

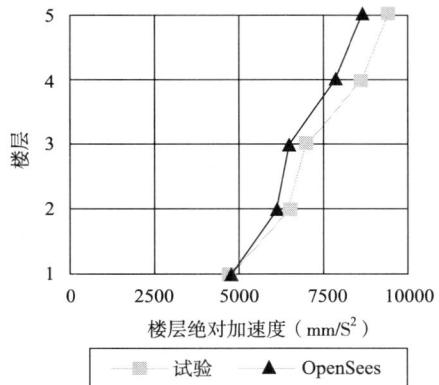

图 5 - 2 - 30　楼层最大绝对加速度（Y 方向）

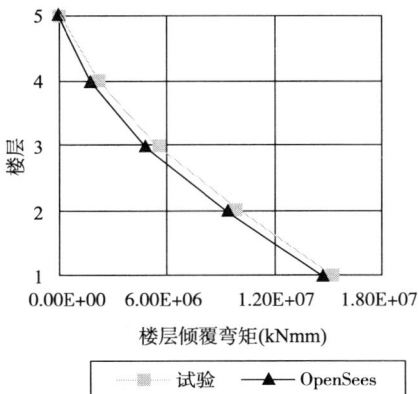

图 5 - 2 - 31　楼层最大倾覆弯矩（Y 方向）

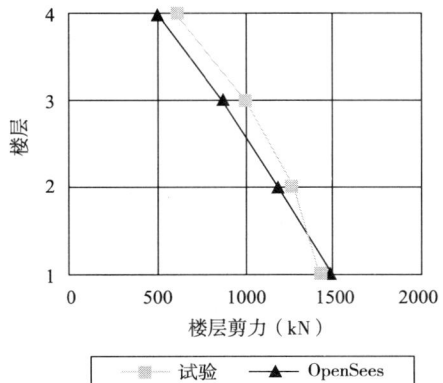

图 5 - 2 - 32　楼层最大层间剪力（Y 方向）

　　试验中结构在 $1.0 \times Takatori$ 地震动激励下倒塌，倒塌瞬间（t = 6.24s）快照如图 5 - 2 - 33所示，可见，首层出现最大层间变形，柱端出现局部屈曲，导致结构整体倒塌，如图 5 - 2 - 34 所示。OpenSEES 模拟结构 6.26s 倒塌，倒塌瞬间结构变形如图 5 - 2 - 35所示。经对比分析，表明基于纤维模型的有限元分析程序 OpenSEES 能够较准确地模拟结构在大震作用下的响应，在试验之前，能准确预测结构倒塌时间及结构变形。

图 5 - 2 - 33　倒塌快照

图 5 - 2 - 34　柱端局部屈曲

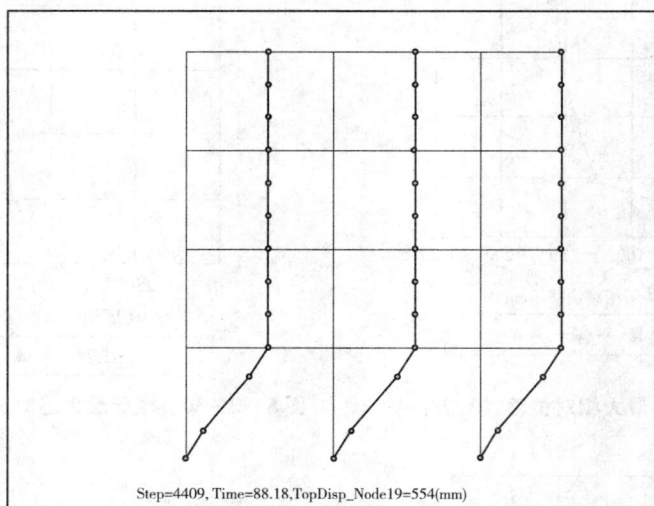

Step=4409,Time=88.18,TopDisp_Node19=554(mm)

图 5 - 2 - 35　OpenSEES 模拟倒塌时变形

4. Perform - 3D 分析结果

　　两方向首层位移角时程曲线如图 5 - 2 - 36 所示。振动台试验测得结构的倒塌时间为 6.24s。从首层层间位移角的时程曲线中可以看出，塑性铰模型准确的模拟了结构的倒塌时间。由于柱构件进入强非线性时发生屈曲，纤维模型的平截面假定不再满足，不能模拟构件的强度退化，构件的滞回耗能能力比实际构件偏大，因此不能模拟结构由柱构件局部屈曲导致的倒塌行为。

（a） Y 方向

（b） X 方向

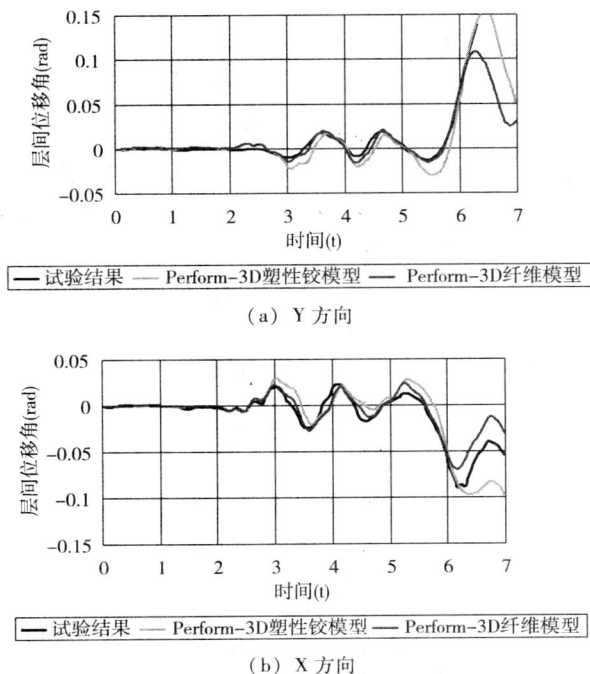

图 5 - 2 - 36 首层位移角时程曲线

将 Perform - 3D 计算得到的结构在 0.6×Takatori 地震动激励下楼层相对位移时程、楼层绝对加速度时程、相应楼层剪力时程与倾覆弯矩时程反应的最大值与试验结果[2]进行对比，如图 5 - 2 - 37 ~ 图 5 - 2 - 40 所示。从图中可以看出，在 0.6 倍 Takatori 地震波作用下，纤维模型和塑性铰模型的非线性响应非常接近。与振动台试验结果对比，纤维模型和塑性铰模型的 Y 方向楼层最大相对位移和最大层间位移角均与试验结果非常接近，最大误差为 9%；两种模型的绝对加速度响应在 Y 方向比试验结果小，最大误差为塑性铰模型首层绝对加速度，误差值 25%；由于楼层剪力与楼层倾覆弯矩都是由楼层绝对加速度值计算所得，两种模型的计算结果都为 Y 方向比试验结果小。

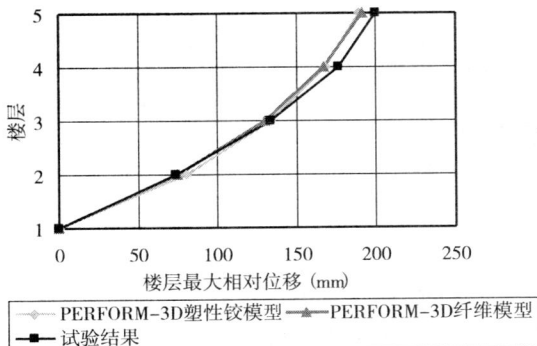

图 5 - 2 - 37 楼层最大相对位移 （Y 方向）

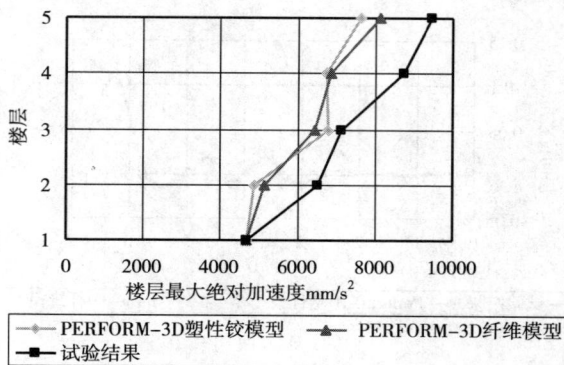

PERFORM-3D塑性铰模型   PERFORM-3D纤维模型
试验结果

图 5-2-38 楼层最大绝对加速度（Y 方向）

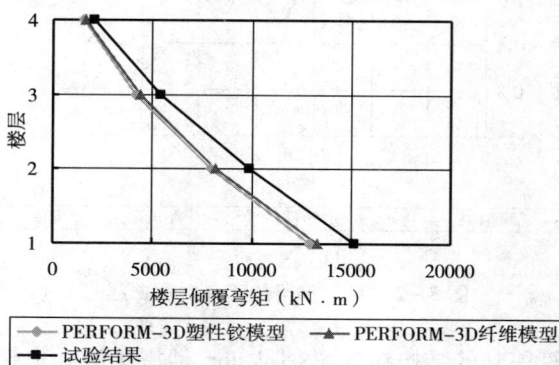

PERFORM-3D塑性铰模型   PERFORM-3D纤维模型
试验结果

图 5-2-39 楼层最大倾覆弯矩（Y 方向）

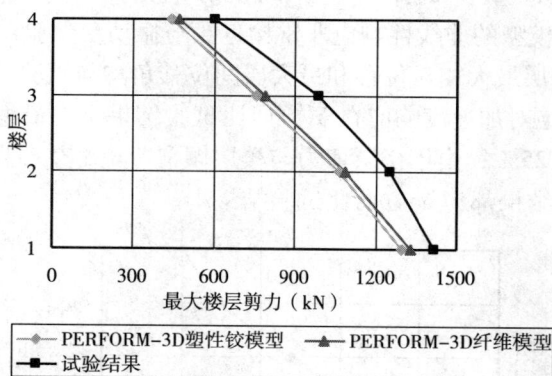

PERFORM-3D塑性铰模型   PERFORM-3D纤维模型
试验结果

图 5-2-40 楼层最大层间剪力（Y 方向）

六、小结

本节分别通过基于纤维模型的有限元分析程序 OpenSEES 和基于纤维模型及塑性铰模型的有限元分析程序 Perform-3D 对足尺钢框架结构进行非线性分析。为检验模型，对结构进行模态分析与弹性时程分析，并将结果与 SAP2000 和 ETABS 分析结果进行对比，表明模型合理。在整体分析之前，本节对钢梁与钢柱构件进行低周往复荷载试验模拟，并与 NIED 提供的试验数据进行比较。通过分析，调整组合梁的承载力与延性参数，保证纤维单元能够相对准确的模拟组合梁的弹塑性行为，钢柱与钢梁在无需调整的情况下，计算结果与试验结果基本吻合。钢柱在大震作用下出现局部屈曲，模型通过细分柱单元并考虑P-Delta效应来实现对局部屈曲模拟。

完成建模后，运用 OpenSEES 和 Perform-3D 对结构进行静力及动力弹塑性分析。经过分析，表明该结构的破坏机制是由柱端局部屈曲引起结构抗侧刚度下降，引起倒塌。动力弹塑性分析先后分三个阶段，0.4×Takatori 小震、0.6×Takatori 中震、1.0×Takatori 大震。程序计算得到结构在中震下的最大响应（包括楼层相对位移，楼层绝对加速度，楼层剪力与楼层倾覆弯矩数据）与试验实测结果基本吻合，程序预测结构倒塌时间与试验实测时间非常吻合。分析结果表明，基于纤维模型的整体结构弹塑性分析方法可以通过比较少的自由度，很好地反映结构弹塑性行为，节约计算时间，高效的完成整体结构抗震性能分析。

第三节　基于纤维模型的超高层钢筋混凝土结构弹塑性时程分析

一、引言

基于性能的结构抗震设计的关键在于选取正确的弹塑性分析方法。弹塑性时程分析法是目前最常用的方法之一，该方法逐渐被工程界所应用，如汪大绥、李志山等[22]采用 ABAQUS 进行弹塑性分析，赵富莉、黄坤耀[23]采用 LS-DYNA 进行弹塑性分析等。上述方法均采用通用有限元软件对复杂结构进行分析，该方法已经逐步完善但仍存在以下不足：不能宏观得到构件的变形与直接进行性能评估；不能直接得到结构能量耗散时程曲线等。针对上述问题，Powell 教授[24]在 DRAIN-3DX 的基础上开发了基于纤维单元的基于性能的抗震分析软件 PERFORM-3D。本节采用 PERFORM-3D 软件对一复杂的剪力墙超高层钢筋混凝土结构进行弹塑性时程分析并进行性能评估。

二、PERFORM-3D 单元模型

1. 梁柱单元模型

PERFORM-3D 提供多种梁柱单元模型，包括塑性铰模型及纤维模型。此次分析的工程实例梁柱均采用纤维模型。纤维模型梁柱单元有以下特点：基于平截面假定，将梁柱的内力-变形关系转化成混凝土与钢筋的应力-应变关系；铁木辛柯梁单元，可考虑剪切变形；自由的纤维划分输入方式，可以输入约束混凝土及非约束混凝土纤维，可以输入复杂组合截面，梁柱纤维截面如图 5-3-1 所示。

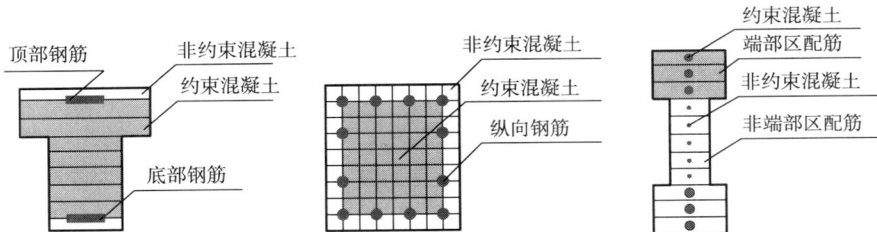

图 5-3-1　梁、柱及剪力墙纤维示意图

PERFORM-3D 的梁柱构件提供构件的截面组装功能，这个功能可以使不增加自由度的情况下增加梁柱单元沿长度方向的积分点数，提高计算精度与效率。基于不同的构件组装，梁柱单元分为两种模型，端部塑性区模型及多段塑性区模型，如图 5-3-2 所示。采用端部塑性区模型可保证精度的前提下节约计算时间。对于受剪力较大的梁构件，在截面组装时可以加入剪切铰模拟梁的非线性剪切变形及剪切破坏。

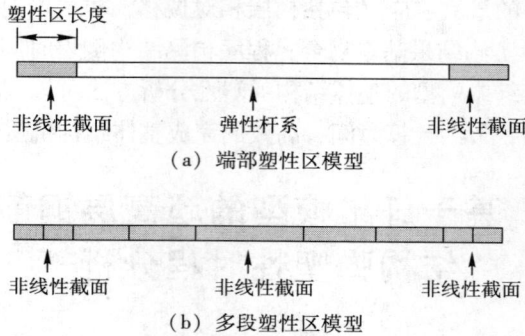

塑性区长度

非线性截面　　　弹性杆系　　　　非线性截面

（a）端部塑性区模型

非线性截面　　　非线性截面　　　非线性截面

（b）多段塑性区模型

图 5-3-2　梁柱构件组装示意图

2. 分层剪力墙模型

PERFORM-3D 中采用宏观分层单元来模拟剪力墙构件[25]，如图 5-3-3 所示，一维纤维单元模拟剪力墙的平面内压弯效应，非线性或线性剪切本构模拟剪力墙的平面内剪切效应，平面外弯曲、平面外剪切及扭转效应均采用弹性本构模拟。剪力墙的特点是在纤维截面定义时可以采用约束混凝土与非约束混凝土纤维来模拟端部约束区与非端部约束区。剪力墙与梁的刚接是采用刚臂连接，如图 5-3-4 所示。

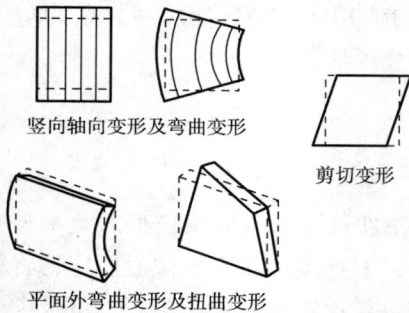

梁单元

竖向轴向变形及弯曲变形

剪切变形

平面外弯曲变形及扭曲变形

刚性连接梁与剪力墙
建立内置刚臂

图 5-3-3　剪力墙分层单元示意图　　　　**图 5-3-4　剪力墙内置刚臂**

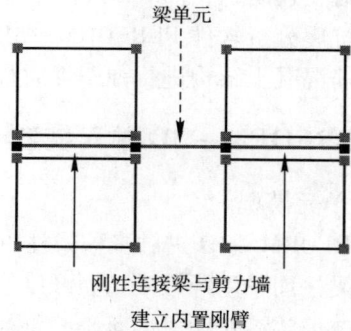

三、材料本构模型

1. 钢材本构模型

PERFORM-3D 的钢材本构分为屈曲钢材本构及非屈曲钢材本构。钢筋一般采用非屈曲钢材本构[26]，因为结构的延性设计主要是建立在结构钢筋经历反复的大塑性应变依然能够维持较高的应力水平基础上的，并要求钢筋通常不会发生拉断等脆性破坏。受力钢筋主要为 HRB400，钢筋本构取值如图 5-3-5 所示。

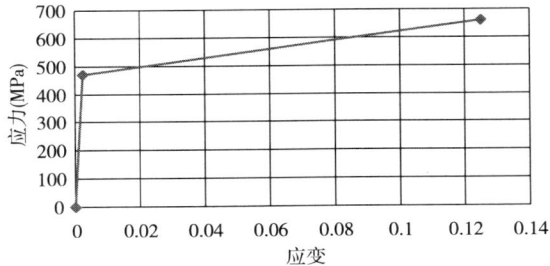

图 5 - 3 - 5 钢筋应力 - 应变关系

2. 混凝土本构模型

目前在宏观模型中最为常用的约束混凝土的单轴受压应力应变关系是 Mander 应力应变关系[27]。该模型的混凝土应力应变关系由 5 个参数确定,与截面形状和箍筋的配置有关。根据 Mander 模型的公式、混凝土材料强度平均值及弹性模量值,可计算得到本工程所采用不同箍筋约束情况下的混凝土材料本构曲线,如图 5 - 3 - 6 所示。

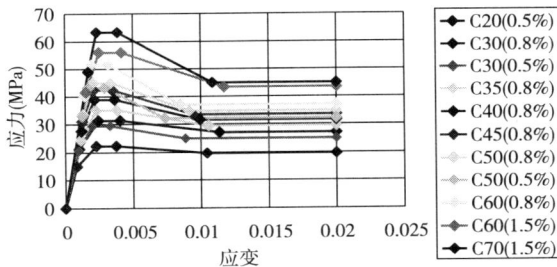

图 5 - 3 - 6 不同体积配箍率下的约束
混凝土应力 - 应变关系

3. 恢复力模型

在循环荷载的作用下,非线性构件耗散能量,耗散能量的大小为滞回环所包围的面积,因此滞回环的大小和形状将很大程度上影响结构的响应。PERFORM - 3D 中能量退化参数可以人为的指定,它将取决于最大变形,PERFOMR - 3D 自动调整卸载 - 加载刚度来给出要求的能量退化,能量退化系数一般通过实验或数值模拟得出。

4. 阻尼

弹性结构的耗散能量通常是通过各种机械能,通常在分析中被模拟为粘滞阻尼;如果结构屈服,它的能量将会更直接的通过非线性行为耗散,构件的耗散能量通过滞回环的面积来衡量,滞回耗散的能量并不能完全涵盖结构的耗能,结构仍然有大量的弹性能量耗散,弹性能量的耗散仍然模拟为粘滞阻尼,在动力弹塑性时程分析中结构的粘滞阻尼采用 Rayleigh 阻尼来模拟。Michael Willford 等[28]指出塑性铰模型与纤维模型在阻尼中的区别:塑性铰模型在初始线弹性段不存在附加阻尼,塑性铰形成后通过滞回环才产生附加阻尼;基于多折线的材料本构的纤维模型在构件变形的全过程,随着纤维的开裂,屈服及破坏,附加阻尼自动计算。后者在阻尼的数值模拟中优于前者。

5. 时程积分算法

动力平衡方程 $M\ddot{r} + C\dot{r} + Kr = R$ 经过一个时间步长 Δt，动力平衡方程为：$M\Delta\ddot{r} + C\Delta\dot{r} + K\Delta r = \Delta R$，此方程可以通过 Step – by – step 方法求解，方程中具有三个未知量（$\Delta\ddot{r}$，$\Delta\dot{r}$，Δr），因此需要对方程求解过程进行假设，并且方程解为近似的。当然目前有多种 Step – by – step 的求解方法，PERFORM – 3D 采用 Constant Average Acceleration（CAA）方法。

四、工程算例

1. 工程概况

基于 PERFORM – 3D 软件，对某超高层结构进行 7 度罕遇地震下的动力弹塑性分析[29]。结构采用现浇钢筋混凝土部分框支剪力墙结构，其中中部核心筒剪力墙及四周角部剪力墙直接落地，部分剪力墙在转换层通过梁式转换结构转换为框支柱。满跨转换梁采用普通钢筋混凝土梁，因塔楼剪力墙窗洞而形成的非满跨转换梁采用型钢混凝土梁。结构高度 182.5m，结构平面布置如图 5 – 3 – 7 所示。

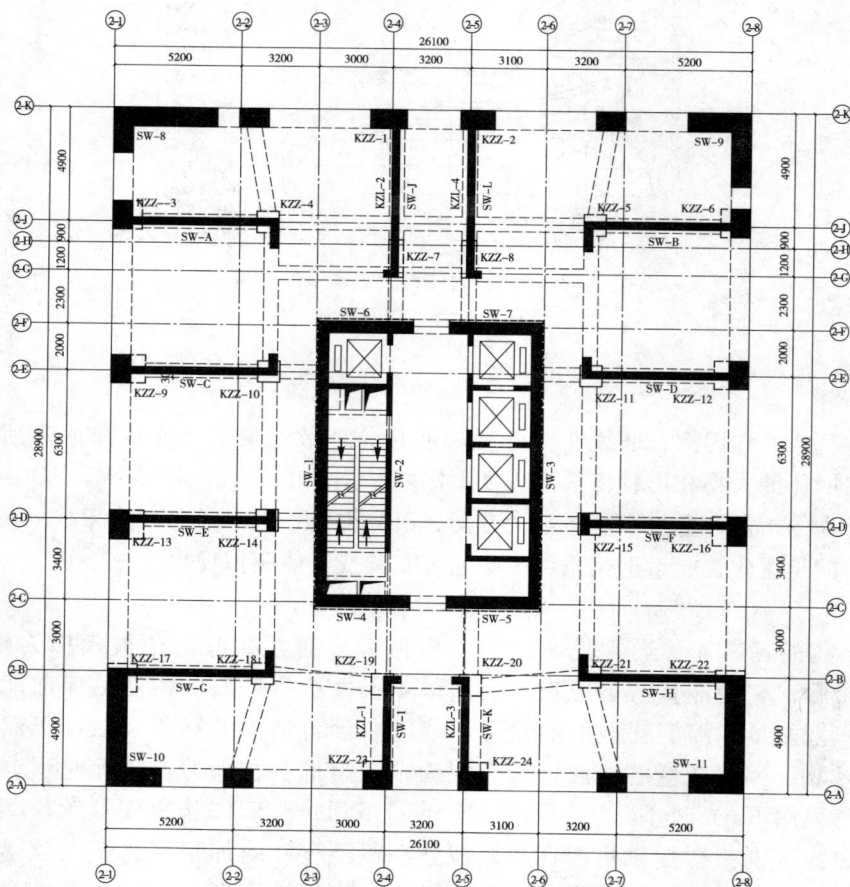

图 5 – 3 – 7　结构平面布置图

2. 选取地震波

　　弹塑性时程分析选取了 2 组人工波及 5 组天然波。建立结构 ETABS 弹性模型，采用 20 组双向天然波样本进行试算，将 40 个地震工况的基底剪力与反应谱的基底剪力进行对比，挑选出满足我国建筑抗震设计规范（GB 50011 – 2001）要求的地震波，即单个时程分析计算基底剪力结果应大于反应谱法结果的 65%，时程分析的基底剪力结果的平均值应大于反应谱法结果的 80%。各地震波主波反应谱曲线与规范反应谱曲线对比如图 5 – 3 – 8 所示。

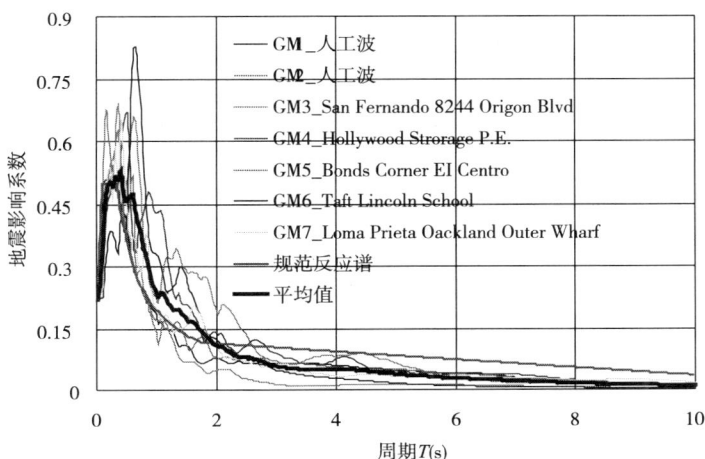

图 5 – 3 – 8　时程分析选用地震波的反应谱与规范反应谱对比图

3. 整体模型的建立

　　PERFORM – 3D 转件虽然分析功能强大，但是从科研性软件过渡而来，前处理输入模型非常烦琐，例如建立纤维截面，需要手动输入各纤维束的材料编号、面积、截面相对坐标值等。面向构件数量及带配筋信息的截面的数量非常巨大的复杂高层结构，运用该建模方法是非常困难的。因此开发了本节具有输入配筋的图形界面的 PERFORM – 3D 软件前处理程序 ETP（ETABS TO PERFORM – 3D），能够导入结构设计软件 ETABS 模型的几何信息、荷载信息、结点质量、截面信息、刚性隔板信息及支座条件。前处理程序界面如图 5 – 3 – 9 所示。这样既可以提高 PERFORM – 3D 非线性模型的建模速度与准确性，又可以保证结构计算模型的一致性。结构配筋信息采用 PKPM 计算的配筋量结合抗震规范构造要求得到的初步配筋结果，再通过前处理的图形界面进行细化修改。前处理程序根据构件截面属性、配筋、构件长度自动归并纤维截面类型及构件组装类型，减小非线性模型的复杂性，提高计算效率。结构采用刚性楼板假设及楼层集中质量源。

　　结构的 PERFORM – 3D 模型的总结点数为 7453，梁纤维截面数为 422，柱纤维截面数为 50，剪力墙纤维截面数为 590，梁柱构件类型数为 456，剪力墙构件类型数为 590，梁单元数为 9021，柱单元数为 956，剪力墙单元数为 4171。

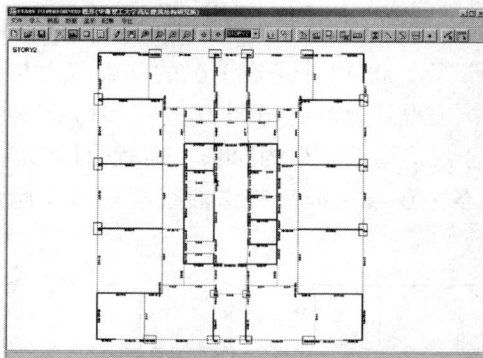

图 5 – 3 – 9　PERFORM – 3D 前处理程序 ETP 界面

4. 分析设置

结构弹塑性分析之前进行竖向荷载标准组合工况分析。竖向荷载采用 ETABS 导入的竖向荷载施加。由于建立的是非线性模型，竖向荷载分析需要采用荷载控制的静力弹塑性分析。该分析结果作为时程分析的初始状态并在时程分析中考虑 $P – \Delta$ 效应。

结构阻尼采用瑞利阻尼，第一及第二振型的阻尼比为 0.05。计算步长为 0.02s，总时间为 20s，分析子步为 200 步，分 7 组地震波共 14 个工况进行时程分析。

五、计算结果

1. 结构的整体响应

以 GM3X 地震波工况为例，结构响应的整体变形及梁构件变形全过程如图 5 – 3 – 10 所示。

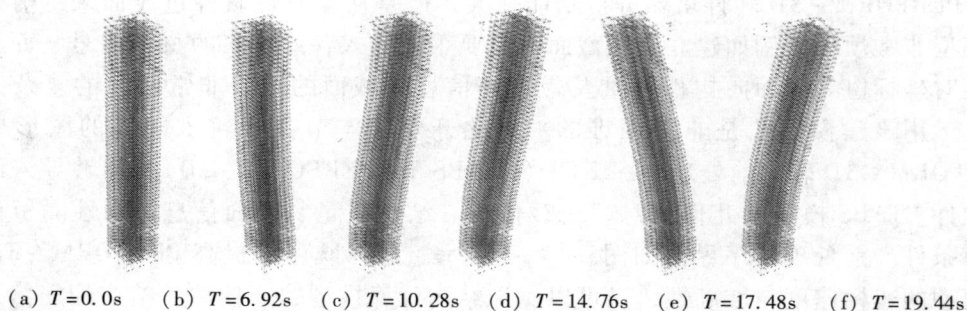

(a) $T = 0.0\text{s}$　　(b) $T = 6.92\text{s}$　　(c) $T = 10.28\text{s}$　　(d) $T = 14.76\text{s}$　　(e) $T = 17.48\text{s}$　　(f) $T = 19.44\text{s}$

图 5 – 3 – 10　GM3X 工况下结构变形响应全过程

为了比较结构的塑性变形，建立弹性模型（采用 ETABS 分析）与弹塑性模型在同样的地震作用下的响应进行对比，结构顶部位移与基底倾覆弯矩如图 5 – 3 – 11、图 5 – 3 – 12 所示。从图中可见，在 x 主向地震作用下的前 7 秒，弹塑性分析的顶点位移时程与倾覆弯矩曲线形状与弹性分析基本一致，表明结构处于弹性状态；地震作用 7 秒以后，弹塑性分析的顶点位移曲线与倾覆弯矩曲线与弹性分析的曲线分离，表明结构发生明显的弹塑性损伤。

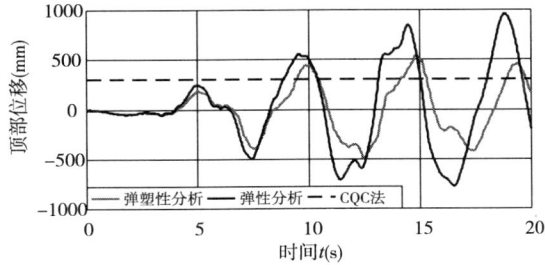

图 5 - 3 - 11　GM3X 工况下结构顶点位移时程图顶部位移

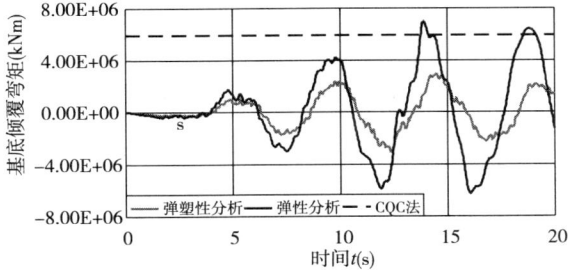

图 5 - 3 - 12　GM3X 工况下结构基底倾覆弯矩时程图

随着时间的增加，两者的差距逐渐增加，弹性模型的顶点位移为 726mm，弹塑性模型的顶点位移为 538mm，弹性模型的倾覆弯矩为 5.15×10^6 kN·m，弹塑性模型的倾覆弯矩为 3.12×10^6 kN·m。

从宏观变形及内力的响应对比来看，结构在大震情况下，并没有进入很强的非线性阶段。PERFORM - 3D 自动计算结构能量耗散情况，如图 5 - 3 - 13 所示。能量耗散图也同样证明结构在 7 秒时逐渐进入弹塑性，其非线性能量与模态耗能的比例可知，结构处于弱非线性阶段。

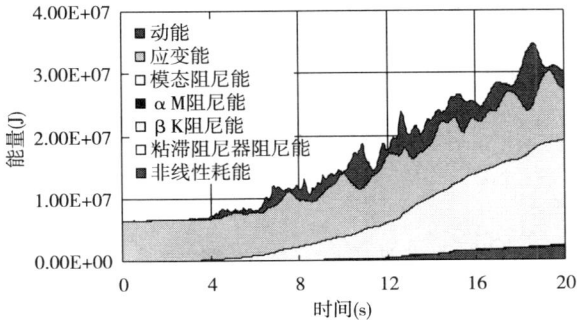

图 5 - 3 - 13　GM3X 工况下结构能量耗散时程图

其他地震工况的分析结果不再详细列出，图 5 - 3 - 14、图 5 - 3 - 15 为 7 个地震波两个方向作用下的结构整体响应。由图可见，结构满足规范规定的弹塑性分析的层间位移角限值 1/100。

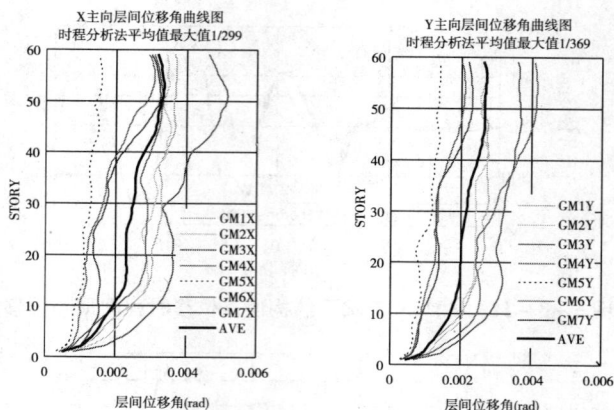

图 5 − 3 − 14　各地震波工况下结构层间位移

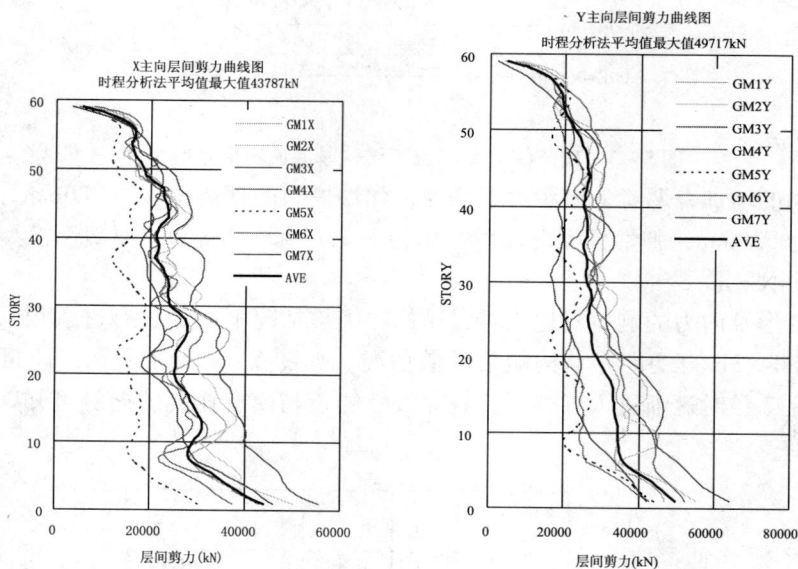

图 5 − 3 − 15　各地震波工况下结构楼层层间剪力图

2. 结构的构件响应

根据美国规程 ASCE − 41[30] 对于基于性能的抗震设计方法关于构件变形性能指标限值的规定，参考本工程构件的配筋构造及内力情况，得到性能指标限值如下表 5 − 3 − 1 所示。

梁、柱及剪力墙构件转角性能指标（rad）　　　　　表 5 − 3 − 1

构件		IO	LS	CP
柱	底部加强区	0.003	0.01	0.012
	非底部加强区	0.005	0.012	0.016
梁	抗弯控制	0.01	0.02	0.025
	抗剪控制	0.005	0.01	0.02
剪力墙		0.003	0.006	0.009

以 GM3X 为例，梁构件、柱构件与剪力墙构件的变形性能如图 5－3－16 所示。从图中可见，构件变形响应与整体响应一样表明结构处于弱非线性状态。梁构件小部分处于 LS 及 CP 状态，柱及剪力墙大部分构件处于 IO 状态。构件的变形满足性能指标的要求。

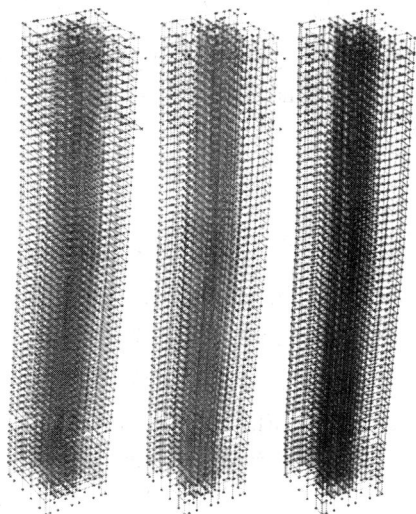

图 5－3－16　GM3X 地震波工况下
构件变形性能图

结构在大震作用下仍处于弱非线性状态的原因是建筑结构位于海边城市，其设计风压为 0.90kN/m² ，结构的配筋情况由风荷载控制，其配筋量可实现中震不屈服。因此，结构在 7 度烈度区的罕遇地震作用下，不出现很明显的非线性变形，处于弱非线性阶段。

六、小结

PERFORM－3D 软件能够建立结构弹塑性模型，完成基于性能的抗震设计。

PERFORM－3D 的科研性比较强，输入实际工程结构比较烦琐，通过对其进行 ETABS 导入及图形界面输入配筋的二次开发，使其能运用于实际工程当中。

PERFORM－3D 能提供大量的分析结果，包括整体响应，构件响应及能量耗散情况。其中，构件的转角变形测量结果与构件变形性能指标相对应，可用于评估构件的变形性能及工作状态。

第四节　钢管混凝土巨型斜交网格筒体结构非线性分析

一、引言

近年来出现了将钢管混凝土巨型斜交网格体系作为筒中筒结构外筒这一新的高层建筑结构体系。由于该结构体系具有承载力高、刚度大、主要以轴力形式抵抗水平荷载的优点[31,32] ，已在 102 层的广州西塔[33] 结构中得到应用。钢管混凝土巨型斜交网格结构体系的研究还相当少，在地震区采用此类结构体系是否合适，其抗震性能如何，设计此类结构有哪些关键因素等等，还缺乏成熟的理论研究和足够的实践经验，有必要对此结构体系进行深入研究。

本节通过对 90 层钢管混凝土巨型斜交网格筒中筒结构模型的线性分析验证该模型的合理性。根据线性模型参数和分析参数，按照基于性能的抗震设计方法，采用 PERFORM - 3D 软件的纤维模型进行结构非线性分析，详细分析比较了结构在 7、8、9 度地震作用下的反应，对结构的性能水平进行评价。

二、结构线性分析

1. 整体结构模型参数和线性分析参数

按照我国现行规范 7 度抗震设防要求并参照广州西塔项目设计了规则的 90 层圆柱形钢管混凝土巨型斜交网格筒中筒结构模型。模型层高为 4.5m，结构总高度为 405m。外筒是直径为 60m 的圆形，每 6 层为一个巨型斜交网格层，每个巨型斜交网格层由 12 个斜交格子组成，斜交角度约 60°；内筒是边长为 26m 的正方形钢筋混凝土剪力墙，在内筒四边中间均开了 4m × 3m 的洞口（见图 5 - 4 - 1）。采用刚性楼板假设，在内外筒之间以及内筒里面不设梁，在外筒周边设置型钢梁 Q345H800 × 300 × 25 × 50。外筒钢管混凝土柱和内筒钢筋混凝土剪力墙构件的截面和材料强度等级见图 5 - 4 - 2，所有混凝土构件中钢筋强度等级为 HRB400。

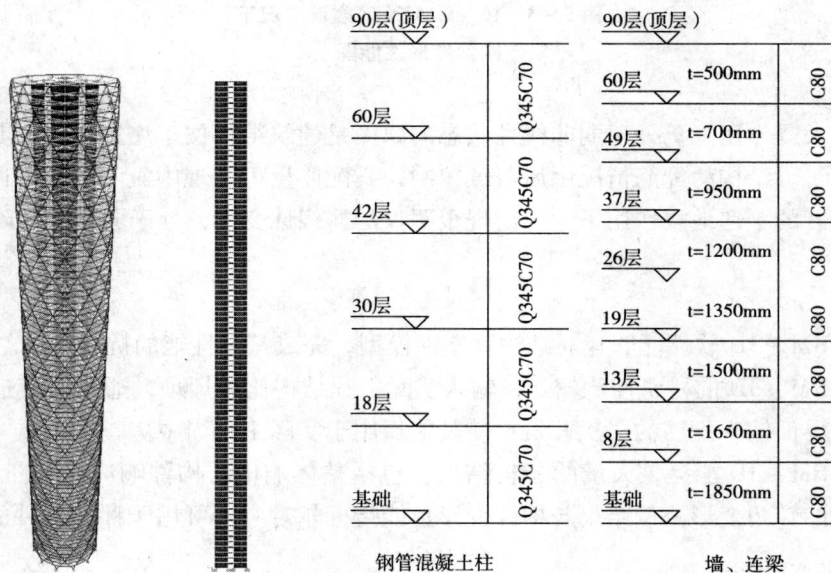

图 5 - 4 - 1　ETABS 模型三维图和内筒立面　　图 5 - 4 - 2　主要构件截面尺寸和材料强度

该模型为 B 级超限高度的高层建筑，设计基准期为 50 年，设计使用年限为 100 年，建筑结构安全等级为一级，结构重要性系数取 1.1，建筑结构抗震设防类别为丙类，抗震设防烈度为 7 度，设计基本地震加速度为 0.10g，场地类别为 Ⅱ 类，场地特征周期为 0.35s，外筒钢管混凝土柱和内筒钢筋混凝土剪力墙的抗震等级均为特一级。

计算时考虑扭转耦联振动（28 个振型），考虑 $P - \Delta$ 效应。假定所有节点均为刚接，采用 ETABS 软件进行多遇地震作用和风荷载作用下的弹性分析（计算水平地震作用时采

154

用规范的振型分解反应谱法,并进行结构弹性时程补充计算)。根据洛杉矶性能高规2005[34,35]选取七组地震波进行多遇地震作用的补充计算,选取的地震动见表5-4-1。

选用的地震波　　　　　　　　　　　　　表 5 - 4 - 1

编号	地震动	编号	地震动
H1	EI Centro,Array6,Huston RD at 140″	H4	Century City – Lacc North at 90″
	EI Centro,Array6,Huston RD at 230″	H5	Lexington Dam at 0″
H2	Oak land – Outer Harbor Wharf at 35″		Lexington Dam at 90″
	Oak land – Outer Harbor Wharf at 305″	H6	Petrolia at 0″
H3	Hollister – South Street and Pine Drive at 0″		Petrolia at 90″
	Hollister – South Street and Pine Drive at 90″	H7	Newhall – La County Fire Station at 0″
H4	Century City – Lacc North at 0″		Newhall – La County Fire Station at 90″

2. 结构线性分析结果

结构的前6个振型自振周期见表5-4-2,7度多遇地震(地震加速度为0.10g,水平地震影响系数最大值为0.08)及风荷载作用(100年重现期)下的结构反应见表5-4-3。结构单位面积平均重量为16.5kN。在考虑偶然偏心影响的地震作用下,楼层扭转位移最大比值为1.125。多遇地震作用下结构楼层最小层间侧向刚度比值(下层与上层刚度比)为1.02。各地震动作用下,结构的弹性时程补充计算得到的结构内力、整体位移曲线与层间位移角曲线均少于振型分解反应谱法的结果。

结构X、Y方向的刚重比均为1.519,能够通过整体稳定验算,但应该考虑重力二阶效应。所有剪力墙墙肢的最大轴压比不大于0.5,所有墙肢和连梁的最大剪应力均没有出现抗剪超限。根据ETABS计算结果和规范要求进行剪力墙配筋设计。经复核,所有钢管混凝土斜柱和型钢梁均满足承载力要求。

钢管混凝土斜交网格外筒在重力荷载、风荷载及7度多遇地震共同作用下,结构内力分布较均匀,斜柱主要以轴力形式来承受竖向和水平方向的荷载,其弯矩和剪力均较小,轴力沿斜柱方向自上而下逐渐增大,表现明显的空间受力特性。

通过以上的线性分析可验证该模型的合理性,为以下模型结构的非线性分析提供模型参数和分析对比参数。

前六个振型自振周期　　　　　　　　　　表 5 - 4 - 2

振型	周期/s	振型参与质量/%		
		X轴	Y轴	转动
1	7.434	0.000	53.404	0.000
2	7.434	53.404	0.000	0.000
3	1.600	0.000	21.444	0.000
4	1.600	21.444	0.000	0.000
5	1.242	0.000	0.000	69.383
6	0.688	7.238	1.775	0.000

风荷载及 7 度多遇地震作用下的结构反应 表 5 - 4 - 3

	方向	X 轴	Y 轴
地震作用	基底总剪力/kN	61002	61002
	基底剪重比	1.59%	1.59%
	规范限值	1.20%	1.20%
	基底总倾覆弯矩/（kN·m）	$1.24E+07$	$1.24E+07$
	楼层最大位移为 457.8mm，最大层间位移角为 1/588		
风作用	基底总剪力/kN	46320	46320
	基底总倾覆弯矩/（kN·m）	$1.23E+07$	$1.23E+07$
	楼层最大位移为 445.5mm，最大层间位移角为 1/623		

三、结构非线性分析

按照基于性能的抗震设计方法，采用三维非线性分析与性能评估软件 PERFORM – 3D 的纤维模型对上述模型结构进行非线性分析[36]。

1. 纤维模型的建立

（1）材料本构关系

结构非线性分析采用材料强度平均值。钢材采用二折线无下降段的理想弹塑性 $E - P - P$ 应力—应变关系曲线。钢管混凝土柱核心混凝土的应力—应变关系，参考文献 37 的约束混凝土应力—应变关系偏保守地采用钢管混凝土柱 D1700 的约束混凝土本构关系，并考虑其强度退化（钢管混凝土柱 D1700 的套箍系数 $\zeta = 0.77 < 0.96$，钢管混凝土柱的应力—应变曲线具有下降段），采用三折线有下降段的应力—应变关系曲线，见图 5 - 4 - 3。

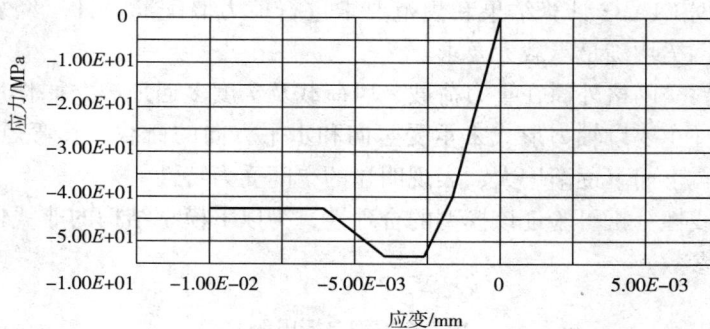

图 5 - 4 - 3 修正的 C70 混凝土应力 - 应变曲线

钢筋混凝土剪力墙中，钢筋采用三折线无下降段的应力—应变关系曲线。混凝土采用 Mander 约束混凝土应力—应变关系模型[38]，采用三折线有下降段的曲线模拟。

（2）构件纤维模型

钢管混凝土柱截面的纤维截面划分如图 5 - 4 - 4 所示。把钢管混凝土柱沿周长平均分成 8 份，沿半径方向分成 7 圈。其中最外圈为钢管，里面 3 圈为混凝土，共 56 个纤维。剪切变形通过剪切铰定义。

钢筋混凝土剪力墙单元采用平截面假定，假设混凝土的抗拉强度为零，其弯曲和轴力特性通过定义纤维截面模拟，剪切特性通过定义剪切材料模拟。剪力墙的纤维截面由基本配筋纤维截面和附加配筋纤维截面组成。根据结构线性分析所得剪力墙设计结果，部分截面的配筋量见表 5-4-4。附加配筋纤维截面划分包括附加纵筋的截面划分（图 5-4-5）和混凝土的截面划分（图 5-4-6）。墙肢的塑性铰区取底层高度[39]。该剪力墙宏观单元可有效模拟剪力墙的弹塑性行为[40]。连梁采用梁单元模拟，其弯曲和轴力特性通过定义纤维截面来模拟，剪切变形集中在剪切铰上。

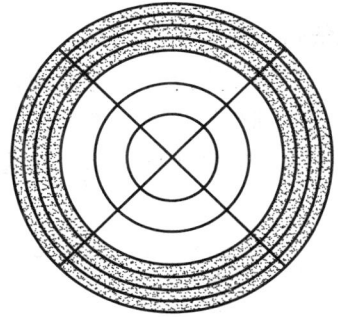

图 5-4-4　截面划分示意图

型钢梁同样采用纤维截面来模拟。

剪力墙墙肢纤维截面配筋　　　　　　　　　　表 5-4-4

墙肢截面	基本配筋纤维截面		附加配筋纤维截面	
	截面尺寸 / mm²	配筋率 / %	约束边缘构件截面 / mm²	纵筋配筋率 / %
W500C60	500×11000	0.48	500×1100	0.89
W1500C80	1500×11000	0.52	1500×2250	1.34

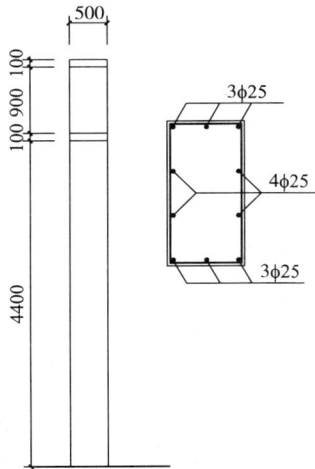

图 5-4-5　附加纵筋截面划分示意图

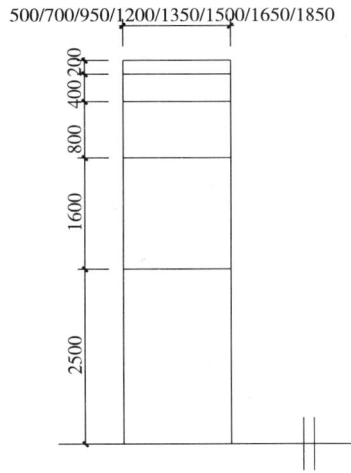

图 5-4-6　混凝土截面划分示意图

（3）结构几何模型及指定结构质量、荷载

假设所有节点刚接，采用平截面假定和刚性楼板约束。刚性楼板的水平质量和水平转动质量按 ETABS 的分析结果输入，节点和构件上的荷载按 ETABS 导荷后节点和构件分配的荷载值输入，竖向构件考虑 P-Δ 效应。

（4）性能目标的确定

参考美国规范 ASCE41[30]，并结合中国的工程实践经验，确定本模型的性能目标，见

表 5 - 4 - 5。各种构件的量化性能目标以构件为单元来定义。剪力墙墙肢和连梁的量化性能目标见表 5 - 4 - 6。

钢管混凝土柱的性能目标没有相关的规范建议值。对模型中各种尺寸的钢管混凝土柱构件进行静力弹塑性分析，得到在不同轴压比下的钢管混凝土柱构件塑性铰转角曲线。偏安全地以轴压比为 0.9 时的曲线确定钢管混凝土柱的性能目标，见表 5 - 4 - 7。

结构和构件性能目标　　　　　　　　　　　　　　　　　　　　表 5 - 4 - 5

地震作用	小震	中震	大震
钢筋混凝土柱	OP	IO	LS
型钢梁	OP	IO	LS
剪力墙	OP	IO	LS
连梁	OP	LS	CP
整体结构	OP	LS	CP
层间位移角最大值	0.20%	0.50%	1%

注：结构性能水平 OP 表示充分运行，IO 表示基本运行，LS 表示生命安全，CP 表示接近倒塌。

剪力墙墙肢和连梁的性能目标　　　　　　　　　　　　　　　表 5 - 4 - 6

构件受力类型	不同阶段的塑性铰转角／rad		
	IO	LS	CP
墙肢抗弯	0.003	0.006	0.009
墙肢抗剪	0.4	0.6	0.75
连梁抗弯	0.01	0.02	0.025
连梁抗剪	0.006	0.015	0.02
型钢梁 抗弯	$0.25\theta_y$ (0.003)	$2\theta_y$ (0.022)	$3\theta_y$ (0.033)

注：构件 OP 塑性阶段的塑性铰转角 ASCE41[30] 没有给出，本模型取 IO 阶段的塑性铰转角的 0.9 倍。括号内的值是本模型型钢梁的塑性铰转角取值，$\theta_y = 0.011$。

钢管混凝土柱性能目标　　　　　　　　　　　　　　　　　　表 5 - 4 - 7

柱截面	不同阶段的塑性铰转角／rad			
	OP	IO	LS	CP
D1700	0.002	0.004	0.005	0.006
D1500	0.002	0.004	0.006	0.007
D1300	0.002	0.004	0.006	0.009
D1100	0.002	0.006	0.008	0.01
D900	0.002	0.009	0.0105	0.012

（5）工况参数与分析工况顺序

首先施加重力荷载工况和反应谱工况，然后在施加重力荷载工况的基础上施加动力时程工况。动力时程工况选用的地震动同表 5 - 4 - 1。

2. 分析结果

结构的自振周期见表 5 - 4 - 8，与 ETABS 计算结果非常接近。

（1）7 度反应谱工况分析结果

结构在 7 度小震、中震和大震双向反应谱作用下，结构的最大层间位移角见表 5 - 4 - 9，满足设定的性能目标要求。

（2）动力非线性分析结果

分别计算结构在 7 度小震、大震，8 度小震、大震，9 度小震、大震地震动作用下的非线性反应。其中，各地震动作用下构件的最大需求与能力比平均值计算结果见表 5 - 4 - 10，7 度小震、8 度小震、9 度小震作用下的结构非线性反应见图 5 - 4 - 7 ~ 图 5 - 4 - 9，7 度大震、8 度大震、9 度大震 H1 地震动作用下的结构能量分布图见图 5 - 4 - 10。

前 6 个振型的自振周期　　　　　　　　　　　　表 5 - 4 - 8

振型	周期/s	
	PERFORM	ETABS
1	7. 4092	7. 434
2	7. 4092	7. 434
3	1. 7668	1. 6
4	1. 7668	1. 6
5	1. 0804	1. 242
6	0. 81009	0. 688

7 度弹性反应谱工况下结构的最大层间位移角　　　　表 5 - 4 - 9

7 度抗震设防		小震	中震	大震
ETABS	最大层间位移角	1/941	1/342	1/158
	所在楼层	79	79	79
PERFORM	最大层间位移角	1/955	1/346	1/161
	所在楼层	76	76	76
性能目标		1/500	1/200	1/100

各地震动作用下构件的最大需求与能力比平均值　　　　表 5 - 4 - 10

地震作用	钢管混凝土斜柱 D/C	型钢梁 D/C	剪力墙 D/C			连梁 D/C
			轴向应变	塑性铰转角	剪切应变	
7 度小震	0. 382	0. 195	0. 126	0. 010	0. 023	0. 046
7 度大震	0. 279	0. 080	0. 084	0. 023	0. 023	1. 132
8 度小震	0. 570	0. 341	0. 141	0. 019	0. 036	0. 652
8 度大震	0. 599	0. 175	0. 116	0. 047	0. 034	2. 521
9 度小震	0. 920	0. 618	0. 162	0. 035	0. 050	3. 272
9 度大震	1. 849	0. 541	0. 186	0. 093	0. 050	4. 241

注：D/C 即 Demand/Capacity，表示需求与能力比。

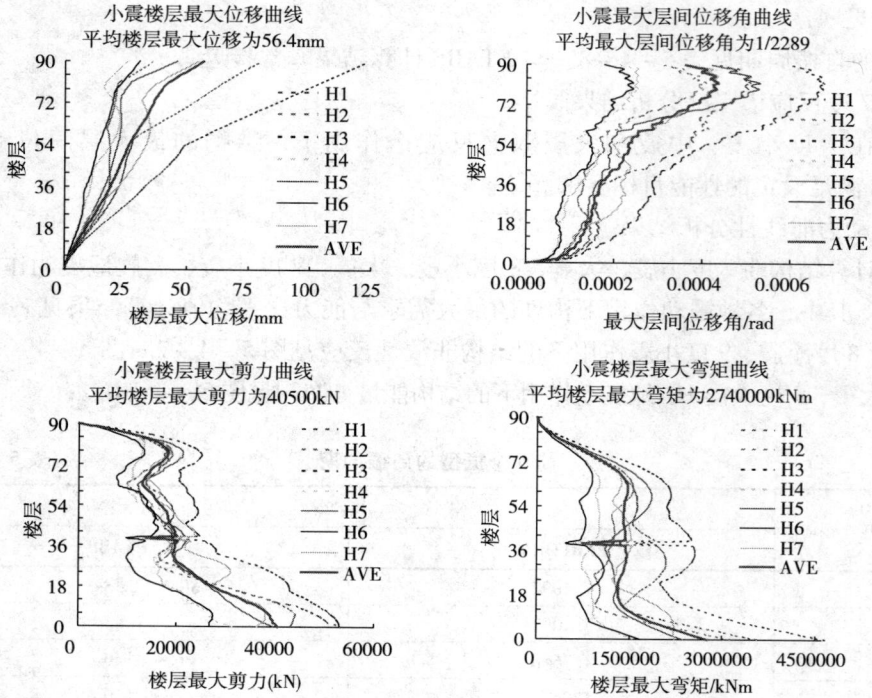

图5-4-7　7度小震作用下动力非线性分析的结构反应

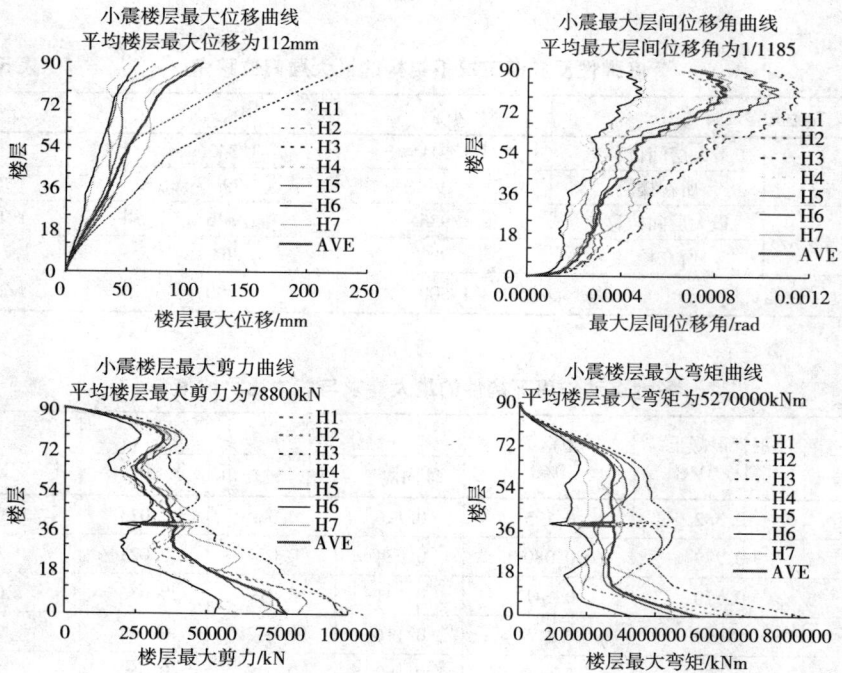

图5-4-8　8度小震作用下动力非线性分析的结构反应

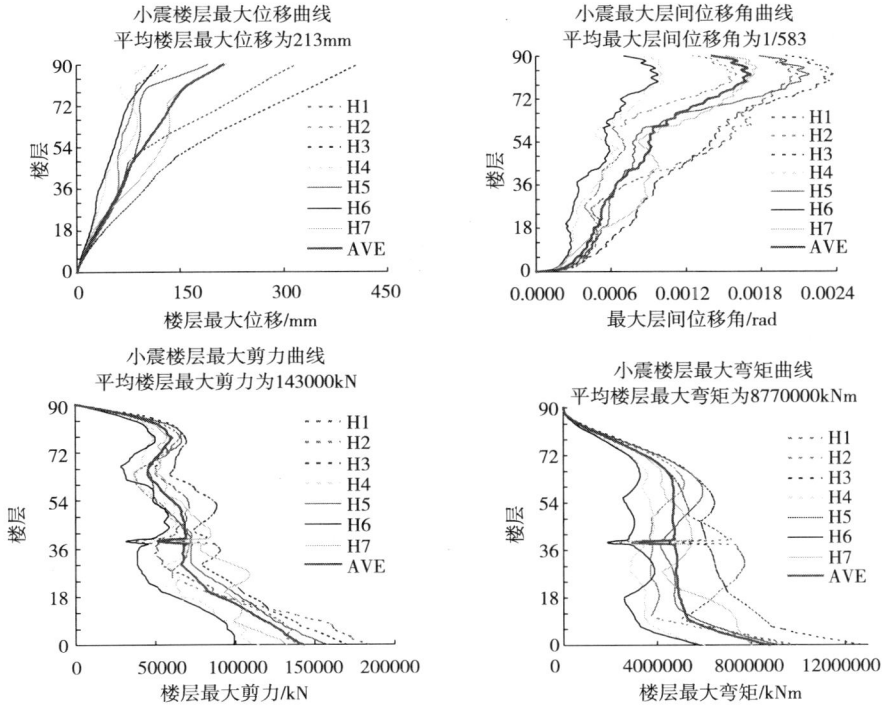

小震楼层最大位移曲线
平均楼层最大位移为213mm

小震最大层间位移角曲线
平均最大层间位移角为1/583

小震楼层最大剪力曲线
平均楼层最大剪力为143000kN

小震楼层最大弯矩曲线
平均楼层最大弯矩为8770000kNm

图 5 - 4 - 9　9 度小震作用下动力非线性分析的结构反应

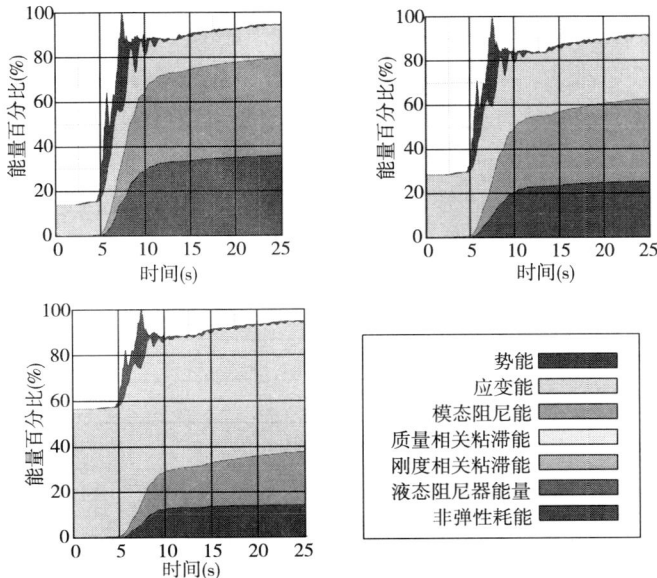

图 5 - 4 - 10　7、8、9 度大震作用下 H1 地震波作用下结构的能量分布图

　　非线性分析结果显示，7 度小震作用下，所有构件的需求能力比均小于 1，结构的能量分布主要为构件的应变能，结构完全处于弹性阶段。7 度大震作用下，只有内筒混凝土结构上部部分连梁的需求能力比略大于1，但结构的整体变形（位移和层间位移角）较小，结构仍是安全的，满足CP阶段的性能目标，允许连梁的破坏。结构的能量仍以构件的应变能为主，阻尼和非线性耗散能量有所增长，结构已进入弹塑性阶段，但塑性还没有充分发展。钢管混凝土柱、剪力墙墙肢、型钢梁的弯矩－曲率滞回曲线基本是一条直线，只有连梁有较大的塑性发展。

8度小震作用下，所有构件的需求能力比均小于1。结构的能量分布主要为构件的应变能，结构基本处于弹性阶段。8度大震作用下，只有结构上部有部分连梁的需求能力比大于1，但结构的整体变形满足CP阶段的性能目标，允许连梁的破坏。阻尼和非线性耗散能量有较大增长，结构已经进入弹塑性阶段，塑性有较大发展。钢管混凝土柱、剪力墙墙肢、型钢梁的弯矩－曲率滞回曲线基本是一条直线，只有连梁有较大的塑性发展。

9度小震作用下，只有结构上部有部分连梁的需求能力比大于1，但结构的整体变形满足OP阶段的性能目标，允许连梁的破坏。结构的能量分布主要为构件的应变能，结构基本处于弹性阶段。9度大震作用下，结构上部有部分钢管混凝土斜柱和连梁的需求能力比大于1，但结构的整体变形满足CP阶段的性能目标。阻尼和非线性耗散能量有很大增长，结构的塑性发展比较充分。

（3）7、8、9度动力非线性分析结果对比

各地震水平作用下，结构的基底剪力和基底弯矩在内外筒的分配比例见表5－4－11。外筒承受了超过50%的剪力和弯矩，外筒承受的基底剪力和基底弯矩随着地震动峰值加速度的增长而增长，可见巨型斜交网格结构具有很大的抗侧刚度。

结构在7、8、9度地震动H1小震、大震作用下的最大反应见表5－4－12。从表中可知，随着地震动峰值加速度的增长，结构基底剪力和基底弯矩均成比例增长，但增长比例有所不同并且小于地震动峰值加速度的增长比例。按7度抗震设防设计的结构在7、8、9度大震作用下与小震作用下的基底剪力之比和基底弯矩之比都有所减小。表明按7度抗震设防设计的结构在8、9度小震作用下已经进入弹塑性。按7度抗震设防设计的结构在9度地震动H1作用下的最大层间位移角为1/92，超过设定的性能目标1/100。

地震作用下结构基底剪力和基底弯矩分布　　　　表5－4－11

地震作用	基底剪力分布		基底弯矩分布	
	外筒	内筒	外筒	内筒
7度小震	54.02%	45.98%	69.13%	30.87%
7度大震	54.58%	45.42%	70.64%	29.36%
8度小震	53.87%	46.13%	69.14%	30.86%
8度大震	55.22%	44.78%	77.50%	22.50%
9度小震	54.43%	45.57%	69.82%	30.18%
9度大震	55.35%	44.65%	80.16%	19.84%

7、8、9 度地震动 H1 作用下的结构反应对比 表 5－4－12

最大值	风荷载	7 度		8 度		9 度		9 度大震与 7 度小震的比值
		小震	大震	小震	大震	小震	大震	
地震动峰值加速度（m/s^2）	—	35	220	70	400	140	620	17.71
与小震比值	—	1	6.29	1	5.71	1	4.43	
位移/mm	445.5	79.8	494	161	931	318	1490	18.67
与风比值	1	0.18	1.11	0.36	2.09	0.71	3.34	
与小震比值	—	1	6.19	1	5.78	1	4.69	
位移角	1/623	1/1958	1/296	1/984	1/150	1/478	1/92	21.28
与风比值	1	0.32	2.10	0.63	4.15	1.30	6.77	
与小震比值	—	1	6.61	1	6.56	1	5.20	
剪力（10^{3}kN）	46.32	53.4	227	106	408	184	601	11.25
与风比值	1	1.15	4.90	2.29	8.81	3.97	12.97	
与小震比值	—	1	4.25	1	3.85	1	3.27	
弯矩（kN·m）	12.34	3.56	13.5	6.81	26	9.96	42.5	11.94
与风比值	1	0.29	1.09	0.55	2.11	0.81	3.44	
与小震比值	—	1	3.79	1	3.82	1	4.27	

四、小结

（1）钢管混凝土巨型斜交网格筒中筒结构在竖向荷载和水平荷载共同作用下表现明显的空间受力特性，构件的内力分布比较均匀，避免了传统框筒结构体系外框筒的剪力滞后现象。

（2）按现行规范 7 度抗震设防设计的规则 90 层钢管混凝土巨型斜交网格筒中筒结构模型满足 7 度抗震设防地区"小震 OP，中震 LS，大震 CP"和 8 度抗震设防地区"小震 OP，大震 CP"的抗震设防性能目标；9 度大震作用下仍满足结构层间位移角不大于 1% 的性能目标。

（3）钢管混凝土巨型斜交网格筒中筒结构在保证楼板刚性和强节点的前提下，大震作用时，塑性铰首先出现在剪力墙内筒的上部连梁，显示出一定的耗能能力，结构的刚度降低较少，结构整体变形较小，适用于较高抗震设防地区。

（4）巨型斜交网格结构具有很大的抗侧刚度，在超高层建筑中具有较好的应用前景。

（5）对于高达 400 m 的巨型斜交网格筒中筒结构，虽然风荷载作用对结构反应有重大影响，但在 7、8、9 度抗震设防地区仍是大震作用对结构的基底剪力起控制作用。

（6）基于纤维模型的结构非线性分析中，可能存在局部应力集中或者构件边缘纤维的塑性发展较大，以纤维的量化性能目标为判断标准过于保守，应以构件为单元进行性能目标的量化和结构性能水平的评价。

参考文献

［1］邵建华，顾强，申永康．钢板剪力墙抗震性能的有限元分析［J］．华南理工大学学报（自然科学版）．2008 年 36 卷：P128~133．

［2］Kabeyaawa T et al. US – Japan cooperative research on R/C full – scale building test［C］, Part 5：Discussion of dynamic response system. Proc. 8th of WCEE, 1984.

［3］Linda P. Bachmann H. Dynamic modeling and design of earthquake – resistant walls［J］. EESD, 1994. Vol23：P1331~1350.

［4］Milev J I. Two dimensional analytical model of reinforced concrete shear walls［C］. Proc. 11th of WCEE. 1996.

［5］Vulcano A. Bertero V V. Analytical model for predicating the lateral response of RC shear wall：evaluation of their reliability［R］. EERC. 1987.

［6］Kanaan, A. E. and Powell, G. H. DRAIN – 2D – A general purpose computer program for dynamic analysis of planar structures［R］, Report No. UBC/EERC – 73/6, University of California, Berkeley. 1973.

［7］Fischinger, M. and Isaković, T. Benchmark analysis of structural wall［C］, Pro. 12th of WCEE. 2000.

［8］McKenna, F. and Fenves, G. L. The OpenSEES Command Language Primer［Z］, PEER, Univ. of California, 2000 http：//OpenSEES. Berkeley. edu.

［9］Kutay Orakcal, Leonardo M. Massone, John W. Wallence, Analytical Modeling of Reinforced Concrete Walls for Predicting Flexural and Coupled – Shear – Flexural Responses［R］. PEER, University of California. 2006.

［10］Matej Fishinger, Tatjana Isakovic, Peter Kante. Implementation of a macro model to predict seismic response of RC sturecture walls［J］. Computers and Concrete, Vol. 1, No. 2. 2004.

［11］Kent D C, Park R. Flexural Members with Confined – Concrete［R］. ASCE, Vol. 97：1969~1990.

［12］B. D. Scott, R. Park, M. J. N. Priestley. Stress – strain behavior of concrete confined by overlapping hoops at low and high strain rates［R］. No 99 – 2, 1982：P13~27.

［13］Los Angeles Tall Buildings Structural Desgin Council. An alternative procedure for seismic analysis and design of tall buildings located in the Los Angeles region［S］. 2. 3. 2, 2005：P18~21.

［14］National Research Institute for Earth Science and Disaster Prevention. Four – Story Steel Bulding Collapse Analysis Blind Prediction Contest Rules. http：//www. blind – anlaysis. jp/index_ e. htm, appendix_ e. pdf. 2007 – 6 – 18.

［15］National Research Institute for Earth Science and Disaster Prevention. Blind Analysis Contest 2007 Results of The Contest. http：//www. blind – anlaysis. jp/index_ e. htm, appendix_ e. pdf. 2007 – 12 – 21.

［16］Masayoshi Sato, Takahito Inoue, General Frame Work of Resarch Topics Utilizing the 3 – D Full – Scale Earthquake Testing Facility, Journal of Japan Association for Earthquake Engineering, 2004, 4（3）：2006 – 6 – 19.

［17］Kent D C, Park R. Flexural Members with Confined Concrete. ASCE, 1971. 97（ST7）：1969~1990.

［18］Scott B. D., Park R., Priestley M. J. N. Stress – strain Behavior of Concrete Confined by Overlapping Hoops at Low And High Strain Rates. ACI Structural Journal, 1982, （99 – 2）：13 – 27.

［19］Menegotto, M. and Pinto, P. E.：Method of Analysis of Cyclically Loaded RC Plane Frames Including Changes In Geometry And Non – elastic Behavior of Elements Under Normal Force And Bending, Preliminary Report, IABSE, Vol. 13, pp. 15 – 22, 1973.

［20］CEB：RC Elements under Cyclic Loading – State of the Art Report, Thomas Telford, 1996.

［21］Murat Dicleli, Anshu Mehta Simulation of Inelastic Cyclic Buckling Behavior of Steel Box Sections［J］.

Computers and Structures, 2007, 85: 446 – 457.

[22] 汪大绥，李志山，李承铭，等．复杂结构弹塑性时程分析在 ABAQUS 软件中的实现［J］．建筑结构，2007，37（5）：92 – 95.

[23] 赵富莉，黄坤耀．上海香格里拉酒店扩建工程超限高层建筑抗震设计［J］．建筑结构，2005，35（11）．

[24] Graham H. Powell. A State of the Art Educational Event Performance Based Design Using Nonlinear Analysis［R］. Computers and Structures Inc. , 2007.

[25] Kutay Orakcal, Leonardo Massone. Analytical Modeling of Reinforced Concrete Walls for Predicting Flexural and Coupled – Shear – Flexural Responses［R］. PEER. 2006，07.

[26] 徐培福，傅学怡，王翠坤，等．复杂高层建筑结构设计［M］．北京：中国建筑工业出版社，2005.

[27] Mander J. B. , Priestley M. J. N. , Park R. Theoretical Stress – Strain Model for Confined Concrete［J］. ACI Journal , 1984, 114 (8): 1804 – 1826.

[28] Michael Willford, Andrew Whittaker, Ron Klemencic Recommendations for the Seismic Design of High – rise Buildings［R］. CTBUH – Publication. 2008.

[29] 韩小雷，何伟球，等．天朗海峰国际中心结构可行性报告［R］．华南理工大学高层建筑结构研究所，2008.

[30] ASCE/SEC 41 – 46 Seismic Rehabilitation of Existing Buildings ［S］. USA: American Society of Civil Engineers, 2007.

[31] 周健，汪大绥．高层斜交网格结构体系的性能研究［J］．建筑结构，2007，37（5）：87 – 91.

[32] 李卫勇．高层建筑斜交网格结构体系基本参数及特征研究［D］．广州：华南理工大学硕士论文，2008.

[33] 广州城市建设开发有限公司．广州珠江新城西塔项目——初步设计报告［R］．广州城市建设开发有限公司，2006.

[34] Los Angeles Tall Buildings Structural Design Council. An Alternative Procedure for Seismic Analysis and Design of Tall Buildings Located in the Los Angeles Region (2005 Edition)［S］. Los Angeles Tall Buildings Structural Design Council, 2005.

[35] 韩小雷，郑宜，季静等．美国基于性能的高层建筑结构抗震设计规范［J］．地震工程与工程振动，2008，28（1）：64 – 70.

[36] 韩小雷，陈学伟，郑宜等．足尺钢框架振动台试验及动力弹塑性数值模拟［J］．地震工程与工程振动［J］.2008，28（6）．

[37] 钟善桐．钢管混凝土统一理论——研究与应用［M］．北京：中国建筑工业出版社，2005.

[38] Mander, J. B. , Priestley, M. J. N. , and Park, R. Theoretical Stress – Strain Model for Confined Concrete［J］. (1988). Journal of Structure Engineering. ASCE, 114 (8), 1804 – 1826.

[39] 韩小雷，陈学伟，吴培烽等．OpenSEES 的剪力墙宏观单元的研究［J］．世界地震工程，2008，24（4）．

[40] 韩小雷，陈学伟，戴金华等．基于 OpenSEES 的剪力墙低周往复试验的数值分析［J］．华南理工大学学报自然科学版．2008，36（12）．

第二部分 工程应用

工程实例一　横琴国贸大厦结构抗震超限设计

一、建筑概况

横琴国贸大厦总建筑面积123226 ㎡，地上47 层，使用功能包括国际五星级酒店、商业及办公等，地下四层设置商业、车库、酒店后勤用房、机电设备用房等。

图1-1　横琴国贸大厦建筑效果图

二、结构概况

1. 结构体系

本工程主塔楼采用带托柱转换层的框架－核心筒结构体系，地下 4 层，地上主塔楼 47 层（含 9 层裙楼），地上总高度 199.6m，超过《高层建筑混凝土结构技术规程》JGJ3 - 2010（本工程以下简称《高规》）B 级高度框架－核心筒结构 180m 限高，为超 B 级高度的高层建筑。根据建筑平面布局，在中心电梯井处布置了落地钢筋混凝土核心筒，主塔楼四周为框架筒体，9 层以下柱距为 9m，9 层以上柱距为 4.5m，在第 9 层设置内置型钢的钢筋混凝土转换梁，转换柱为采用具有高承载力、高延性的钢管混凝土柱。结构体系如图 1－2 所示：

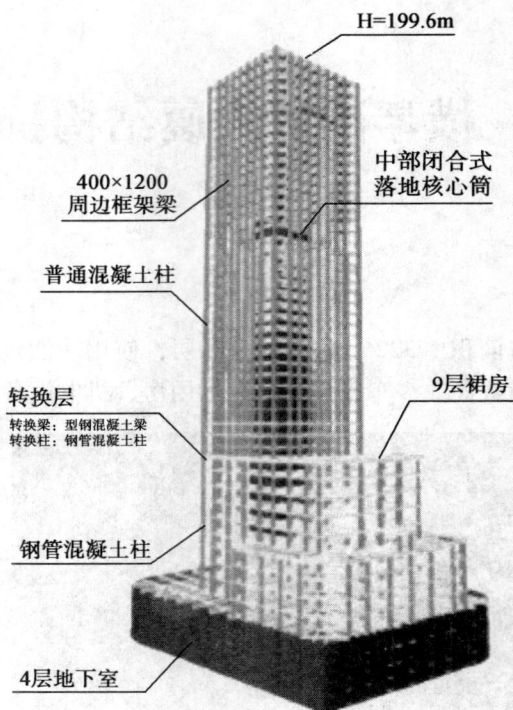

图 1-2　结构体系示意图

2. 结构超限情况

按《广东省超限高层建筑工程抗震设防专项审查实施细则》要求，本工程超限情况如下：

（1）结构高度超限——本工程塔楼屋面结构高度为199.6m，超出《高规》B级高度180m限值。

（2）扭转不规则——考虑偶然偏心地震作用下，首层X方向扭转位移比1.39，首层Y方向扭转位移比1.34，超出《广东省超限高层建筑工程抗震设防专项审查实施细则》的1.2限值。

（3）尺寸突变——塔楼10层缩进约37%，超出《广东省超限高层建筑工程抗震设防专项审查实施细则》竖向构件位置缩进大于25%或外凸10%和4m限值规定。

（4）高位转换——9层为转换层，超出《广东省超限高层建筑工程抗震设防专项审查实施细则》框支墙体的转换构件位置：7度超过5层。

三、荷载与作用

1. 风荷载

建筑场地近海边，地面粗糙度为A类，建筑体形系数 $\mu_s = 1.4$。结构体系对风荷载的作用十分敏感，风荷载分析参数如下表1-1：

风荷载分析参数表			表1－1
分析类型	重现期（年）	基本风压（kN/m²）	阻尼
刚度分析	50	0.85	0.05
承载力分析	50	1.1×0.85	0.05
舒适性分析	10	0.75	0.02

2. 地震作用

（1）规范与安评报告反应谱比较

根据《建筑抗震设计规范》GB 50011－2010（本工程以下简称《抗规》）、地质资料及安评报告，本场地抗震设防烈度为7度，设计分组为第1组，设计基本地震加速度为0.10g，场地类别为Ⅳ类。

根据安评报告（上述参数）及《抗规》GB 50011－2010反应谱的相关参数，绘制50年超越概率63.2%的反应谱曲线如图1－3所示。

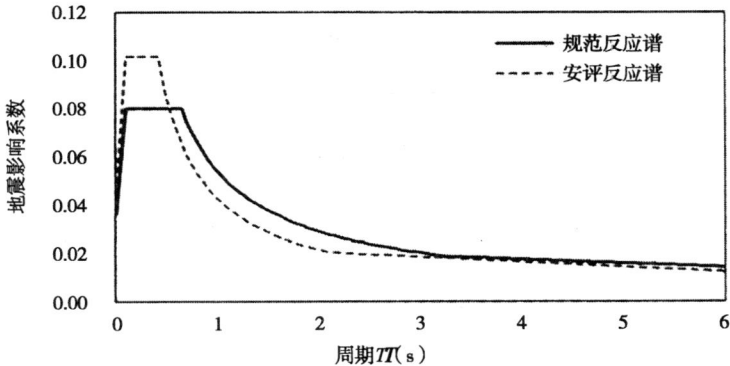

图1－3　小震规范与安评反应谱影响系数曲线

由上图可见，安评报告中地震影响系数 α_{max} 大于规范值，但根据安评报告所提供的公式求得的反应谱曲线在长周期段（2～6s区域）均小于现行规范值。由于本结构第一自振周期接近5.1s，结构地震响应以受长周期影响为主。因此，分别建立基于安评报告反应谱曲线和规范反应谱曲线为单向地震作用的结构模型，分析结果如表1－2：

规范反应谱与安评报告反应谱地震作用对比				表1－2
作用方向	0		90	
反应谱	按规范	按安评	按规范	按安评
层间位移角	1/795	1/892	1/891	1/987
整体位移（mm）	173.4	161.2	167.9	155.3
底部总剪力（kN）	29213	27029	31255	29349
底部总倾覆弯矩（kN·m）	2969044	2746423	3017235	2779372

可见，小震作用下，按规范反应谱分析所得的结构响应均大于安评报告。因此本工程小震反应谱曲线以《抗规》作为设计依据。中、大震也按规范的设计参数采用。

（2）地震波的选取

本工程时程分析使用的地震波选取：2 条人工地震波从安评报告中选取，天然地震波从既有强震记录的数据库下载，选波的主要原则如下：频谱特性、剪切波速、地震产生机理、记录的有效持时、地震波记录的最大峰值、场地距离震源的距离等。

将多条强震记录地震波输入 PKPM 计算，挑选出频谱特性与规范反应谱最吻合且满足《高规》第 4.3.5 条要求的 7 条地震波，即单个时程分析计算基底剪力结果大于振型分析反应谱法结果的 65%，多条时程分析的基底剪力结果的平均值大于振型分析反应谱法结果的 80%。最终选取的地震波如表 1-3 所示：

时程分析选用的地震波　　　　　　　　　　　　　　　　表 1-3

编号	GM1	GM2	GM3	GM4	GM5	GM6	GM7
地震波	Acce1（人工波）	Acce2（人工波）	CHICHI	TRI - TREASURE ISLAND	2Bfcy_ 90_ 1	9Btri_ 90_ 1	32ANGA_ 760LOMAP. MEN_ FN

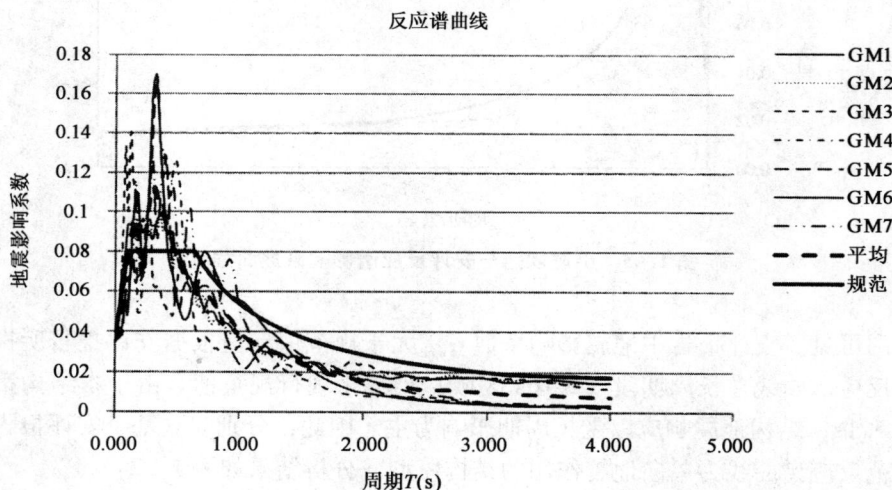

图 1-4　各地震波反应谱对比图

四、性能目标

1. 性能目标

按照《抗规》1.0.1 条规定的抗震设防目标。在充分认识结构与构件的受力及变形特征的基础上，根据高规 3.11.1 条抗震性能目标四等级和 3.11.2 条抗震性能五水准规定，本工程确定抗震性能目标为 C 级，抗震性能目标细化如表 1-4 所示。

结构整体性能指标 C 级　　　　　　　　　　　　表 1-4

	地震作用	小震	中震	大震
结构整体性能水平	性能水准	1	3	4
	层间位移角	1/650	1/325	1/100
	性能水平定性描述	完好，一般不需修理即可继续使用	轻度损坏，稍加修理，仍可继续使用	中度破坏，需修复或加固后可继续使用
	评估方法	按规范常规设计	按规范常规设计（不考虑抗震调整）（连梁刚度折减 0.30）	1. 静力弹塑性 PUSH-OVER 分析 2. 动力弹塑性分析
底部加强区剪力墙	承载力指标	承载力设计值满足规范要求	抗剪弹性抗弯不屈服	抗剪不屈服抗弯不屈服
	构件损坏状态	完好	轻微损坏	轻中等破坏
	评估方法	按式 1-1 计算	抗剪按式 1-2 计算抗弯按式 1-3 计算	抗剪按式 1-6 计算抗弯按式 1-6 计算变形满足表 1-3-9 要求
框支柱	承载力指标	承载力设计值满足规范要求	抗剪弹性抗弯不屈服	抗剪不屈服抗弯不屈服
	构件损坏状态	完好	轻微损坏	轻中等破坏
	评估方法	按式 1-1 计算	抗剪按式 1-2 计算抗弯按式 1-3 计算	抗剪按式 1-6 计算抗弯按式 1-6 计算变形满足表 1-3-7 要求
转换梁	承载力指标	承载力设计值满足规范要求	抗剪弹性抗弯不屈服	抗剪不屈服抗弯不屈服
	构件损坏状态	完好	轻微损坏	轻中等破坏
	评估方法	按式 1-1 计算	抗剪按式 1-2 计算抗弯按式 1-3 计算	抗剪按式 1-6 计算抗弯按式 1-6 计算变形满足表 1-3-5 要求
框架梁	承载力指标	承载力设计值满足规范要求	抗剪承载力不屈服，个别构件抗弯进入有限屈服状态	抗剪承载力不屈服，部分构件抗弯进入有限屈服状态
	构件损坏状态	完好	轻中等损坏个别中等损坏	中等破坏个别严重破坏
	评估方法	按式 1-1 计算	抗剪按式按式 1-5 计算抗弯按式 1-3 计算	抗剪按式 1-8 计算抗弯按式 1-6 计算变形满足表 1-3-5 要求
连梁	承载力指标	承载力设计值满足规范要求	抗剪承载力不屈服，部分构件抗弯进入有限屈服状态	中度损坏，部分构件比较严重损坏，但不发生剪切破坏
	构件损坏状态	完好	轻中等损坏部分中等损坏	中等破坏部分严重破坏
	评估方法	按式 1-1 计算	按式 1-5 计算	按式 1-8 计算变形满足表 1-3-5 要求

续表

	承载力指标	承载力设计值 满足规范要求	抗剪弹性 抗弯不屈服	抗剪不屈服抗弯大部分不屈服、 个别构件处于有限屈服状态
非底部加强 区剪力墙	构件损坏状态	完好	轻微损坏	部分中等破坏
	评估方法	按式 1−1 计算	抗剪按式 1−2 计算 抗弯按式 1−3 计算	抗剪按式 1−6 计算 抗弯按式 1−6 计算 变形满足表 1−3−9 要求
	承载力指标	承载力设计值 满足规范要求	抗剪弹性 抗弯不屈服	抗剪不屈服 抗弯不屈服
大跨度 框架梁	构件损坏状态	完好	轻微破坏	轻中等破坏
	评估方法	按式 1−1 计算	抗剪按式 1−2 计算 抗弯按式 1−4 计算	抗剪按式 1−7 计算 抗弯按式 1−7 计算 变形满足表 1−3−5 要求
	承载力指标	承载力设计值 满足规范要求	抗剪弹性 抗弯不屈服	抗剪不屈服抗弯大部分不 屈服、个别构件处于有限 屈服状态
框架柱	构件损坏状态	完好	轻微破坏	部分中等破坏
	评估方法	按式 1−1 计算	抗剪按式 1−2 计算 抗弯按式 1−3 计算	抗剪按式 1−6 计算 抗弯按式 1−6 计算 变形满足表 1−3−7 要求

2. 荷载组合与性能目标设计表达式

（1）小震作用下的结构构件性能分析表达式

所有结构构件的承载力应按下表要求，求出最不利的荷载组合进行设计，按现行规范考虑结构、构件的内力增大、调整系数，其设计荷载分项系数如表 1−5：

小震荷载组合　　　　　　　　　　　　　　表 1−5

组合	恒载 γ_G	活载 γ_{Q1}、γ_{Q2}	水平地震 γ_{Eh}	竖向地震 γ_{EV}	风 γ_w	Ψ_Q	ψ_w
1. 恒载 + 活载 （恒载控制）	1.35（1.0）	1.40（0）				0.70	
1A. 恒载 + 活载 （活载控制）	1.20（1.0）	1.40（0）				1.00	
2. 恒载 + 活载 + 风 （活载控制）	1.20（1.0）	1.40（0）			±1.40	1.00	0.60
2A. 恒载 + 活载 + 风 （风载控制）	1.20（1.0）	1.40（0）			±1.40	0.70	1.00
3. 恒载 + 风	1.20（1.0）				±1.40		1.00
4. 恒载 + 活载 + 风 + 水平地震	1.20（1.0）	1.2×0.5（0）	±1.30		±1.40		0.20
5. 恒载 + 活载 + 水平地震	1.20（1.0）	1.2×0.5（0）	±1.30				
6. 恒载 + 活载 + 竖向地震	1.20（1.0）	1.2×0.5（0）		±1.30			
7. 恒载 + 活载 + 水平 地震 + 竖向地震	1.20（1.0）	1.2×0.5（0）	±1.30	±0.50			

注：括号内的取值为该荷载对结构受力有利时的取值。

设计表达式：$S \leqslant R$ 或 $S_E \leqslant \dfrac{R}{\gamma_{RE}}$，仅竖向地震作用时，$\gamma_{RE}$ 取 1.0。 （1-1）

（2）中震作用下的结构构件性能分析表达式

在中震作用下，结构构件分别按弹性和不屈服进行性能分析。

对结构重要部分（底部加强区剪力墙、转换梁、转换柱、大跨度框架梁及普通墙、柱）的抗剪承载力按弹性性能分析，即不考虑地震组合内力调整系数，但考虑上表-小震荷载组合的作用分项系数，考虑材料分项系数和抗震承载力调整系数 γ_{RE}；相应抗剪承载力按屈服承载力进行验算，验算的公式如下：

$$\gamma_G S_{GE} + \gamma_{Eh} S_{Ehk}^* + \gamma_{Ev} S_{Evk}^* \leqslant R_d / \gamma_{RE} \qquad (1-2)$$

式中　　　R_d——构件承载力设计值；

　　　　　γ_{RE}——承载力抗震调整系数；

　　　　　S_{GE}——重力荷载代表值的效应；

γ_G、γ_{Eh}、γ_{Ev}——重力荷载、水平地震作用、竖向地震作用分项系数；

　　　　　S_{Ehk}^*——水平地震作用标准值的构件内力，不需考虑与抗震等级有关的增大系数；

　　　　　S_{Evk}^*——竖向地震作用标准值的构件内力，不需考虑与抗震等级有关的增大系数。

关键构件（底部加强区剪力墙、框支柱、转换梁等）及普通竖向构件（非底部加强区剪力墙、框架柱）受弯承载力应满足下式：

$$S_{GE} + S_{Ehk}^* + 0.4 S_{Evk}^* \leqslant R_k \qquad (1-3)$$

水平长悬臂结构和大跨度结构中的关键构件正截面承载力应满足下式：

$$S_{GE} + 0.4 S_{Ehk}^* + S_{Evk}^* + \leqslant R_k \qquad (1-4)$$

部分框架梁和连梁抗弯进入屈服阶段，其受剪承载力应符合下式规定：

$$S_{GE} + S_{Ehk}^* + 0.4 S_{Evk}^* \leqslant R_k \qquad (1-5)$$

3. 大震作用下的结构构件性能分析表达式

对结构重要部分（底部加强区剪力墙、转换梁、转换柱等关键构件）的抗震承载力不屈服性能分析，即按以下荷载组合进行复核：

结构墙、柱、转换梁、转换柱等关键构件承载力应满足下式：

$$S_{GE} + S_{Ehk}^* + 0.4 S_{Evk}^* \leqslant R_k \qquad (1-6)$$

水平长悬臂结构和大跨度结构中的关键构件正截面承载力应满足下式：

$$S_{GE} + 0.4 S_{Ehk}^* + S_{Evk}^* + \leqslant R_k \qquad (1-7)$$

部分进入屈服阶段的墙、柱，其混凝土受剪截面应符合下式规定：

$$V_{GE} + V_{Ek}^* \leqslant 0.15 f_{ck} b h_0 \qquad (1-8)$$

式中　　V_{GE}——重力荷载代表值作用下的构件剪力；

　　　　V_{Ek}^*——地震作用标准值的构件剪力，不需考虑与抗震等级有关的增大系数；

　　　　f_{ck}——混凝土轴心拉压强度标准值。

4. 结构构件变形性能目标

结合本书第一章第三节构件变形性能指标限值，对重要构件作进一步的大震作用下的构件变形分析，并验证其变形状态是否满足表 1-4 中构件性能目标要求。

五、小震及风作用下性能分析

在 X 向、Y 向小震作用及重现期为 50 年风荷载下，验算结构承载力（层间剪力及层倾覆弯矩）和变形（整体位移及层间位移角），结构分析结果如表 1-6 所示：

整体电算结果 表 1-6

计算软件			SATWE	ETABS
计算振型数			30	80
第 1、2 平动周期			5.03（X 向）	5.27（X 向）
			4.95（Y 向）	5.16（Y 向）
第一扭转周期			2.63	3.06
第一扭转周期/第一平动周期			0.52	0.58
地震下基地剪力（kN）		X	28477	29320
		Y	30562	31120
结构总质量（t）			297533	288500
单位面积质量（t/m²）（标准层）			1.84	1.78
剪重比（最小值）		X	1.56%（1 层）	1.60%
		Y	1.67%（1 层）	1.70%
地震下倾覆弯矩（kN·m）		X	2528872	2616000
		Y	2555168	2635000
有效质量系数		X	92%	91%
		Y	90%	90%
风荷载下最大层间位移角（所在层号）		X	1/808（28 层）	1/872（28 层）
		Y	1/806（21 层）	1/863（21 层）
反应谱地震荷载下最大层间位移角（所在层号）		X	1/796（40 层）	1/729（40 层）
		Y	1/891（40 层）	1/840（40 层）
考虑偶然偏心最大扭转位移比（所在层号）		X	10~顶层塔楼 1.06（10 层） 1~9 层裙房 1.39（首层）	10~顶层塔楼（1.11）（10 层） 1~9 层裙房（1.41）（2 层）
		Y	10~顶层塔楼 1.16（10 层） 1~9 层裙房 1.34（首层）	10~顶层塔楼 1.16（10 层） 1~9 层裙房 1.36（2 层）
构件最大轴压比（SATWE）	剪力墙		0.50	0.50
	框架柱		0.85	0.85
（塔楼部分）本层与相邻上层的比值不宜小于 0.9；当本层层高大于相邻上层层高的 1.5 倍时，该比值不宜小于 1.1（层号）	本层层高大于相邻上层层高的 1.5 倍（限值 1.1）	X	1.02（26 层）	1.01（26 层）
		Y	1.00（26 层）	1.01（26 层）
	本层层小大于相邻上层层高的 1.5 倍（限值 0.9）	X	0.97（8 层）	1.02（8 层）
		Y	1.01（8 层）	1.02（8 层）
楼层受剪承载力与上层的比值（>75%）（层号）		X	0.78（26 层）	—
		Y	0.76（26 层）	—
刚重比（EJd/GH²）		X	1.60	1.98
		Y	1.77	2.06

以重现期为 50 年风荷载作用下的验算结构整体性能为例，分析结果如图所示：

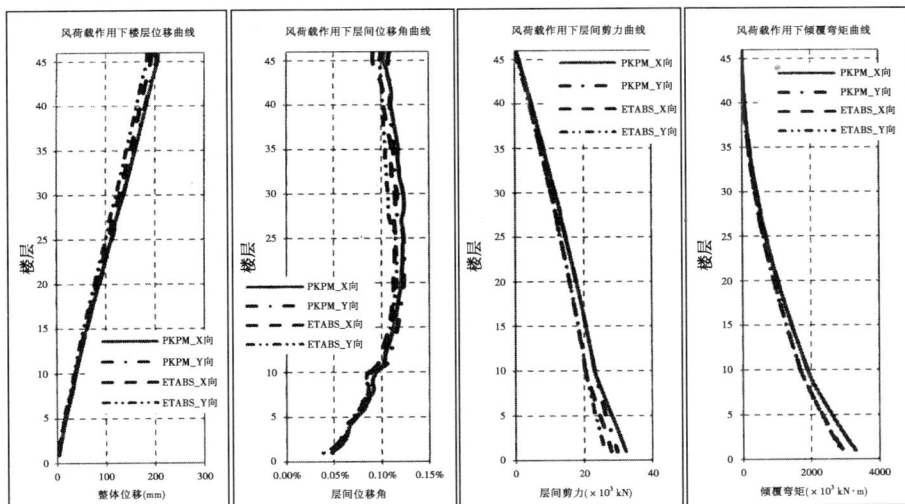

图 1-5 风荷载作用下结构整体性能指标

以 X 向小震作用下结构的层间位移角及剪力为例，分析结果如图所示：

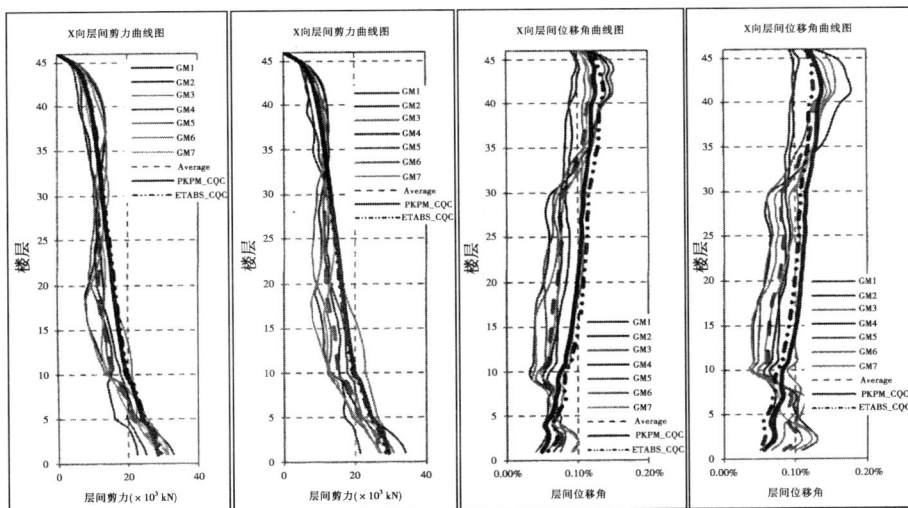

图 1-6 小震作用下结构整体性能指标

六、中震作用下结构性能分析

中震作用下的结构抗震设计采用中国建筑科学研究院 PKPM 系列的 SATWE 进行计算。

1. 中震弹性分析

选中程序 - 按中震弹性做结构设计，对于中震弹性，主要有两条：1）地震影响系数

最大值 α_{max} 按中震（2.8 倍小震）取值；2）取消内力组合调整（取消强柱弱梁，强剪弱弯调整）。其他主要的分析参数如表 1－7。

结构分析参数	表 1－7
梁端负弯矩调整系数	0.80
梁设计弯矩放大系数	1.00
梁扭矩折减系数	0.40
连梁刚度折减系数	0.50
中梁刚度放大系数	按《建筑抗震设计规范》GB 50011－2010 取值
考虑活载不利布置	否
考虑活载折减	是

2. 中震不屈服分析

选中程序－按中震不屈服做结构设计，对于中震不屈服，主要有五条：1）地震影响系数最大值 α_{max} 按中震（2.8 倍小震）取值；2）取消内力组合调整（取消强柱弱梁，强剪弱弯调整）；3）荷载分项系数取 1.0；4）材料强度取标准值；5）抗震承载力调整系数取 1.0。其他主要分析参数见表 1－7：

中震计算结果简表			表 1－8
方向		0°	90°
中震作用下最大层间位移角	有害位移角（在首层）	1/934（首层） 1/8656（41 层）	1/983（首层） 1/23846（41 层）
	未扣除有害位移角（在 41 层）	1/722（首层） 1/277（41 层）	1/833（首层） 1/310（41 层）
基底剪力	V_0（kN）	81871	87867
V_0/W_t		4.48%	4.81%
基底弯矩	M_0（kN·m）	12639622	13523151

3. 中震下结构构件性能分析

（1）底部加强区剪力墙

底部加强区剪力墙在中震弹性工况下未出现抗剪超筋信息，在中震不屈服工况下未出现抗弯超筋信息，说明底部加强区剪力墙处于中震抗剪弹性、抗弯不屈服状态，底部加强区剪力墙的抗震性能满足本工程设定的性能目标。

（2）非底部加强区剪力墙

非底部加强区剪力墙受剪、受弯承载力满足中震弹性工况下的内力需求，剪力墙处于中震抗剪、抗弯弹性状态，说明非底部加强区剪力墙的抗震性能高于本工程设定的性能目标。

（3）框支柱

框支柱在中震弹性工况下未出现抗剪超筋信息，在中震不屈服工况下未出现抗弯超筋信息，说明框支柱处于中震抗剪弹性、抗弯不屈服状态，框支柱的抗震性能满足本工程设定的性能目标。

（4）转换梁

转换梁受剪、受弯承载力满足中震弹性工况下的内力需求，说明转换梁处于中震抗剪、抗弯弹性状态，转换梁的抗震性能高于本工程设定的性能目标。

（5）框架柱

框架柱受剪、受弯承载力满足中震弹性工况下的内力需求，说明框架柱处于中震抗剪、抗弯弹性状态，框架柱的抗震性能高于本工程设定的性能目标。

（6）框架梁

框架梁在中震不屈服工况下未出现抗剪超筋信息，但有个别构件（5%以内）出现抗弯超筋信息，说明框架梁处于中震抗剪不屈服、个别构件抗弯屈服状态，框架梁的抗震性能满足本工程设定的性能目标。

（7）连梁

连梁在中震不屈服工况下有部分构件（30%以内）出现抗弯超筋信息，说明部分连梁处于中震抗弯屈服状态，连梁的抗震性能满足本工程设定的性能目标。

综上，结构满足设定的中震作用下的性能要求。

七、大震作用下结构性能分析

本工程采用美国 CSI 公司研究的 PERFORM－3D 程序进行静力及动力弹塑性分析。为了真实考虑结构实配钢筋的影响，整个弹塑性分析模型的钢筋按结构初步设计配筋进行输入。弹塑性时程分析考虑两个方向地震波的输入，对于单向的场地波则按 $1:0.85$ 的比例进行调整。分析中结构考虑 P－Δ 效应。

1. 罕遇地震作用下结构整体性能分析

以结构在 0°、90°罕遇地震作用下，结构的楼层剪力及层间位移角为例，如图 1－7 所示：

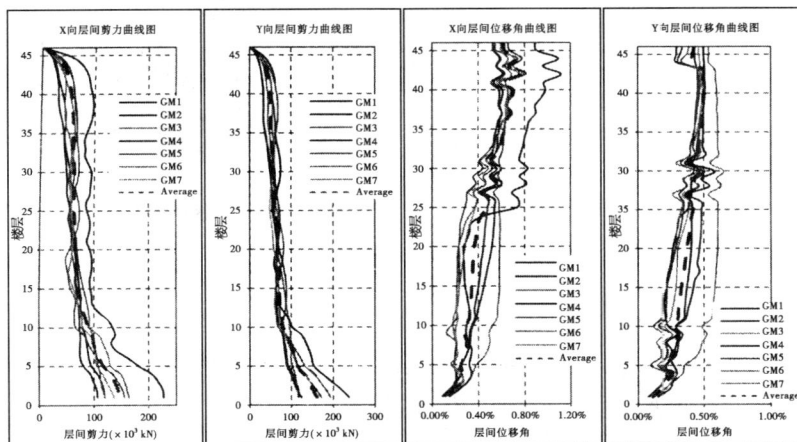

图 1－7 大震作用下结构整体性能指标

2. 罕遇地震作用下结构耗散能量分析

选取典型地震波作用下结构耗能情况如图1-8和图1-9所示：

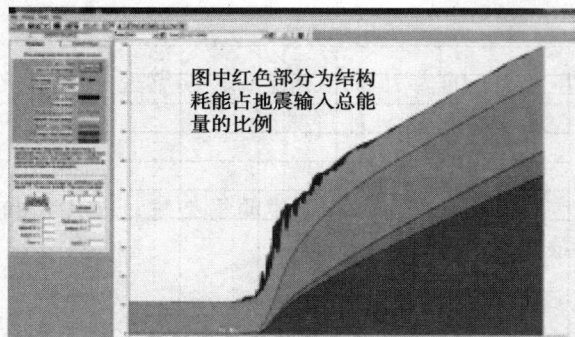

图1-8　GM6X工况下总能量耗散分布图

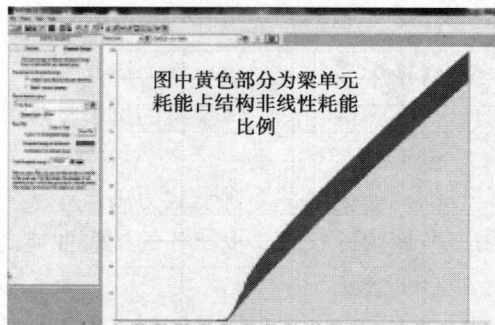

图1-9　GM6X工况下梁单元能量耗散分布图

3. 罕遇地震作用下PUSH-OVER弹塑性静力推覆分析

在倒三角形荷载作用下，分别对结构在罕遇地震作用下的进行X向、Y向弹塑性静力推覆分析，需求曲线采用我国规范反应谱生成。X主向PUSH-OVER分析结果如下图，需求层间位移角为1/197；Y主向需求层间位移角为1/182。综上，结构满足大震作用下的抗倒塌性能目标。

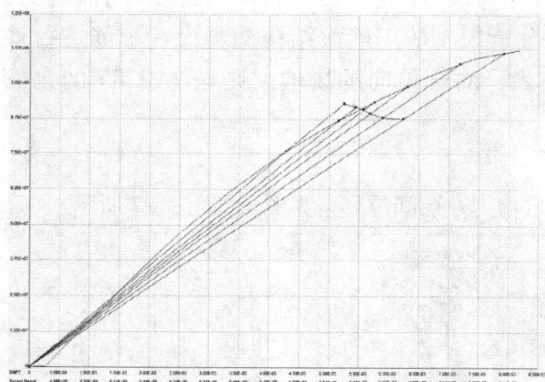

图1-10　X方向弹塑性静力推覆能力谱验算图

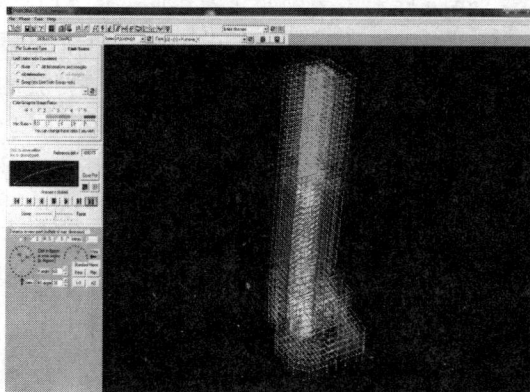

图1-11　X方向弹塑性静力推覆极限变形图

4. 关键构件承载力及变形验算

对于底部加强区落地剪力墙、转换柱、转换梁等关键构件进行受剪、受弯承载力及变形复核，分别以典型的剪力墙SW-2（位于首层，位置同图1-12）、转换柱GZ-1、转换梁SCL-4为例。

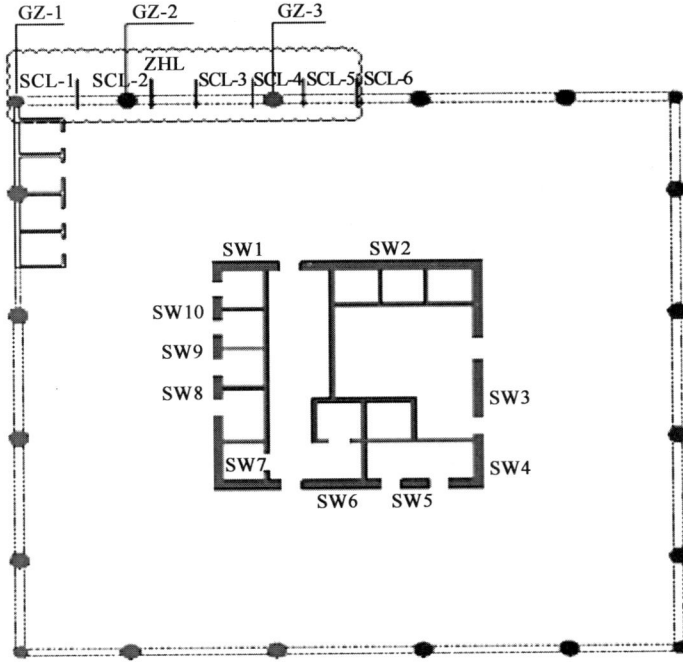

图 1 – 12 第 9 层转换层典型构件性能分析编号图

（1）典型底部剪力墙承载力及变形复核

1）典型底部剪力墙受剪承载力复核如表 1 – 9：

第 1 层墙肢 SW – 2 抗剪承载力复核（kN） 表 1 – 9

地震波	GM1	GM2	GM3	GM4	GM5	GM6	GM7	V_{AVE}	V_R	需求能力比 $\gamma_v = V_{AVE}/V_R$
MAX	28938	30276	39893	37200	50158	41808	43645	38845	87472	0.444

2）典型底部剪力墙受弯承载力复核如表 1 – 10：

第 1 层墙肢 SW – 2 压弯承载力复核（kN） 表 1 – 10

地震波		GM1	GM2	GM3	GM4	GM5	GM6	GM7	平均值	是否满足
轴力最大组合	N_{max}	470998	463422	523223	363051	363146	398608	390418	424695	满足
	M	892357	742740	945611	536876	502866	621320	249996	641681	
弯矩最大组合	N	466914	443988	518121	343802	346193	302857	370512	398912	满足
	M_{max}	996282	897974	1035019	664010	909388	829699	923006	893625	

181

受弯屈服承载力采用 XTRACT 程序计算，计算结果如图 1 – 13：

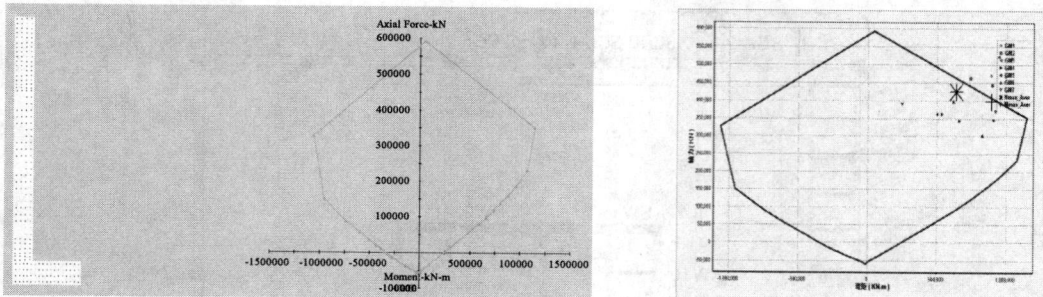

图 1 – 13　首层剪力墙 SW – 2 P – M 包络曲线

3）典型剪力墙变形性能复核如下：

查本书表 1 – 3 – 9，可知本片剪力墙对应的完好状态位移角限值为 0.003，现提取 Perform – 3D 结果复核其变形性能，如图 1 – 14 所示：

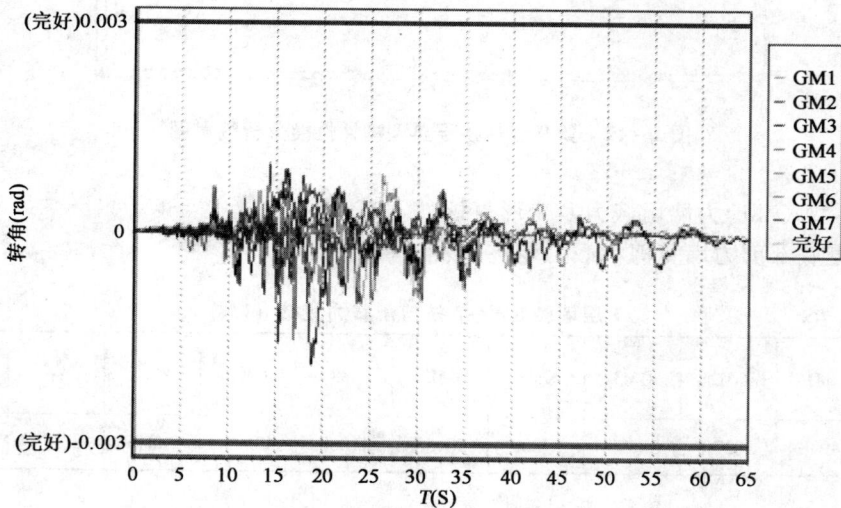

图 1 – 14　首层剪力墙 SW – 2 弯曲变形复核

首层墙肢 SW – 2 各时程工况下最大弯曲变形汇总　　　　　　　　　表 1 – 11

地震波	GM1	GM2	GM3	GM4	GM5	GM6	GM7	平均值
弯曲变形	0.00101	0.00087	0.00186	0.00157	0.00075	0.00081	0.00087	0.00110

综上，可见底部加强区剪力墙 SW – 2 在每条时程波工况下弯曲变形均小于完好状态值，说明底部加强区剪力墙 SW – 2 满足结构安全性需求，且有较大安全富余。

（2）典型转换梁承载力及变形复核

1）典型转换梁受剪承载力复核如下

计算公式为：

$$V_R = 0.08 f_c b h_0 + f_{yv} \frac{A_{sv}}{s} h_0 + 0.58 f_a t_w h_w = 13760 \text{kN}$$

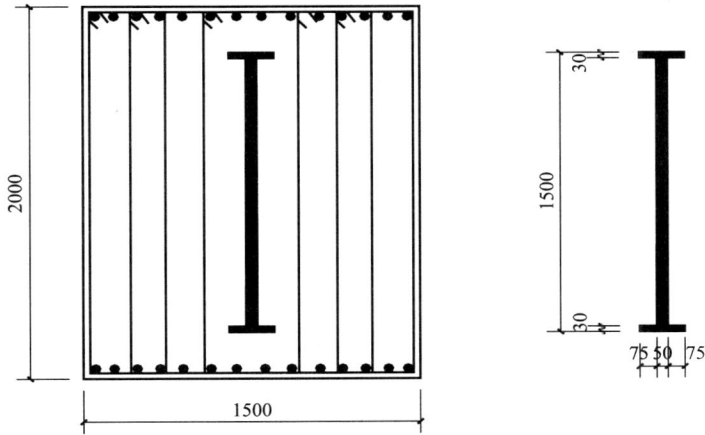

图 1－15　转换梁截面示意图

2）转换梁受剪承载力复核如表 1－12：

转换梁 SCL－4 受剪承载力复核（kN）　　　　　　　　　表 1－12

地震波	GM1	GM2	GM3	GM4	GM5	GM6	GM7	V_{AVE}	V_R	需求能力比 $\gamma_v = V_{AVE}/V_R$
MAX	10973	10793	11323	10088	9290	9148	9335	10136	13760	0.737

3）转换梁受弯承载力复核如表 1－13：

转换梁 SCL－4 受弯承载力复核（kN）　　　　　　　　　表 1－13

地震波	GM1	GM2	GM3	GM4	GM5	GM6	GM7	M_{AVE}	M_R	需求能力比 $\gamma_v = M_{AVE}/M_R$
MAX	27414	26979	28602	24150	22595	22169	22686	24942	34000	0.734

屈服承载力采用 XTRACT 程序计算，计算结果如图 1－16：

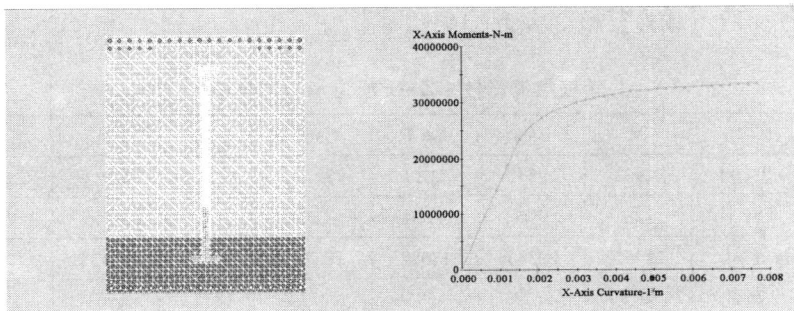

图 1－16　转换梁 SCL－4 受弯承载力计算

183

4）转换梁弯曲变形复核如图 1 - 17：

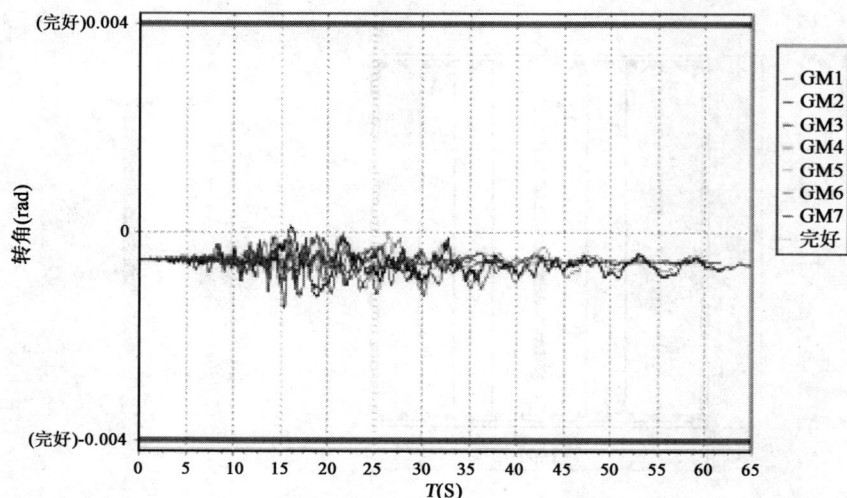

图 1 - 17 转换梁 SCL - 4 弯曲变形复核

转换梁 SCL - 4 各时程工况下最大弯曲变形汇总 表 1 - 14

地震波	GM1	GM2	GM3	GM4	GM5	GM6	GM7	AVE
弯曲变形	0.00110	0.00103	0.00124	0.00148	0.00094	0.00107	0.00110	0.00114

由表 1 - 14 可见转换梁 SCL - 4 在每条时程波工况下弯曲变形均小于完好状态值，说明转换梁 SCL - 4 满足结构安全性需求，且有较大安全富余。

（3）转换层典型钢管柱承载力及变形复核

1）转换柱受剪承载力复核如表 1 - 15：

第 9 层 GZ - 1 受剪承载力复核 （kN） 表 1 - 15

地震波	GM1	GM2	GM3	GM4	GM5	GM6	GM7	V_{AVE}	V_R	需求能力比 $\gamma_v = V_{AVE}/V_R$
MAX	1411	1338	2038	1648	826	882	1090	1319	5509	0.239

2）转换柱受弯承载力复核如表 1 - 16：

转换层钢管柱 GZ - 1 压弯承载力复核 表 1 - 16

地震波		GM1	GM2	GM3	GM4	GM5	GM6	GM7	平均值	是否满足
X 方向轴力最大组合	N_{max}	23800	22962	23535	22706	22117	22379	22916	22916	满足
	M	223	828	916	- 1000	- 1276	636	- 459	763	
X 方向弯矩最大组合	N	21740	22452	20848	17082	18679	18215	20473	19927	满足
	M_{max}	2683	2049	3674	- 5956	- 2544	1855	1964	2961	

续表

地震波		GM1	GM2	GM3	GM4	GM5	GM6	GM7	平均值	是否满足
Y 方向轴力最大组合	N_{max}	23800	22962	23535	22706	22117	22379	22916	22916	满足
	M	884	31	−79	1067	951	−72	857	563	
Y 方向弯矩最大组合	N	21775	21538	21309	18356	20176	19384	19843	20340	满足
	M_{max}	2275	2008	2544	−3775	−2752	1411	1628	2342	

屈服承载力采用 XTRACT 程序计算，计算结果如图 1-18：

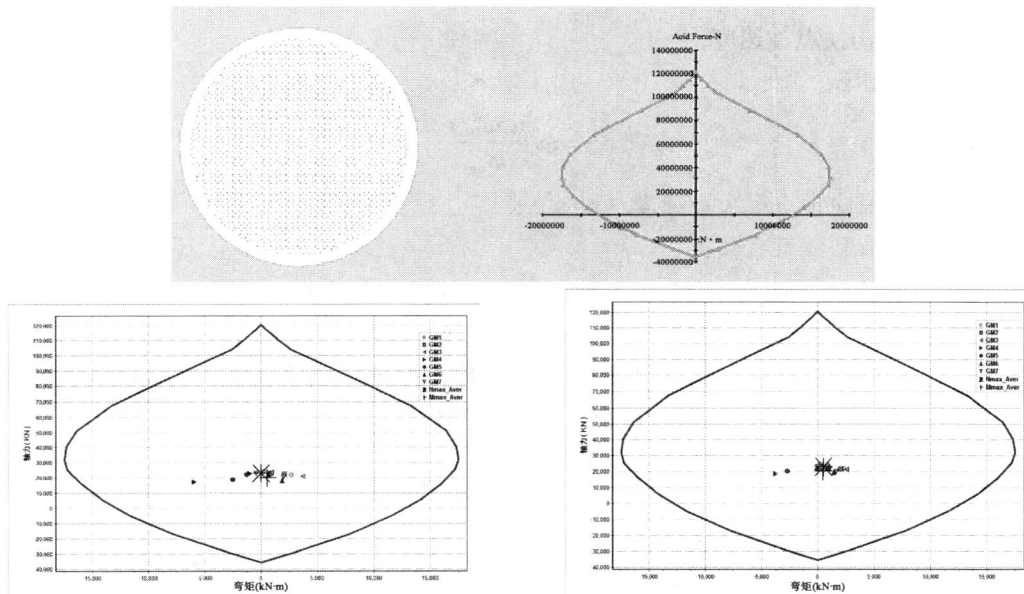

图 1-18 转换柱 GZ-1 P-M 包络曲线

转换柱变形复核如图 1-19：

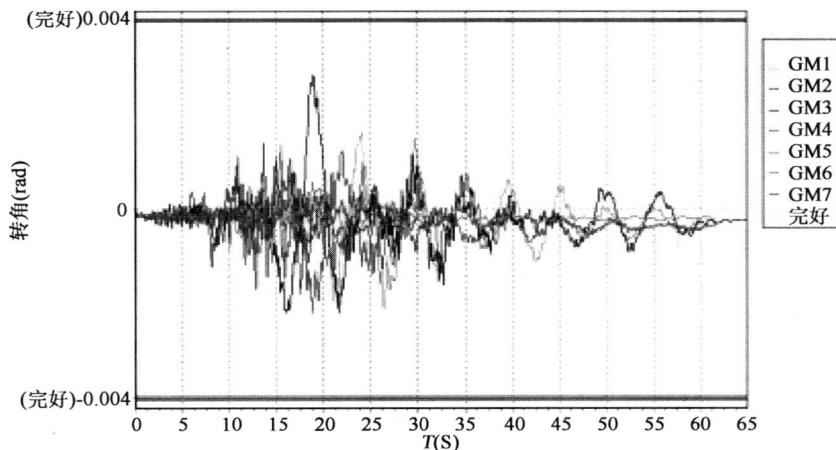

图 1-19 转换柱 GZ1 弯曲变形复核

转换柱 GZ1 各时程下最大弯曲变形汇总　　　　　　　　　　表 1 – 17

地震波	GM1	GM2	GM3	GM4	GM5	GM6	GM7	AVE
弯曲变形	0.00209	0.00220	0.00285	0.00179	0.00116	0.00108	0.00170	0.00183

由表 1 – 17 可知转换柱 GZ1 在每条时程波工况下弯曲变形均小于完好状态值,说明转换柱 GZ1 满足结构安全性需求,且有较大安全富余。

八、风作用下结构舒适度分析

1. 顺风向最大结构顶点加速度

按简单体型计算,则:

$$\alpha_w = \xi \nu \frac{\mu_s \omega_{10} A}{m_{tot}}$$

式中　α_w——顺风向顶点最大加速度（m/s^2）;

　　　μ_s——风荷载体型系数;

　　　ω_{10}——重现期为 10 年得风压（kN/m^2）,按现行国家标准《建筑结构荷载规范》GB 5009—2001（2006 版）的规定采用;

　　　ξ、ν——分别为脉动增大系数和脉动影响系数,按现行国家标准《建筑结构荷载规范》GB 5009—2001（2006 版）的规定采用;

　　　A——建筑物总迎风面积;

　　　m_{tot}——建筑物总质量（t）;

本工程为 A 类场地,重现期为 10 年的风压 $w_0 = 0.75kN/m^2$。

由 $w_0 T_1^2 = 0.75 \times 5.03^2 = 18.976$（$kNs^2/m^2$）

查《荷载规范》表 7.4.3 得 $\zeta = 1.946$

本结构高宽比 $H/B = \dfrac{199.6}{41.3} = 4.83$,$H = 199.6$

查《荷载规范》表 7.4.4 – 3,脉动影响系数 $\nu = 0.456$

体型系数 $\mu_s = 1.4$

总迎风面积 $A = LH = 41.3 \times 199.6 = 8243.48m^2$

总质量 $m_{tot} = 297533t$

则 $a_w = 1.946 \times 0.456 \times \dfrac{1.4 \times 0.75 \times 8243.48}{297533} = 0.0258$（$m/s^2$）,满足规范要求。

2. 横风向最大结构顶点加速度

将地下室删除,保留裙房,重新计算对应的周期和总重量,计算过程如下:

$$\alpha_{tr} = \frac{b_r}{T_t^2} \cdot \frac{\sqrt{BL}}{\gamma_B \sqrt{\zeta_{t,cr}}}$$

$$b_r = 2.05 \times 10^{-4} \left(\frac{\mu_{n,m} T_{tl}}{\sqrt{BL}} \right)^{3.3} \quad (kN/m^3)$$

式中　α_{tr}——横风向顶点最大加速度（m/s^2）；

$v_{n,m}$——建筑物顶点平均风速（m/s），$v_{n,m} = 40\sqrt{\mu_z w_{10}}$；

μ_z——风压高度变化系数；

γ_B——建筑物所受的平均重力（kN/m^3）；

$\zeta_{t,cr}$——建筑物横风向的临界阻尼比；

T——建筑物横风第一自振周期（s）；

B、L——分别为建筑物平面的宽度和长度（m）；

查《荷载规范》表 7.2.1，A 类场土，结构总高度 H = 199.6m，得 $\mu_z = 2.828$

则 $v_{n,m} = 40\sqrt{2.828 \times 0.75} = 40 \times \sqrt{2.121} = 58.255 m/s$

$$B \times L = 2062 m^2$$

$$b_r = 2.05 \times 10^{-4} \left(\frac{58.255 \times 4.63}{\sqrt{2197}} \right)^{3.3} = 0.0697 \; (kN/m^3)$$

高楼所受平均重力 $r_B = \dfrac{m_{tot} g}{B \cdot L \cdot H} = \dfrac{182699 \times 9.8}{2062 \times 199.6} = 4.350$

$$a_{tr} = \frac{0.0697}{4.63^2} \times \frac{\sqrt{2197}}{4.350\sqrt{0.02}} = 0.248 \; (m/s^2) \leqslant 0.250 \; (m/s^2)。$$

综上，结构满足规范十年一遇风荷载作用下的舒适度要求。

（注：本工程抗震超限设计完成于 2012 年）

工程实例二　天朗海峰结构抗震超限设计

一、工程概述

天朗海峰国际中心工程为集商业、住宅为一体的多功能建筑。该工程为一栋4层裙楼和两栋基本相同的58层塔楼组成，地下结构均为3层，塔楼与裙楼通过防震缝分隔。

因两栋塔楼结构形式和受力特点均基本一致，以2号塔楼的结构抗震超限设计可行性分析为例进行说明。2号塔楼结构总高度185.2m，平面26.1m×28.9m，高宽比为7.1；采用现浇钢筋混凝土部分框支剪力墙结构，其中中部闭合式核心筒剪力墙及四周角部剪力墙直接落地，部分剪力墙在首层通过梁式转换结构直接支承于框支柱。

图2-1　天朗海峰实景

1. 结构超限情况

（1）高度。结构主体高度为185.2m，超出《高层建筑混凝土结构技术规程》JGJ3—2002（本工程以下简称《高规》）B级120.0m限值，超限程度为54%。

（2）竖向抗侧力构件不连续。塔楼第1层为结构转换层，部分竖向抗侧力构件不连续。

（3）高宽比。结构主体长×宽＝26.1×28.9，最大高宽比7.1，超出《高规》规定7.0的限值。

（4）竖向质量不规则。转换层质量是转换层上一层质量的 180%，大于《高规》和《建筑抗震设计规范》GB 50011 – 2001（本工程以下简称《抗规》）的允许值 150%。

（5）层间刚度比。首层转换上下层等效剪切刚度比 X 方向约 2.70，Y 方向约 2.20，不满足《高规》的限值。

2. 结构特殊情况

本工程结构高度约 185 m，自振周期接近 5 s，结构体系对风荷载的作用十分敏感，建筑场地处在风力较大的沿海地带，故对本工程进行了建筑表面风压的风洞模拟试验。

二、结构体系

1. 结构体系

2 号主体塔楼 58 层，采用部分框支剪力墙结构体系，结构平面图如图 2 – 2、图 2 – 3 所示：

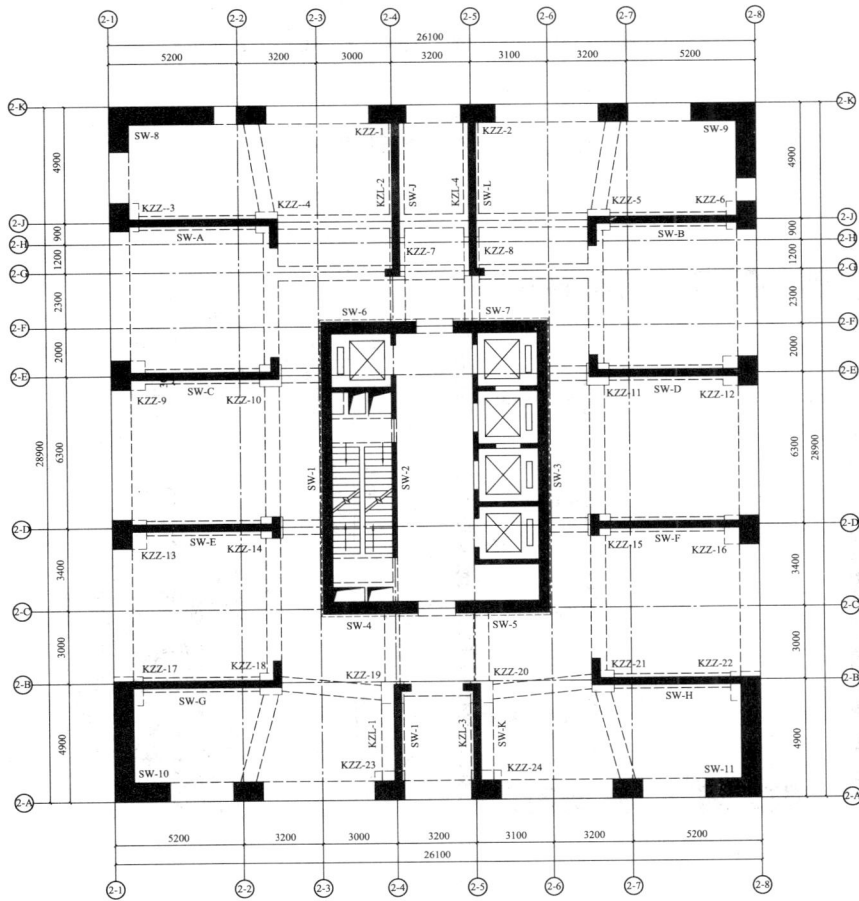

图 2 – 2　转换层结构布置图

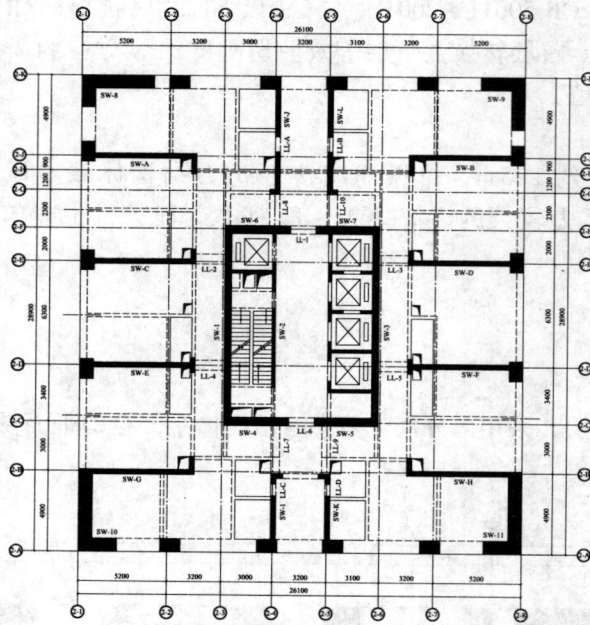

图 2-3　上部标准层结构布置图

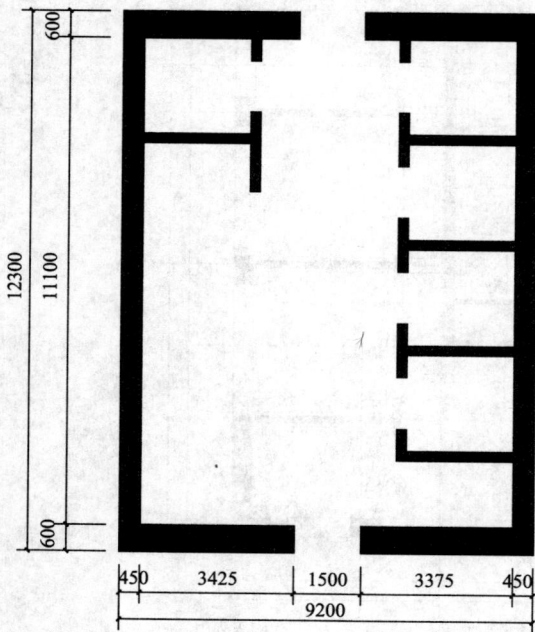

图 2-4　框支层闭合式筒体图

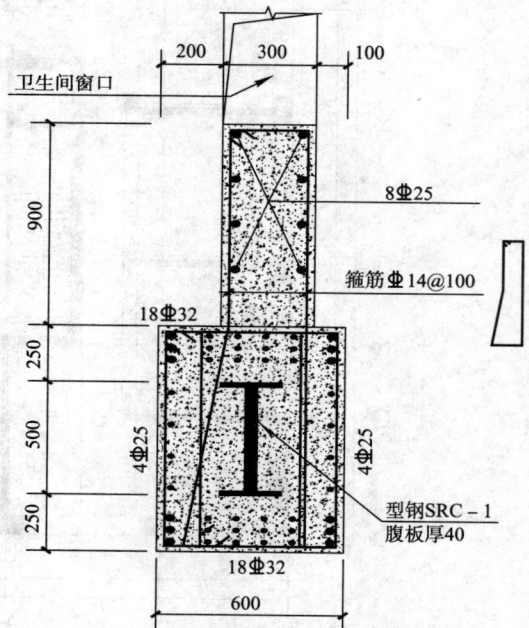

图 2-5　型钢混凝土转换梁图

其中中部闭合式核心筒剪力墙及四周角部剪力墙直接落地，部分剪力墙在首层通过梁式转换结构直接支承于框支柱。满跨转换梁采用普通钢筋混凝土梁，因塔楼剪力墙窗洞而形成的非满跨转换梁采用型钢混凝土梁。框支层闭合式筒体和型钢混凝土转换梁如图 2－4，图 2－5 所示。

2. 结构主要构件尺寸和抗震等级

结构构件抗侧力体系典型尺寸如表 2－1 所示：

主要抗侧力结构构件尺寸（单位 mm）　　　　　　　　　　　表 2－1

构件类型	截面	备注
框支柱	$1400 \times 1200/900 \times 900$	—
中心剪力墙筒体	墙厚 $450 \sim 600$	框支层闭合式筒体 平面约 9000×12000
	墙厚 $350 \sim 500$	塔楼闭合式筒体 平面约 9000×12000
转换梁	$600 \times 1000 /900 \times 1000$	型钢混凝土梁/普通钢筋混凝土梁
四周角部剪力墙	墙厚 800	塔楼 L 形平面 5000×2300
一般剪力墙	墙厚 $200 \sim 300$	—
周边框架梁	$800 \times 500/400 \times 500$	—

结构构件抗震等级如表 2－2 所示：

结构构件抗震等级　　　　　　　　　　表 2－2

楼层	－3 ~ －2 层	－1 ~ 1 层	2 ~ 7 层	8 ~ 顶层
框支柱	三级	特一级	—	—
框架柱 框架梁	三级	特一级	一级	一级
加强区剪力墙	三级	特一级	特一级	一级
非加强区剪力墙	—			一级
转换梁	特一级			

注：底部加强区剪力墙按《高规》和《抗规》要求相应抗震等级规定再提高一级。

3. 结构加强措施

针对上述情况，对结构整体及构件抗震性能采取以下加强措施：

（1）加强直接落地剪力墙－保证转换层承载力及刚度

中部闭合式核心筒体及四周角部 L 形剪力墙直接落地。闭合式核心筒体平面 9000mm×12000mm，在首层部分采用 C70 混凝土，并增厚至 450~550mm。四周角部 L 形剪力墙平面约 5000mm×2300mm，在首层加长至 5000mm×5000mm。

（2）四周角部全长设置 L 形墙肢－保证结构整体抗扭刚度

四周角部沿结构竖向全长设置 L 形墙肢，墙厚 800mm，平面约 5000mm×2300mm，有效保证结构整体抗扭刚度。结构扭转最大位移比 1.12（包括偶然偏心工况）。

（3）采用型钢混凝土转换梁 - 保证转换梁承载力

尽量采用满跨钢筋混凝土转换梁形式满足建筑使用和结构安全要求。否则，采用型钢混凝土梁保证转换梁的抗剪承载力需求。

（4）加强底部加强区剪力墙承载力 - 保证结构底部承载力

按《高规》B 级高度框支剪力墙加强区剪力墙抗震等级的规定提高一级设计底部加强区剪力墙。底部加强区剪力墙约束边缘构件阴影范围延伸至 LC 段，即整个范围按阴影区配筋率及配箍率设置钢筋，且首层剪力墙纵筋及水平筋数量应同时满足中震弹性内力组合需求。

（5）加强框支柱承载力及延性 - 保证框支柱抗震性能

采用弹性大震分析结构抗倾覆能力，并按偏心受拉构件配置纵筋满足框支柱大震不屈服内力组合需求。框支柱全长配置复合井字箍，间距 100mm，肢距不大于 100mm，直径不少于 14mm。

三、荷载与作用

1. 风荷载

本工程结构高度约 185m，自振周期接近 5s，结构体系对风荷载的作用十分敏感，故对本工程进行了建筑表面风压的风洞模拟试验。为保证本工程结构在风载作用下的安全、经济、合理，将风洞模拟试验计算的风荷载与按现行规范计算的风荷载相比较，取最不利效应作为本工程设计的依据。

现行规范的风载设计要求：珠海基本风压：重现期为 100 年时 $\omega_o = 0.90 \text{ kN/m}^2$，进行承载力分析；重现期为 50 年时 $\omega_o = 0.85 \text{ kN/m}^2$，进行刚度分析；重现期为 10 年时 $\omega_o = 0.50 \text{ kN/m}^2$，进行正常使用状态下的舒适性分析。地面粗糙度 C 类，建筑体形系数 $\mu_s = 1.4$。

2. 地震作用

本工程安评报告同时提供了场地地面的加速度峰值，进行地震作用分析时，取安评报告及规范加速度峰值的较大值，各阶段地震作用下地震设计参数如表 2 - 3 所示。

地震设计参数   表 2 - 3

设计等级	地震烈度	50 年设计基准期超越概率	重现周期（年）	地震影响系数	地面最高加速度 PGA（Gal）
1	多遇地震（小震）	63%	50	0.08	38
2	设防烈度（中震）	10%	475	0.23	110
3	罕遇地震（大震）	2%	2475	0.50	220

抗震设防烈度 7 度，设计基本地震加速度 0.1g，建筑场地类别 Ⅲ 类场地，第一组，$T_g = 0.45s$，地震反应谱根据《抗规》取用。多遇地震作用和设防烈度地震作用下弹性分析、罕遇地震作用下的不屈服分析，阻尼比均取 $\xi = 0.05$。时程分析使用的地震波：取本工程安评报告提供的人工地震波 2 条及国际上具有完整时程校正的符合本工程场地土特征的典型地震纪录 5 条，其相应地震参数如表 2 - 4 所示。

地震参数 表 2－4

地震波代号	地震波信息		
	名称（地点）	时程曲线	反应谱曲线
GM1	人工波	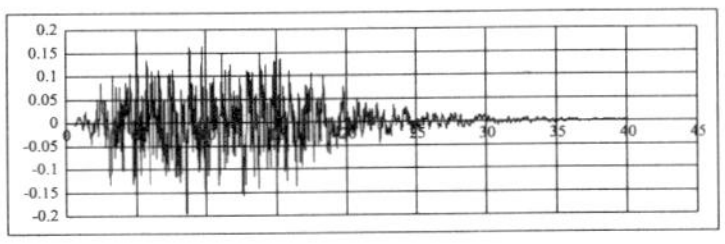	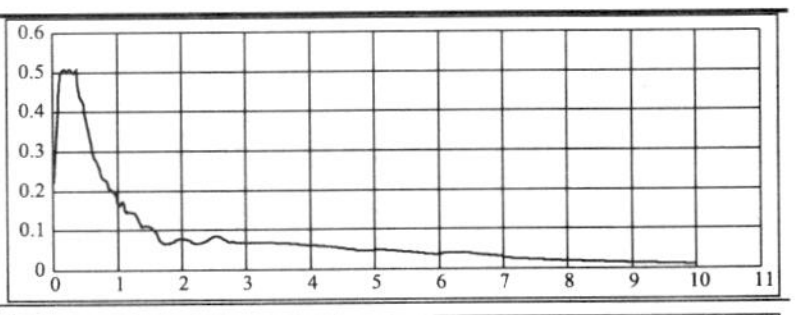
GM2	人工波	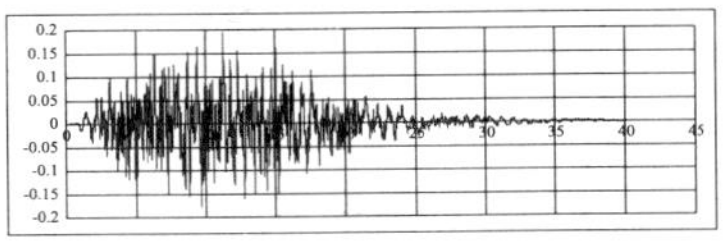	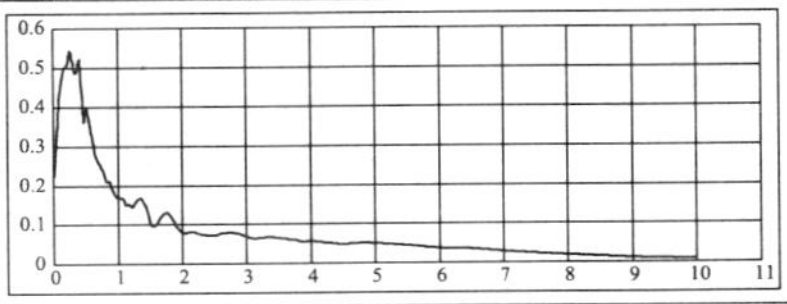
GM3	San Fernando 8244 Origon Blvd	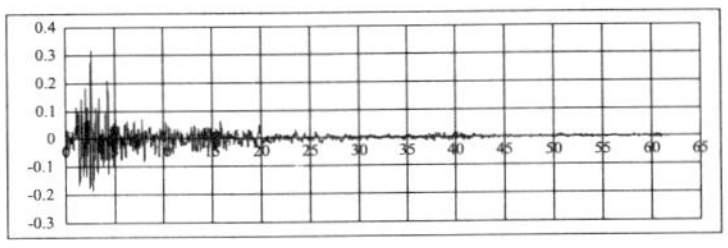	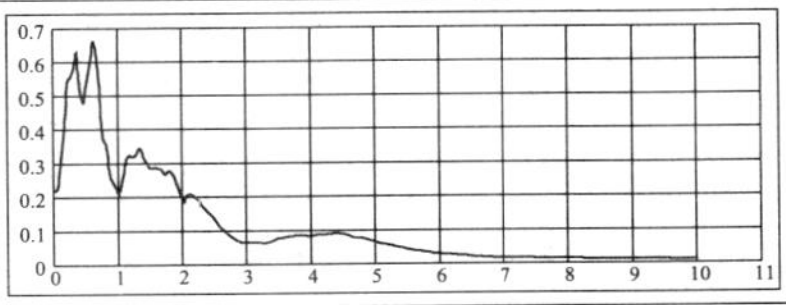
GM4	Hollywood Strorage P. E.	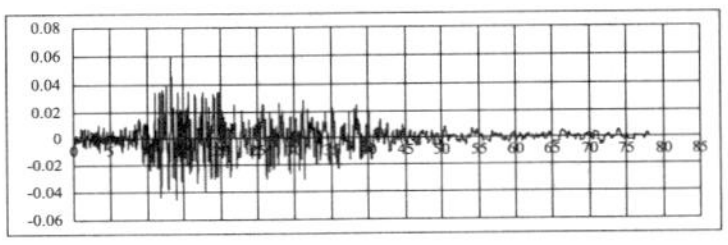	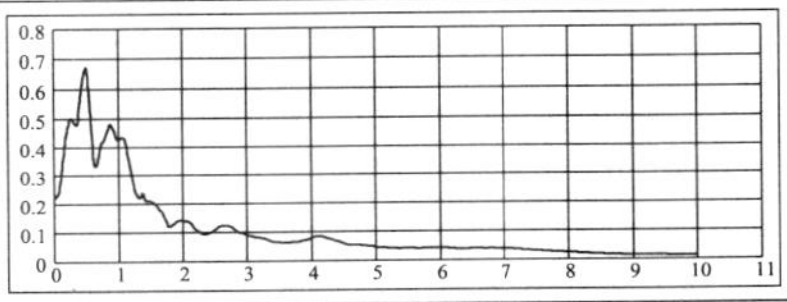
GM5	Bonds Corner EI Centro	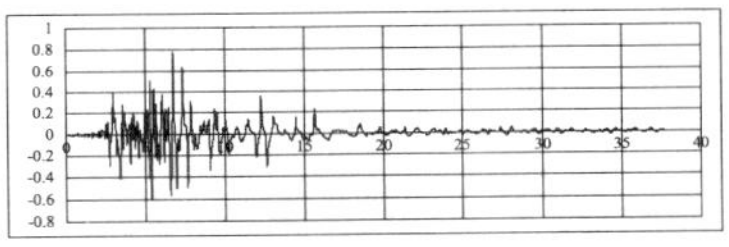	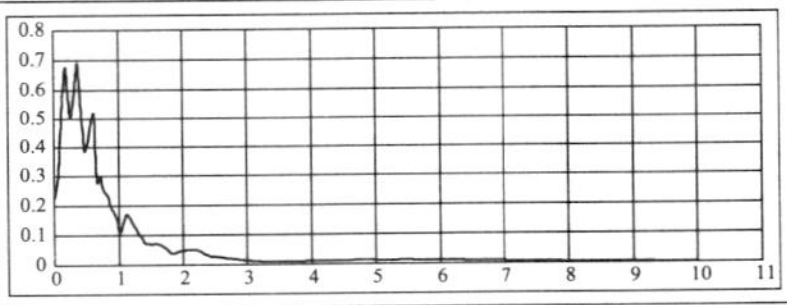
GM6	Taft Lincoln School	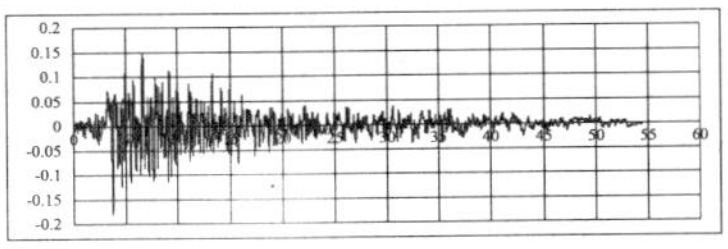	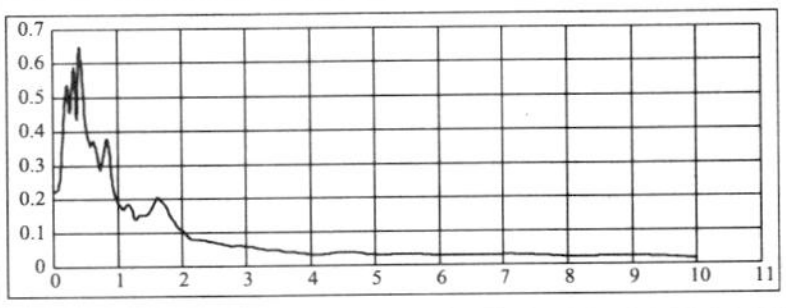
GM7	Loma Prieta Oackland Outer Wharf	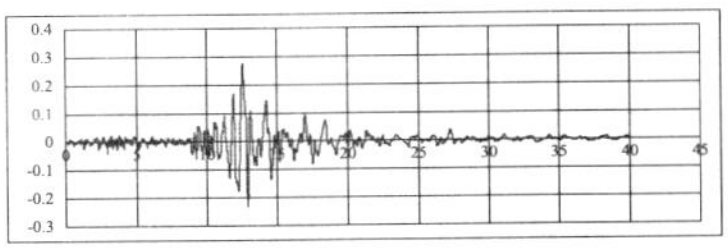	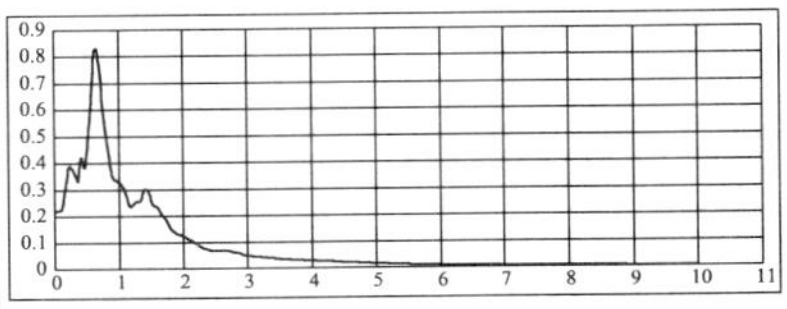

比较这些时程曲线得到的小震下（63％超越概率）的基底剪力与规范振型反应谱得到的小震下的基底剪力，发现满足《高规》第 3.3.5 条的要求，即单个时程分析计算基底剪力结果应大于反应谱法结果的 65％，时程分析的基底剪力结果的平均值应大于反应谱法结果的 85％。

3. 荷载组合与性能目标设计表达式

（1）多遇地震作用下的结构构件弹性设计

所有结构构件的承载力应按现行规范给出的设计表达式求出最不利的荷载组合进行设

计，考虑结构、构件的内力增大、调整系数。

（2）设防烈度地震作用下的主要结构构件弹性和不屈服设计

结构构件分别按弹性或不屈服进行性能分析。

1）框支层落地剪力墙、框支柱、底部加强区落地剪力墙、转换梁按弹性性能分析，即不考虑地震组合内力调整系数，但考虑小震荷载组合的荷载分项系数，考虑材料分项系数和抗震承载力调整系数 γ_{RE}。

静力分析设计表达式：$S_E \leqslant \dfrac{R}{\gamma_{RE}}$，符号意义同前。

2）底部加强区非落地剪力墙、连梁按不屈服性能分析，即不考虑地震组合内力调整系数，荷载分项系数均取为 1，不考虑材料分项系数和抗震承载力调整系数 γ_{RE}。

静力分析设计表达式：$S_{Ek} \leqslant R_k$，符号意义同前。

（3）罕遇地震作用下的关键结构构件不屈服及变形控制设计

1）框支层落地剪力墙、底部加强区落地剪力墙、转换梁等不屈服构件的承载力复核，即按以下荷载组合进行复核。

静力分析设计表达式：$S_{Ek} \leqslant R_k$，符号意义同前。

动力分析设计表达式：

受剪承载力复核：$S_{Ek} = \gamma_v \ (D+0.5L+E)_{平均} = 1.2 \ (D+0.5L+E)_{平均} \leqslant R_k$

受弯承载力复核：$S_{Ek} = \gamma_v \ (D+0.5L+E)_{平均} = 1.0 \ (D+0.5L+E)_{平均} \leqslant R_k$

式中 γ_v 为强剪弱弯调整系数，考虑到强剪弱弯的抗震设防概念，受剪承载力复核时，γ_v 取 1.2；抗弯承载力复核时，γ_v 取 1.0。

2）底部加强区非落地剪力墙、连梁等可屈服构件根据 ASCE – 41 对结构构件的变形验算，并进行构件变形控制，如下式：

$$\triangle_{Ek} = \ (D+0.5L+E)_{平均} \leqslant \delta$$

δ 为 ASCE – 41 构件变形控制指标。ASCE – 41 构件变形控制设计中，考虑到强剪弱弯的抗震设防概念，剪切变形控制已严格于抗弯变形，故此处不再引入强剪弱弯调整系数 γ_v。

四、基础设计

本工程采用扩底钻孔灌注桩，以强风化花岗岩作为桩端持力层，桩径 $\phi 1400 \sim 2300$，桩长约 $30 \sim 45m$，扩大头直径 $\phi 2400 \sim 3600$。为了保证基础的安全性，本工程对基础部分做了以下复核和验算措施：1）单桩竖向承载力特征值 R_a 及桩身承载力；2）基础承载力复核；3）桩基沉降计算；4）主楼底板抗冲切验算。

五、性能目标

在充分认识结构各分体系受力与变形特征的基础上，参考美国规范 FEMA356、ASCE – 41、中国规程 CECS160，并结合中国的工程实践经验，设定如下的性能目标：

1）结构宏观变形性能目标：结构层间位移，如表 2 – 5 所示。

结构层间位移性能目标 表 2 - 5

建筑结构	小震	中震	大震
除转换层外的结构层	1/1000	1/400	1/150
框支转换层	1/6000	1/2000	1/1000

2）结构构件承载力性能目标，如表 2 - 6 所示。

结构构件性能目标 表 2 - 6

构件		小震	中震	大震
框支柱		OP	OP	IO
框支层落地剪力墙		OP	OP	IO
底部加强区落地剪力墙		OP	OP	IO
转换梁		OP	OP	IO
底部加强区非落地剪力墙	底部加强区剪力墙（抗剪）	OP	OP	IO
	底部加强区剪力墙（抗弯）	OP	IO	LS
连梁	底部加强区连梁（抗剪）	OP	IO	LS
	底部加强区连梁（抗弯）	OP	IO	LS
	非底部加强区连梁（抗剪）	OP	IO	CP
	非底部加强区连梁（抗弯）	OP	LS	CP

3）主要结构构件在罕遇地震作用下的变形性能目标，如表 2 - 7 所示。

罕遇地震作用下主要结构构件变形性能目标 表 2 - 7

构件类型		LS 限值（δ_{LS}）		CP 限值（δ_{CP}）	
		转角	剪切（%）	转角	剪切（%）
框支柱		—	—	—	—
框支层落地剪力墙		—	—	—	—
转换梁		—	—	—	—
底部加强区非落地剪力墙	底部加强区剪力墙（抗剪）	—	—	—	—
	底部加强区剪力墙（抗弯）	0.007	—	—	—
连梁框架梁	底部加强区连梁（抗剪）	—	0.020	—	0.030
	底部加强区连梁（抗弯）	0.0250	—	0.050	—
	非底部加强区连梁（抗剪）	—	0.020	—	0.030
	非底部加强区连梁（抗弯）	0.0250	—	0.050	—

六、结构性能分析

本工程采用 SATWE 软件及 ETABS Non-linear CV9.2.0 进行结构计算分析。通过比较两种软件建模下的结构分析主要结果：总质量，周期及 1.0 恒载 + 1.0 活载工况下主要构件内力，判断模型的可靠性。通过分析结果发现两种软件的结构主要信息较吻合，结构模型可靠，结构模型如图 2 - 6 所示。

2 号楼结构前 3 阶的振型图，依次为 X 向平动、Y 向平动、扭转，如图 2 - 7 所示。

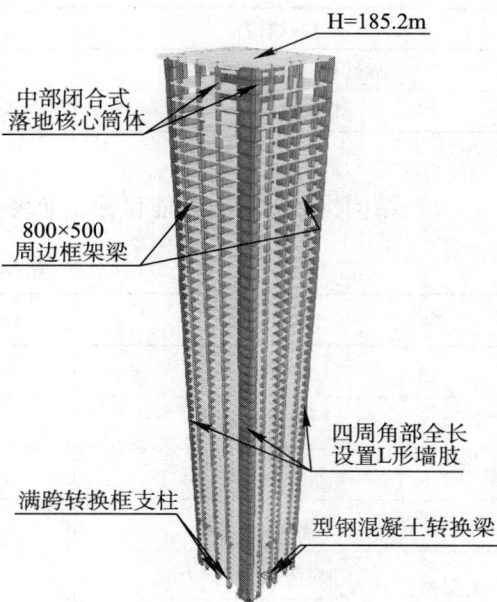

图 2 - 6 结构模型图

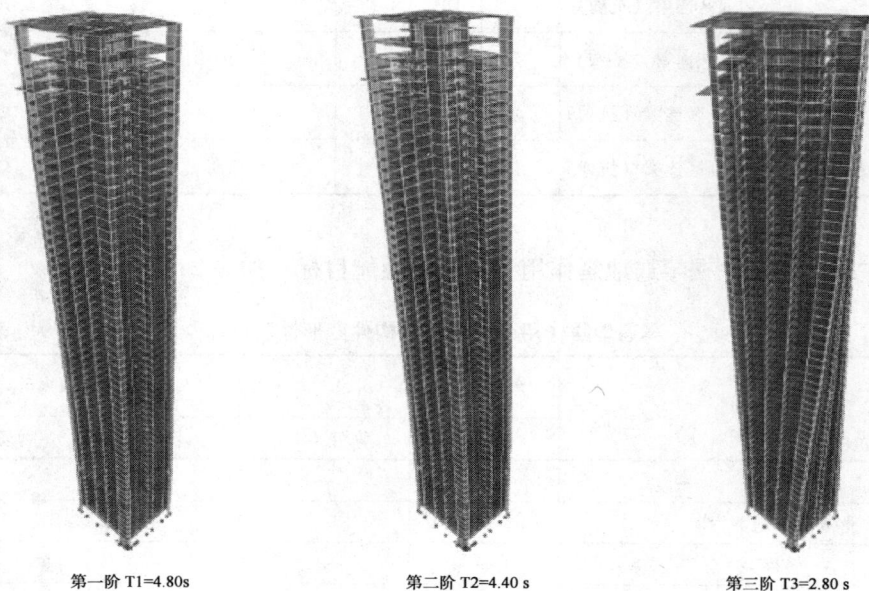

第一阶 T1=4.80s　　　　第二阶 T2=4.40 s　　　　第三阶 T3=2.80 s

图 2 - 7 结构前 3 阶的振型图

1. 风荷载作用下结构性能分析

（1）基于风洞试验数据的结构风振时程分析

本结构风振时程分析的荷载时程数据是通过 CGB - 1 风洞试验得到，风洞试验考虑了 24 个风向角的影响，模型用有机玻璃制作而成，比例为 1:250。试验在 0° ~ 360° 间，每间隔 15° 共 24 个风向下进行。计算试验风压时已转换到建筑物顶部高度 185.2m 为参考高度。

根据结构模型数据和高层结构的常用分析方法，同时参考《建筑结构荷载规范》GB 50009－2001（本工程以下简称《荷载规范》）、广东省标准《建筑结构荷载规范》DBJ15－2－90（本工程以下简称《广东省荷载规范》）、ASCE. SEI/ASCE 7－02《Minimum Design Loads for Buildings and Other Structures》，本次分析采用基于风洞试验实测荷载时程的时程分析方法对结构进行风振响应计算，通过时程分析可以得到结构层间剪力及弯矩。

通过风洞试验可测得结构表面各测点的基于顶部高度的风压系数时程数据，基于刚性楼板假定，对楼层各测点在瞬时状态下进行求合力及合力矩可得到瞬时的楼层力的荷载时程，包括两个方向水平力 F_x、F_y 及扭矩 M_z。为方便批量处理风洞试验数据及有限元模型的荷载导入，华南理工大学高层建筑结构研究所开发了基于风洞试验的荷载时程生成程序，该程序根据结构表面测点分布自动计算风动力荷载时程并导入结构分析程序 ETABS 时进行风振时程分析计算。程序界面如图 2－8 所示。

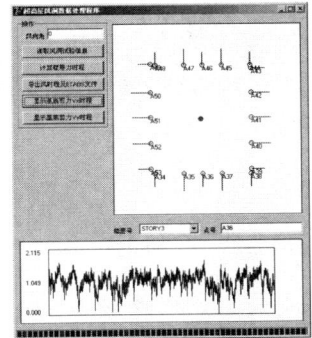

图 2－8 风动力荷载时程数据生成程序界面图

2 号塔楼按规范规定静力荷载和风动试验生成风振时程数据分别利用 PKPM、ETABS 软件进行分析所得结构的楼层剪力曲线和楼层弯矩曲线如图 2－9、图 2－10 所示。

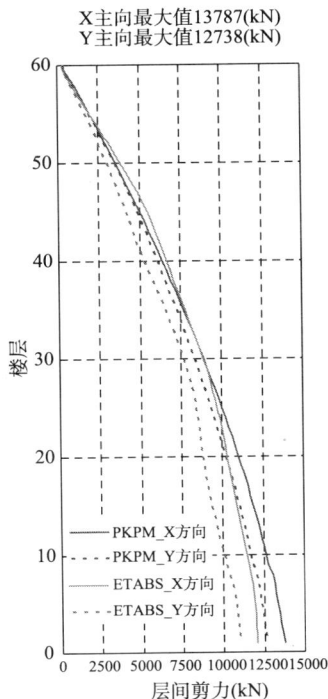

X主向最大值13787(kN)
Y主向最大值12738(kN)

PKPM_X方向
PKPM_Y方向
ETABS_X方向
ETABS_Y方向

风荷载作用下楼层剪力曲线图

图 2－9 楼层剪力曲线图

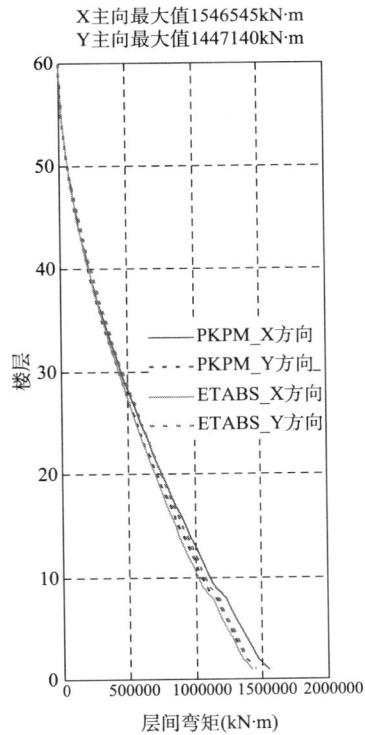

X主向最大值1546545kN·m
Y主向最大值1447140kN·m

PKPM_X方向
PKPM_Y方向
ETABS_X方向
ETABS_Y方向

风荷载作用下楼层弯矩曲线图

图 2－10 楼层弯矩曲线图

以上分析可见，风振分析结果与规范风荷载的静力计算结果较吻合，按规范静力风荷载分析结果略大于按基于风洞试验的动力风荷载分析结果，故以下结构构件性能分析均以规范静力分析结果作为设计验算依据。

（2）风荷载作用下结构整体性能分析

1）验算 2 号塔楼在重现期为 50 年的 0°、90°双向风荷载作用下的变形（结构层间位移角、楼层整体位移）。以结构层间位移角为例，如图 2 - 11 所示。通过对比，两程序分析结果较吻合，层间位移角均小于 1/700，满足设定的性能要求。

2）验算 2 号塔楼在重现期为 100 年的 0°、90°双向风荷载作用下的承载力（楼层剪力和倾覆弯矩），以楼层剪力为例，如图 2 - 12 所示。

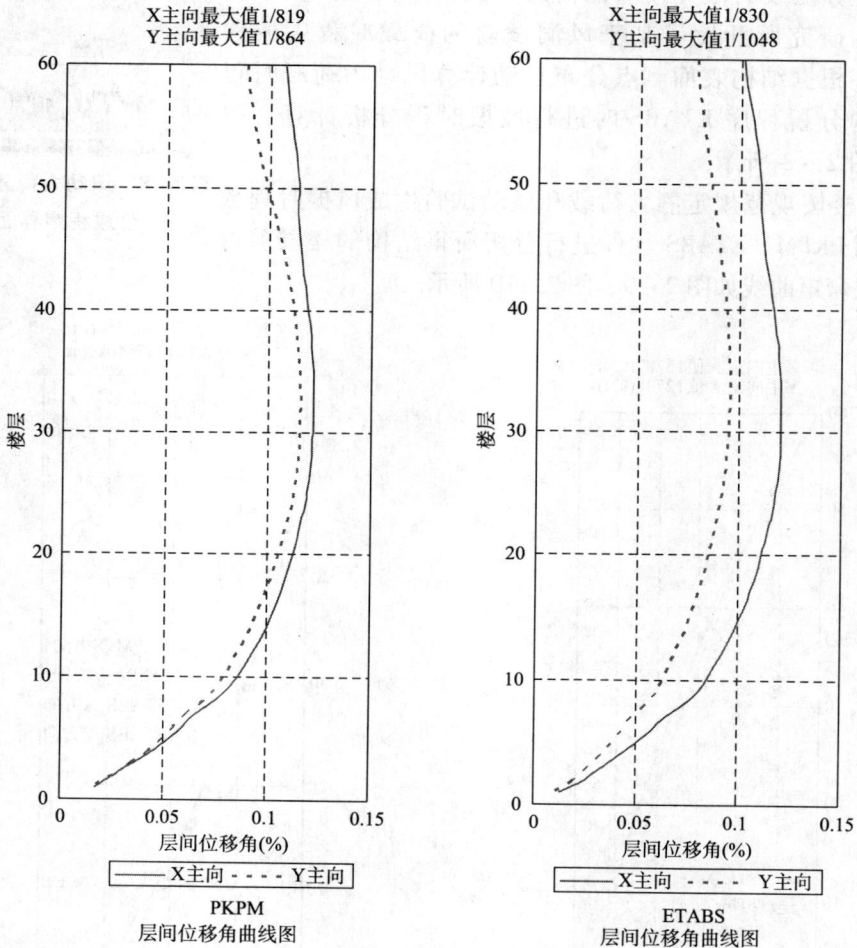

图 2 - 11 不同软件层间位移角对比

X主向最大值13787kN
Y主向最大值12738kN

X主向最大值13150kN
Y主向最大值11898kN

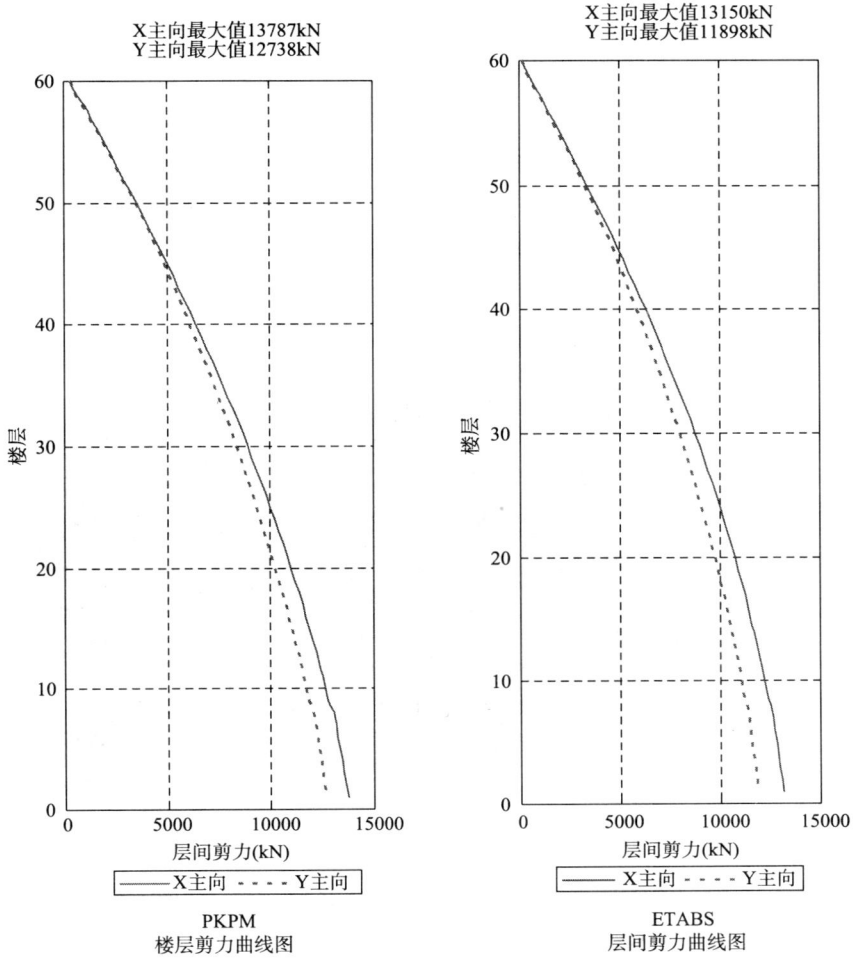

PKPM
楼层剪力曲线图

ETABS
层间剪力曲线图

图 2 - 12 不同软件楼层剪力对比

分析结果表明，结构整体性能满足风荷载作用下的性能目标，分析结果如表 2 - 8 所示：

风荷载作用下结构分析结果 表 2 - 8

作用方向	X 方向		Y 方向	
分析软件	SATWE	ETABS	SATWE	ETABS
最大层间位移角	1/819	1/830	1/864	1/1048
最大楼层位移（mm）	191	183	173	141
基底剪力（kN）	13787	13150	12738	11898
基底弯矩（kN·m）	1546545	1499248	1447140	1368102

（3）重现期为 100 年的风荷载作用下结构构件性能分析

框支柱无超筋信息，框支柱抗剪及抗弯承载力均满足内力需求，构件承载力满足设定的性能要求。落地剪力墙、转换梁、底部加强区剪力墙、底部加强区连梁、非底部加强区连梁均无超筋信息。

（4）重现期为 50 年的风荷载作用下核心筒超长剪力墙应变性能分析

核心筒超长剪力墙墙肢长度为 11.4m，故采用弹塑性分析程序 PERFORM - 3D 验算其在风荷载作用下的局部变形，即墙段端部应变值如图 2 - 13、图 2 - 14、图2 - 15所示。

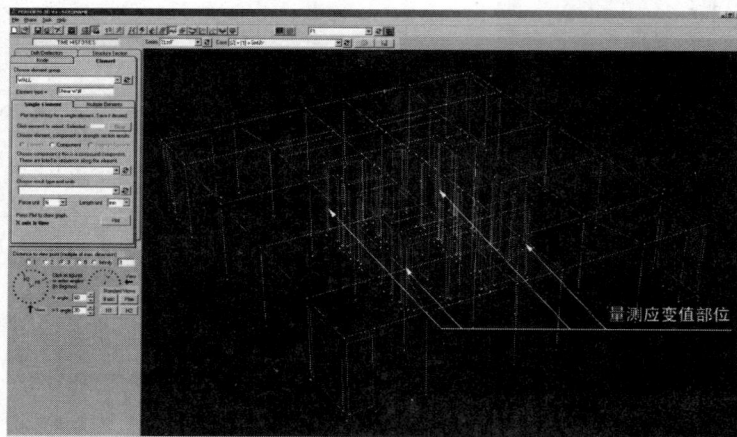

图 2 - 13　提取 PERFORM - 3D 剪力墙纤维应变值图

分析可知，超长剪力墙墙肢全长受压，其最大压应变为 0.00068 小于混凝土规范压应变限值 0.002。超长剪力墙变形满足设定的性能要求。

（5）重现期为 10 年的风荷载作用下的舒适性验算

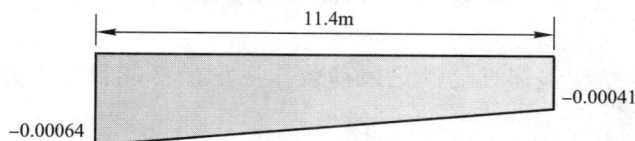

图 2 - 14　正风向超长剪力墙墙肢应变值示意图

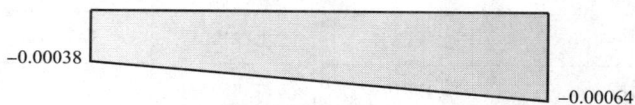

图 2 - 15　反风向超长剪力墙墙肢应变值示意图

根据风洞试验结果，结构顶点最大加速度 0.19m/s²。参考《高层民用建筑钢结构技术规程》JGJ99—98（本工程以下简称《高钢规》）中的 5.5.1 条经验公式分析结构舒适性，进行结构顶点加速度计算。顺风向最大结构顶点加速度，$a_w = 0.052$（m/s²）；横风向最大结构顶点加速度，$a_{tr} = 0.22$（m/s^2）。风洞试验结果与经验公式分析基本一致，塔楼顶层加速度符合《高规》办公旅馆0.25m/s^2的要求，但略大于《高规》住宅公寓0.15m/s^2的要求。

综上分析，在风荷载作用下，结构满足设定的性能要求。

2. 小震作用下结构性能分析

小震作用下的结构抗震设计分别采用 SATWE 和 ETABS 9.20 中文版进行计算。在 SATWE 和 ETABS 的分析中采用相同的分析参数：考察结构特性参数时采用刚性楼板假设；结构构件的抗震等级和结构构件的特殊设定（如框支柱、转换梁等）严格按照规范规定设置，以便分析程序自动按照规范考虑结构、构件的内力增大、调整系数等。

（1）小震作用下结构整体性能分析

在 X 向、Y 向小震作用下，验算结构承载力（层间剪力及层倾覆弯矩）和变形（整体位移及层间位移角），结构分析结果如表 2-9 所示：

多遇地震作用下结构分析结果   表 2-9

分析方法	振型分解反应谱分析		弹性动力时程分析			
分析软件	SATWE	ETABS				
结构总重量（t）	73459.6	71366.4				
第一平动周期 T_1（s）	4.67	4.80				
第一平动周期 T_2（s）	4.60	4.40	—			
第一扭转周期 T_t（s）	2.67	2.80				
T_t/T_1	0.57	0.58				
最大扭转位移比	1.12	1.03				
分析软件	SATWE					
最不利层间刚度比	X 方向	Y 方向	X 方向		Y 方向	
地震剪力与层间位移比值法（下/上）	0.84	0.90				
层间位移角比值法（下/上）	1.11	1.12	—		—	
等效剪切刚度比（上/下）	2.73	2.21				

分析软件	SATWE	ETABS	SATWE	ETABS	STATWE	ETABS	SATWE	ETABS
最大层间位移角	1/1173	1/1143	1/1193	1/1294	1/1712	1/1397	1/2242	1/1738
最大楼层位移（mm）	127	130	123	113	65	78	63	73
基底剪力（kN）	9249	8870	9562	9559	8733	9714	8368	9678
基底弯矩（kN·m）	993188	959935	1001753	998607	523847	578810	523982	644976

以 X 向小震作用下结构的层间位移角及剪力为例，分析结果如图 2-16、图 2-17 所示。

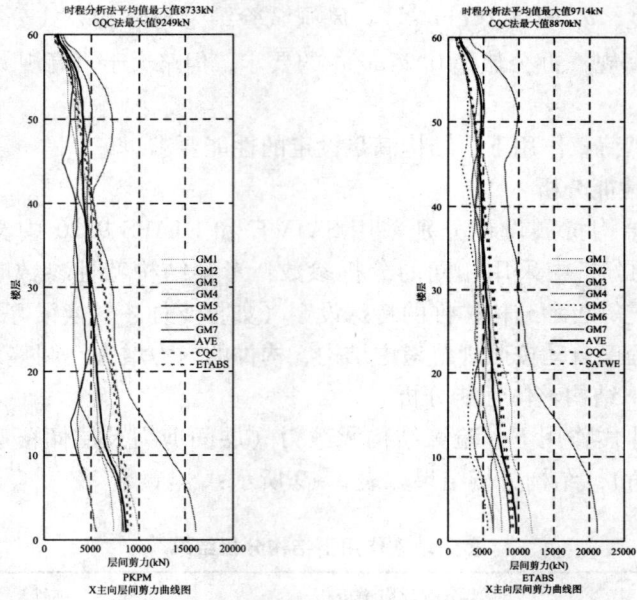

图 2 - 16　不同软件层间位移角对比

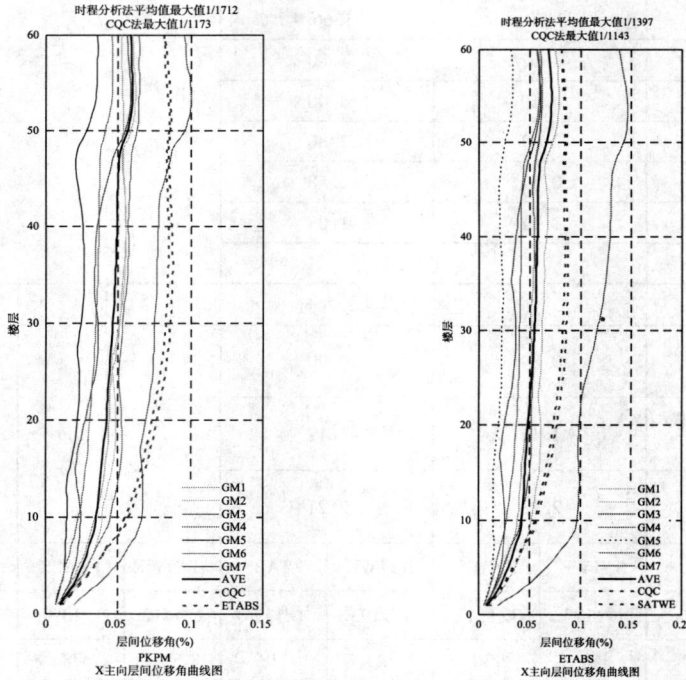

图 2 - 17　不同软件楼层剪力对比

　　从以上弹性时程分析图可见，两个分析程序所得的结果规律基本一致，不同的地震波作用下结构的内力有着较明显的区别，但其平均效应均小于振型分解反应谱法下的结构内力，故本工程以振型分解反应谱法分析结果作为设计依据。分析结果表明结构层间位移角小于1/1000，满足设定的性能要求。

（2）小震作用下结构构件性能分析

各构件内力需求及配筋分析如下：1）框支层框支柱最大轴压为0.64，无超筋信息；2）落地剪力墙最大轴压比均小于0.38，最大剪应力水平0.044，没有出现抗剪超限，无超筋信息；3）转换梁无超筋信息；4）底部加强区剪力墙的最大轴压比为0.47，最大剪应力水平为0.023，无超筋信息；5）底部加强区连梁无超筋信息。6）非底部加强区连梁除个别层外无超筋信息，采用双筋梁复核超筋截面，抗剪及抗弯承载力均满足内力需求。以上构件承载力均满足设定的性能要求。

综上分析，结构整体及构件性能均能满足小震作用下的性能目标。

3. 中震作用下结构性能分析

中震作用下的结构抗震设计分别采用 SATWE 和 ETABS9.0 进行计算，对结构进行中震不屈服分析和中震弹性分析。对重要构件采用基于纤维单元的构件弹塑性分析程序 XTRACTV3.0.1 进行承载力计算。

（1）中震作用下结构整体性能分析

中震作用下，结构整体性能分析如表2－10所示：

设防烈度地震作用下结构分析结果　　　　表2－10

分析方法	振型分解反应谱分析				弹性动力时程分析			
作用方向	X 方向		Y 方向		X 方向		Y 方向	
分析软件	SATWE	ETABS	SATWE	ETABS	SATWE	ETABS	SATWE	ETABS
最大层间位移角	1/408	1/398	1/414	1/450	1/592	1/483	1/775	1/600
最大楼层位移（mm）	365	373	354	324	188	225	181	211
基底剪力（kN）	26593	25501	27491	27481	25280	28120	24224	28016
基底弯矩（kN·m）	2855416	2759813	1516385	167550	2880040	2870995	1516803	1867037

（2）中震作用下结构构件性能分析

各构件内力需求及配筋分析如下：

1）框支柱无超筋信息，构件承载力满足中震弹性内力组合需求和中震弹性性能要求；

2）框支落地剪力墙最大剪应力水平为0.054，没有出现抗剪超限，无超筋信息，构件承载力满足中震弹性内力组合需求和中震弹性性能要求；

3）转换梁无超筋信息，构件承载力满足中震弹性内力组合需求和中震弹性性能要求；

4）底部加强区剪力墙最大剪应力水平为0.043，无超筋信息，其受剪承载力满足中震弹性内力组合需求，构件受剪承载力满足中震弹性性能要求；底部加强区剪力墙受弯无超筋信息，其受弯承载力满足中震不屈服内力组合需求，构件受弯承载力满足中震不屈服性能要求；

5）底部加强区连梁无超筋信息，其受弯承载力满足中震不屈服内力组合需求，构件受弯承载力满足中震不屈服性能要求；

6）非底部加强区剪力墙连梁抗剪无超筋信息，其受剪承载力基本满足中震不屈服内力组合需求，构件抗剪承载力基本满足中震不屈服性能要求；但出现抗弯超筋信息，其受弯承载力不满足中震不屈服内力组合需求，采用截面分析软件 XTRACT，通过内力近似计算其构件变形，分析表明，连梁变形满足生命安全 LS 限值。

综上分析，结构整体及构件性能满足中震作用下的性能目标。

4. 大震作用下结构性能分析

本工程利用 PERFORM–3D 程序进行弹塑性静力和动力时程分析。采用 7 条地震波（GM1 ~ GM7），分别按 X 向、Y 向为主方向进行双向弹塑性时程分析，并以 X 向结果平均值和 Y 向结果平均值的不利情况进行结构抗震性能设计。对重要构件采用 XTRACT 程序进行承载力复核。

（1）大震作用下结构整体性能分析

验算结构在 0°、90°大震作用下的承载力（层间剪力及层倾覆弯矩）和变形（整体位移及层间位移角），分析结果如表 2–11 所示。

罕遇地震作用下结构分析结果 表 2–11

分析方法	弹塑性动力时程分析	
作用方向	X 方向	Y 方向
最大层间位移角	1/299	1/369
最大楼层位移（mm）	347	294
基底剪力（kN）	43787	49717
基底弯矩（kN·m）	2101470	2013757
分析方法	PUSH–OVER 弹塑性静力推覆分析	
作用方向	X 方向	Y 方向
推覆分析需求层间位移角	1	1

以结构的楼层剪力及层间位移角为例，如图 2–18、图 2–19 所示。

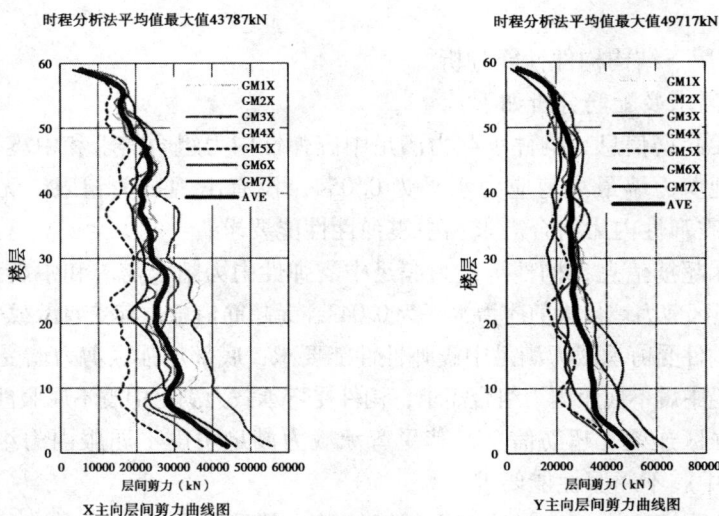

图 2–18 大震作用下结构楼层剪力结果

时程分析法平均值最大值1/299

时程分析法平均值最大值1/369

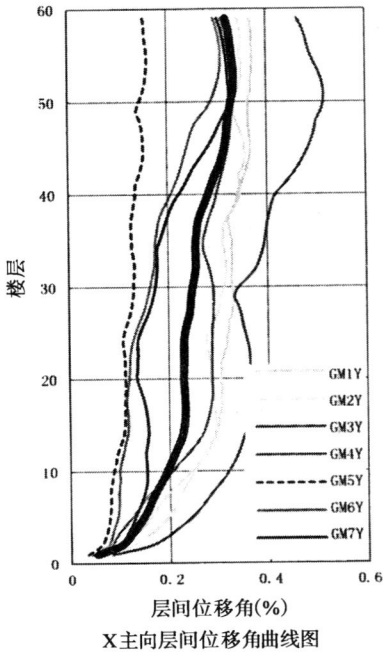

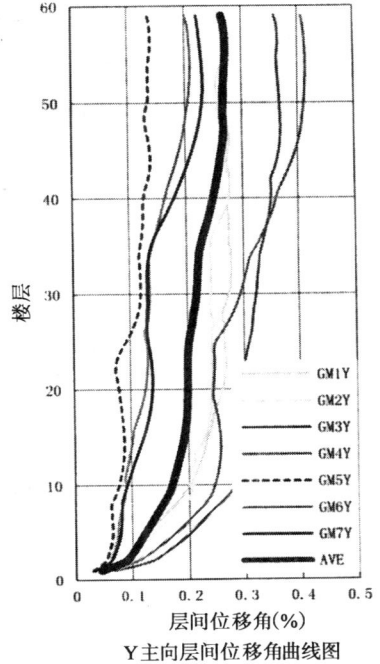

X主向层间位移角曲线图

Y主向层间位移角曲线图

图 2 - 19　大震作用下结构层间位移角结果

从弹塑性分析结果可知，最大层间位移角平均值为 1/299，满足设定的抗震性能目标。

（2）大震作用下结构耗散能量分析

选取典型地震波作用下结构耗能情况如图 2 - 20、图 2 - 21 所示。

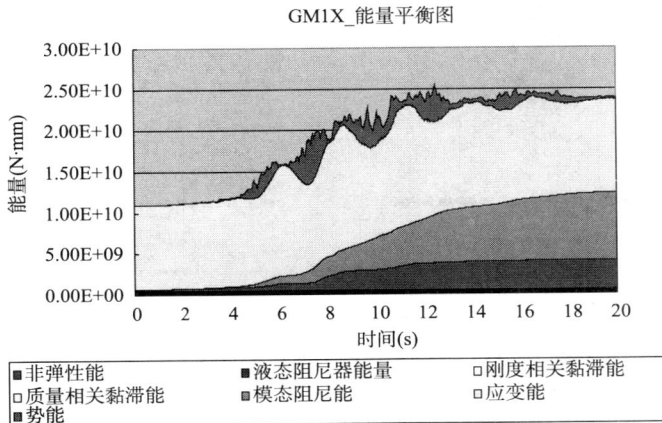

图 2 - 20　GM1X 工况下能量耗散分布图

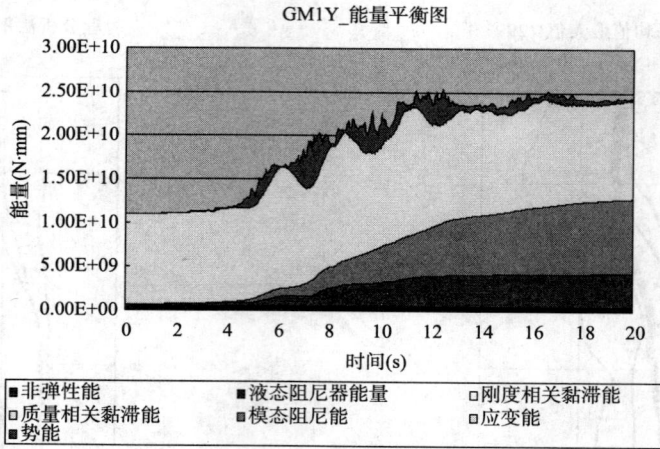

图2-21　GM1Y工况下能量耗散分布图

（3）大震作用下结构构件性能分析

1）典型地震波作用下结构梁与剪力墙构件弯曲变形性能如图2-22所示：

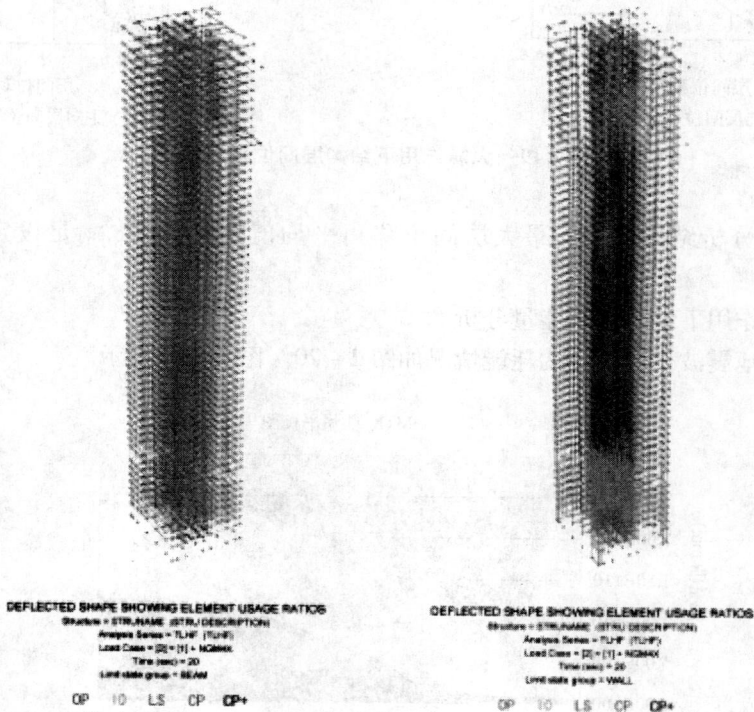

图2-22　结构梁与剪力墙构件弯曲变形性能

2）不屈服构件（非延性构件）承载力分析

对框支层剪力墙、底部加强区落地剪力墙、转换梁等不屈服构件进行抗剪、抗弯承载力复核，分别以典型框支层落地剪力墙、典型转换梁为例，复核如下：

第 1 层墙肢 SW－1 抗剪承载力复核（kN）　　　　　　表 2－12

地震波	GM1	GM2	GM3	GM4	GM5	GM6	GM7	$12V_{AVE}$	$V_R = f_{ck}bh_0$	剪力比 $\gamma_V = \dfrac{1.2V_{AVE}}{V_R}$
MAX	12614	17191	15170	14378	9180	16202	11503	16498	236295	0.07

第 1 层墙肢 SW－1 抗弯承载力复核（kN·m）　　　　　表 2－13

地震波	GM1	GM2	GM3	GM4	GM5	GM6	GM7	M_{AVE}	屈服承载力 M_R（XTRACT）	需求能力比 $\gamma_M = \dfrac{M_{AVE}}{M_R}$
MAX	392555	353506	535302	343938	190718	205044	303855	332131	350000	0.95

屈服承载力采用 XTRACT 程序计算，计算结果如图 2－23 所示：

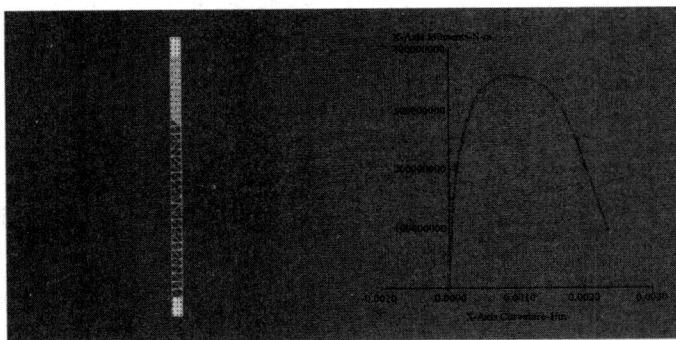

图 2－23　SW－1 抗弯承载力计算－XTRACT

分析结果表明，剪力墙受剪及受弯承载力均满足设定的性能要求。

典型转换梁受剪、受弯承载力复核如表 2－14、表 2－15 所示，转换梁截面示意如图 2－24 所示：

转换梁 KZL－1 受剪承载力复核（kN）　　　　　　表 2－14

地震波	GM1	GM2	GM3	GM4	GM5	GM6	GM7	V_{AVE}	屈服承载力 V_R	需求能力比 $\gamma_V = \dfrac{V_{AVE}}{V_R}$
MAX	6876	5422	8257	5744	4047	5968	5855	6024	11436	0.53

转换梁 KZL－1 受弯承载力复核（kN·m）　　　　　　表 2－15

地震波	GM1	GM2	GM3	GM4	GM5	GM6	GM7	M_{AVE}	屈服承载力 M_R	需求能力比 $\gamma_M = \dfrac{M_{AVE}}{M_R}$
MAX	6051	4771	7266	5055	3562	5252	5152	5301	9000	0.59

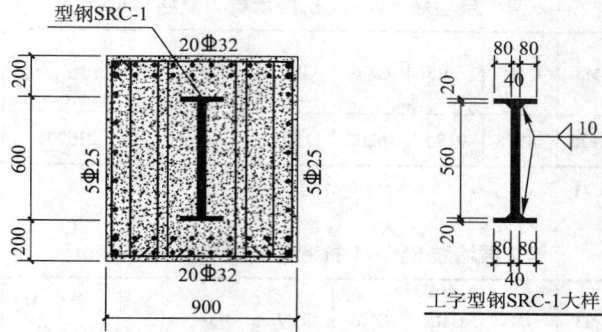

图 2 – 24 转换梁 KZL – 1 截面示意

屈服承载力采用 XTRACT 程序计算，计算结果如图 2 – 25 所示：

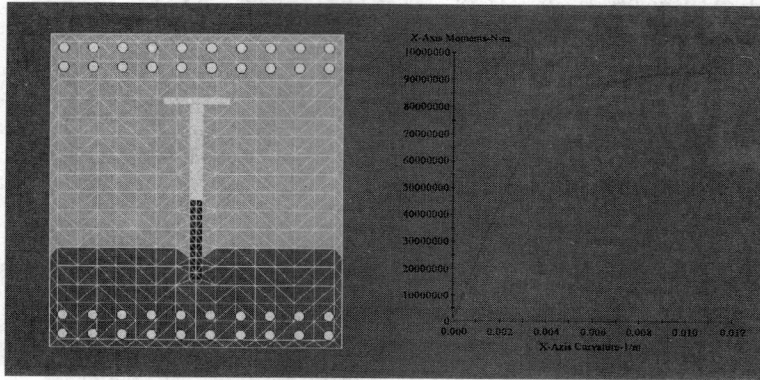

图 2 – 25 KZL – 1 抗弯承载力计算 – XTRACT

分析结果表明，转换梁受剪及受弯承载力均满足设定的性能要求。

3）屈服构件（延性构件）变形性能分析

典型剪力墙抗弯变形如表 2 – 16、表 2 – 17、表 2 – 18 所示：

第 2 层墙肢 SW – A 抗弯变形复核 表 2 – 16

地震波	GM1	GM2	GM3	GM4	GM5	GM6	GM7	Δ_{AVE}	δ_{LS}	需求能力比 $\gamma_d = \dfrac{\Delta_{AVE}}{\delta_{LS}}$
MAX	0.0050	0.0045	0.0044	0.0055	0.0032	0.0039	0.0034	0.0043	0.0070	0.61

第 2 层墙肢 SW – E 抗弯变形复核 表 2 – 17

地震波	GM1	GM2	GM3	GM4	GM5	GM6	GM7	Δ_{AVE}	δ_{LS}	需求能力比 $\gamma_d = \dfrac{\Delta_{AVE}}{\delta_{LS}}$
MAX	0.0037	0.0038	0.0036	0.0036	0.0035	0.0037	0.0044	0.0038	0.0070	0.54

第 2 层墙肢 SW - J 抗弯变形复核 表 2 - 18

地震波	GM1	GM2	GM3	GM4	GM5	GM6	GM7	Δ_{AVE}	δ_{LS}	需求能力比 $\gamma_d = \dfrac{\Delta_{AVE}}{\delta_{LS}}$
MAX	0.0042	0.0032	0.0043	0.0040	0.0018	0.0019	0.0018	0.0030	0.0070	0.43

由上表可知：底部加强区非落地剪力墙抗弯变形满足设定的性能要求。

典型底部加强层连梁抗剪变形性能复核如表 2 - 19、表 2 - 20、表 2 - 21 所示：

第 3 层连梁 LL - 2 抗剪变形复核 表 2 - 19

地震波	GM1	GM2	GM3	GM4	GM5	GM6	GM7	Δ_{AVE}	δ_{LS}	需求能力比 $\gamma_d = \dfrac{\Delta_{AVE}}{\delta_{LS}}$
MAX	0.0154	0.0174	0.0181	0.0180	0.0091	0.0110	0.0133	0.0146	0.0200	0.73

第 3 层连梁 LL - 8 抗剪变形复核 表 2 - 20

地震波	GM1	GM2	GM3	GM4	GM5	GM6	GM7	Δ_{AVE}	δ_{LS}	需求能力比 $\gamma_d = \dfrac{\Delta_{AVE}}{\delta_{LS}}$
MAX	0.0127	0.0128	0.0108	0.0135	0.0096	0.0097	0.0109	0.0114	0.0200	0.57

第 3 层连梁 LL - A 抗剪变形复核 表 2 - 21

地震波	GM1	GM2	GM3	GM4	GM5	GM6	GM7	Δ_{AVE}	δ_{LS}	需求能力比 $\gamma_d = \dfrac{\Delta_{AVE}}{\delta_{LS}}$
MAX	0.0220	0.0261	0.0184	0.0272	0.0163	0.0177	0.0201	0.0211	0.0200	1.06

底部加强层连梁抗剪变形基本满足设定的性能要求。个别连梁（约 10%，如 LL - A）变形略大于生命安全 LS 限值，但在接近倒塌 CP 限值以内。

典型底部加强层连梁抗弯变形性能复核如表 2 - 22、表 2 - 23、表 2 - 24 所示：

第 3 层连梁 LL - 2 抗弯变形复核 表 2 - 22

地震波	GM1	GM2	GM3	GM4	GM5	GM6	GM7	Δ_{AVE}	δ_{LS}	需求能力比 $\gamma_d = \dfrac{\Delta_{AVE}}{\delta_{LS}}$
MAX	0.026	0.029	0.031	0.031	0.015	0.019	0.023	0.0250	0.0250	0.99

第 3 层连梁 LL－8 抗弯变形复核　　　　　　　　　　　表 2－23

地震波	GM1	GM2	GM3	GM4	GM5	GM6	GM7	Δ_{AVE}	δ_{LS}	需求能力比 $\gamma_d = \dfrac{\Delta_{AVE}}{\delta_{LS}}$
MAX	0.0300	0.0303	0.0251	0.0319	0.0227	0.0229	0.0251	0.0270	0.0250	1.08

第 3 层连梁 LL－A 抗弯变形复核　　　　　　　　　　　表 2－24

地震波	GM1	GM2	GM3	GM4	GM5	GM6	GM7	Δ_{AVE}	δ_{LS}	需求能力比 $\gamma_d = \dfrac{\Delta_{AVE}}{\delta_{LS}}$
MAX	0.0250	0.0297	0.0209	0.0309	0.0186	0.0201	0.0229	0.0240	0.0250	0.96

底部加强层连梁抗弯变形基本满足设定的性能要求。个别连梁（约 10%，如 LL－8）变形略大于生命安全 LS 限值，但在接近倒塌 CP 限值以内。

（4）PUSH－OVER 弹塑性静力推覆分析

在倒三角形荷载作用下，对结构进行在大震作用下弹塑性静力推覆能力谱验算，选取 X 主向 PUSH－OVER 分析结果如图 2－26、图 2－27 所示。需求曲线采用我国规范反应谱生成。

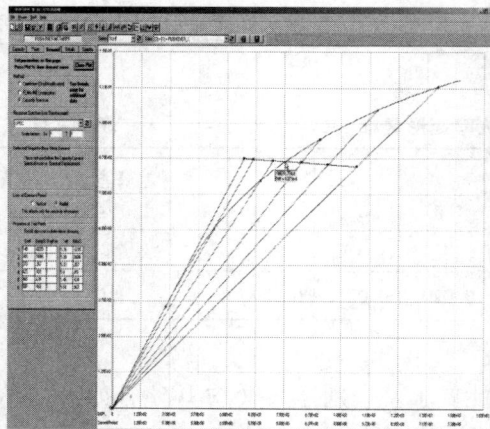

图 2－26　X 方向弹塑性静力推覆
能力谱验算图

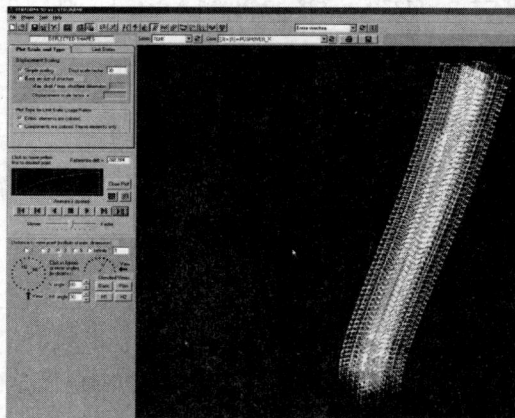

图 2－27　X 方向弹塑性静力推覆极限变形图

能力曲线与需求谱曲线的交点坐标（T，A）：（6.03，0.08638），需求层间位移角：1/135，与需求点相对应的加载步/总加载步：39/100。

X 方向罕遇地震作用下的结构变形性能满足需求谱需求，结构达到大震作用下的抗倒塌性能目标。

（5）大震作用下结构抗倾覆能力复核

1）大震作用下结构抗倾覆能力复核：本工程总高度约 185m，高宽比 7.1，故验算其在罕遇地震作用下的抗倾覆能力及其相关主要墙柱轴力需求。

2）罕遇地震作用下，结构底部墙柱抗倾覆验算：经复核，结构周边墙柱及中部核心筒体在罕遇地震作用下出现偏心受拉情况，按偏心受拉构件配置纵筋（钢筋抗拉强度取 $300N/mm^2$），无超筋信息，墙柱满足罕遇地震作用下抗倾覆需求。

3）罕遇地震作用下底层墙柱剪应力水平估算：考虑竖向构件偏心受拉对墙肢受剪承载力的折减，估算底层墙柱在罕遇地震作用下的剪应力水平约 0.12，满足罕遇地震作用下的抗倾覆需求。

4）基础抗拔承载力复核：偏于保守地取首层墙柱受拉轴力作为基础桩的抗拔需求。经复核，桩侧能满足首层墙柱受拉轴力需求；按首层墙柱受拉轴力配置抗拔受拉纵筋，基础桩满足罕遇地震作用下抗拔内力需求。

七、结论

通过详细的抗风性能分析，结构满足重现期为 100 年风荷载的承载力要求；重现期为 50 年风荷载的刚度要求；重现期为 10 年风荷载的舒适度要求。

通过基于性能的抗震分析，可以证明天朗海峰国际中心超高层主体结构的抗震性能比规范的"小震不坏、中震可修、大震不倒"要求略有提高，满足结构抗震安全性要求。

（注：本工程抗震超限设计完成于 2008 年）

工程实例三　华标品峰结构抗震超限设计

一、工程概述

本工程位于广州市区环境优美的珠江南岸滨江东路南侧，为了充分发挥该地块临珠江的优势，沿珠江岸边呈长条形布置，沿江部分转换层以上竖向构件采用45°斜向正交布置，使所有住宅均具有一线江景的良好视线，占地面积11062m²，总建筑面积138063 m²。

本工程为超高层商住楼，采用框架剪力墙结构。其中地下五层为车库和设备用房；地面以上主楼部分为两个塔楼，1~3层为商场、会所，4层为转换层，5~48层为住宅，总高度156m。

图3-1　华标品峰实景

结构超限情况

（1）高度超限：本工程塔楼为钢筋混凝土部分框支剪力墙结构，结构主体高度为156m，超出《高层建筑混凝土结构技术规程》JGJ3-2002（本工程以下简称《高规》）规定B级高度钢筋混凝土部分框支剪力墙结构高层建筑的最大适用高度120m，超限程度为30%。

（2）竖向抗侧力构件不连续：塔楼第 4 层为结构转换层，部分竖向抗侧力构件不连续。

（3）楼层承载力突变：塔楼转换层的抗侧结构的层间受剪承载力为上一层的74%（X向），73%（Y向），小于《高规》要求的允许值80%。

（4）竖向质量不规则：转换层质量是转换层上一层质量的294%，大于《高规》的允许值150%，存在质量不规则。

（5）平面凹凸不规则：塔楼标准层平面凹进的一侧为相应投影方向总尺寸的31.3%，超过《高规》的允许值30%。

二、结构体系

1. 结构抗侧力体系

塔楼采用现浇钢筋混凝土部分框支剪力墙结构，沿江部分转换层以上剪力墙采用45°斜向正交布置，其标准层和转换层结构平面布置图分别如图 3－2、图 3－3 所示。其中中部核心筒剪力墙及周围部分剪力墙直接落地，部分剪力墙在转换层通过梁式转换结构转换为框支柱。全部框支柱采用钢管混凝土结构。转换梁采用普通钢筋混凝土梁，但部分受力较大的转换梁采用型钢混凝土梁，支承型钢梁的剪力墙暗柱设置钢骨从而实现型钢梁的刚性连接。主要构件基本信息见表 3－1。

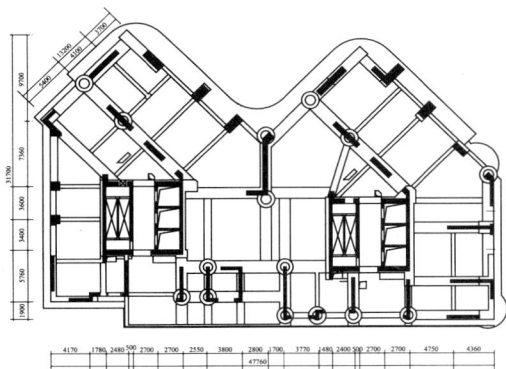

图 3－2 转换层结构平面图

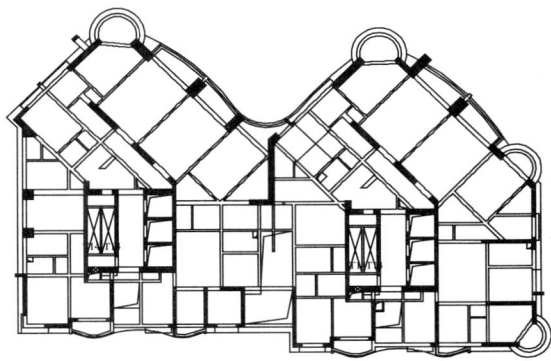

图 3－3 标准层平面图

主要构件基本信息 表 3－1

所在位置	裙房	转换层	标准层
柱、墙混凝土材料强度	C60	C60	C60 ~ C30
梁、板混凝土材料强度	C35	C50	C35
板厚（mm）	120	200	100
最大梁截面（mm×mm）	300×700	1400×2500	350×1050
最大柱截面（mm×mm）	2400×900	2000×800	2000×800
最大剪力墙厚度（mm）	800	500	500
钢管混凝土半径（mm）	ϕ1000、ϕ1100，壁厚均为20		—

2. 楼盖系统

所有楼盖均采用现浇钢筋混凝土梁板式结构。首层楼板厚度为 200mm，转换层楼板厚度为 250mm，标准层薄弱处楼板厚度为 150mm。

地下室楼盖采用框架梁 + 大板结构，大板按塑性法进行设计，板厚为 150 ~ 170mm。人防顶板厚度为 200 ~ 250mm。

由于主楼室外部覆土绿化的要求，板面标高为 −2.400m，为了保证主楼首层楼盖系统的整体性，在室外覆土位置的 −0.500m 标高处增加钢筋混凝土交叉梁体系，将主塔楼首层的水平剪力有效地传递到地下室侧壁上。

塔楼标准层个别位置的连梁抗剪需求很大，故设置双连梁，保证结构的整体延性。

3. 抗震等级

（1）塔楼：转换梁、第 3 层框架梁、第 3 ~ 4 层框支柱、底部加强区剪力墙（1 ~ 7层）为特一级，其他结构为一级。

（2）地下室：首层、地下一层楼盖框架梁为一级，地下二层楼盖框架梁为二级，地下三层楼盖框架梁为三级；主塔楼向下延伸的 −1 ~ −2 层框支柱为一级，−3 ~ −4 层框支柱为二级、塔楼向下延伸的 −1 ~ −2 层剪力墙为特一级；塔楼向下延伸的 −3 ~ −4 层剪力墙为二级；地下一、二层的其他竖向构件为二级，地下三、四层的其他竖向构件为三级。

三、荷载与作用

1. 风荷载

广州市基本风压：重现期为 100 年时 $w_o = 0.60 \text{ kN/m}^2$，重现期为 50 年时 $w_o = 0.50 \text{ kN/m}^2$，重现期为 10 年时 $w_o = 0.30 \text{ kN/m}^2$；地面粗糙度 C 类，建筑体型系数 $w_s = 1.4$。

2. 地震作用

根据《建筑抗震设计规范》GB 50011—2001（本工程以下简称《抗规》），各阶段地震作用下地震设计参数如表 3 − 2：

地震设计参数 表 3 − 2

设计等级	地震烈度	50 年设计基准期超越概率	重现周期（年）	地震影响系数	地面最高加速度 PGA（Gal）
1	多遇地震（小震）	63.20%	50	0.08	35
2	设防烈度（中震）	10%	475	0.20	110
3	罕遇地震（大震）	2%	2475	0.50	220

其中，抗震设防烈度 7 度，设计基本地震加速度 = 0.1g，建筑场地类别 II 类场地，第一组，$Tg = 0.35s$。地震反应谱根据《抗规》按图 3 − 4 和图 3 − 5 中的 F3（T）取用。时程分析使用的地震波：安评报告提供的 3 条单向场地波 USER1、USER2、USER3，特征

周期为 0.35s 的天然三向波 LIVERMORE（TH1TG035）和 COALINGA（TH3TG035），特征周期为 0.40s 的天然三向波 MANMOTH LAKES（TH1TG040），特征周期为 0.65s 的天然三向波 EL CENTRO（TH1TG065），地震波编号如下表 3 – 3 所示。

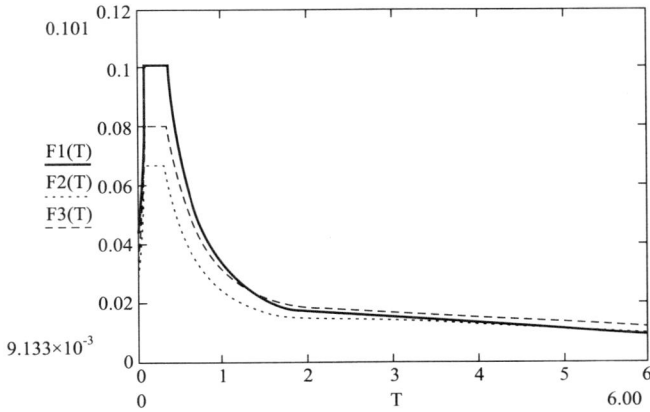

图 3 – 4　50 年超越概率 63.2% 的地震反应谱影响系数曲线

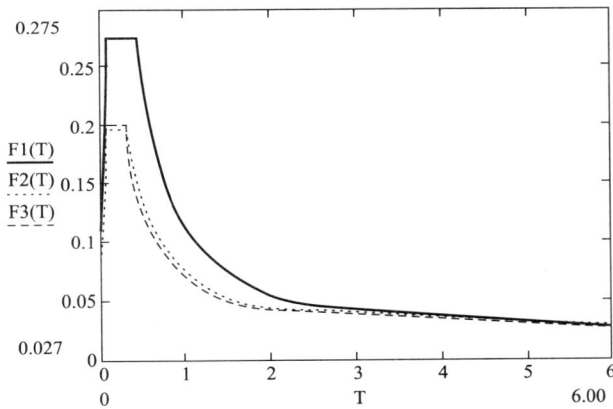

图 3 – 5　50 年超越概率 10% 的地震反应谱影响系数曲线

地震波编号　　　　　　　　　　　　　　　　　　　　表 3 – 3

地震波名称	USER1	USER2	USER3	EL CENTRO（TH1TG065）	LIVERMORE（TH1TG035）	COALINGA（TH3TG035）	MANMOTH LAKES（TH1TG040）
编号	GM1	GM2	GM3	GM4	GM5	GM6	GM7

多遇地震作用下弹性分析时，阻尼比 $\xi = 0.05$；设防烈度地震作用下弹性分析时，阻尼比 $\xi = 0.07$；罕遇地震作用下的弹塑性分析，阻尼比分别为 $\xi = 0.07$（PGA = 220Gal、310Gal），$\xi = 0.08$（PGA = 400Gal）。

3. 荷载组合与性能目标设计表达式

（1）多遇地震作用下的结构构件弹性设计

所有结构构件的承载力应按表 3 − 4 所示，求出最不利的荷载组合进行设计，完全按规范考虑结构、构件的内力增大、调整系数。

设计荷载分项系数　　　　　　　　表 3 − 4

组合	恒载 γ_G	活载 γ_{Q1}、γ_{Q2}	水平地震 γ_E	风 γ_w	ψ_0	ψ_w
1. 恒载 ＋ 活载 （恒载控制）	1.35（1.0）	1.40（0）			0.7	
1A. 恒载 ＋ 活载 （活载控制）	1.20（1.0）	1.40（0）			1.0	
2. 恒载 ＋ 活载 ＋ 风 （活载控制）	1.20（1.0）	1.40（0）		±1.40	1.0	0.6
2A. 恒载 ＋ 活载 ＋ 风 （风载控制）	1.20（1.0）	1.40（0）		±1.40	0.7	1.0
3. 恒载 ＋ 风	1.20（1.0）			±1.40		1.0
4. 恒载 ＋ 活载 ＋ 风 ＋ 水平地震	1.20（1.0）	0.6（0）	±1.30	±1.40		0.2
5. 恒载 ＋ 活载 ＋ 水平地震	1.20（1.0）	0.6（0）	±1.30			

设计表达式：

$$S \leqslant R，\text{或 } S_E \leqslant \frac{R}{\gamma_{RE}}，$$

式中　S ——结构构件内力组合的设计值，包括组合的弯矩、轴向力和剪力设计值等；

　　　R ——结构构件承载力设计值；

　　　S_E——地震作用下结构构件内力组合设计值，包括组合的弯矩、轴向力和剪力设计值等；

　　　γ_{RE}——承载力抗震调整系数，按《抗规》选用。

（2）设防烈度地震作用下的主要结构构件弹性和不屈服设计

除普通楼板、次梁以外所有结构构件的承载力，根据其不同的类型按本例第五节的抗震性能目标，按表 3 − 5 所示的最不利荷载组合进行设计，但不考虑规范规定的结构、构件内力增大、调整系数。

设防烈度地震作用下设计荷载分项系数　　　　　　　　表 3 − 5

组合	恒载 γ_G	活载 γ_Q	水平地震 γ_E
中震不屈服控制 S_{Ek}	1.0	0.5	1.0
中震弹性控制 S_E	1.2×1.0	1.2×0.5	1.3×1.0

设计表达式：

$$S_{Ek} \leqslant \frac{R_k}{\gamma_{RE}} \text{或 } S_E \leqslant \frac{R}{\gamma_{RE}}，$$

式中　S_{Ek}——地震作用下结构构件内力标准组合设计值，包括组合的弯矩、轴向力和剪力设计值等；

　　　R_k——结构构件承载力设计值，其中材料强度取用标准值，材料分项系数取为1；

　　　其余符号同前。

（3）罕遇地震作用下的关键结构构件不屈服设计

底部加强区竖向构件、转换构件、首层和转换层楼板、塔楼标准层薄弱部位楼板、基础结构以及地基的承载力应按以下的最不利的荷载组合进行设计，设计荷载分项系数如下表3-6所示。

设计荷载分项系数　　　　　　　　　　　　　　　　　表3-6

组合	恒载 γ_G	活载 γ_Q	水平地震 γ_E
大震不屈服控制 S_{Ek}	1.0	0.5	1.0

设计表达式：$S_{Ek} \leqslant R_k$，符号意义同前。

4. 结构模型振动台试验

结构模型振动台试验结果详见本书第四章第一节。

四、基础设计

1. 结构基础概况

由于本工程四层地下室，地下室底板面标高为-14.400m，底板厚度为0.6m及0.8m，即地下室底板底部标高为-15.00～-15.20m。根据岩土工程勘察报告，地面以下14m～15m已基本进入中、微风化泥质粉砂岩，（个别位置中风化面达到地面以下15.5m，可将该中风化岩以上的强风化岩挖掉，采用C15素混凝土回填），中风化岩样天然抗压强度平均值为8.30MPa，标准值为7.37MPa，地基承载力特征值 f_{ak} 取为2500kPa。

采用天然地基（中、微风化泥质粉砂岩）上的柱（墙）下独立基础。主楼部分底板厚度为800mm，局部板跨度较大的地方，采用集中布置岩石锚杆群以减小底板配筋。主楼以外的底板厚度为700mm，由于不满足整体抗浮要求，采用岩石锚杆抗浮，为了减小底板的计算跨度及配筋，在柱下及底板跨中集中布置岩石锚杆群。

2. 基础抗震性能

根据弹塑性时程分析的内力结果，得出底部具有代表性墙体最大轴力如表3-7所示：

代表性墙体最大轴力　　　　　　　　　　　　　　　　表3-7

墙编号	JW1（kN）	JW2（kN）	JW3（kN）
小震轴力	233685	61301	28378
中震轴力	200399	54553	28426
大震轴力	241862	58036	26238

罕遇地震作用下用于基础设计的内力设计值,最不利情况仅比多遇地震作用下增大6%,故满足基础的抗震性能要求。

3. 地基抗震性能

罕遇地震作用下,岩石地基抗震承载力调整系数 ζ_a 为 1.5,而罕遇地震作用下柱(墙)最大轴力标准组合值仅比多遇地震作用下增大 18% 左右,故地基满足抗震性能要求。

五、性能目标

本文针对该超限工程,采用基于性能的设计方法对结构在三水准地震作用下的抗震性能进行定性和定量分析,从而证明了该结构体系在不同水准地震作用下的安全性。

针对本工程在不同水平地震作用下的设计提出了性能指标,如表 3-8。这些指标作为设计的目标,代表了结构和构件在相应水平地震作用下的预期抗震性能。

结构和构件性能目标 表 3-8

地震烈度(重现周期)	1 = 多遇地震 (T = 50 年)	2 = 设防烈度 (T = 475 年)	3 = 罕遇地震 (T = 2475 年)
性能等级	充分运行	基本运行	生命安全
允许层间位移	h/850	h/400	h/120
允许转换层层间位移	h/2550	h/1200	h/360
转换梁的性能	弹性	弹性	不屈服
框支柱性能	弹性	弹性	不屈服
普通框架梁、连梁性能	弹性	部分屈服	允许破坏
非底部加强区剪力墙性能	弹性	不屈服	部分屈服
底部加强区剪力墙性能	弹性	弹性	不屈服
首层和转换层楼板、薄弱部位楼板性能	弹性	弹性	不屈服
基础结构的性能	弹性	弹性	不屈服
地基承载力	$S_k \leq f_{ak}$	$S_k \leq 1.25 f_{ak}$	$S_k \leq 1.5 f_{ak}$

注:表中 S_k 为上部结构传至基础的内力标准值,f_{ak} 为地基承载力特征值。

六、结构性能分析

分别采用中国建筑科学研究院 PKPM 系列的 SATWE 和美国 CSI 公司的 ETABS 8.50 中文版进行计算,楼板应力分析采用 ETABS 8.50 中文版进行计算。通过比较两种软件建模下的结构主要分析结果:总质量,周期及 1.0 恒载 + 1.0 活载工况下主要构件内力,以此判断模型的可靠性。通过分析结果发现两种软件的结构主要信息较吻合,结构模型可靠。

1. 风荷载作用下结构性能分析

验算结构在重现期为 50 年的风荷载作用下结构位移响应,见表 3-9:

风荷载作用下结构位移响应 　　　　　表 3 - 9

风载作用	规范静力分析					
作用方向	X 方向		Y 方向		45°方向	135°方向
分析软件	SATWE	ETABS	SATWE	SATWE	SATWE	SATWE
最大层间位移角	1/1238	1/1226	1/973	1/1233	1/973	1/1233

验算结构在重现期为 100 年的风荷载作用下结构楼层剪力和倾覆弯矩，见表 3 - 10：

风荷载作用下结构分析内力 　　　　　表 3 - 10

风载作用	规范静力分析					
作用方向	X 方向		Y 方向		45°方向	135°方向
分析软件	SATWE	ETABS	SATWE	SATWE	SATWE	SATWE
基底剪力（kN）	8837	7415	13038	11812	11237	10108
基底弯矩（kN·m）	853554	755276	1259044	1193026	1084109	972297

在重现期为 50 年风荷载作用下结构位移角及重现期为 100 年的风荷载作用下层间剪力如图 3 - 6、图 3 - 7 所示：

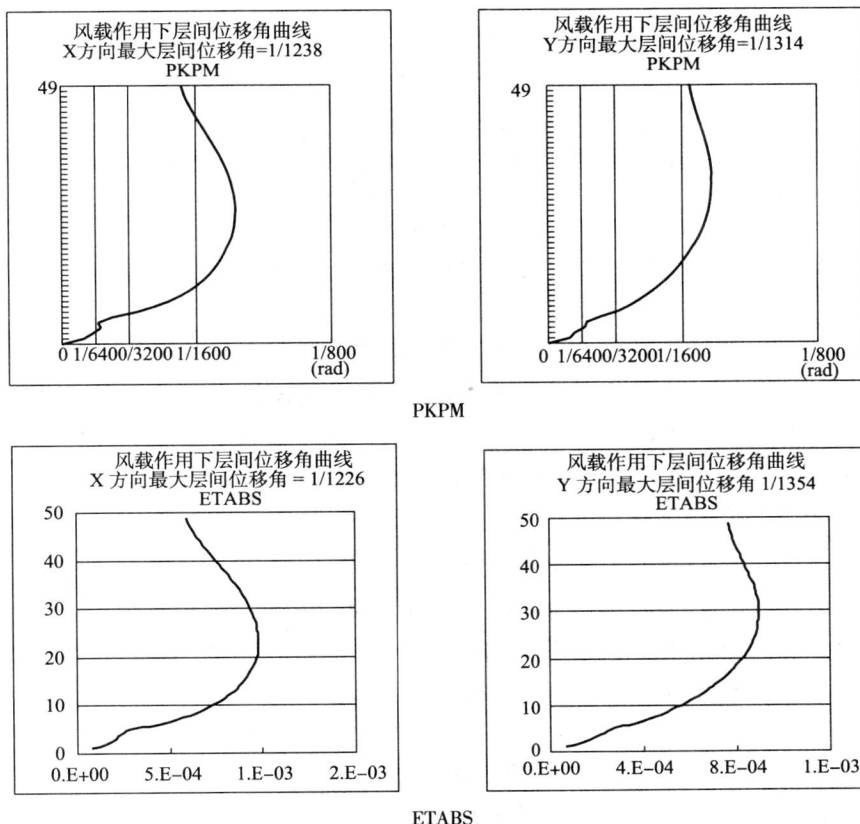

图 3 - 6　不同软件层间位移角对比（50 年）

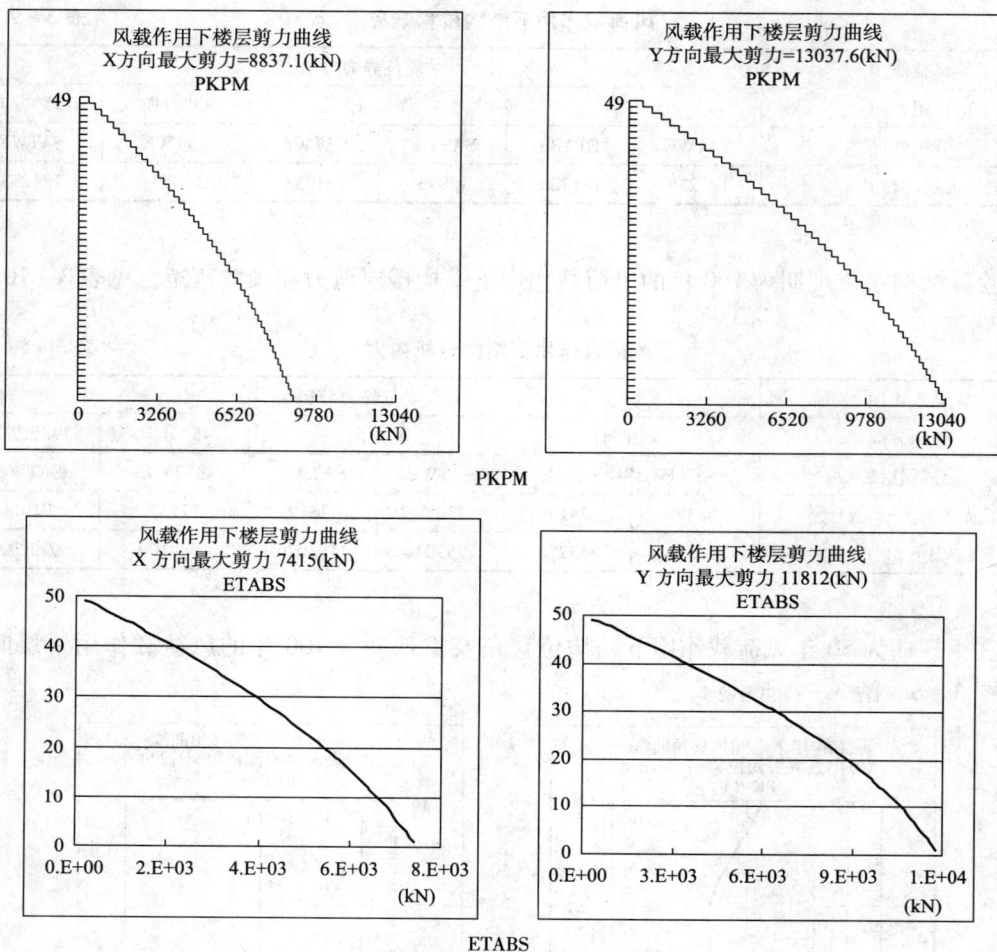

图3-7 不同软件楼层剪力对比（100年）

重现期为100年的风荷载作用下结构的位移响应，两程序分析结果较吻合，层间位移角满足规范的小于1/890的要求，均小于1/950满足设定的性能要求。重现期为100年的风荷载作用下结构及其构件内力均满足规范要求。

综上分析，在风荷载作用下，结构满足设定的性能要求。

2. 多遇地震作用下结构性能分析

在计算多遇地震作用时，周期乘以0.95折减系数以考虑非结构构件对刚度的影响。其中时程分析结果取表3-3中7条地震波作用下计算结果的平均值。在SATWE和ETABS的分析中采用相同的分析参数：考察结构特性参数时采用刚性楼板假设，设计结构构件时，对于转换层楼板和标准层的薄弱处楼板采用板壳单元模拟；结构构件的抗震等级和结构构件的特殊设定（如框支柱、转换梁等）严格按照规范规定设置，以便分析程序自动按照规范考虑结构、构件的内力增大、调整系数。

（1）多遇地震作用下结构整体性能分析

在X向、Y向小震作用下，验算结构承载力（层间剪力及层倾覆弯矩）和变形（整体位移及层间位移角），分析结果见表 3 - 11：

多遇地震作用下结构分析结果　　　　　　　　表 3 - 11

分析方法	振型分解反应谱分析		弹性动力时程分析（平均响应）	
分析软件	SATWE	ETABS		
结构总质量	89874t	89510t		
第一平动周期 T_1	4.79	4.87		
第二平动周期 T_2	3.90	3.99		
第一扭转周期 T_l	3.19	3.29	—	
T_l/T_1	0.67	0.67		
最大扭转位移比	1.26	1.21		
分析软件	SATWE			
	X 方向	Y 方向		
最不利层间刚度比	1.21	1.33	X 方向	Y 方向
结构竖向抗剪承载力比（下/上）	0.74	0.73	—	—
层间位移角比值法（下/上）	1.10	1.10		
分析软件	SATWE	ETABS	SATWE	ETABS	SATWE	SATWE
最大层间位移角	1/921	1/856	1/1319	1/1140	1/2729	1/2939
最大楼层位移（mm）	117	120	89	96	32	33
基底剪力（kN）	10227	9267	11674	11693	7260	7702
基底弯矩（kN·m）	888794	847451	976680	1044093	270503	371576

作用力方向沿斜交 45 度时，地震作用下的补充分析结果，见表 3 - 12：

多遇地震作用下结构分析结果　　　　　　　　表 3 - 12

分析方法	振型分解反应谱分析	
分析软件	SATWE	
结构总质量	89874t	
第一平动周期 T_1	4.79	
第二平动周期 T_2	3.90	
第一扭转周期 T_l	3.19	
T_l/T_1	0.67	
最大扭转位移比	1.26	
分析软件	SATWE	
	45°方向	135°方向
最大层间位移角	1/1120	1/1442
最大楼层位移（mm）	93	79
基底剪力（kN）	9045	9520
基底弯矩（kN·m）	756796	805450

作用力方向沿斜交45°时，风及地震作用下的补充分析结果与0°及90°时基本接近，故整个性能分析以0°及90°作用方向为主。施工图设计时，则取各自最不利效应作为设计依据。

取在 X 向小震作用下结构的层间位移角及剪力结果，如图 3-8、图 3-9：

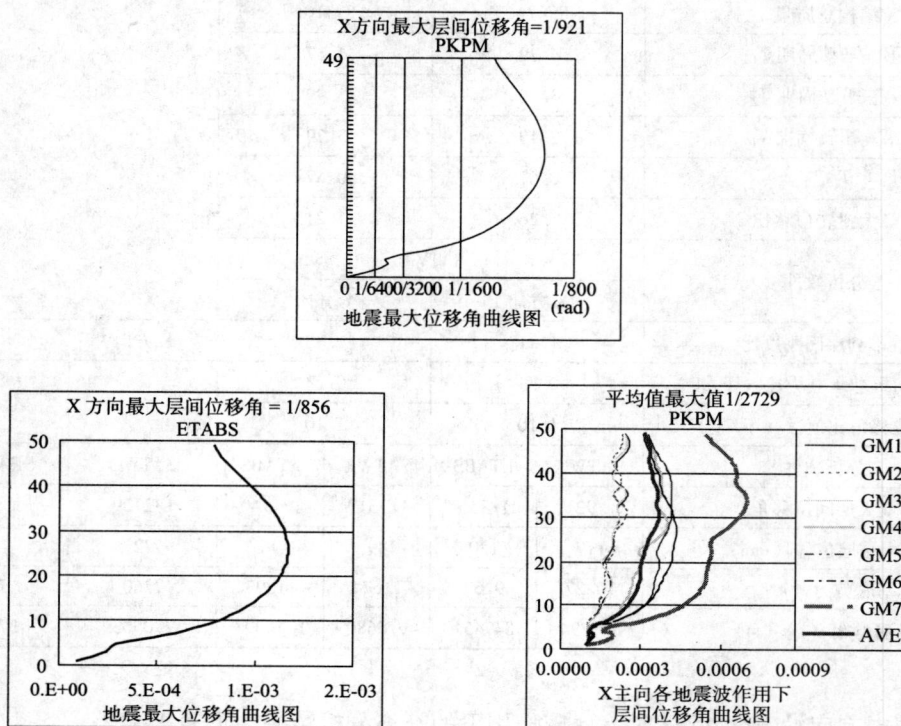

时程分析法

图 3-8　不同软件层间位移角对比

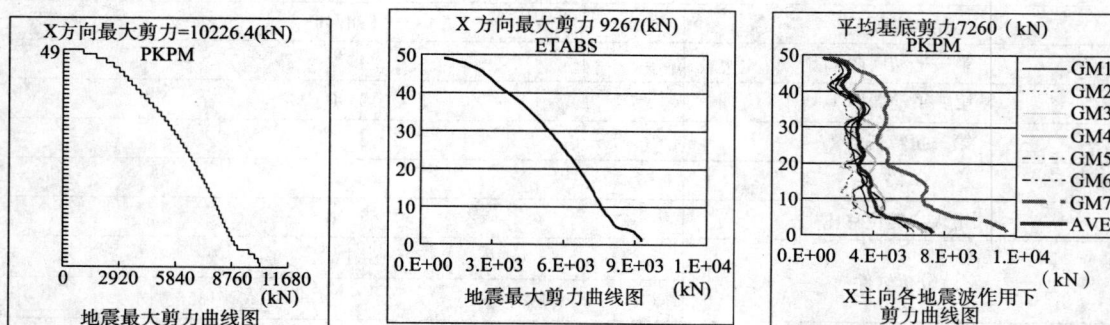

反应谱法

时程分析法

图 3-9　不同软件楼层剪力对比

从以上反应谱法分析图可见，两个分析程序所得的结果规律基本一致，但与弹性时程有较大的不同，且不同的地震波作用下结构的内力有着较明显的区别，但其平均效应均小于振型分解反应谱法下的结构内力，故本工程采用振型分解反应谱法下的结构内力进行设计。

（2）多遇地震作用下结构构件性能分析

1）楼板：取转换层楼板在 $1.2D + 0.6L + 1.3E$ 工况下的应力，对最不利中间部位取内力截面切割，得楼板的合成剪力为 391kN，根据《抗规》附录 E 公式（E.1.2）进行验算，发现转换层处的楼板处于弹性状态。同理，标准层的薄弱处楼板的合成剪力为 1188kN，也处于弹性状态。

2）框支柱：均采用钢管混凝土柱，钢管混凝土结构具有良好的承载力与延性。框支柱的最大轴力为 35445kN，最大负荷比（设计轴力/设计承载力）为 0.80。

3）转换梁：对于设计剪力较大的不满跨转换梁采用钢骨梁，对于满跨转换的框支梁和剪力较小的转换梁采用普通混凝土梁。转换梁最大设计剪力为 34507kN，最大设计弯矩为 48304kN·m。除满跨转换的框支梁出现因计算模型引起的抗剪超限外，其他没有出现超限。

4）底部加强区剪力墙：最大轴压比为 0.36，严格满足规范的要求；最大剪应力水平为 0.014，没有出现抗剪超限。

5）其他结构构件：除计算模型引起的个别极短墙肢（≤0.3m）超限外，其他结构构件无超限情况。

综上分析，华标涛景湾 3 期主塔体结构满足小震下的抗震性能要求。

3. 设防烈度地震作用下的结构性能分析

（1）设防烈度地震作用下结构整体性能分析

考虑混凝土开裂刚度退化，弹性模量折减 15%，周期乘以 1.1 增大系数，分析结果见表 3-13：

设防烈度地震作用下结构分析结果　　　　　　表 3-13

分析方法	振型分解反应谱分析		弹性动力时程分析	
作用方向	X 方向	Y 方向	X 方向	Y 方向
分析软件	SATWE		SATWE	
最大层间位移角	1/409	1/598	1/943	1/998
最大楼层位移（mm）	265	197	101	95
基底剪力（kN）	21820	25301	20689	22436
基底弯矩（kN·m）	1896560	2141985	767133	1070020

根据分析结果，结构仍基本处于弹性状态，其变形特征和受力规律与多遇地震的情况基本一致，但由于阻尼的增大和结构刚度的减弱，结构受力增大的倍数略小于设防烈度与多遇地震的地震影响系数比例。

（2）设防烈度地震作用下结构构件性能分析

1）楼板：经验算，转换层楼板及标准层薄弱楼板处仍处于弹性状态。

2）框支柱：最大轴力为36480kN，最大负荷比（设计轴力/设计承载力）为0.74。

3）转换梁：最大设计剪力为23833kN，最大设计弯矩为41645kN·m。除个别满跨转换的框支梁出现因计算模型误差引起的抗剪超限外，其他没有出现超限。

4）底部加强区剪力墙：最大轴压比为0.36，严格满足规范的要求；最大剪应力比为0.02，没有出现抗剪超限。

5）其他结构构件：仅部分楼层的个别连梁、框架梁的配筋需求比多遇地震作用下的需求要高，说明在设防烈度地震作用下仅小部分水平结构构件出现屈服。如果想进一步提高结构的抗震性能目标，可加大上述连梁、框架梁的配筋。

综上分析，华标涛景湾3期主塔体结构满足设防烈度地震下的抗震性能要求。

4. 罕遇地震作用下结构性能分析

建筑结构的非线性分析可以分为弹塑性动力时程分析和弹塑性静力推覆分析（PUSHOVER）。由于本结构为基本周期长达5s的多自由度高柔结构，而弹塑性静力推覆分析只适用于短周期（≤2s）和高振型影响不大的结构，故不适用于本工程。本工程采用中国建筑科学研究院PKPM系列的EPDA程序进行弹塑性时程分析。

根据美国荷载规范SEI/ASCE7-02第9.5.8条有关结构弹塑性动力时程分析的规定，对于结构构件的内力、结构构件变形、层间位移，当采用不小于7条地震波进行弹塑性动力时程分析时，可以采用各条地震波分析结果的平均值作为设计依据；当采用小于7条地震波时，应采用各条地震波分析结果的最大值作为设计依据。本工程采用7条地震波（GM1~GM7），分别按0°、90°为主方向进行三向弹塑性时程分析，并以0°结果平均值和90°结果平均值的不利情况进行结构抗震性能设计。弹塑性时程分析考虑三个方向地震波的输入，对于三向记录的天然波按照其三向记录的加速度峰值比例进行调整，对于单向的场地波则按1:0.85:0.65的比例进行调整。

分析考虑P-Δ效应，其他参数如图3-10所示：

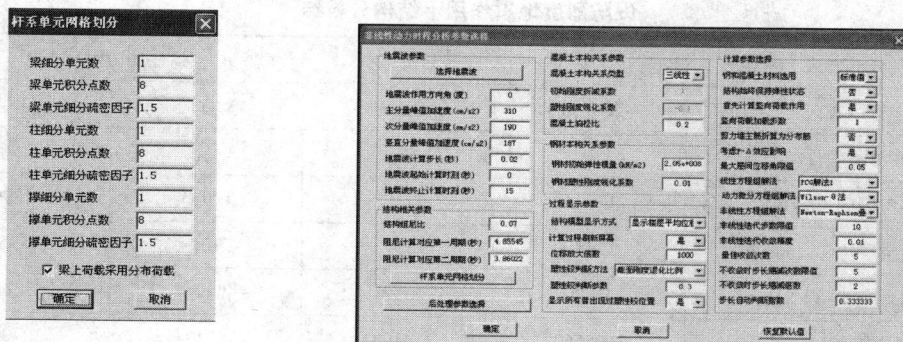

图3-10　参数设置

（1）罕遇地震作用下结构整体性能分析

结构在罕遇地震作用下的整体分析性能如表3-14：

罕遇地震作用下结构分析结果　　　　　　表 3－14

分析方法	弹塑性动力时程分析	
分析软件	EPDA	
分析方向	X 方向	Y 方向
推覆分析需求层间位移角	1/514	1/571
最大楼层位移（mm）	210	191
基底剪力（kN）	34335	43846
基底弯矩（kN·m）	1368660	2139846

图 3－11、图 3－12 分别为结构在沿 0°、90° 主方向输入 7 度罕遇地震作用下 EPDA 计算的 7 条地震波作用下结构的剪力曲线图和层间位移角曲线图：

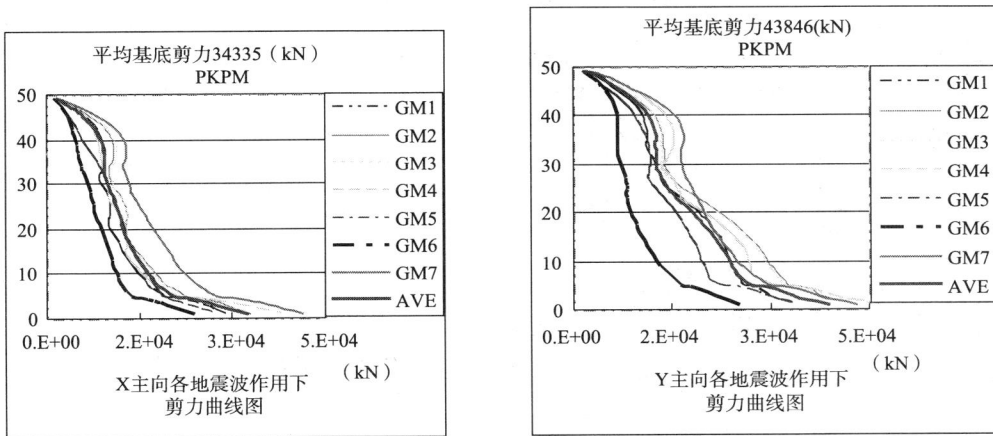

图 3－11　大震下层间位移角

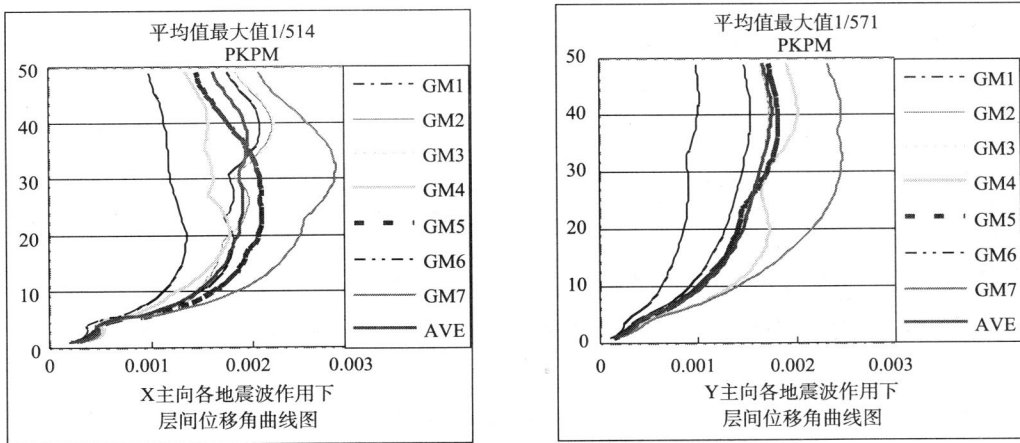

图 3－12　大震下楼层剪力

从以上弹塑性分析结果可见，罕遇地震作用下与多遇地震作用下的基底剪力比值为3.35（X 向）和 3.76（Y 向），在合理的范围以内。转换层层间位移角为 1/2141，最大层间位移角为 1/514，满足设定的抗震性能目标。

同时，由于结构平面采用 45°斜向正交布置，故选取对结构地震响应影响较大的地震波 GM1、GM4，分别按 45°、135°为主方向进行分析，以此作为 0°、90°结果的补充验算，从两条主要地震波弹塑性分析结果来看，结构在 45°、135°的地震作用响应较 0°、90°的情况为小，故本工程采用 0°和 90°作为主要分析方向。

（2）罕遇地震作用下的结构构件性能分析

为了进行转换梁、框支柱、底部加强区剪力墙在罕遇地震作用下不屈服的截面设计，中国建筑科学研究院 PKPM 软件的弹塑性分析部门与华南理工大学高层建筑结构研究所合作编写了相关的 EPDA 结构内力后处理，并重新编写了梁单元内力精确计算模式，并对各结构构件的抗震性能进行了复核，分析结果见表 3－15：

结构构件分析比较结果

表 3－15

地震作用 结构构件	多遇地震		设防烈度地震		罕遇地震	
	计算值	规范要求	计算值	规范要求	计算值	规范要求
转换层的楼板应力 （kN）	587	18412	981	18412	2525	17560
标准层的薄弱处楼板应力 （kN）	1782	2977	1976	2977	2739	3545
框支柱最大负荷比	0.80		0.74		0.57	
	设计值	实际承载力	设计值	实际承载力	设计值	实际承载力
转换梁最大设计剪力 （kN）	28756	30624	19861	30624	17591	36749
转换梁最大设计弯矩 （kN·m）	35780	37020	30848	37020	30200	44423
底部加强区剪力墙最大轴压比	0.36		—		—	
底部加强区剪力墙最大剪应力比 （$V/f_{ck}b_{h0}$）	0.02		0.02		0.03	
五层剪力墙最大剪应力比 （$V/f_{ck}b_{h0}$）	0.02		0.02		0.03	
基础抗震性能 （与多遇地震下内力设计值之比）	1.00		1.02		1.06	
地基抗震性能 （与多遇地震柱（墙）下轴力标准组合值之比）	1.00		1.10		1.18	

由表 3－15 的分析结果可得到以下结论：

1）楼板：转换层及标准层薄弱处的楼板应力均满足转换层在罕遇地震作用下不屈服的性能指标。

2）框支柱：仅有个别框支柱略大于小震下的构件轴力，但均满足框支柱的抗震性能要求。

3）底部加强区剪力墙：首层剪力墙最大剪应力比仅为 0.11，五层剪力墙最大剪应力比仅为 0.14，均能在强度上满足在罕遇地震下的抗剪要求。

4）转换梁：强度能满足结构在罕遇地震作用下的性能要求。

5）标准层薄弱楼板处联系梁：所受的最大拉力少于其实配钢筋的抗拉承载力，证明该处联系梁能满足罕遇地震下的性能要求。

根据上述分析结果，华标品峰主体结构满足罕遇地震作用下的抗震性能要求。

七、结论

通过抗风性能分析，可以证明本工程满足现行国家相关规范（2002 系列结构规范）重现期为 100 年风荷载的承载力要求和重现期为 50 年风荷载的刚度要求。

通过基于性能的抗震分析，可以证明本工程基本满足国家相关规范。通过基于性能的抗震设计和基于能力的转换结构设计，可以证明本结构的抗震性能比规范的"小震不坏、中震可修、大震不倒"要求略有提高，满足结构抗震安全性要求。

（注：本工程抗震超限设计完成于 2005 年）

工程实例四　中信君庭结构抗震超限设计

一、工程概述

本工程位于广州市区环境优美的珠江南岸，沿珠江岸边呈长条形布置，北向为一线江景且具有良好的城市景观。根据城市规划和市场的要求，本工程设计分为 AB、CDE 两个塔楼，其中 AB 塔楼为 43 层商住楼，总高度为 135.60m；CDE 塔楼中的 CD 栋为 33 层商住楼，总高度为 106.90m，E 栋为 38 层办公楼，总高度为 117.60m。本工程地下两层为车库和设备用房，兼作人防，首层架空结合绿化设计作为活动空间。

根据市场调查，同一栋一线江景的建筑，北向（望江）住宅的售价是南向（不望江）住宅售价的一倍以上，故 AB 塔楼、CD 栋采用一层两户传统多层建筑的设计方法，E 栋采用偏置核心筒且每层一个办公单元的框架剪力墙结构，所有住宅及办公楼均具有一线江景的良好视线，如图 4-1、图 4-2 和图 4-3 所示。AB、CDE 两个塔楼在 ±0.000 以上设缝分开，使各塔楼受力明确。

图 4-1　中信君庭实景

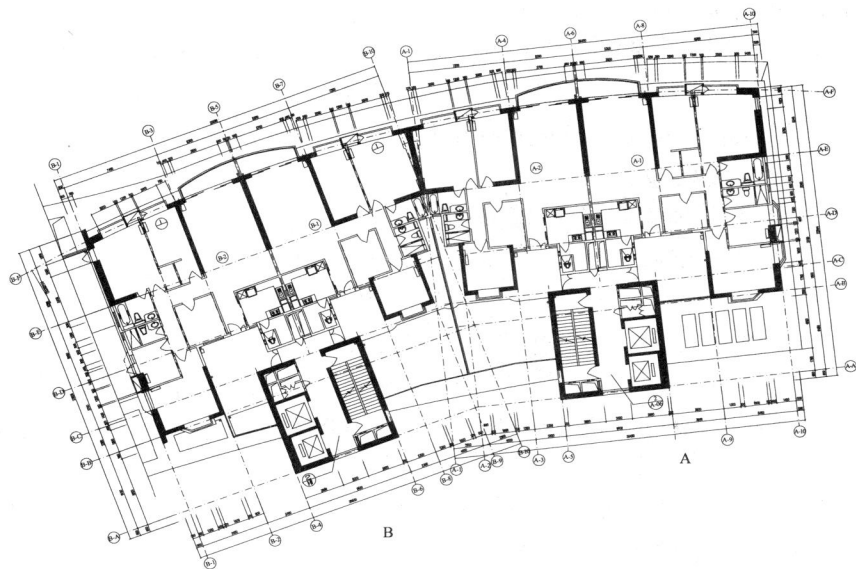

图 4 - 2　建筑标准层平面图（AB 塔楼）

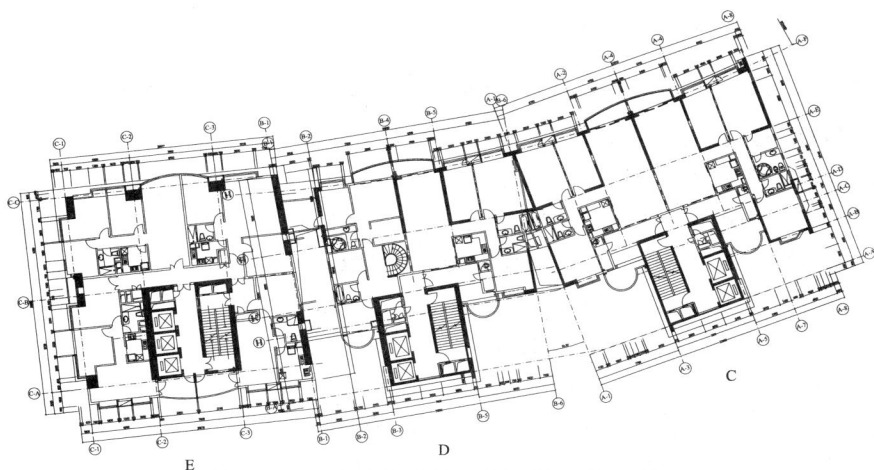

图 4 - 3　建筑标准层平面图（CDE 塔楼）

1. 结构超限情况

（1）AB 塔楼高度为 135.60m，超出《高层建筑混凝土结构技术规程》JGJ3 - 2002（本工程以下简称《高规》）规定 B 级高度钢筋混凝土部分框支剪力墙结构高层建筑的最大适用高度 120m 的限值。

（2）AB、CDE 两塔楼的核心筒均偏置于南面，且北面不能沿房屋纵向布置剪力墙，结构沿纵向在水平地震作用下将产生严重扭转；平面凹凸不规则，其中 AB 幢凹入的尺寸为总尺寸的 38%、CDE 为 31%，超过规范的允许值 35%。

（3）初步设计中，CD 栋与 E 栋从基础上设逢分隔为两栋塔楼，CD 栋有较均衡的抗侧和抗扭刚度，但 E 栋由于建筑使用功能需要，结构虽近似正方形但质心与刚心仍严重偏离，难以满足《高规》抗扭的要求。

（4）初步设计后，取消原方案中 CD 栋与 E 栋建筑间的防震缝，形成 CDE 栋塔楼后，结构平面近似为 1:3.2 的长条形，考虑偶然偏心的情况下，将很难满足结构平面扭转规则性的要求。

（5）由于存在结构转换层，竖向抗侧力构件不连续。

2. 超限结构设计的主要措施

（1）框支框架及剪力墙底部加强部位的抗震等级采用特一级。

（2）结构布置尽量对称，对 AB、CD 栋转换层上下剪力墙布置及厚度进行优化，使结构质心和刚心接近；框支柱采用抗震性能好的钢管混凝土柱。

（3）取消 CD 栋与 E 栋之间的结构缝；加强 C 栋与 D 栋之间的联系，保证结构平面内整体性；将 E 栋剪力墙减小，并优化剪力墙平面布置，以满足结构侧向刚度以及平面扭转规则性的要求；所有框支柱采用混凝土强度等级为 C60 的普通钢筋混凝土圆柱，箍筋采用复合螺旋箍。

（4）控制所有剪力墙不出现拉力，适当加强框支剪力墙转换层以下竖向构件的配筋率；采用现浇钢筋混凝土楼板，增强结构整体性。

二、结构体系

1. 整体结构体系

AB 塔楼采用部分框支剪力墙结构，结构布置尽量对称，通过调整剪力墙的布置方式，使结构质心和刚心接近，避免扭转；平面布置规则，楼板不开大洞，保证楼板平面内有较大的刚度；主要框支剪力墙结构的剪力墙直接支承在钢管混凝土柱上，避免二次转换；地下室二层以及裙房四层在结构四个角部设置刚度很大的剪力墙，增加转换层的抗扭刚度以及转换层及以下各层侧向刚度，该剪力墙还有部分墙肢直接延伸至结构主楼顶部；

CD 栋与 AB 塔楼结构形式相似，E 栋采用框架 – 剪力墙结构，CD 栋与 E 栋不设结构缝，CDE 三栋楼综合考虑结构布置以抵抗平面扭转。

2. 楼盖结构体系

地下室底板：采用平板式布置，板厚为 600 ~ 800mm。

地下室顶板：采用梁板式布置，板厚为 200mm；部分采用平板式布置，板厚为 600mm。

裙楼各层楼盖结构：采用梁板式布置，立面外围梁高按建筑立面要求确定，板厚为 120 ~ 150mm。

转换层楼盖结构：转换层采用梁式转换方式，板厚取为 200mm，转换层设在四层。

3. 基础系统

根据本工程《岩土工程勘察报告》，结合本高层建筑的结构特点，采用人工挖孔灌注桩基础，桩端持力层选在微风化泥质粉砂岩上，桩底岩石天然湿度单轴抗压强度 $f_r \geqslant$ 10MPa，桩身混凝土强度等级 C35，桩径范围为 $\phi 1000 ~ \phi 2400$。

底板采用平板式结构，板厚 800mm。

4. 结构抗震等级

根据《建筑抗震设计规范》GB 50011 – 2001（本工程以下简称《抗规》），本工程 AB

塔楼、CDE 塔楼按 B 级高度的高层建筑进行抗震设计。剪力墙底部加强区抗震等级为特一级，其他部位抗震等级为一级；框支框架抗震等级为特一级，其他框架抗震等级为一级；裙房及地下一层抗震等级为一级；地下二层抗震等级为三级。

三、荷载与作用

1. 建筑设计分类

建筑结构安全等级为二级，结构重要性系数 1.0，结构设计使用年限 50 年，建筑类别为丙类。

2. 地下水作用荷载

地下室迎水面水压力计算至室外地面，水压力（荷载）分项系数取 1.0。

3. 楼面荷载

本工程荷载按《建筑结构荷载规范》GB 50009—2001 及广东省《建筑结构荷载规定》DBJ15—2—90 取值，如表 4-1：

楼面荷载取值　　　　　　　　　　　　　　表 4-1

类　别	使　用部　位	活　载（kN/m²）	面层及吊重（kN/m²）	备　注
停车库	地下室	4.0	1.0	
设备房	地下室	8.0	3.0	
设备房	裙楼	8.0	2.0	
健身房	裙楼	4.0	1.0	
阅览室	裙楼	2.0	1.0	
配电间	裙楼	4.0	1.0	
走廊、楼梯、门厅	裙楼	3.5	1.0	
儿童活动室	裙楼	3.5	1.0	
乒乓球（桌球）室	裙楼	3.5	1.0	
信报间	裙楼	2.5	1.0	
厕所	裙楼	2.5	1.0	如为蹲厕有隔墙时活载取 8.0
地下室露天顶板、消防车通道	裙楼	22.0	2.0	
房、厅	塔楼	1.5	1.0	大厅面层活载取 1.4
走廊、楼梯	塔楼	2.0	1.0	
浴厕	塔楼	2.0	5.5	考虑浴厕下沉回填容重不大于 12kN/m² 材料
厨房	塔楼	2.0	1.5	
挑阳台	塔楼	2.5	1.0	
内阳台	塔楼	1.5	1.0	
上人屋面	塔楼	1.5	1.5	
机房	塔楼	8.0	1.0	
不上人屋面	塔楼	0.7	1.5	机房天面

4. 风荷载

广州市基本风压，按 100 年一遇 $\omega_o = 0.60\text{kN/m}^2$。地面粗糙度为 C 类，建筑体型系数 $\mu_s = 1.4$。

5. 人防作用

部分地下二层为 5 级人防，根据《人民防空地下室设计规范》GB 50038－94 考虑人防荷载，同时考虑材料强度的提高系数。

6. 地震作用

根据《广东省地震烈度区划图》、《建筑抗震设防分类标准》GB 50223－95、《工程场地地震安全性评价报告》，本工程属丙类建筑，地震基本烈度为 7 度，地震作用计算及构造措施均按抗震设防烈度 7 度考虑。

按《工程场地地震安全性评价报告》提供的人工合成地震波加速度和选择两条典型的地震波加速度记录，进行结构弹性时程分析。

四、AB 塔楼结构分析结果

采用两个不同力学模型的结构空间分析程序 TAT 和 SATWE 进行计算，前者采用杆件模型，后者采用墙元模型，取两个程序计算的不利结果进行结构设计。

1) 墙单元程序 SATWE 的计算结果与杆件单元程序 TAT 的计算结果基本相符；

2) 由 SATWE 计算的结构刚度比 TAT 的结果小，但由于两个程序计算出的结构剪重比均小于抗震规范要求的最小值，必须乘以放大系数，故对结构内力计算影响不大；

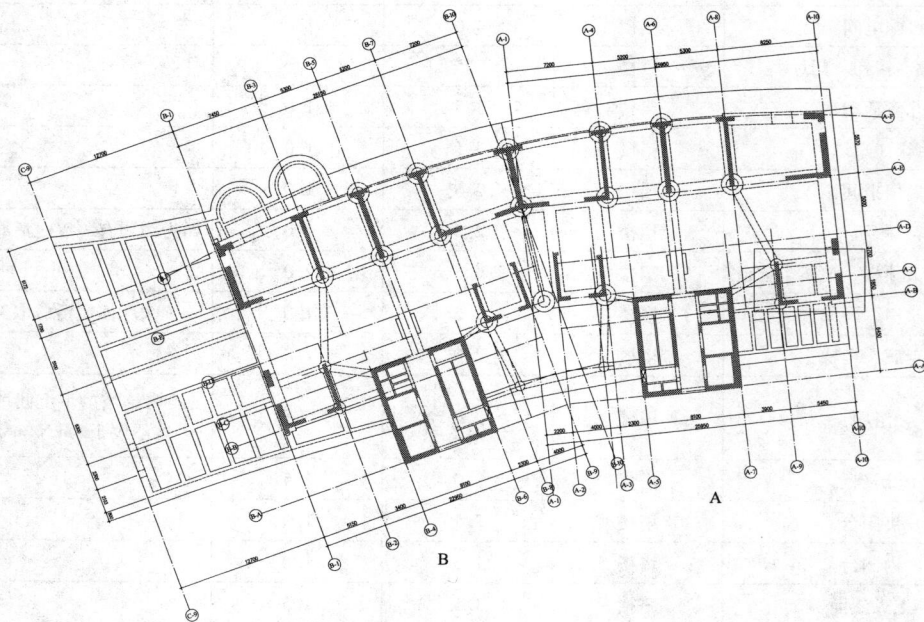

（a）二层结构平面图

232

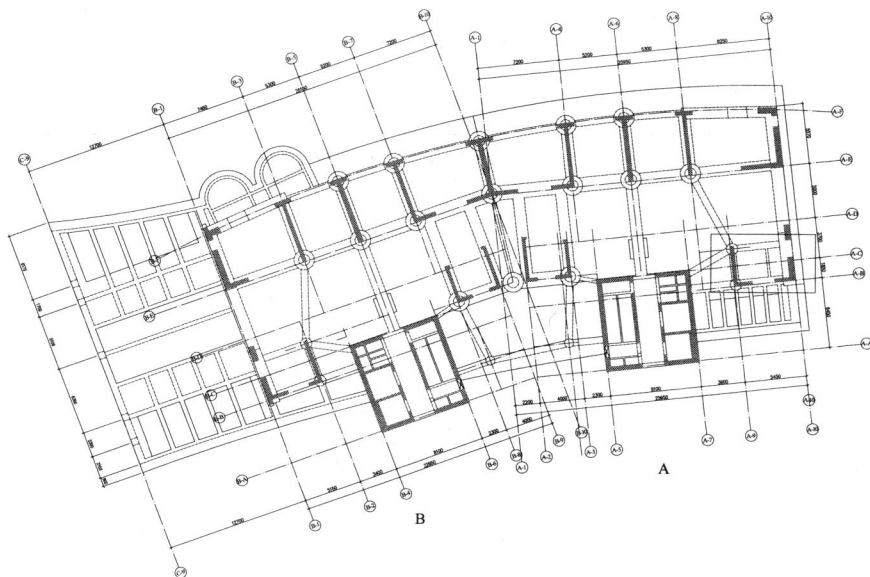

（b）转换层结构平面图

图 4 - 4 AB 塔楼二层及转换层结构平面图

3）结构刚度、竖向规则性以及平面规则性均满足《高规》和《抗规》要求；

4）结构整体稳定性符合《高规》和《抗规》要求。

采用高层建筑结构设计软件 SATWE 计算的结构自振周期见表 4 - 2。

结构自振周期   表 4 - 2

	AB 塔楼	
	周期（s）	振型特征
T1	3.496	X 向平动
T2	3.271	Y 向平动
T3	2.272	扭转
T4	0.920	X 向平动
T5	0.778	Y 向平动
T6	0.631	扭转
T7	0.451	X 向平动
T8	0.343	Y 向平动
T9	0.312	扭转
T10	0.294	X 向平动
T11	0.219	X 向平动
T12	0.205	Y 向平动
T13	0.195	扭转
T14	0.168	X 向平动

地震作用和风荷载作用下的结构响应见表 4 – 3。

地震作用和风荷载作用下的结构响应 表 4 – 3

作用类型		地震作用		风荷载	
受力方向		X 向	Y 向	X 向	Y 向
顶点位移	Δ（mm）	87.94	80.47	56.63	102
	Δ/H	1/1591	1/1739	1/2471	1/1372
最大层间位移	δ（mm）	2.39	2.22	1.55	2.8
	δ/h	1/1255	1/1352	1/1934	1/1072
	所在楼层	25	28	23	26
转换层层间位移	δ（mm）	1.29	1.18		
	δ/h	1/4260	1/4676		
总重量 Wt（kN）		629788			
全楼地震放大系数（%）		1.2			
有效质量系数（%）		96.34	93.98		
基底剪力 Q_0（kN）		10008	10771	6141	12334
剪重比（%）		1.59	1.71		
倾覆弯矩（kN·m）		795848	790369	525682	1055902

AB 塔楼楼层侧向刚度比见表 4 – 4。

AB 塔楼楼层侧向刚度比 表 4 – 4

层数	X 向			Y 向		
	地震作用下层间位移（mm）	层剪力（kN）	本层与上一层侧向刚度比	地震作用下层间位移（mm）	层剪力（kN）	本层与上一层侧向刚度比
1	0.56	10008	1.32	0.37	10771	1.45
2	0.73	9907	1.27	0.53	10673	1.36
3	0.91	9750	1.45	0.71	10514	1.59
4	1.29	9525	0.79	1.10	10269	0.75
5	0.97	9020	1.35	0.77	9627	1.26
6	1.29	8869	1.16	0.95	9397	1.18
7	1.47	8727	1.10	1.09	9163	1.10
8	1.62	8593		1.22	8936	

由于 AB 塔楼高宽比较大，导致侧向刚度控制结构构件尺寸，同时转换层层高 5.5m，转换层上一层层高 3.0m，为了保证转换层侧向刚度不小于转换层上一层侧向刚度的 70%，转换层在地震作用下剪力墙剪应力水平（$V/f_{ck}b_{h0}$）约为转换层上一层剪力墙剪应力水平的 50% ~ 80%，同一竖向构件在转换层的轴向压力大于转换层上一层的轴向压力，可以确

定转换层结构抗剪承载能力大于转换层上一层结构抗剪承载能力。

即使在罕遇地震作用下，各楼层剪力墙最大剪应力水平仅为 $V/f_cbh_o=0.10$，可以保证罕遇地震作用下剪力墙不发生剪切破坏。

结构设计计算结果表明，所有竖向构件均未出现拉力，所以满足结构抗倾覆的要求。

五、CDE 塔楼结构选型及分析结果

由于 CDE 三栋楼的核心筒均偏置于南面，且北面不能沿房屋纵向布置剪力墙，故结构沿纵向在水平地震作用下必然产生严重扭转，抗扭设计（特别是转换层的抗扭设计）是 CDE 塔楼结构设计的关键，因此对 CDE 塔楼进行了两种设计方案的比较和分析，最终确定第 2 种方案即 CD 栋与 E 栋作为整体结构进行设计。

1. 结构选型与结构布置

根据使用功能的需要，CD 栋采用部分框支剪力墙结构，E 栋采用框架－剪力墙结构。由于 CD 栋总层数 33 层，E 栋总层数 38 层，且 C、D 栋平面几乎相同，而与 E 栋平面相差较大，上部结构考虑以下两种方案：

第 1 方案为 CD 栋之间不设结构缝，D、E 栋之间设一道结构缝，这样的优点是 CD 栋结构左右几乎对称，较易解决结构平面扭转规则性问题；根据建筑使用的需要，E 栋最左边仅允许布置框架，最右边仅允许布置剪力墙，导致 E 栋平面刚度中心偏离质量中心很严重，难以满足《高规》第 4.3.5 条结构平面布置应减少扭转影响的要求，只能通过调整核心筒剪力墙的厚度来减小结构刚心与质心的距离，导致部分核心筒剪力墙达到 1400mm 厚。其转换层和标准层结构平面布置如图 4-5 所示，主要构件信息见表 4-5。

第 2 方案为 C、D、E 栋之间均不设结构缝，这样可以从 CDE 塔楼综合考虑结构布置以抵抗平面扭转，而不是仅考虑 E 栋自身的平面抗扭，在满足结构侧向刚度要求的前提下，适当增加 E 栋左侧剪力墙的厚度，适当减小 C 栋右侧的剪力墙厚度，使结构刚心与质心尽量接近。但由于 E 栋与 C、D 栋相比，其横向侧向刚度较小，且结构纵向超过 100m，很难满足《高规》关于结构平面扭转规则性的要求。其转换层和标准层结构平面布置如图 4-6 所示，主要构件信息见表 4-5。

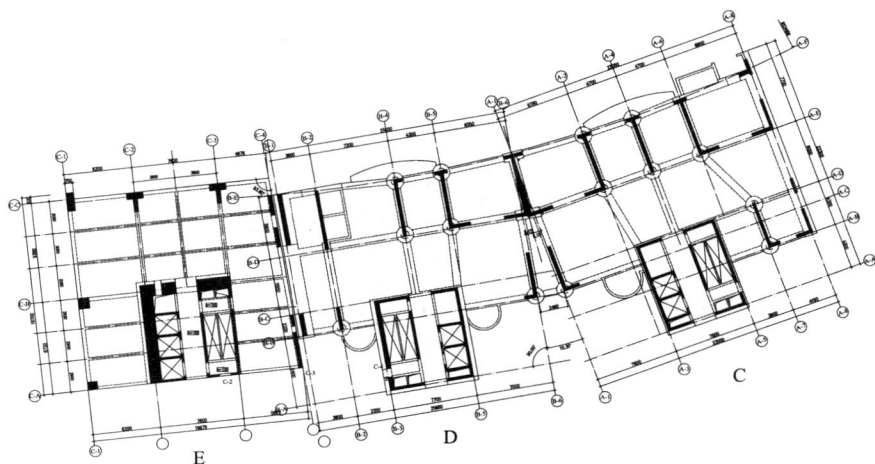

（a）转换层结构平面图

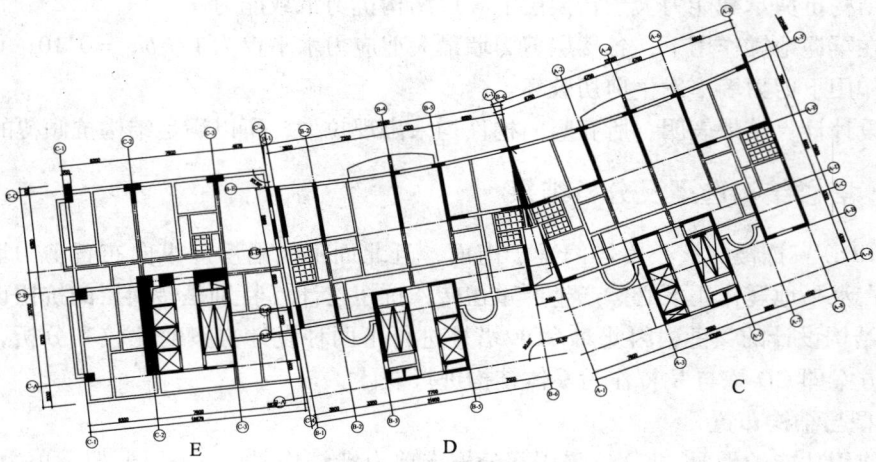

（b）标准层结构平面图

图 4 - 5 CDE 塔楼方案 1 转换层和标准层结构平面图

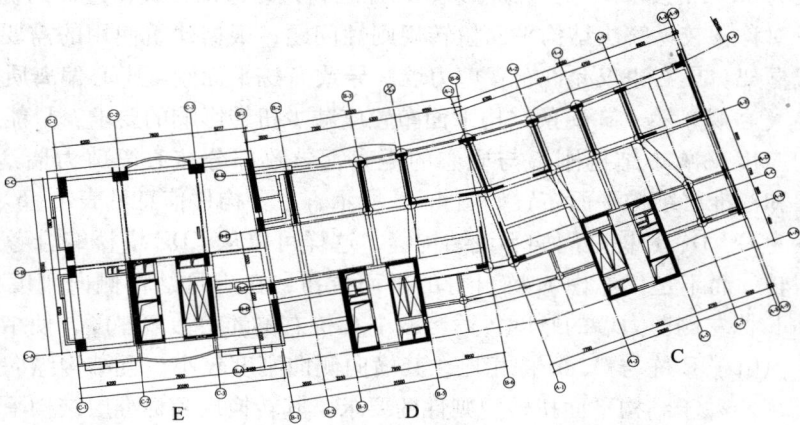

（a）转换层结构平面图

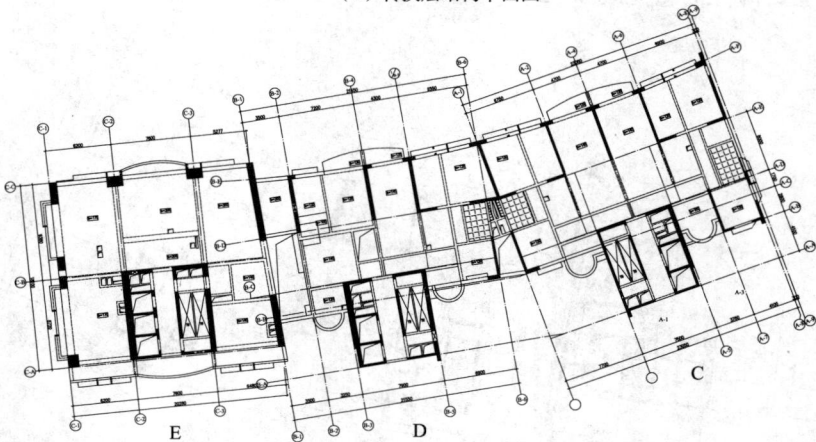

（b）标准层结构平面图

图 4 - 6 CDE 塔楼方案 2 转换层和标准层结构平面图

主要构件信息　　　　　　　　　　　　　　　　　　表 4 − 5

所在楼层		方案 1			方案 2		
		转换层以下	转换层	转换层以上	转换层以下	转换层	转换层以上
混凝土材料强度等级	柱、墙	C50	C50	C45 ~ C35	C60（柱）C50	C50	C50 ~ C30
	梁、板	C30	C40	C30	C30	C40	C30
板厚（mm）		120 ~ 150	200	100	120 ~ 150	200	100
剪力墙	最大厚度（mm） E 栋核心筒	1400		1100	800		650
	CD 连接处	1400		400	800		600
	D 栋核心筒	800		400	540		540
	CD 连接处	800		300	—		250
	C 栋核心筒	400		250	390		390
	C 栋右边	1100		250	450		250
柱	圆柱直径（mm）	（钢管混凝土柱） φ750		—	（普通混凝土柱） φ800 ~ φ1250		—
	矩形柱截面（mm × mm）	700 × 1700 ~ 900 × 750			800 × 2100 ~ 1000 × 1200		
	最大转换主梁截面（mm × mm）	700 × 2000			800 × 2300		

　　本工程进行了超限高层建筑抗震设防审查。根据超限审查的意见，应提高结构构件抗震等级，优化剪力墙的结构布置，减小竖向压缩变形差异对转换梁产生的不利影响，并应采取有效的构造措施。审查意见还指出，把 CDE 栋连接为整体进行结构分析应保证结构平面内的整体性。

2. 计算结果分析

　　通过分析，CDE 塔楼结构的计算内力和位移由地震作用控制，所以对两个方案分别进行模态和地震作用下的响应分析，结果分别见表 4 − 6 和表 4 − 7。

方案 1 分析结果　　　　　　　　　　　　　　　表 4 − 6

结构自振周期	CD 栋		E 栋	
	周期（s）	振型特征	周期（s）	振型特征
T_1	2.855	X 向平动	3.896	X 向平动
T_2	2.494	Y 向平动	3.584	Y 向平动
T_3	2.121	扭转	2.060	扭转
T_4	0.801	X 向平动	0.955	X 向平动
T_5	0.587	Y 向平动	0.783	Y 向平动
T_6	0.571	扭转	0.632	扭转
周期比 T_t / T_1	0.74		0.53	
地震作用方向	X 向	Y 向	X 向	Y 向

续表

结构自振周期	CD 栋		E 栋	
	周期（s）	振型特征	周期（s）	振型特征
最大层间位移角 δ_{max}	1/1519	1/1922	1/867	1/950
δ_{max} 所在楼层	15	24	24	27
δ_1	1/2482	1/8043	1/905	1/6186
δ_2	1/2822	1/8364	1/1264	1/8088
δ_1/δ_2	1.14	1.04	1.40	1.31
δ_1/δ_2 所在楼层	34	4	8	1

转换层 相邻楼层 侧向刚度比	楼层 n	δ	γ	δ	γ	δ	γ	δ	γ
	3	1/7227	1.55	1/7787	1.38	1/2645	0.97	1/3270	0.97
	4	1/6101	1.04	1/7402	0.79	1/2218	1.20	1/2727	1.21
	5	1/3209	—	1/5105	—	1/1855	—	1/2250	—

注：1. T_t 是结构扭转为主的第一自振周期，T_1 是结构平动为主的第一自振周期；

2. δ_1 为楼层竖向构件的最大层间位移角，δ_2 为该楼层竖向构件层间位移角的平均值；

3. 转换层在 4 层，δ 为该楼层的层间位移角，γ 为本层与上一层的侧向刚度比。

方案 2 的结构分析结果　　　　　　　　表 4－7

结构自振周期	周期（s）	振型特征
T_1	2.8773	Y 向平动
T_2	2.6159	X 向平动
T_3	2.3809	扭转
T_4	0.7578	X 向平动
T_5	0.6640	Y 向平动
T_6	0.6019	扭转
周期比 T_t/T_1	0.83	
地震作用分析	X 向	Y 向
δ_{max}	1/1426	1/1248
δ_{max} 所在楼层	16	23
δ_1	1/4085	1/2690
δ_2	1/5178	1/3762
δ_1/δ_2	1.27	1.40
δ_1/δ_2 所在楼层	3	5

转换层 相邻楼层 侧向刚度比	n	δ	γ	δ	γ
	3	1/4368	1.45	1/4634	1.60
	4	1/4202	0.88	1/4065	0.70
	5	1/3030	—	1/3750	—

注：表中符号意义同表 4－6

方案 1：由于 CD 栋结构左右近似对称，较容易满足平面扭转规则性的要求；E 栋由于剪力墙布置严重偏心，为了减少结构偏心距，部分剪力墙厚度已达到 1400mm，结构扭转规则性控制参数虽然满足规范要求（《高规》第 4.3.5 条 B 级高度高层建筑在偶然偏心地震作用下楼层的最大水平位移和层间位移角不应大于该楼层平均值的 1.4 倍），但仍比较大。这一点说明，即使是一个平面近似正方形的建筑，若结构布置导致结构偏心太大，无论如何调整剪力墙厚度，对结构抗扭也是不利的。同时由于结构整体抗扭刚度不大，在偶然偏心地震作用下，结构抗扭很容易超过规范要求。

方案 2：由于 C、D、E 栋之间未设结构缝，在转换层以及转换层以下，E 栋左侧增设了部分 800mm 厚的剪力墙，但核心筒的剪力墙厚度从方案 1 的 1400mm 变为 800mm，又由于 C、D 栋较 E 栋横向侧向刚度较大，故 C 栋右边的剪力墙厚度从 1100mm 变为 450mm，D 栋的剪力墙厚度从 1400mm、800mm 分别变为 800mm、540mm；在转换层以上，E 栋左侧为 700mm 厚的剪力墙，但核心筒的剪力墙厚度从方案 1 的 1100mm 变为 650mm，C 栋左侧和 D 栋右侧的剪力墙厚度略有增加，以增强结构的抗扭刚度，而 C、D 栋核心筒的剪力墙厚度基本不变；局部 C、D 栋剪力墙为了满足轴压比的要求，采用剪力墙开洞来减小其侧向刚度；CDE 塔楼结构平面近似为 1:3.2 的长条形，结构扭转规则性控制参数刚好满足规范要求，但考虑偶然偏心和沿房屋横向水平地震作用下，将很难满足结构平面扭转规则性的要求。

3. 结构方案的确定和构造措施

在结构设计各项指标均基本满足规范要求的基础上，根据超限审查的意见，设计者认为方案 2 较方案 1 在建筑使用和经济上有明显的优势，既不需要设置结构变形缝，同时 E 栋核心筒的剪力墙厚度又大大减小，故本工程最后选用了方案 2，并采取了一系列有利于抗震的构造措施，如主要竖向构件采用高强混凝土；适当加强转换层以下竖向构件的配筋率；核心筒内部楼板厚采用 150mm，双层双向配筋；加强 D、E 栋之间连接楼板的厚度和配筋，从构造上增强楼板的平面内刚度；围护材料选用新型轻质材料，减小地震反应；钢筋采用 HRB400，对于较粗的钢筋（直径≥28mm）及较重要的结构部位和结构构件，采用机械连接接长钢筋等等。

六、钢筋应力及沉降观测

由于本工程项目规模大，荷载大，沉降要求高，为检验建筑工程的设计参数，对本工程进行了施工阶段的沉降观测和钢筋应力测量。

1. 沉降观测

对每栋被测建筑物周边柱基、剪力墙、电梯井上设多个观测点，观测点深入柱或墙内 10cm，离地面 20cm，采用环形闭合法测量。基础施工后即进行首次测量，以后主体结构每升高 2 层测量一次，封顶后值竣工验收前期间观测 4 次，共测量 26 次。

测量结果分析得到结构最终累计沉降均值不超过 1.00cm，各测点最大沉降差为 0.076cm，沉降速度等各项指标均满足规范。

沉降观测点沉降－时间过程曲线

时间

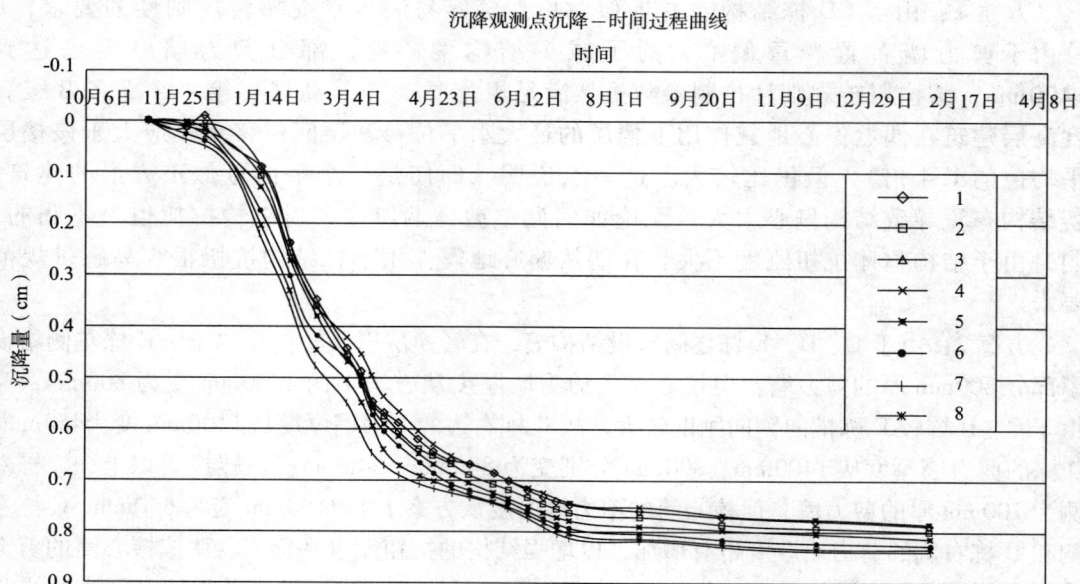

图4-7 某沉降观测点沉降－时间过程线

钢筋计受力－时间过程曲线

时间

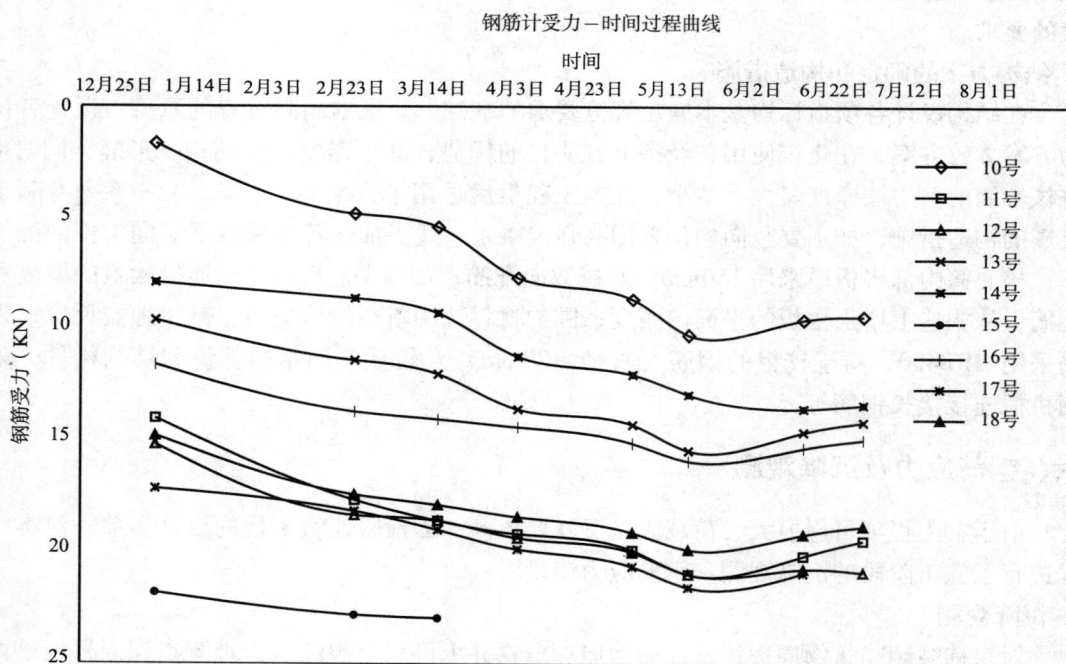

图4-8 某钢筋应力观测点沉降－时间过程线

2. 钢筋应力观测

钢筋应力测量点位于 AB 塔楼转换层 7 条转换梁两端支座的面筋和跨中底筋，共 42 点。采用焊接在梁支座钢筋上的钢筋计测量，施工至转换层后每升高 5 层以及结构封顶时进行观测。从图 4-8 中钢筋计受力—时间过程线中可以看出，钢筋计受力符合结构建造的一般规律，无突变情况发生；受温度等外界条件影响，受力略有小波动，从整体曲线分析，钢筋后期受力已趋于稳定，且受力最大值满足规范要求。

观测期间无异常现象发生，各测点过程线表明结构沉降符合一般规律，从沉降总量、沉降差及钢筋应力三方面考察皆能满足规范规定要求，可以断定结构基础沉降已稳定。

七、小结

本工程在采取适当的结构抗扭设计，以及抗震措施后可以满足规范对抗风、抗震的要求，达到"小震不坏，中震可修，大震不倒"。

对于一个高层或复杂高层建筑，在建筑方案设计阶段确定的结构基本体系非常重要，它从根本上决定了一个建筑结构抗震性能的优劣。对于在建筑方案阶段所确定的对结构抗震十分不合理的结构形式，结构工程师所能做的只是修修补补，使结构设计各项指标尽量满足规范要求，而无法从根本上改善结构的抗震性能。

（注：本工程抗震超限设计完成于 2003 年）

工程实例五　花园酒店结构改造抗震超限设计

一、工程概述

广州花园酒店以其宏伟壮观的外貌，锦绣花园式的庭院格局，浓厚的中国传统文化特色而蜚声中外，如图 5 - 1 所示。花园酒店于 1979 ~ 1981 年期间由香港司徒惠建筑师事务所设计，设计依据中国 74 系列规范及当时的英国规范。结构平面呈 Y 字形，地面以上 28 层，1 ~ 4 层为酒店大堂、商场、餐厅等公共服务区域，采用框架 - 剪力墙体系，4 层为转换层，5 ~ 28 层为酒店客房，采用剪力墙体系。结构总高度为 90.55m（不含电梯机房及旋转餐厅），高宽比为 5.5，其中转换层高为 6.75m，除顶层 3.1m 外，其余标准层均为 2.9m。

2005 年 6 月 30 日，花园酒店向省旅游局提交了申报国家首批"白金五星级酒店"的报告，为了达到相应水准的硬件要求，广州花园酒店要求对原有客房进行改造，合并部分客房，以满足标准客房有效使用面积不小于 36m² 的要求。

因为改造后的广州花园酒店西塔不符合我国现行规范的抗震构造措施，故通过国际上先进的基于性能的抗震设计思想，通过一系列细致的结构弹性、弹塑性分析，明确结构满足设定的整体及结构构件性能目标，确保结构"小震不坏，中震可修，大震不倒"。

图 5 - 1　花园酒店实景

242

二、结构体系

1. 结构抗侧力体系

广州花园酒店西塔采用主次梁转换的现浇钢筋混凝土部分框支剪力墙体系，其转换层结构和标准层结构平面如图 5-2 所示。中部核心筒剪力墙及塔楼端部三翼山墙（剪力墙）直接落地，其余剪力墙通过转换层主、次梁直接支承于框支柱。典型的竖向构件尺寸如表 5-1 所示。

构件尺寸表（mm）　　　　　　　　　　　　　　　表 5-1

层次	转换层以下（-1~4）		转换层以上（5~28）	
尺寸	厚度（宽度）	长度（高度）	厚度（宽度）	长度（高度）
核心筒剪力墙	600	6300	300	6300
	600	11000	300	11000
山墙（剪力墙）	450	15250	300	18600
框支柱	1800~1500	2600~2500		
塔楼剪力墙			150~300	7400~8200

2. 楼盖系统

所有楼盖均采用现浇钢筋混凝土梁板式结构。除个别大跨度板外，板厚均为 100mm。

计算模型取地下室底板为嵌固端。故只有转换层楼板厚度不符合现行规范不小于 180mm 的构造要求。但实际上本工程的转换层为部分掏洞的厚板转换结构，强大的转换主、次梁基本满布转换层，且结构布置对称，框支柱抗侧刚度已接近剪力墙，为主要的抗侧力构件，故转换层楼盖在传递不落地剪力墙剪力方面是安全可靠的。

3. 抗震等级及原结构抗震构造不足

按我国现行规范，花园酒店属于高位转换的 A 级高度钢筋混凝土高层建筑，框支柱抗震等级为特一级，转换梁、底部加强区剪力墙为一级，非底部加强区剪力墙及裙楼部分的非框支框架为二级。安全等级为二级，结构设计使用年限为 50 年，按丙类建筑设计。

对照我国现行《高层建筑混凝土结构技术规程》JGJ3—2002（本工程以下简称《高规》）和《建筑抗震设计规范》GB 50011—2001（本工程以下简称《高规》），原结构抗震构造主要存在以下不足：

（1）框支柱体积配箍率约为 0.97%，达不到现行规范 1.60% 的要求。

（2）核心筒水平钢筋配筋率为 0.26%，端部暗柱体积配箍率为 0.52%（且全部为拉筋，无封闭箍筋），达不到现行规范 1.60% 的要求。

（3）标准层剪力墙端部暗柱体积配箍率为 0.69%（且全部为拉筋，无封闭箍筋）。

4. 改造要求

依据白金五星级酒店的硬件要求，需对花园酒店西塔原有客房进行改造，合并部分客房，以满足标准客房有效使用面积不小于 36m² 的要求。按照改造的要求，标准层 6~18 层中约有一半的内部剪力墙在墙中切割开启 1100mm×2200mm 的门洞；标准层 22~26 层中约有一半的内部剪力墙在墙中切割开启 2000mm×2500mm 门洞，另有 4 片剪力墙在距离墙边 1900mm 处切割开启 2000mm×2500mm 门洞；标准层 27～28 层在 22～26 层开洞的基础上，有三片剪力墙切割开启 5180mm×2500mm 的门洞。全部门洞切割后对开洞连梁进行加固，使其纵筋满足抗弯要求，并形成封闭的箍筋，如图 5-3。门洞两侧仅进行水平分布筋的封闭处理，无其他特殊的加固措施，因此剪力墙切割开洞后形成端部只有分布竖向钢筋而无边缘构件的双肢剪力墙。其中 24～28 层在剪力墙边部的原有洞口，按整墙的要求进行植筋、浇倒 C35 混凝土封墙，在计算中认为是没有开洞的整墙。

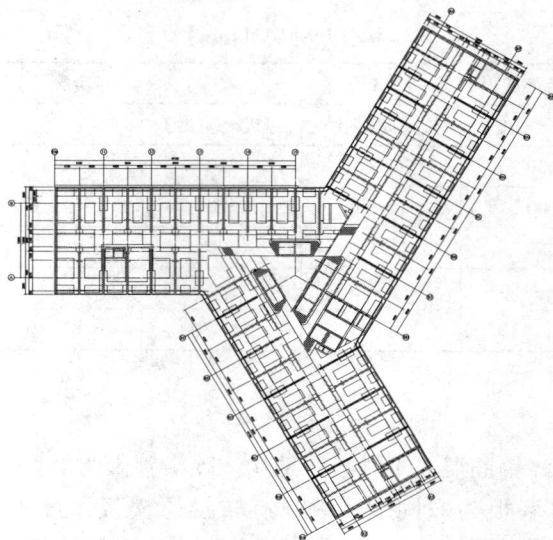

（a）转换层结构平面图

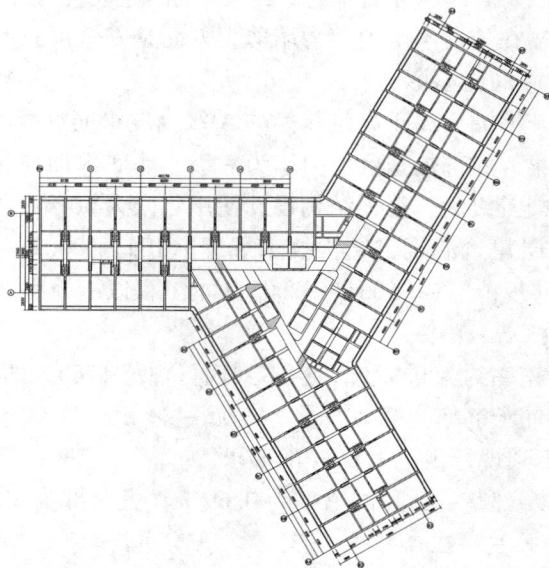

（b）标准层结构平面图

图 5-2 转换层和标准层结构平面图

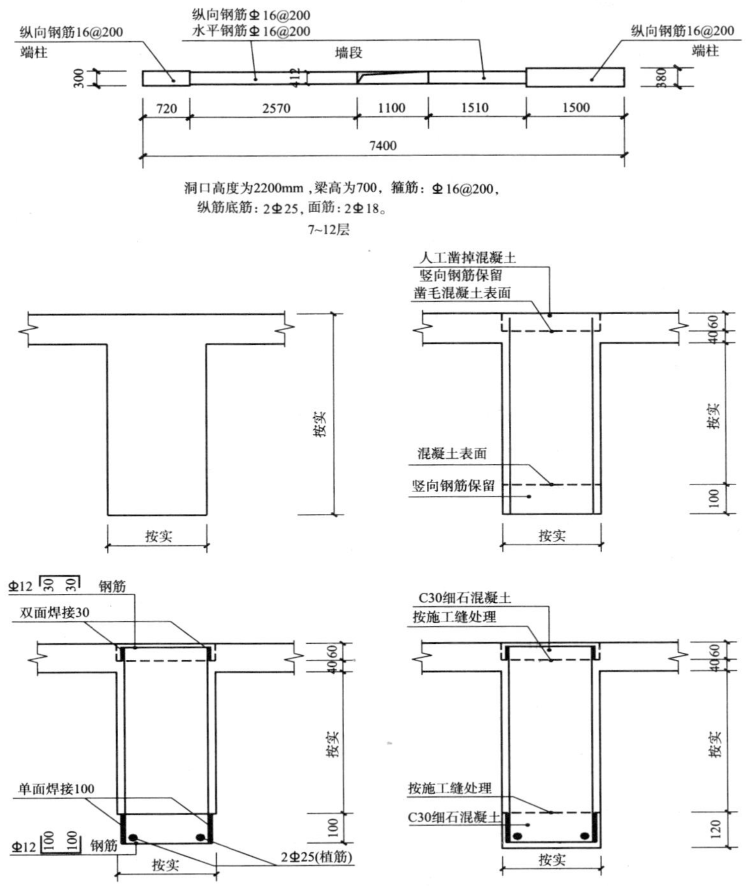

图 5-3 剪力墙改造及加固示意图

三、荷载与作用

1. 风荷载

广州市基本风压：重现期为 100 年时 $w_o = 0.60 \text{ kN/m}^2$，重现期为 50 年时 $w_o = 0.50$ kN/m^2，重现期为 10 年时 $w_o = 0.30\text{kN/m}^2$；地面粗糙度 C 类，建筑体形系数 $\mu_s = 1.4$。

2. 地震作用

地震作用以《抗规》、《高规》为标准，并参考《建筑工程抗震性态设计通则（试用）》CECS160（本工程以下简称《通则》），各阶段地震作用下地震设计参数如下：抗震设防烈度 7 度。设计基本地震加速度 $= 0.1g$。建筑场地类别 II 类场地，第一组，$Tg = 0.35s$。时程分析使用的地震波：取距建筑地址相近的地铁五号线人工地震波 2 条及国际上具有完整时程校正的典型地震纪录 5 条，其峰值加速度均接近 7 度设防烈度罕遇地震作用下的地震加速度峰值 0.22g，其相应地震参数如表 5-2 所示：阻尼：多遇地震作用下弹性分析，阻尼比，$\xi = 0.05$；设防烈度地震作用下拟弹塑性分析，阻尼比，$\xi = 0.06$；罕遇地震作用下的弹塑性分析，阻尼比，$\xi = 0.07$。在计算多遇地震作用时，周期乘以 0.95

折减系数以考虑非结构构件对刚度的影响；在计算设防烈度地震作用时，考虑混凝土开裂刚度退化，弹性模量折减15%，周期乘以1.1增大系数予以近似考虑。

地震参数 表5-2

地震波代号	地震波信息					
	年代	名称（地点）	记录峰值加速度	时程曲线		反应谱曲线
GM5	1900	LIVER-MORE	0.23g			
GM7	1999	Kocaeli Turkey	0.25g			
GM8	1980	Mammoth Lakes-01	0.25g			
GM10	1966	Park-field	0.27g			
GM12	1981	Corinth Greece	0.29g			
GM16		人工波	0.19g			
GM17		人工波	0.19g			

时程曲线从《安全评估报告》提供的人工模拟曲线及实际记录时程曲线中挑选。将时程分析得到的小震下（63%超越概率）基底剪力与规范振型反应谱产生的小震下基底剪力作了比较，结果满足《高规》第3.3.5条的要求，即单个时程分析计算基底剪力结果大于反应谱法结果的65%，时程分析的基底剪力结果的平均值大于反应谱法结果的80%。

四、性能目标及实现

1. 性能目标

参考美国规范FEMA356、中国规程CECS160以及国际上广泛认可的损伤指数，并结合中国的工程实践经验，设定的性能目标如表5-3、表5-4所示。

结构构件性能目标　　　　　　　　　　　　　　表5-3

构件	小震	中震	大震
框支柱	OP	OP	IO
落地剪力墙	OP	OP	IO
转换梁	OP	OP	IO
上部剪力墙	OP	IO	LS
开洞后剪力墙	OP	IO	LS
框架梁、连梁	OP	IO	CP
基础及承台	OP	OP	IO

结构层间位移性能目标　　　　　　　　　　　　表5-4

建筑结构	OP	IO	LS	CP
除转换层外的结构层	0.1%	0.5%	1%	2%
框支转换层	0.05%	0.25%	0.5%	1%

根据广州花园酒店西塔改造前、后的构件构造情况，按 FEMA 356 选取的结构构件变形性能目标如表5-5所示。

罕遇地震作用下主要结构构件变形性能目标　　　　　　　　表5-5

构件类型	LS 限值		CP 限值	
	转角	剪切（%）	转角	剪切（%）
框支柱	0.007	——	0.010	——
转换梁	0.010	——	0.020	——
落地剪力墙	0.004	0.600	0.008	0.750
塔楼剪力墙	0.004	0.600	0.008	0.750
塔楼剪力墙连梁	0.020	0.015	0.025	0.020

结构损伤指数目标如表5-6所示。

主要结构构件、结构层及结构总体损伤指数　　　　　　　　表5-6

类型	损伤指数	类型	损伤指数
框支柱	<0.4	塔楼剪力墙连梁	0.4~1
转换梁	<0.4	结构层	<0.3
落地剪力墙	<0.4	结构总体	<0.3
塔楼剪力墙	<0.4		

2. 性能目标的实现

（1）多遇地震作用下的结构及构件性能目标的实现

在重力荷载、风荷载及多遇地震作用下，通过结构整体的弹性设计与计算，按表5-3中OP要求控制结构的层间位移角。根据现行规范，考虑结构、构件的内力增大、调整系数及荷载分项系数，求出所有结构构件的最不利的荷载组合，按下式进行承载力复核：

$$S \leqslant R, \text{ 或 } S_E \leqslant R/\gamma_{RE}$$

式中 S——结构构件内力组合的设计值，包括组合的弯矩、轴向力和剪力设计值等；

R——结构构件承载力设计值；

S_E——地震作用下结构构件内力组合设计值，包括组合的弯矩、轴向力和剪力设计值等；

γ_{RE}——承载力抗震调整系数，按《抗规》选用。

（2）设防烈度地震作用下结构及构件性能目标的实现

在设防烈度地震作用下，除普通楼板、次梁以外所有结构构件，根据表5-3确定抗震性能目标。对性能目标为OP的构件按中震弹性设计；对性能目标为IO的构件按中震局部屈服设计。

中震弹性设计：

1）不考虑地震组合内力调整系数；2）考虑作用分项系数；3）考虑材料分项系数，即采用材料强度设计值；4）考虑材料抗震承载力调整系数γ_{RE}。设计表达式如下：

$$S_E \leqslant R/\gamma_{RE}$$

符号意义同前。

中震不屈服设计：

1）不考虑地震组合内力调整系数；2）作用分项系数为1；3）不考虑材料分项系数，即采用材料强度标准值；4）不考虑材料抗震承载力调整系数γ_{RE}。设计表达式如下：

$$S_{Ek} \leqslant R_k$$

式中 S_{Ek}——地震作用下结构构件内力标准组合设计值，包括组合的弯矩、轴向力和剪力设计值等；

R_k——结构构件承载力设计值，其中材料强度取用标准值，材料分项系数取为1。

（3）罕遇地震作用下结构及构件性能目标的实现

在罕遇地震作用下，按 D+0.5L+E 平均进行结构弹塑性分析，按表5-4中LS要求控制整体结构的层间位移角，根据表5-3确定主要构件抗震性能目标。对性能需求为IO的构件，应补充大震不屈服设计验算。所有结构构件应根据其性能目标按表5-5控制其变形性能目标，并按表5-6控制主要结构构件、结构层及结构总体损伤指数。

五、IDARC 分析软件及分析模型

1. IDARC 程序分析介绍

IDARC的结构模型采用由一系列平行的平面框架和横向连梁构成的杆件层模型。梁单

元模拟为连续的等效剪切－弯曲弹簧，不考虑轴向变形。柱单元是在梁单元的基础上，在单元的一端加上线性轴向弹簧。剪力墙单元理想化为在顶面和底面水平具有无限刚性的三竖线单元，两边竖向单元为非弹性轴向弹簧，中央竖向单元为等效剪切弹簧。剪力墙、梁和柱单元的截面性质（$M-\varphi$ 关系曲线）根据混凝土和钢筋的应力－应变性质由纤维模型分析计算。滞回曲线采用 Park 三参数模型，本工程分别取 $\alpha=2$、$\alpha=0$ 模拟一般的弯曲滞回模型和剪切滞回模型；取 $\beta_e=0.1$ 和 $\beta_d=0$ 模拟构件因耗能和延性引起的强度衰减；取 $\gamma=0.5$ 模拟裂缝张开和闭合的典型效应。

杆件弯曲特性的改变采用传递塑性模型，即通过分布柔度来反映塑性的发展状况。分布柔度是通过屈服渗透系数修正杆件的截面抗弯刚度来实现的，而屈服渗透系数的取值取决于杆件端部弯矩的数值。结构损伤分析采用了目前被广泛接受的双参数累积损伤模型，该模型同时考虑到变形和耗能两种反映钢筋混凝土结构损伤的主要控制因素。

本工程采用 IDARC 程序对结构进行整体弹塑性静力、动力分析，结构构件、结构层及整体的变形和损伤分析。

2. 结构计算模型

广州花园酒店西塔三翼基本对称，且其核心筒的三片主要落地剪力墙之间只有楼板相连接，故在程序分析中可取其中一翼进行简化计算分析。由于 IDARC 只具有二维平面分析功能，故无法模拟次梁转换时的转换次梁的受力情况。通过竖向刚度等效原则，在转换次梁下增加 1500mm×1500mm 的框支柱；通过转动刚度等效原则，在新增的框支柱间增设一 2500mm×3000mm 的转换梁。由于新增的框支柱及其间的转换梁与原有的框支柱、转换梁及核心筒剪力墙所提供的抗侧刚度相比很小，故对结构的整体模型动力特性影响不大。

改造后的结构将在原有塔楼剪力墙上沿竖向局部开洞，由于 IDARC 程序采用杆系－层分析模型，无法沿结构竖向采用一片墙体模拟局部开洞情况，因此局部开洞的塔楼剪力墙将由两片剪力墙及其间的连梁模拟，而该片塔楼剪力墙未开洞的部分则等效为刚性梁相连接的三片剪力墙。简化后的计算模型如下图 5－4、图 5－5 所示；型不考虑地下室及顶层小塔楼旋转机房的影响，总层数 28 层，模型总高度 89.050m。

通过 IDARC 模型与 SATWE、ETABS 整体模型在弹性阶段动力特性及多遇地震作用下的对比，如下表 5－7 所示，可以验证 IDARC 模型的合理性。

模型参数对比 表 5－7

| 计算软件 | 第一周期（s） | | 多遇地震下28层最大顶点位移（mm） | | 多遇地震下最大层间位移角及所在层 | | | |
| | | | | | 改造前 | | 改造后 | |
	改造前	改造后	改造前	改造后	位移角	所在层	位移角	所在层
IDARC	1.5661	1.5751	13.6	14.2	1/3891	20	1/3891	22
SATWE	1.7494	1.7481	13.4	13.3	1/3698	25	1/3638	24
ETABS	1.6772	1.6973	12.9	13.0	1/3511	24	1/3514	24

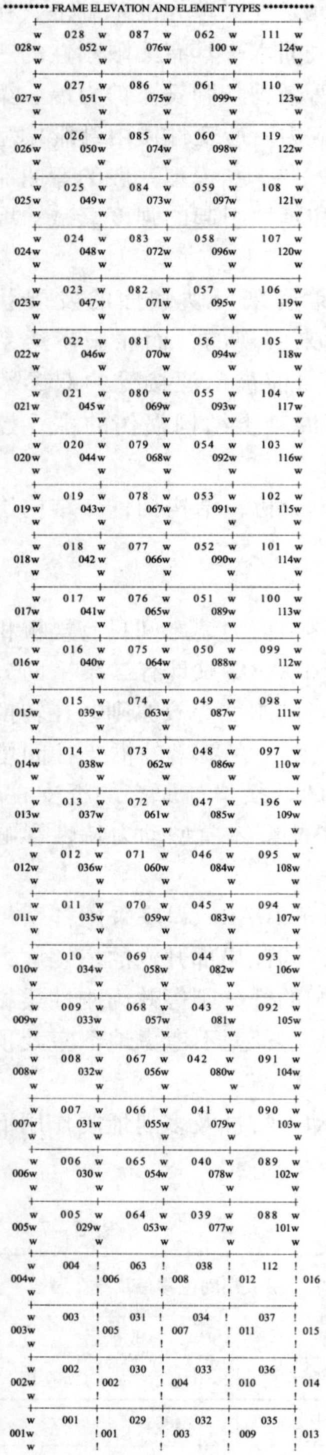

********** FRAME ELEVATION AND ELEMENT TYPES **********

028	087	062	111	
028w 052w	076w	100	124w	
027	086	061	110	
027w 051w	075w	099	123w	
026	085	060	119	
026w 050w	074w	098	122w	
025	084	059	108	
025w 049w	073w	097w	121w	
024	083	058	107	
024w 048w	072w	120w		
023	082	057	106	
023w 047w	071w	095	119w	
022	081	056	105	
022w 046w	070w	094	118w	
021	080	055	104	
021w 045w	069w	093	117w	
020	079	054	103	
020w 044w	068w	092	116w	
019	078	053	102	
019w 043w	067w	091w	115w	
018	077	052	101	
018w 042w	066w	090w	114w	
017	076	051	100	
017w 041w	065w	089w	113w	
016	075	050	099	
016w 040w	064w	088w	112w	
015	074	049	098	
015w 039w	063w	087w	111w	
014	073	048	097	
014w 038w	062w	086w	110w	
013	072	047	196	
013w 037w	061w	085w	109w	
012	071	046	095	
012w 036w	060w	084w	108w	
011	070	045	094	
011w 035w	059w	083w	107w	
010	069	044	093	
010w 034w	058w	082w	106w	
009	068	043	092	
009w 033w	057w	081w	105w	
008	067	042	091	
008w 032w	056w	080w	104w	
007	066	041	090	
007w 031w	055w	079w	103w	
006	065	040	089	
006w 030w	054w	078w	102w	
005	064	039	088	
005w 029w	053w	077w	101w	
004	063	038	112	
004w !006	!008	!012	!016	
003	031	034	037	
003w !005	!007	!011	!015	
002	030	033	036	
002w !002	!004	!010	!014	
001	029	032	035	
001w !001	!003	!009	!013	

NOTATION:

- = BEAM 　NUMBERS INDICATE ELEMENT TYPES
! = COLUMN 　COLUMN TYPE NUMBERS ON RIGHT
W = SHEAR WALL 　SHEAR WALL NUMBERS ON LEFT, AND
I = EDGE COLUMN 　EDGE COLUMN NUMBERS BELOW COLUMN TYPES

图 5-4　改造前简化模型

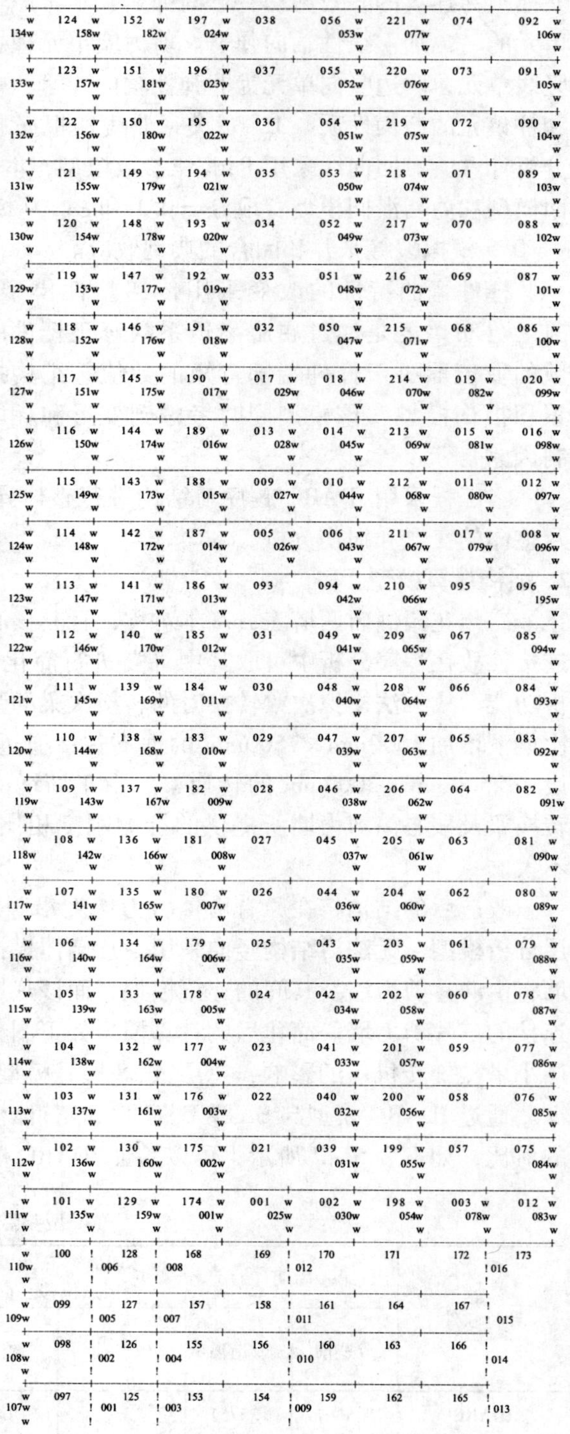

********** FRAME ELEVATION AND ELEMENT TYPES **********

124	152	197	038	056	221	074	092
134w 158w	182w	024w	053w	077w		106w	
123	151	196	037	055	220	073	091
133w 157w	181w	023w	052w	076w		105w	
122	150	195	036	054	219	072	090
132w 156w	180w	022w	051w	075w		104w	
121	149	194	035	053	218	071	089
131w 155w	179w	021w	050w	074w		103w	
120	148	193	034	052	217	070	088
130w 154w	178w	020w	049w	073w		102w	
119	147	192	033	051	216	069	087
129w 153w	177w	019w	048w	072w		101w	
118	146	191	032	050	215	068	086
128w 152w	176w	018w	047w	071w		100w	
117	145	190	017	018	214	019	020
127w 151w	175w	017w	029w	046w	070w	082w	099w
116	144	189	013	014	213	015	016
126w 150w	174w	016w	028w	045w	069w	081w	098w
115	143	188	009	010	212	011	012
125w 149w	173w	015w	027w	044w	068w	080w	097w
114	142	187	005	006	211	017	008
124w 148w	172w	014w	026w	043w	067w	079w	096w
113	141	186	093	094	210	095	096
123w 147w	171w	013w	042w	066w		195w	
112	140	185	031	049	209	067	085
122w 146w	170w	012w	041w	065w		094w	
111	139	184	030	048	208	066	084
121w 145w	169w	011w	040w	064w		093w	
110	138	183	029	047	207	065	083
120w 144w	168w	010w	039w	063w		092w	
109	137	182	028	046	206	064	082
119w 143w	167w	009w	038w	062w		091w	
108	136	181	027	045	205	063	081
118w 142w	166w	008w	037w	061w		090w	
107	135	180	026	044	204	062	080
117w 141w	165w	007w	036w	060w		089w	
106	134	179	025	043	203	061	079
116w 140w	164w	006w	035w	059w		088w	
105	133	178	024	042	202	060	078
115w 139w	163w	005w	034w	058w		087w	
104	132	177	023	041	201	059	077
114w 138w	162w	004w	033w	057w		086w	
103	131	176	022	040	200	058	076
113w 137w	161w	003w	032w	056w		085w	
102	130	175	021	039	199	057	075
112w 136w	160w	002w	031w	055w		084w	
101	129	174	001	002	198	003	012
111w 135w	159w	001w	025w	030w	054w	078w	083w
100	128	169	170	171	172	173	
110w !006	!008	!012			!016		
099	127	157	158	161	164	167	
109w !005	!007	!011			!015		
098	126	155	156	160	163	166	
108w !002	!004	!010			!014		
097	125	153	154	159	162	165	
107w !001	!003	!009			!013		

NOTATION:

- = BEAM 　NUMBERS INDICATE ELEMENT TYPES
! = COLUMN 　COLUMN TYPE NUMBERS ON RIGHT
W = SHEAR WALL 　SHEAR WALL NUMBERS ON LEFT, AND
I = EDGE COLUMN 　EDGE COLUMN NUMBERS BELOW COLUMN TYPES

图 5-5　改造后简化模型

六、改造前结构性能评估

重力荷载、风荷载及多遇地震作用下的结构计算分别采用中国建筑科学研究院 2005 年版 SATWE 和美国 CSI 公司的 ETABS 9.0 中文版进行弹性计算。计算结果表明，结构在重现期为 50 年的风荷载作用下及多遇地震作用下 SATWE 和 ETABS 计算的结构层间位移角均小于 1/2700，结构稳定性及扭转位移比等均满足现行规范的要求。在重现期为 100 年的风荷载作用下及多遇地震作用下，复核 SATWE 输出的配筋结果，所有结构构件均满足承载力要求，但部分构件不满足现行规范的构造配筋率要求。

设防烈度地震作用下，采用 SATWE 进行中震弹性和中震不屈服分析。计算结果表明，结构仍基本处于弹性状态，变形特征与多遇地震作用下的结构变形相近。层间位移角均小于 1/1200。框支柱、转换梁、底部加强区剪力墙、非底部加强区剪力墙、地基及基础等均满足设防烈度地震作用下的弹性要求，非框支框架及连梁满足设防烈度地震作用下不屈服要求。

罕遇地震作用下，采用 PKPM 系列的 EPDA 程序及 IDARC 2D 6.0 进行弹塑性静力推覆分析和弹塑性动力时程分析。分析结果表明，结构已进入一定的弹塑性状态。转换层层间位移角为 1/1857（EPDA）和 1/1297（IDARC），最大层间位移角为 1/715（EPDA）和 1/693（IDARC），满足设定的抗震性能目标。对框支柱、转换梁、底部加强区剪力墙、基础及承台的内力需求进行验算均满足大震不屈服的性能要求。结构构件的变形及损伤指数满足表 5-5 ~ 表 5-6 要求。

七、改造后结构性能评估

1. 重力荷载和风荷载作用下结构性能评估

结构在 0°、90°风荷载作用下 SATWE 和 ETABS 计算的结构层间位移角均小于 1/1000，满足规范的要求。经复核 SATWE 输出的配筋结果，改造后所有结构构件均满足在重力荷载和风荷载作用下的承载力要求。

结构总重和平均重量如表 5-8 所示，两个分析软件的结果吻合并在合理的范围内。

结构总重和平均重量　　　　　　　　　　　　　　　　　表 5-8

分析软件	结构总重量（t）	平均重量（t/m²）
PKPM	135041	1.67
ETABS	135900	1.68

结构的自振周期和扭转周期比如表 5-9、表 5-10 和表 5-11 所示：

周期（SATWE 计算结果）　　　　　　　　　　　　　　　　表 5-9

振型号	周期（s）	X 平动系数	Y 平动系数	扭转系数
1	1.7481	0.3	0.7	0
2	1.6773	0.7	0.3	0
3	1.3049	0	0.01	0.99
4	0.4656	0.2	0.8	0
振型参与质量系数		97.90%	98.22%	
第一扭转周期与第一平动周期比				0.75

周期（ETABS 计算结果） 表 5 – 10

振型号	周期（s）	模型参与质量		
		X – 轴反应	Y – 轴反应	转动反应
1	1.69734	2.93	49.49	0.15
2	1.63024	47.94	3.08	0.04
3	1.2648	0.07	0.22	41.66
4	0.46116	0.02	24.18	0.13
振型参与质量系数		90.94%	94.30%	90.25%
第一扭转周期与第一平动周期比				0.75

周期（IDARC 计算结果） 表 5 – 11

振型号	周期（s）	模型参与质量
1	1.57511	51.551
2	0.35814	23.403
3	0.16785	12.116
4	0.09853	4.306
振型参与质量系数		96.42%

由上述结果，开洞改造后的广州花园酒店西塔的弹性动力特性与原结构十分接近，但刚度略有下降。

2. 结构在多遇地震作用下性能评估

以 X 向小震作用下结构的层间位移角及剪力为例，分析结果如图 5 – 6 ~ 图 5 – 11 所示。

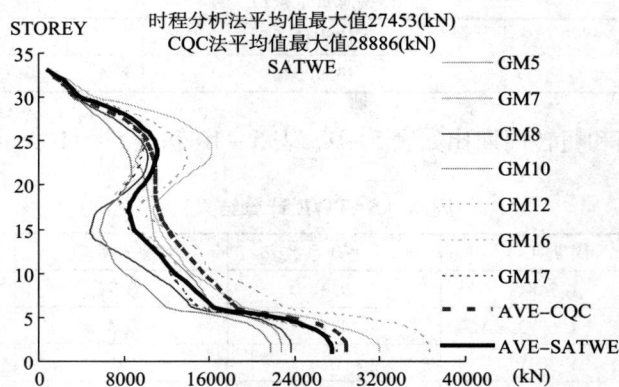

图 5 – 6 X 主向层间剪力曲线图

STOREY
时程分析法平均值最大值27824(kN)
CQC法平均值最大值30100(kN)
ETABS

GM5
GM7
GM8
GM10
GM12
GM16
GM17
CQC-ETABS
AVE-ETABS

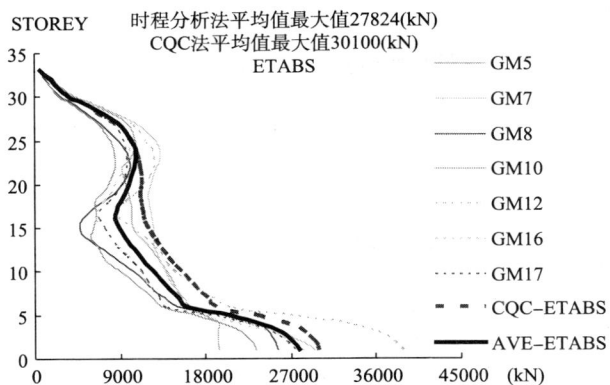

图 5 - 7　X 主向层间剪力曲线图

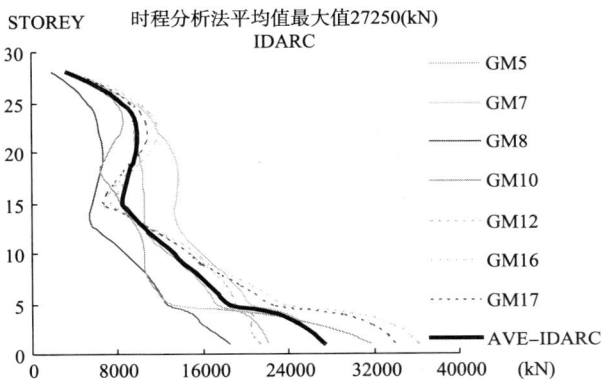

STOREY
时程分析法平均值最大值27250(kN)
IDARC

GM5
GM7
GM8
GM10
GM12
GM16
GM17
AVE-IDARC

图 5 - 8　X 主向层间剪力曲线图

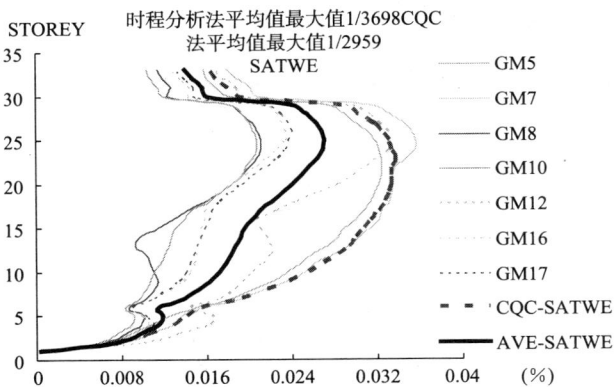

STOREY
时程分析法平均值最大值1/3698CQC
法平均值最大值1/2959
SATWE

GM5
GM7
GM8
GM10
GM12
GM16
GM17
CQC-SATWE
AVE-SATWE

图 5 - 9　X 主向层间位移角曲线图

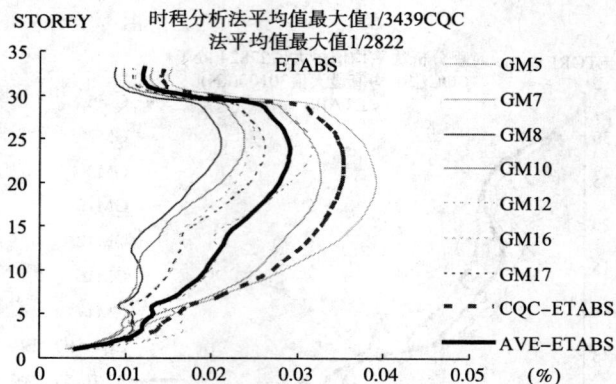

图 5 - 10　X 主向层间位移角曲线图

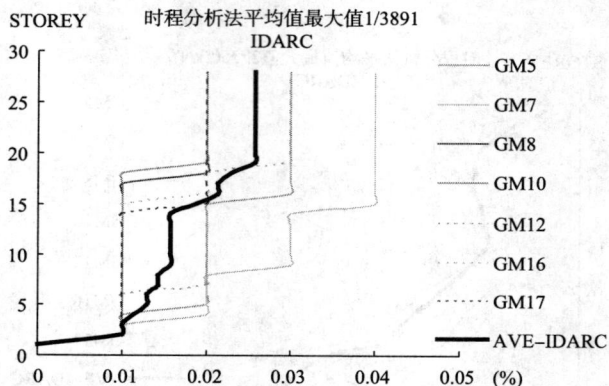

图 5 - 11　X 主向层间位移角曲线图

分析结果表明改造后的结构在多遇地震作用下的整体反应与改造前的反应基本一致。《高规》附录 E 的等效刚度比如表 5 - 12 所示。

转换层上部与下部结构的等效侧向刚度比（PKPM 计算结果）　　　　表 5 - 12

转换层所在层号			5		
转换层下部结构起止层号	2 ~ 5	总高度	20. 75		
转换层上部结构起止层号	6 ~ 12	总高度	20. 30		
X 方向下部刚度	0. 1073E + 08	X 方向上部刚度	0. 3399E + 07	X 方向刚度比	0. 3098
Y 方向下部刚度	0. 9466E + 07	Y 方向上部刚度	0. 3231E + 07	Y 方向刚度比	0. 3339

可见，结构满足《高规》附录 E 的等效刚度比要求。

结构的稳定验算如表 5 - 13 所示。

结构整体稳定验算结果　　　　　　　　　　　　　表 5－13

分析软件	X 向刚重比 EJd/GH²	Y 向刚重比 EJd/GH²
PKPM	14.57	13.84
ETABS	9.07	8.56

结构刚重比 EJd/GH² 大于 1.4，能够通过《高规》5.4.4 条的整体稳定验算

结构 X 向刚重比 EJd/GH² 大于 2.7，可以不考虑重力二阶效应

图 5－12、图 5－13 为结构在 0°、90°多遇地震作用下 SATWE 和 ETABS 计算的结构楼层层间侧向刚度比（上层与下层刚度比）分布图。

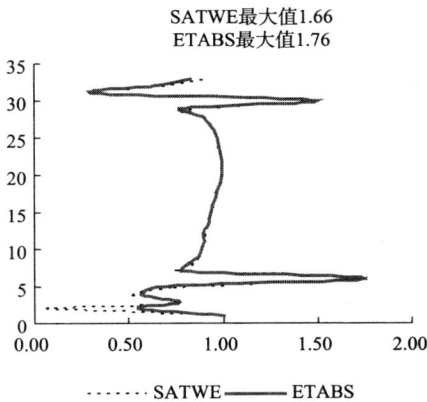

图 5－12　X 主向侧向刚度比分布图

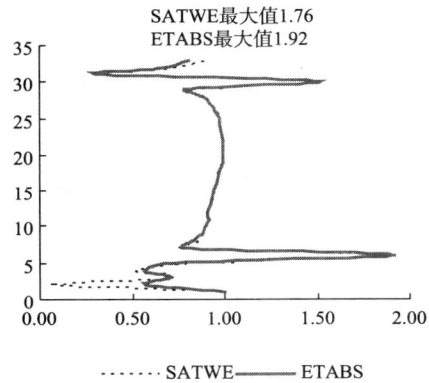

图 5－13　Y 主向侧向刚度比分布图

从以上楼层层间刚度比分布图可见，ETABS 计算结果比 SATWE 略大，而最大值均出现在五层（转换层）处，不满足规范不大于 1/70% = 1.42 的要求。

图 5－14、图 5－15 为结构在 0°、90°多遇地震作用下 SATWE 和 ETABS 计算的结构楼层层间位移角比（下层与上层刚度比）分布图。

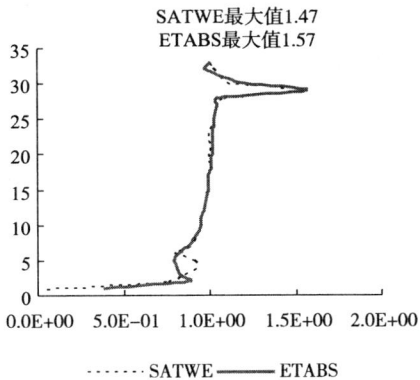

图 5－14　X 主向楼层层间位移角比分布图

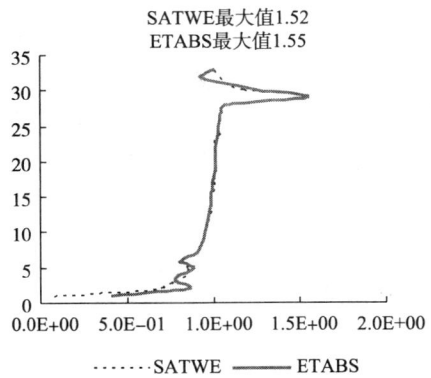

图 5－15　Y 主向楼层层间位移角比分布图

从以上楼层层间位移角比分布图可见，除塔楼顶层与急剧内收为一圆柱筒体的旋转餐厅层之间的层间位移比值大于规范 1.3 的要求外，塔楼主体均满足规范不大于 1.3 的要求。其中，转换层层间位移角比值为 0.85（X 主向）、0.86（Y 主向），小于 FEMA356 建议的 0.89 限值。

结构竖向抗剪承载力，X、Y 向结构承载力比相近，均满足规范的不小于 80% 的要求。

图 5-16、图 5-17 为结构在 0°、90° 多遇双向地震作用下 SATWE 和 ETABS 计算的结构楼层扭转位移比曲线图。图 5-18、图 5-19 为结构在 0°、90° 多遇偏心地震作用下 SATWE 和 ETABS 计算的结构楼层扭转位移比曲线图。

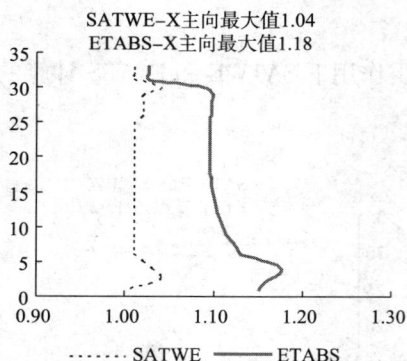

图 5-16　双向地震楼层扭转位移比曲线　　**图 5-17　双向地震楼层扭转位移比曲线**

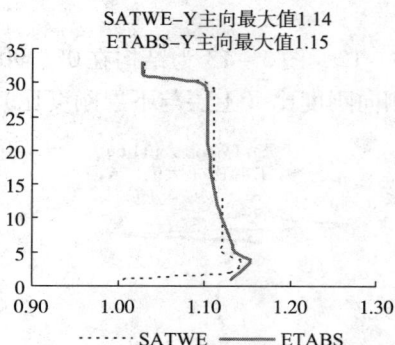

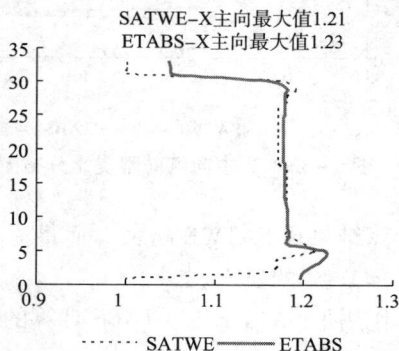

图 5-18　偶然偏心地震楼层扭转位移比曲线　　**图 5-19　偶然偏心地震楼层扭转位移比曲线**

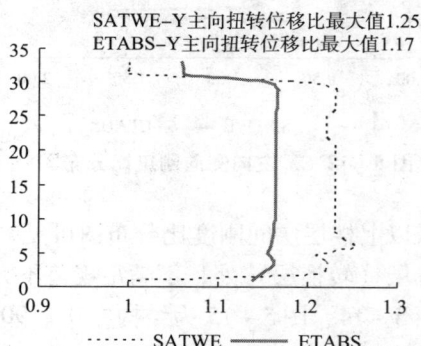

从以上楼层扭转位移比值曲线图可见，结构扭转规则，满足规范要求。

结构构件的抗震性能如下：

约 30% 的框支柱的轴压比不满足现行规范 0.60 的要求，其中最大值为 0.66。纵筋满足承载力及现行规范最小配筋率的要求。箍筋满足承载力要求，但其配筋率约为 0.97%，不满足现行规范 1.6% 的最小配箍率的要求。

转换主梁均满足承载力及现行规范的最小配筋率要求。转换次梁不满足现行规范的最小配筋率的要求，但能够满足承载力要求。

底部加强区剪力墙均满足承载力计算要求，但没有按现行规范设置约束边缘构件或构造边缘构件。核心筒纵筋配筋率约为 0.82%，水平钢筋配筋率为 0.26%，端部体积配箍率为 0.52%。塔楼剪力墙纵筋配筋率约为 0.75%，端部加强为 1%，水平钢筋配筋率为 0.26%，端部体积配箍率为 0.54%。

非底部加强区剪力墙（含改造开洞后的墙肢）均满足承载力计算要求，满足按现行规范构造边缘构件的纵筋配筋率的要求，但不满足现行规范体积配箍率的要求。核心筒纵筋配筋率约为0.67%，水平钢筋配筋率约为0.26%，端部体积配箍率为0.52%。塔楼剪力墙纵筋配筋率约为0.75%，端部加强为1%，水平钢筋配筋率为0.25%，端部体积配箍率为0.67%。

非框支框架及连梁的承载力及最小配筋率均满足要求，构造措施基本满足现行规范要求。改造开洞后的连梁经加固后箍筋封闭，但间距为200，不满足现行规范箍筋间距的要求。

根据上述分析结果，改造后的花园酒店西塔结构满足多遇地震下的抗震性能要求。

3. 结构在设防烈度地震作用下性能评估

图5-20、图5-21为结构在0°、90°设防烈度地震作用下SATWE计算的结构楼层剪力曲线图及结构楼层弯矩曲线图。从内力图可见，由于结构仍基本处于弹性状态下分析，因此设防烈度地震作用下结构受力规律与多遇地震的情况基本一致，但由于阻尼的增大和结构刚度的减弱，结构楼层剪力和弯矩约为多遇地震作用下剪力和弯矩的2.43倍，略小于设防烈度与多遇地震的地震影响系数比例2.5。

图5-22、图5-23为结构在0°、90°设防烈度地震作用下SATWE计算的结构楼层整体位移曲线图及结构楼层层间位移角曲线图。从下图可见，由于结构仍基本处于弹性状态下，变形特征与多遇地震作用下的情况分析相近。在设防烈度地震作用下，改造后的结构整体反应与原结构基本一致，但略为减少。

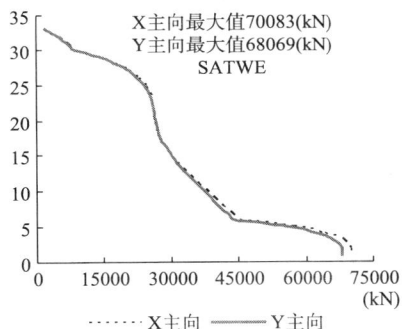

图5-20 地震作用下楼层剪力曲线图

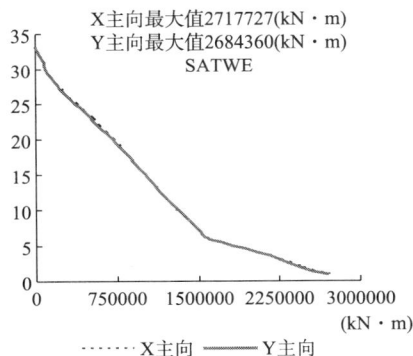

图5-21 地震作用下楼层弯矩曲线图

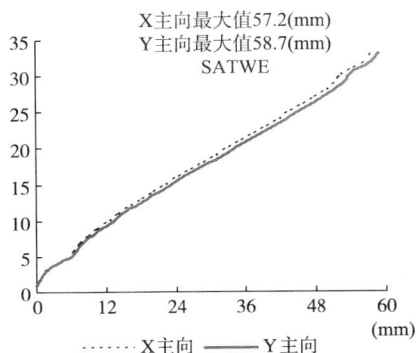

图5-22 地震作用下整体位移曲线

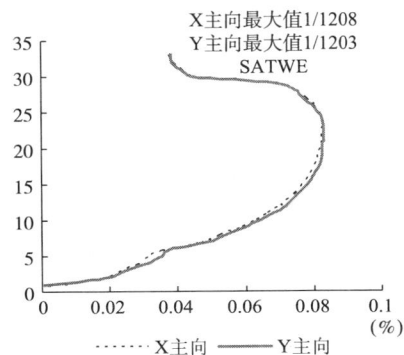

图5-23 地震作用下层间位移角曲线

结构构件的抗震性能如下：

框支柱满足设防烈度地震作用下弹性要求。

转换梁满足设防烈度地震作用下弹性要求。

底部加强区剪力墙满足设防烈度地震作用下弹性要求。

非底部加强区剪力墙（包括开洞后的剪力墙）满足设防烈度地震作用下弹性要求。

非框支框架及连梁（包括加固后的开洞连梁）满足设防烈度地震作用下不屈服要求。

地基及基础均满足设防烈度地震作用下弹性要求。

根据上述分析结果，花园酒店西塔结构满足设防烈度地震下的抗震性能要求。

4. 罕遇地震作用下的结构抗震性能评估

（1）动力弹塑性时程分析

7度罕遇地震作用下 EPDA 及 IDARC 计算的 7 条地震波作用下结构典型的剪力曲线图如图 5-24、图 5-25 所示。

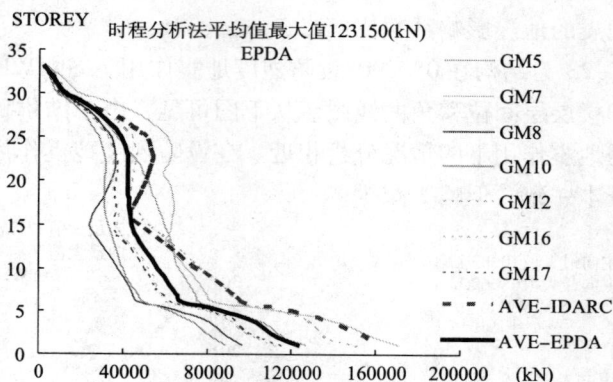

图 5-24　X 主向层间剪力曲线图

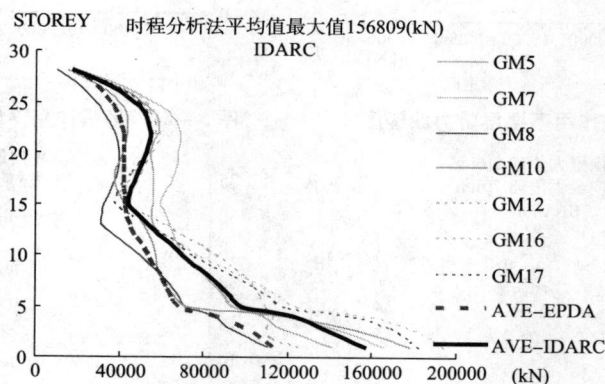

图 5-25　层间剪力曲线图

罕遇地震地震作用下与多遇地震作用下的基底剪力比值为 4.49（X 向）和 5.11（Y 向），较改造前结构略为减少，说明与改造前相比，结构改造后的弹塑性程度略为增大。

7度罕遇地震作用下 EPDA 及 IDARC 计算的 7 条地震波作用下结构典型的层间位移角

曲线图如图 5 - 26、图 5 - 27 所示。

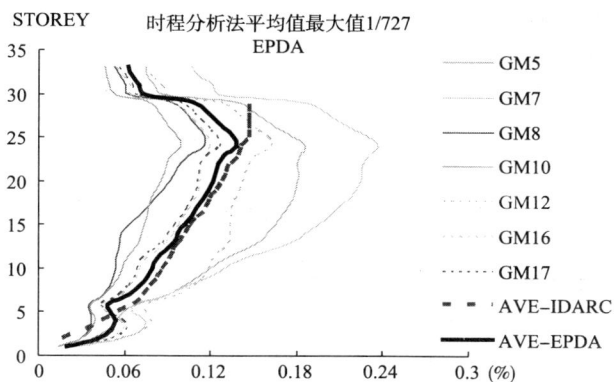

图 5 - 26 X 主向层间位移角曲线图

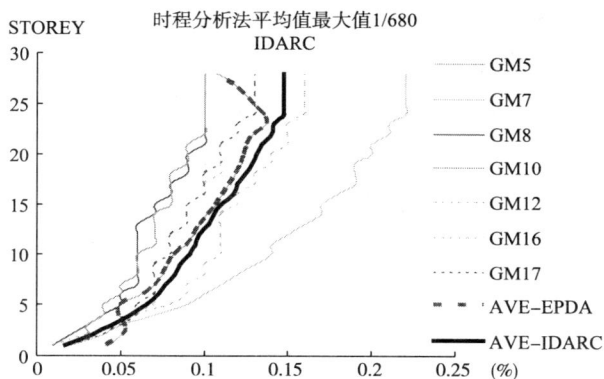

图 5 - 27 层间位移角曲线图

从以上弹塑性分析结果可见，转换层层间位移角为 1/1522，最大层间位移角为 1/680，满足设定的抗震性能目标。

图 5 - 28 为地震波 GM16 和 GM17 在 8°罕遇地震作用下，以 0°、90°为主方向的三向弹塑性时程分析的层间位移角曲线图：

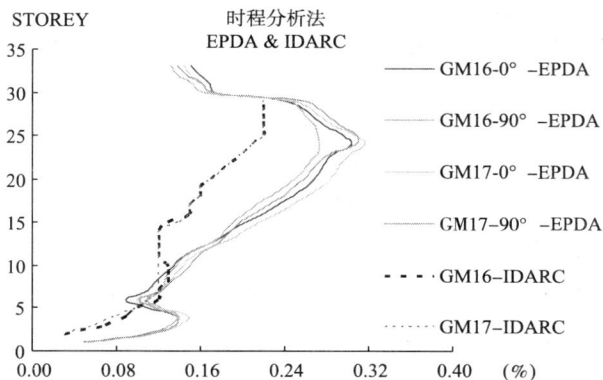

图 5 - 28 层间位移角曲线图

从以上弹塑性分析可见，结构在 8 度罕遇地震作用下其层间位移角仍然满足本结构在罕遇地震作用下的性能指标。

（2）结构构件内力需求

1）框支柱的内力需求

根据弹塑性时程分析的内力结果，底部具有代表性的框支柱最大轴力如下表 5－14 所示：

部分框支柱最大轴力 表 5－14

柱编号	Z1（kN）	Z2（kN）	Z3（kN）	Z4（kN）	Z5（kN）	Z6（kN）
小震轴力	40389	45381	38366	39743	47041	43476
中震轴力	40495	45461	48199	39872	47241	43728
大震轴力	51959	55878	54329	51559	57115	56093

从上表可见，框支柱轴力大于小震下的构件轴力，但均满足框支柱的 IO 承载力要求。

2）底部加强区剪力墙的内力需求

根据弹塑性时程分析的内力结果总结底部加强区剪力墙的剪应力比如表 5－15 所示：

底部加强区剪力墙剪应力对比 表 5－15

首层各工况地震波作用下剪力墙剪应力比			
剪力墙	W1	W2	W3
剪力平均值（kN）	6639	5970	11588
剪应力比 $V/f_{ck}bh_0$	0.075	0.067	0.075

五层各工况地震波作用下剪力墙剪应力比				
剪力墙	W4	W5	W6	W7	W8
剪力平均值（kN）	2119	1847	2957	3375	3237
剪应力比 $V/f_{ck}bh_0$	0.048	0.042	0.038	0.059	0.062

从以上计算分析可知，首层剪力墙最大剪应力比仅为 0.08，五层剪力墙最大剪应力比仅为 0.06，均能在强度上满足在罕遇地震下的抗剪不屈服的性能目标。

3）转换梁的内力需求

选择有代表性的转换梁验算如表 5－16 所示：

典型转换梁内力 表 5－16

梁号（截面）	工况	剪力（kN）	截面抗剪承载力标准值（kN）	弯矩（kN·m）	截面抗弯承载力标准值（kN·m）
KL1 （1200×2500）	各地震波作用下内力平均值	6594	8813	12901	17907
		−6594	−8813	−13343	−21204
KL2 （2500×3000）	各地震波作用下内力平均值	4714	22094	26173	31981
		−4714	−22094	−25820	−31981

4）基础及承台抗震性能

由表 5 – 14 可知，罕遇地震作用下的柱底反力约为多遇地震作用下的 1.2 ~ 1.4 倍，由于桩基的抗震承载力调整系数 ζ_a 为 1.5，且按桩基承载力验算的承台承载力约有 2 倍富余，故基础及承台抗震性能满足设定的性能目标。

（3）结构构件变形需求

图 5 – 29 及图 5 – 30 分别为结构典型梁元及墙元在时程分析过程中的变形曲线图：

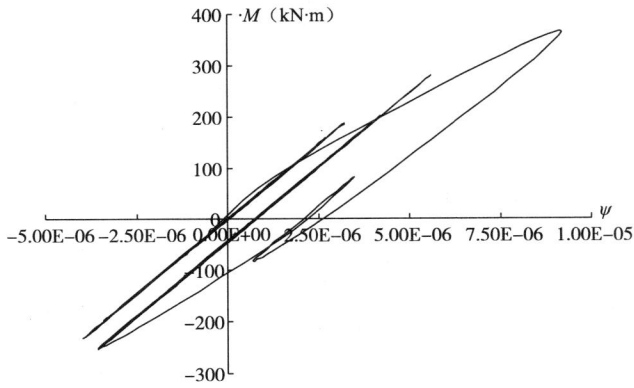

(a)

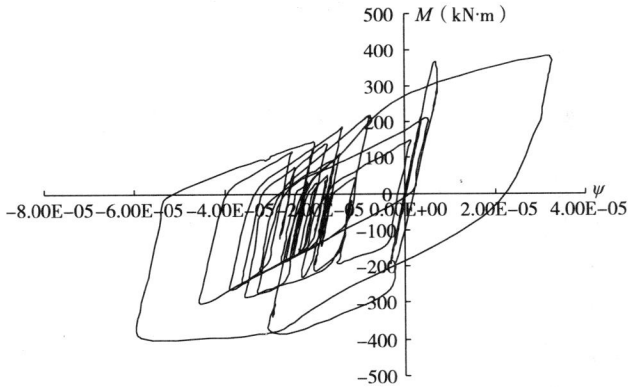

(b)

图 5 – 29　典型梁元弯矩 – 曲率图

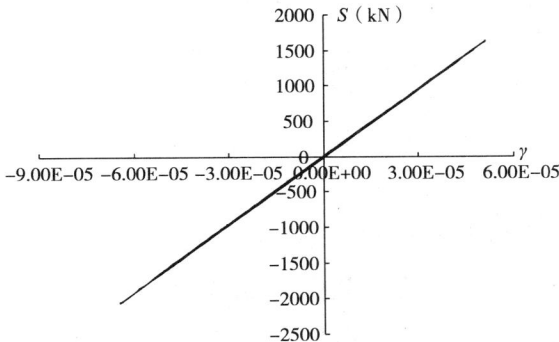

图 5 – 30　典型墙元剪力 – 应变图

结构构件的变形需求如表 5 – 17 所示。

开洞罕遇地震作用下主要结构构件变形　　　　　　　　　表 5 – 17

构件类型	最大塑性铰转角	最大剪切应变（%）	LS 限值		CP 限值	
			转角	剪切（%）	转角	剪切（%）
框支柱	0.001	—	0.007	—	0.010	—
转换梁	0.001	—	0.010	—	0.020	—
落地剪力墙	0.001	0.008	0.004	0.600	0.008	0.750
塔楼剪力墙	0.001	0.007	0.004	0.600	0.008	0.750
开洞塔楼剪力墙	0.001	0.006	0.002	0.600	0.003	0.750
开洞剪力墙连梁	0.020	0.014	0.016	0.012	0.022	0.016
塔楼剪力墙连梁	0.019	0.012	0.020	0.015	0.025	0.020

注：塔楼个别连梁塑性铰转角及剪切应变超过 LS 限值外（约占连梁总数 4%），其余构件变形均在 LS 限值以内。

（4）结构损伤分析

从表 5 – 18 可见，结构的总体损伤指数与结构层损伤指数均小于 0.4；构件最大损伤指数略大于 0.4，但均小于 1.0。因此，总体结构处于可修复性能状态，仅个别构件处于不可修复状态。

开洞罕遇地震作用下主要结构构件、结构层及结构总体损伤指数　　　　表 5 – 18

类型	损伤指数
框支柱	0.01
转换梁	0.01
落地剪力墙	0.01
塔楼剪力墙	0.01
塔楼剪力墙连梁	0.45
结构层	0.20
结构总体	0.15

注：以上损伤指数均为各地震波作用下的平均效应。

根据上述分析结果，开洞改造后的花园酒店西塔结构满足罕遇地震作用下的抗震性能目标。

八、单片剪力墙的极限承载力分析

由于花园酒店西塔的剪力墙结构没有设置边缘构件，构造上不满足现行规范的要求。为了验证本例中有关结构弹塑性分析的合理性，确保结构在遭遇真实强震时达到设定的性能目标，本节运用通用有限元程序 DIANA 对拟开洞的剪力墙进行极限承载力分析，并与 IDARC 分析的结果进行对比，验证剪力墙结构的抗震性能以及 IDARC 分析模型的合理性。

1. 分析模型

（1）模型单元及参数

在 DIANA 分析中，按照真实模型进行建模，混凝土部分采用 8 节点二次插值平面应力单元，钢筋为 DIANA 自带钢筋模型，包括 Grid 钢筋层模型和 Bar 钢筋杆模型。混凝土本构模型采用的是基于总应变的转角裂缝模型。该模型在主应变空间考虑材料的非线性问题，在应变主轴上利用修正的等效单轴应力－应变关系。等效单轴受压应力－应变关系为 Thorenfeldt 等提出的模型，该模型得到了大量试验和数值分析的证实，能够较好地描述混凝土的单轴受压应力应变；等效单轴受拉应力－应变关系的软化段取为直线段。此外，DIANA 能够考虑泊松比、侧向受压限制及侧向受拉对混凝土材料抗压强度的影响，给出精度较高的分析结果。钢筋采用三折线模型，考虑硬化段对结构非线性性能的影响。采用的破坏准则为：受拉为 Ranknie 拉应力准则，受压为 Hsieh－Ting－Chen 的四参数准则，该准则能够较好地反映侧向压应力限制对混凝土材料本构关系的影响。材料参数分别采用标准值和平均值进行计算。

分析中采用的材料参数分别如表 5－19 和 5－20 所示。

混凝土材料参数　　　　　　　　　　　　　　　　表 5－19

混凝土种类	取值	弹性模量（MPa）	泊松比	抗拉强度（MPa）	抗压强度（MPa）
C35	标准值	3.15E4	0.2	2.01	23.4
	平均值			2.80	29.8

钢筋材料参数　　　　　　　　　　　　　　　　表 5－20

钢筋种类	取值	弹性模量（MPa）	屈服强度（MPa）	硬化点应变	硬化模量（MPa）	极限强度（MPa）
HPB235	标准值	2.1E5	235		3500	329
	平均值		275	0.03		385
HPB400	标准值	2.05E5	400		3416	560
	平均值		470			660

（2）模型建立及加载

利用 DIANA 及 IDARC 程序，建立改造前的单片剪力墙体有限元模型及杆系模型如图 5－31。其中有限元模型总单元数为 3840 个，总节点为 11945 个；杆系模型墙元数为 24，总节点数为 24。

PHYSICAL
THICK300
THICK400
THICK250
THICK380
THICK350
THICK200
THICK150

图 5 – 31　改造前单片
剪力墙分析模型

PHYSICAL
THICK300
THICK400
THICK250
THICK380
THICK350
THICK200
THICK150

图 5 – 32　改造后开洞
剪力墙分析模型

利用 DIANA 及 IDARC 程序，建立改造后的单片剪力墙体有限元模型及杆系模型如图 5 – 32。其中有限元模型总单元数为 3360 个，总节点为 10874 个；杆系模型墙元数为 53，梁元数为 48，总节点数为 72。

加载时，先对剪力墙施加竖向荷载，然后分倒三角形荷载和矩形均布荷载两种加载模式施加水平力。由于荷载 – 位移曲线存在明显的软化下降段，同时考虑到加载模式，数值求解过程采用了 Riks 弧长法求解技术。

2. 分析结果

图 5 – 33 为 DIANA 分析得到的改造前单片剪力墙各典型阶段的裂缝示意图。两种加载模式得到的裂缝图形基本相同，但倒三角形加载出现裂缝的范围稍微广泛，弯曲性破坏的特征更为明显。

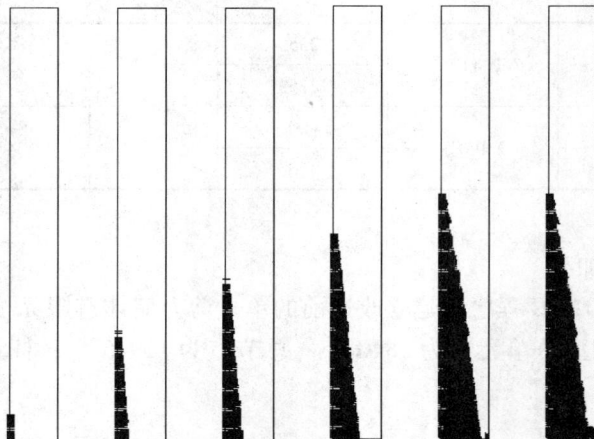

图 5 – 33　改造前单片墙裂缝开展示意图

图 5-34 为 DIANA 分析得到改造后单片剪力墙的各典型阶段的裂缝示意图。两种加载模式得到的裂缝图形基本相同，但倒三角形加载出现裂缝的范围稍微广泛，弯曲性破坏的特征更为明显。

同时，注意到顶部连梁上最先出现弯曲裂缝，但随着水平荷载的增加，连梁裂缝发展并不明显。最后破坏时，所有的连梁上的裂缝发展非常充分，连梁发生破坏。可见，开洞以后，连梁可以成为第一道抗震防线，起到抵抗外荷载和抗震能量耗散的作用。

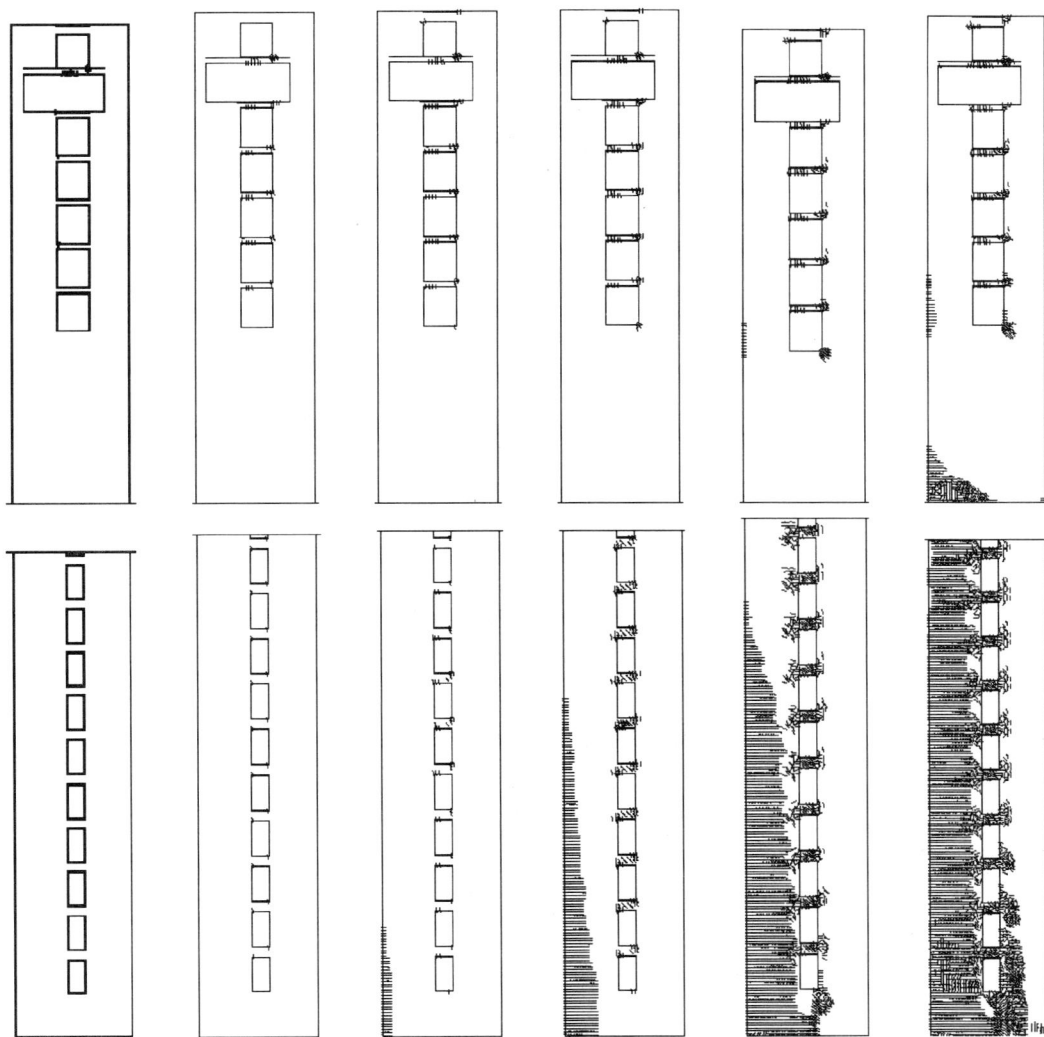

图 5-34 改造后开洞单片墙裂缝开展示意图

改造前后单片剪力墙在矩形荷载作用下的承载力结果（包括采用材料标准值及材料平均值）如图 5-35、图 5-36 及表 5-21、表 5-22 所示。

剪力（kN）

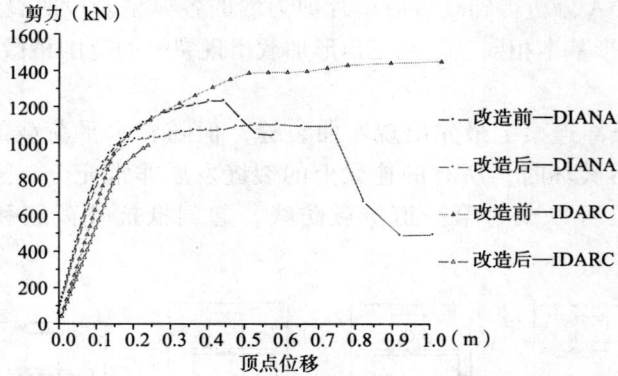

图 5－35 矩形荷载作用下改造前后单片墙
承载力变化图（材料标准值）

剪力（kN）

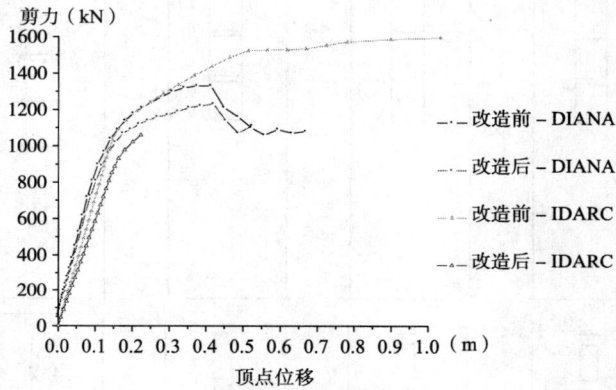

图 5－36 矩形荷载作用下改造前后单片墙
承载力变化图（材料平均值）

矩形荷载分布（材料标准值）　　　　　　　　　　　　表 5－21

分析软件	极限承载力（kN）			极限承载力相应顶点位移（m）		
	改造前	改造后	改造前后差值	改造前	改造后	改造前后差值
DIANA	1230	1100	10.6%	0.445	0.589	32.4%
IDARC	1447	986	31.9%	1.031	0.239	76.8%
程序对比	17.7%	10.4%		131.7%	59.4%	

矩形荷载分布（材料平均值）　　　　　　　　　　　　表 5－22

分析软件	极限承载力（kN）			极限承载力相应顶点位移（m）		
	改造前	改造后	改造前后差值	改造前	改造后	改造前后差值
DIANA	1330	1230	7.5%	0.412	0.419	1.7%
IDARC	1592	1060	33.4%	1.031	0.223	78.4%
程序对比	19.7%	13.8%		150.2%	46.8%	

改造前单片剪力墙在倒三角形荷载作用下的承载力结果（包括采用材料标准值及材料平均值）如图 5-37、图 5-38 及表 5-23、表 5-24 所示。

倒三角形荷载分布（材料标准值）　　　　　　　　　　　　　表 5-23

分析软件	极限承载力（kN）			极限承载力相应顶点位移（m）		
	改造前	改造后	改造前后差值	改造前	改造后	改造前后差值
DIANA	917	805	12.2%	0.489	0.735	50.3%
IDARC	1080	670	37.9%	1.024	0.295	71.2%
程序对比	17.8%	16.7%		109.4%	59.8%	

倒三角形荷载分布（材料平均值）　　　　　　　　　　　　　表 5-24

分析软件	极限承载力（kN）			极限承载力相应顶点位移（m）		
	改造前	改造后	改造前后差值	改造前	改造后	改造前后差值
DIANA	1000	892	10.8%	0.464	0.447	3.7%
IDARC	1188	717	39.6%	1.022	0.271	73.5%
程序对比	18.8%	19.6%		120.3%	39.4%	

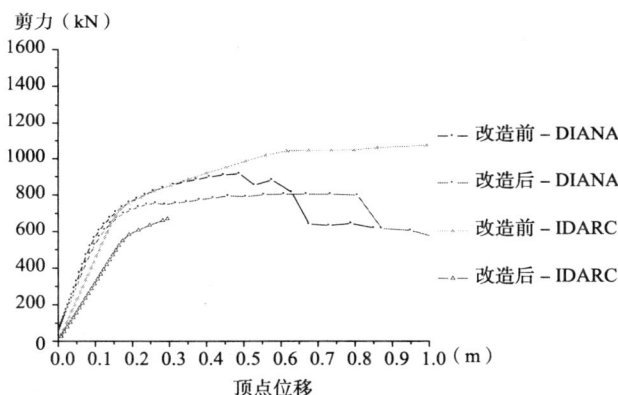

**图 5-37　倒三角形荷载作用下改造前后单片墙
承载力变化图（材料标准值）**

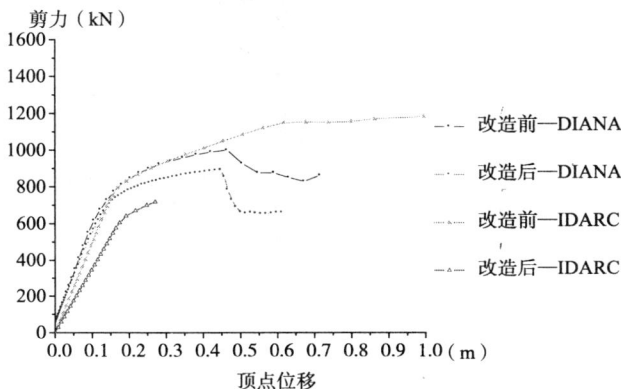

**图 5-38　倒三角形荷载作用下改造前后单片墙
承载力变化图（材料平均值）**

从上述分析结果可以看出：

1）DIANA 与 IDARC 分析结构基本吻合，但由于 IDARC 程序在分析改造后的开洞剪力墙时，是以其单一连梁的极限破坏状态为剪力墙最终的破坏准则，因此不能模拟连梁充分屈服后时，墙肢进入塑性屈服状态的阶段，未能充分模拟出改造后开洞剪力墙的真实极限状态。

2）从 IDARC 分析结果可知，改造后的开洞剪力墙最终破坏状态（实质为连梁极限破坏状态）时所分析得出的内力及变形已大于弹塑性动力分析中该墙体的内力及变形需求。因此，利用 IDARC 建立开洞剪力墙模型的结构弹塑性动力时程分析是合理的。

3）开洞后剪力墙的抗侧移刚度有所减小，抵抗外荷载的能力有所降低，但降低程度均在 15% 以内，说明开洞以后对连梁予以加强是有效、必要的。

4）改造后的开洞剪力墙在墙肢不加固、连梁加固的情况下，结构仍能满足连梁先于墙肢屈服的良好耗能机制，满足结构在大震下的内力及变形需求，并且有较大的安全度。

九、剪力墙开洞施工顺序优化分析

为了提供广州花园酒店西塔"白金五星级酒店"改造的结构开洞施工顺序方案，运用通用有限元程序 SAP2000 V9 进行如下的施工顺序分析：

1）建立整体模型施加重力荷载；

2）经过 25 年的收缩、徐变；

3）切割开洞，荷载重分布。

SAP2000 V9 中的收缩徐变分析采用欧洲规范 Ewrocode2：ENV1992—1—1：1991 中的公式，是目前国际上广泛使用的方法。选用的分析参数如图 5－39、图 5－40 所示：

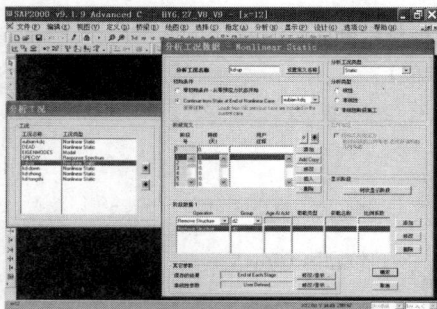

图 5－39

图 5－40

选取广州花园酒店西塔其中一翼中的边上五跨，建立整体模型，如图 5－41 和图 5－42 所示。

把每层的洞口定义为组，把每组的墙元按不同顺序从分析模型中删去，可以准确考虑施工模拟对应力重分布的影响。考虑每层洞口的施工时间为 1 天。分析的情况分为以下四种：1）不考虑施工顺序模拟，每层洞口同时施工；2）由下往上施工；3）由上往下施工；4）由中间往上、下施工。

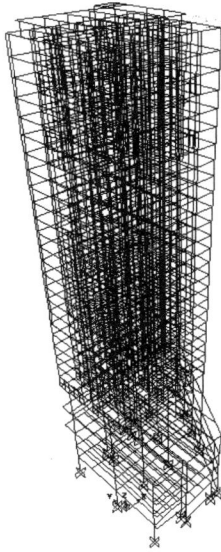

图5-41

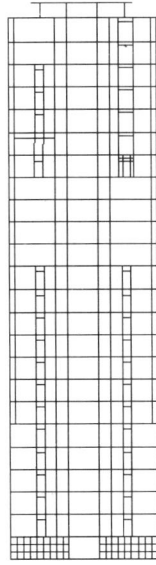

图5-42

本节分别考察结构中的四点的内力变化，位置如图5-43所示。其中A点和B点分别位于转换梁跨中和边缘处，C点和D点分别位于第7层和第14层的连梁处。

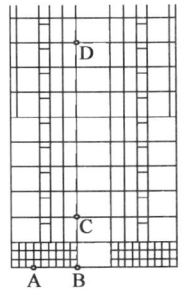

图5-43

1. A点转换梁内力变化

图5-44和图5-45分别是A点在25年的收缩徐变和改造施工时剪力和弯矩的变化图；图5-46和图5-47分别是A点仅在改造施工期间剪力和弯矩的变化图。

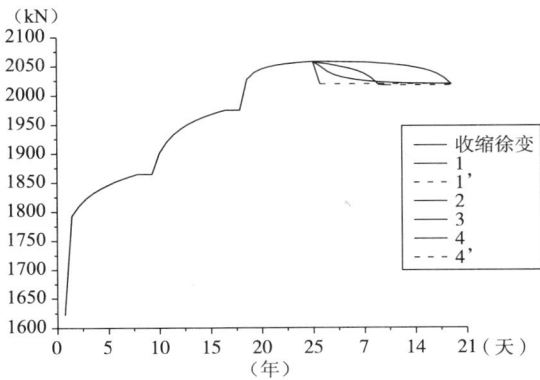

图5-44

A——剪力图1

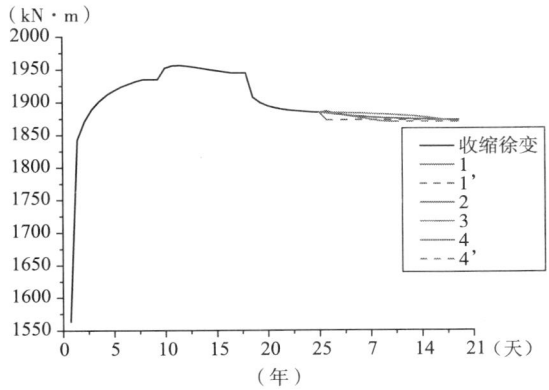

图5-45

A——弯矩图1

269

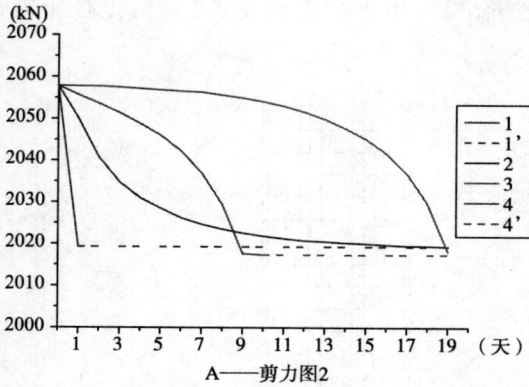

图 5 – 46

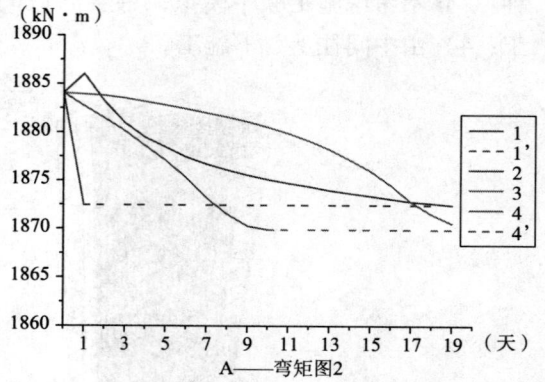

图 5 – 47

2. B 点转换梁内力变化

图 5 – 48 和图 5 – 49 分别是 B 点在 25 年的收缩徐变和改造施工时剪力和弯矩的变化图；图 5 – 50 和图 5 – 51 分别是 B 点仅在改造施工期间剪力和弯矩的变化图。

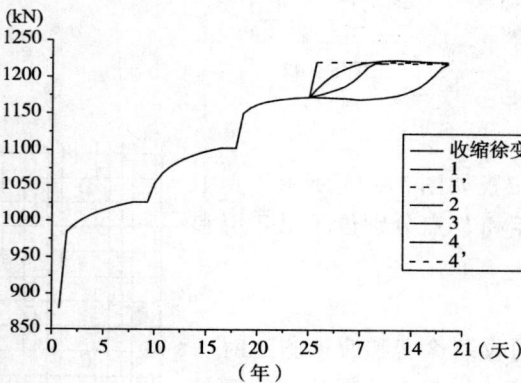

图 5 – 48

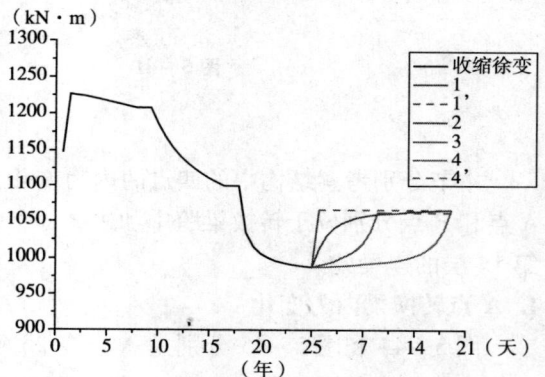

图 5 – 49

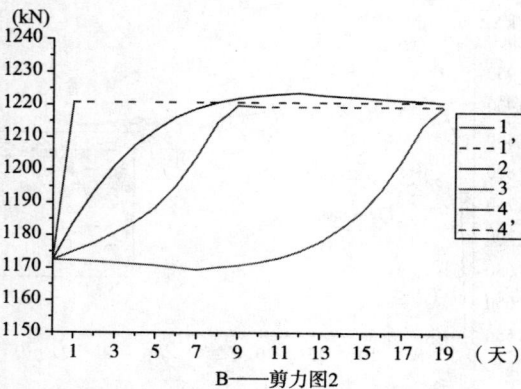

图 5 – 50

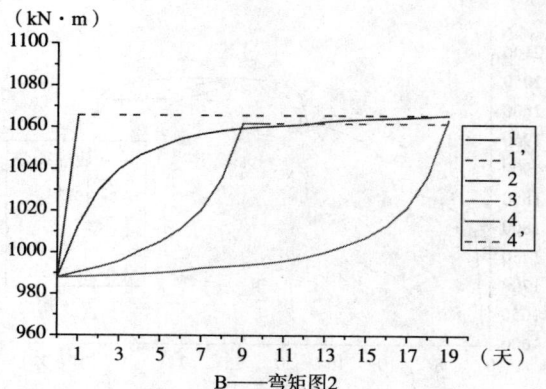

图 5 – 51

3. C 点连梁内力变化

图 5－52 和图 5－53 分别是 C 点在 25 年的收缩徐变和改造施工时剪力和弯矩的变化图；图 5－54 和图 5－55 分别是 C 点仅在改造施工期间剪力和弯矩的变化图。

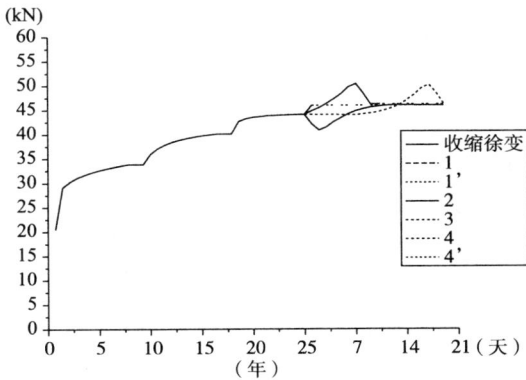

C——剪力图1

图 5－52

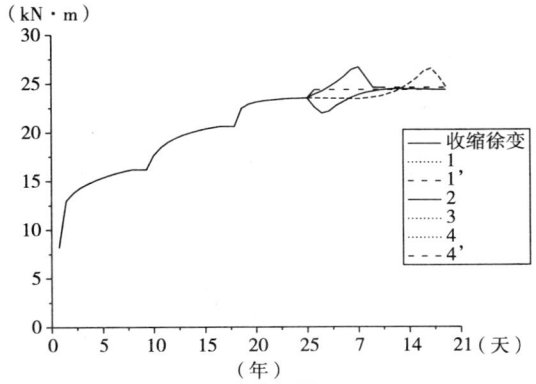

C——弯矩图1

图 5－53

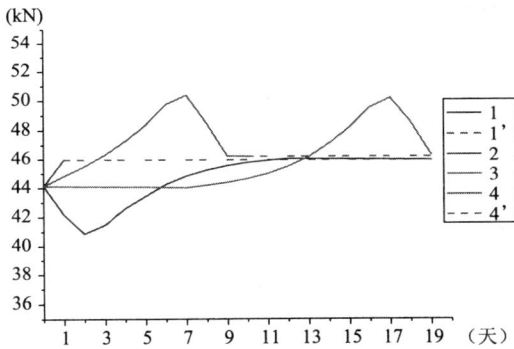

C——剪力图2

图 5－54

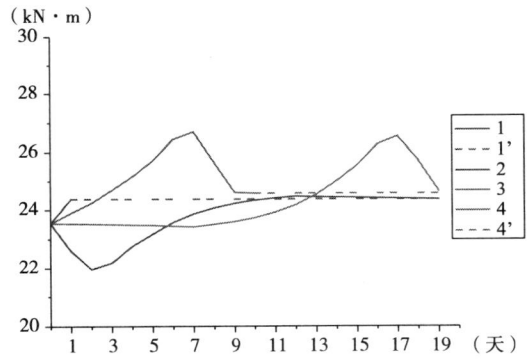

C——弯矩图2

图 5－55

4. D 点连梁内力变化

图 5－56 和图 5－57 分别是 B 点在 25 年的收缩徐变和改造施工时剪力和弯矩的变化图；

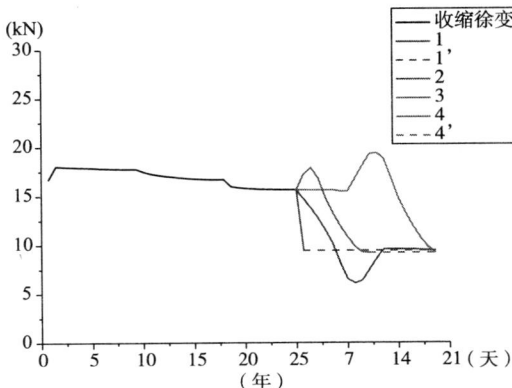

D——剪力图

图 5－56

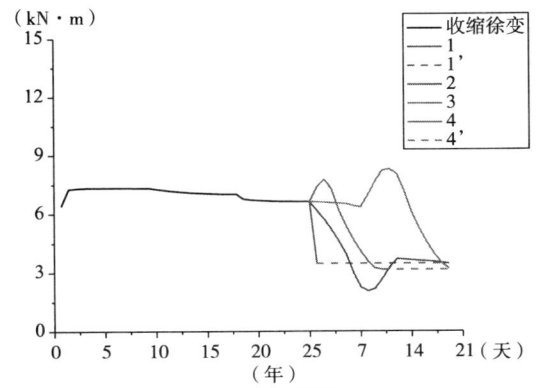

D——弯矩图

图 5－57

由分析结果，各种不同的施工顺序下，转换梁的内力变化在 8% 以内；连梁变化幅度较大，但内力幅值均在连梁承载力的范围内，所以可允许施工方根据对其最有利的施工顺序进行切割开洞施工。但必须满足：

1）先行封堵剪力墙洞口；

2）每个剪力墙洞口切割后，马上对该洞口的连梁进行加固。

十、结论

花园酒店已建成 25 年，且改造前后结构均不满足我国现行规范的抗震构造要求。本设计参考美国规范 FEMA356，提出了结构及构件在不同概率地震作用下的性能目标；并对改造前后结构进行一系列细致的弹性和弹塑性分析，综合应用截面承载力复核和变形与损伤指数控制等方法，实现了设定的性能目标评估，确保改造后的结构达到"小震不坏、中震可修、大震不倒"。该方法可以用于超限结构设计和不符合现行规范构造要求的既有建筑结构抗震评估时参考。

（注：本工程抗震超限设计完成于 2007 年）

工程实例六　盛德大厦结构抗震超限设计

一、工程概述

盛德大厦工程为一改建工程，本工程地下2层，地上裙房6层，其中A栋办公楼塔楼20层，总建筑高度79.3m；B栋住宅楼塔楼37层，建筑高度119.0m，属于B类高度高层建筑；其中地下室及裙房四层已经建成。

本例仅针对B栋超高层建筑结构进行结构抗震超限设计可行性分析。B塔楼原结构设计为地下2层，地上32层框架—剪力墙结构，设计依据为国家1989系列结构规范，结构设计使用年限为50年；现为满足使用要求，需要对原结构方案进行改造，改建方案为部分框支剪力墙结构体系，主体结构地下2层，地上裙房6层，主楼37层，于第7层处转换，结构高度119.0m，属于B类高度超高层建筑结构。结构设计共分两部分：1）对已建部分进行结构构造及承载力复核；2）对新建部分进行结构设计。

图6-1　盛德大厦实景

1. 结构超限情况

1）高位转换—竖向构件不连续。第7层为结构转换层，部分竖向抗侧力构件不连续，并超出规范5层转换的要求。

2）扭转不规则。结构最大扭转位移比X方向1.23（26层），Y方向1.34（首层），大于规范的允许值1.20，属于类Ⅰ扭转不规则。

2. 结构特殊情况

原设计结构按89系列规范设计并已建成至地上4层，结构体系为框架—剪力墙结构。结构设计满足1989系列国家结构规范，并比1989系列规范略有提高，但不满足现行2002系列国家结构规范的构造要求。

二、结构体系

1. 原结构体系

原设计结构楼高32层，长×宽约36m×30m，采用框架—剪力墙结构体系，并已建成地下2层，地上4层。建设方委托广州建设工程质量安全检测中心对已建部分实体结构进行施工质量检测。检测表明：结构现状基本完好，并基本满足原设计要求。结构抗震等级如表6-1所示。

原结构构件抗震等级　　　　　　　　　　　　表6-1

楼层	-2层~4层	5~顶层
墙柱梁	二级	未建

2. 新结构体系

新设计结构楼高37层，长×宽约36m×30m，采用部分框支剪力墙结构体系，结构平面图如图6-2、图6-3所示。

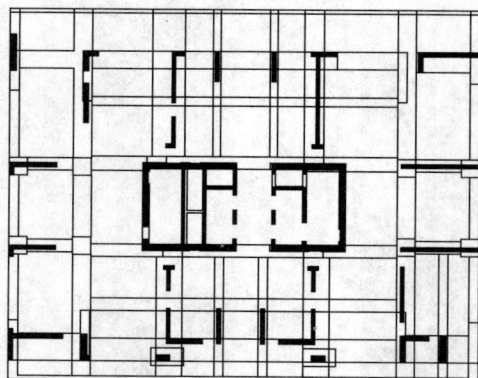

图6-2　转换层结构布置图

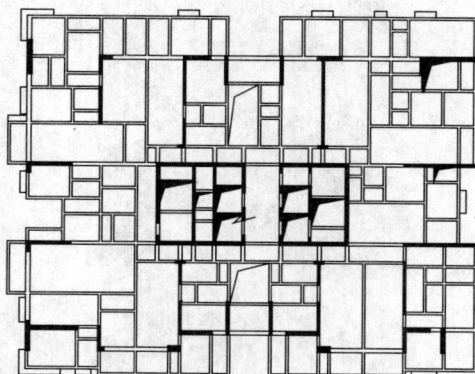

图6-3　上部标准层结构布置图

结构抗震等级如表6-2所示。

新结构构件抗震等级　　　　　　　　　　　　表 6-2

楼层	-2~4 层	5~9 层	10~顶层
墙柱	改造成特一级	特一级	一级
梁	—	特一级	一级

结构抗侧力体系：

（1）核心筒剪力墙布置

长×宽 = 15.6m×7.0m，墙厚 200（次要内墙）~500mm（主要外墙）。核心筒剪力墙布置加强措施：1）在与转换梁交接处，增设端柱，并设置比现行 2002 系列规范中框支柱更为严格的构造措施。端柱轴压比小于 0.50，配筋率约 2.0%，配箍率约 1.8%。2）核心筒角部尽量增设角柱，并设置比现行 2002 系列规范中框支柱更为严格的构造措施。端柱轴压比小于 0.50，配筋率 2.0%，配箍率 1.8%。3）在转换层平面处，核心筒周边设置 1000（500）mm×2500 mm 环形加强梁，以进一步协调主要转换梁与核心筒的内力传递。

（2）框支柱布置

原设计中框架柱均按现行规范要求进行加固、改造，并设置比现行 2002 系列规范中框支柱更为严格的构造措施。改造后的柱截面主要为 1400 mm×1400 mm，1400 mm×2500 mm。混凝土强度等级 C60，轴压比小于 0.50，配筋率约 2.0%，配箍率约 1.8%。

3. 结构设计加强措施

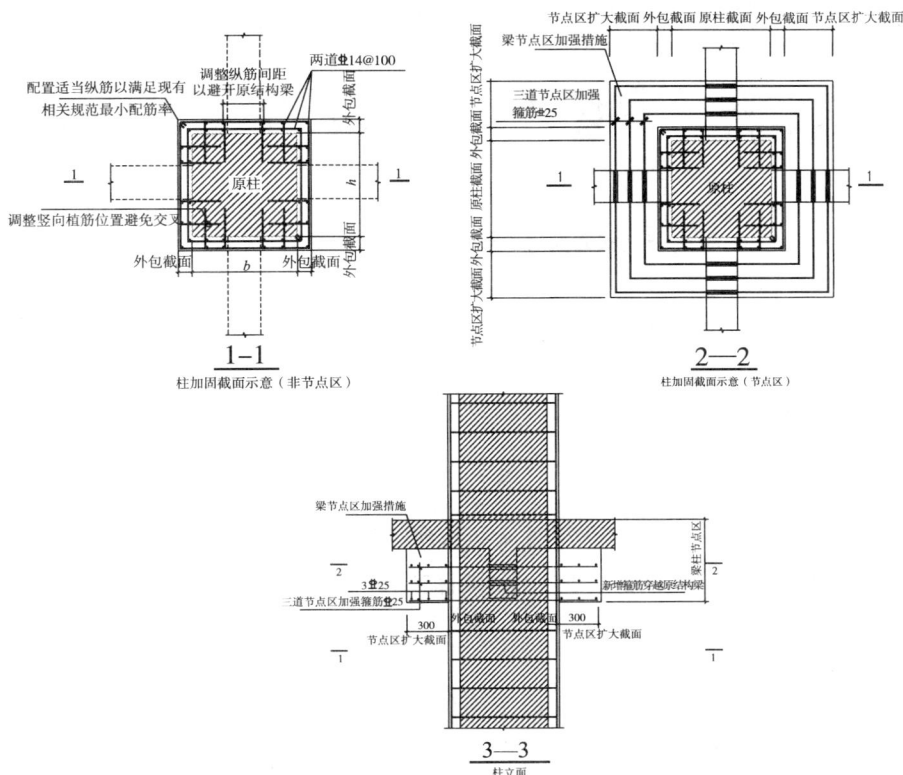

图 6-4　典型框支柱加固、改造示意图

由于本工程已按 89 系列规范设计并已建成至地上 4 层，部分已建构件的构造未能满足现行规范要求，故对结构整体及构件抗震性能提出了更为严格的控制指标：

（1）结构层间位移角小震控制在 1/1400 以内，小于现行 2002 系列规范的 1/1000。

（2）框支柱轴压比 0.50，小于现行 2002 系列规范的 0.60。

（3）严格控制已建结构中重要抗侧构件的承载力，并对其进行有效的加固、改造，保证其在大震作用下仍处于不屈服状态，以降低墙柱对延性的需求。

1）典型框支柱的加固、改造示意图如图 6-4 所示。

2）核心筒剪力墙的加固、改造示意图如图 6-5 所示。

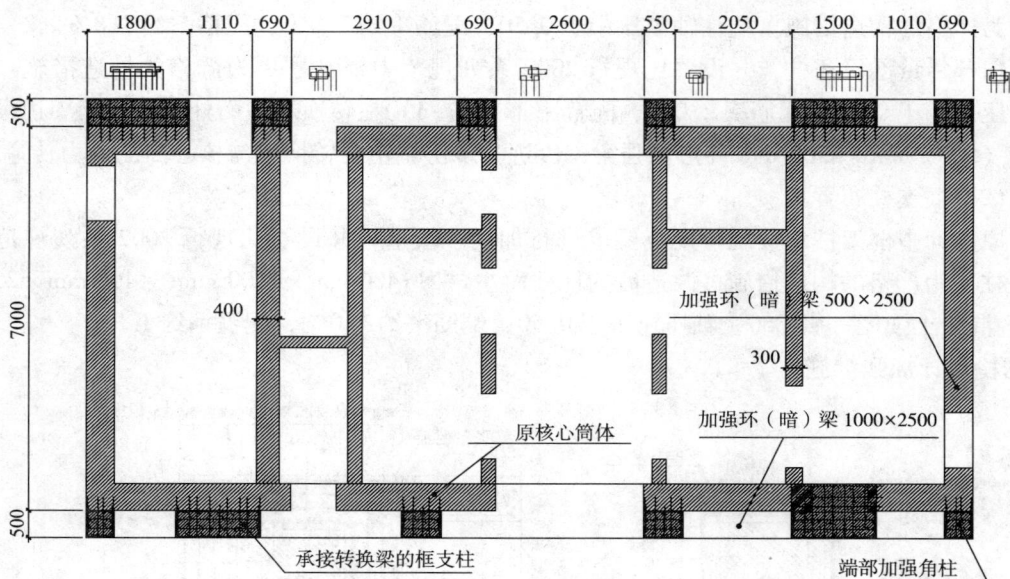

图 6-5 核心筒剪力墙加固、改造示意图

3）对塔楼平面凹进位置，设置 200mm 厚现浇混凝土楼板，双层双向配筋，有效保证结构平面的规则性。

三、荷载与作用

1. 风荷载

广州地区基本风压：重现期为 100 年时 $w_o = 0.60 \text{ kN/m}^2$，进行承载力分析；重现期为 50 年时 $w_o = 0.50 \text{ kN/m}^2$，进行刚度分析。地面粗糙度 C 类，建筑体形系数 $\mu_s = 1.4$。

2. 地震作用

（1）地震反应谱

本工程的场地地震安全性评估报告（以下简称安评报告）提供了场地三个设防水准的最大地震影响系数 α_{max} 与特征周期 T_g 取值见表 6-3。

三个设防水准的最大地震影响系数 α_{max} 与特征周期 T_g 值　　　表 6-3

设防水准	第一水准 （供截面承载力验算）	第二水准 （供设防烈度验算）	第三水准 （结构变形验算）
50 年超越概率	63%	10%	2%
α_{max}	0.0845	0.2397	0.4549
T_g（s）	0.35	0.38	0.40
衰减指数 r	0.90	0.95	1.00

根据安评报告所提供的公式求得的反应谱曲线在长周期段（2～5s 区域）均小于现行规范值。由于本结构第一自振周期接近 3.0s，结构地震响应应受长周期影响为主。可见，多遇地震及设防烈度地震作用下，按规范反应谱分析所得的结构响应均大于安评报告。因此本工程地震反应谱曲线以《建筑抗震设计规范》 GB 50011—2001（本工程以下简称《抗规》）作为设计依据。

（2）地震作用分析参数

本工程安评报告同时提供了场地地面的加速度峰值，如表 6-4 所示：

场地地面加速度峰值　　　表 6-4

概率　　孔位	63%	10%	2%
ZK1	36.95	106.27	199.70
ZK2	36.74	102.73	197.00
平均值	36.85	104.50	198.35

地震作用分析时，取安评报告及规范加速度峰值的较大值。

各阶段地震作用下地震设计参数如表 6-5 所示。

各阶段地震作用下地震设计参数　　　表 6-5

设计等级	地震烈度	50 年设计基准期 超越概率	重现周期（年）	地震影响系数	地面最高加速度 PGA（gal）
1	多遇地震（小震）	63%	50	0.08	37
2	设防烈度（中震）	10%	475	0.23	110
3	罕遇地震（大震）	2%	2475	0.50	220

抗震设防烈度 7 度，设计基本地震加速度 0.1g，建筑场地类别 II 类场地，第一组，$T_g = 0.35s$。地震反应谱根据《抗规》取用。阻尼：小震作用下弹性分析，阻尼比 $\xi = 0.05$；中震作用下弹性分析，阻尼比 $\xi = 0.05$；大震作用下的不屈服分析，阻尼比 $\xi = 0.05$。时程分析使用的地震波：取本工程安评报告提供的人工地震波 2 条

及国际上具有完整时程校正的符合本工程场地土特征的典型地震记录 5 条，如下表 6-6、图 6-6 所示。

时程分析选用的地震波　　　　　　表 6-6

编号	GM1	GM2	GM3	GM4	GM5	GM6	GM7
地震波	人工波	人工波	Northridge	El Centro.	San Fernando Pocoima Dam	Loma Prieta Oackland Outer Wharf	Taft Lincoln School

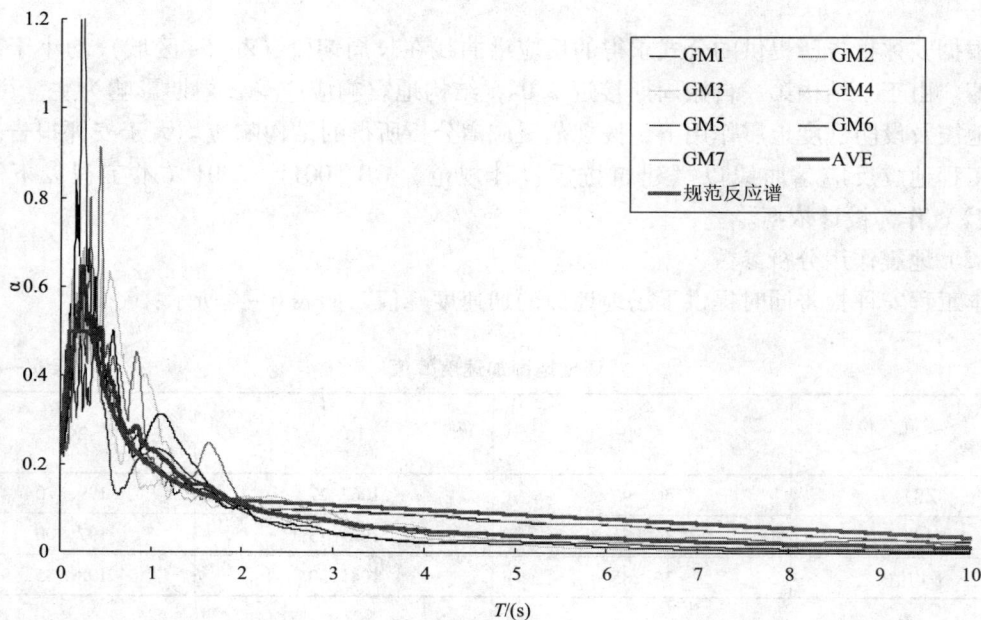

图 6-6　各地震波反应谱对比图

时程曲线从《安全评估报告》提供的人工模拟曲线及实际记录时程曲线中挑选。将时程分析得到的小震下（63% 超越概率）基底剪力与规范振型反应谱产生的小震下基底剪力作了比较，分析表明：结构分析结果满足《高层建筑混凝土结构技术规程》JGJ3—2002（本工程以下简称《高规》）第 3.3.5 条的要求，即单个时程分析计算基底剪力结果大于反应谱法结果的 65%，时程分析的基底剪力结果的平均值大于反应谱法结果的 80%。

3. 荷载组合与性能目标设计表达式

（1）多遇地震作用下的结构构件弹性设计

所有结构构件的承载力应按现行规范给出的设计表达式求出最不利的荷载组合进行设计，考虑结构、构件的内力增大、调整系数。

（2）设防烈度地震作用下的主要结构构件弹性和不屈服设计

结构构件分别按弹性或不屈服进行性能分析。

1）框支层落地剪力墙、框支柱、底部加强区落地剪力墙、转换梁按弹性性能分析，即不考虑地震组合内力调整系数，但考虑小震荷载组合的荷载分项系数，考虑材料分项系数和抗震承载力调整系数 γ_{RE}。静力分析设计表达式：$S_E \leqslant \dfrac{R}{\gamma_{RE}}$，符号意义同前。

2）底部加强区非落地剪力墙、连梁按不屈服性能分析，即不考虑地震组合内力调整系数，荷载分项系数均取为 1，不考虑材料分项系数和抗震承载力调整系数 γ_{RE}。静力分析设计表达式：$S_{Ek} \leqslant R_k$，符号意义同前。

（3）罕遇地震作用下的关键结构构件不屈服设计

1）框支层落地剪力墙、底部加强区落地剪力墙、转换梁等不屈服构件的承载力复核，即按以下荷载组合进行复核。

静力分析设计表达式：$S_{Ek} \leqslant R_k$，符号意义同前。

动力分析设计表达式：

抗剪承载力复核：$S_{Ek} = \gamma_v (D + 0.5L + E)_{平均} = 1.2 (D + 0.5L + E)_{平均} \leqslant R_k$

抗弯承载力复核：$S_{Ek} = \gamma_v (D + 0.5L + E)_{平均} = 1.0 (D + 0.5L + E)_{平均} \leqslant R_k$

式中 γ_v 为强剪弱弯调整系数，考虑到强剪弱弯的抗震设防概念，抗剪承载力复核时，γ_v 取 1.2；抗弯承载力复核时，γ_v 取 1.0.

2）底部加强区非落地剪力墙、连梁等可屈服构件根据 ASCE-41 对结构构件的变形验算，并进行构件变形控制，如下式：

$$\nabla_{Ek} = (D + 0.5L + E)_{平均} \leqslant \delta$$

δ 为 ASCE-41 构件变形控制指标。ASCE-41 构件变形控制设计中，考虑到强剪弱弯的抗震设防概念，剪切变形控制已严格于抗弯变形，故此处不再引入强剪弱弯调整系数 γ_v。

四、基础复核

1. 原基础设计复核

本工程原设计采用扩底人工挖孔灌注桩，单桩承载力容许值（相当于现行规范特征值）16000～20000kN。除 J14 外，原桩基础及承台承载力均满足新建结构墙柱轴力需求。

2. J14 单桩竖向承载力特征值 R_a 及桩身承载力

由于本工程已建两层地下室，且基础形式为桩基础，对 J14 进行补桩或相关加强措施，均具有较大的施工难度。根据原地质勘察报告，经原设计单位、监理单位及施工单位签字的施工记录，桩基检测报告等相关资料，重新确定其单桩承载力特征值。根据挖孔桩成孔验收记录，桩身完整性—反射波法，基桩钻孔抽芯检测报告桩身质量等资料，结合工程经验，偏于保守重地仅考虑桩端阻力对单桩承载力的贡献，新确定其单桩承载力特征值如下：

桩端：微风化砂岩岩石天然抗压强度 20MPa，桩端阻力特征值取 8000kPa。

单桩承载力特征值 R_a 的计算如表 6-7 所示：

单桩承载力特征值　　　　　　　　　　　表 6 – 7

桩号	桩身直径	扩大头直径	单桩承载力特征值
J14	1500mm	2000mm	$R_a = \pi \times 2^2/4 \times 8000 = 25120$kN　实取 25000kN

桩身承载力计算如如表 6 – 8 所示：

桩身承载力　　　　　　　　　　　表 6 – 8

桩号	桩身直径	桩身混凝土强度	桩身承载力 $\psi_c f_c A_p$
J14	1500mm	C30	$0.8 \times 14.3 \times \pi \times 2^2/4 = 20202$kN　实取 20000kN

注：施工资料表明，J14 桩桩身混凝土浇筑质量良好，成桩桩身质量满足 C30 混凝土的强度要求。桩身混凝土成桩质量系数取 0.80。

综上，J14 单桩承载力特征值取 20000kN。经复核，J14 能满足新建结构墙柱内力需求。

五、性能目标

（1）结构宏观变形性能目标：结构层间位移，如表 6 – 9 所示：

结构层间位移性能目标　　　　　　　　　　　表 6 – 9

建筑结构	小震	中震	大震
除转换层外的结构层	1/1400	1/500	1/200
框支转换层	1/3500	1/1200	1/600

（2）结构构件承载力性能目标，如表 6 – 10 所示：

结构构件性能目标　　　　　　　　　　　表 6 – 10

构件		小震	中震	大震
首层及框支层框支柱		OP	OP	IO
首层及框支层落地剪力墙		OP	OP	IO
底部加强区落地剪力墙		OP	OP	IO
转换梁		OP	OP	IO
底部加强区非落地剪力墙	底部加强区剪力墙（抗剪）	OP	OP	IO
	底部加强区剪力墙（抗弯）	OP	IO	LS
连梁	底部加强区连梁（抗剪）	OP	IO	LS
	底部加强区连梁（抗弯）	OP	IO	LS
	非底部加强区连梁（抗剪）	OP	IO	CP
	非底部加强区连梁（抗弯）	OP	LS	CP

注：OP 充分运行阶段、IO 基本运行、LS 生命安全、CP 接近倒塌，详细解释请参考第一章第一节。

（3）主要结构构件在罕遇地震作用下的变形性能目标，如表6-11所示：

罕遇地震作用下主要结构构件变形性能目标　　　　表6-11

构件类型		LS限值（δ_{LS}）		CP限值（δ_{CP}）	
		转角	剪切（%）	转角	剪切（%）
框支柱		—	—	—	—
框支层落地剪力墙		—	—	—	—
转换梁		—	—	—	—
底部加强区非落地剪力墙	底部加强区剪力墙（抗剪）	—	—	—	—
	底部加强区剪力墙（抗弯）	0.007	—	—	—
连梁框架梁	底部加强区连梁（抗剪）	—	0.020	—	0.030
	底部加强区连梁（抗弯）	0.0250	—	0.050	—
	非底部加强区连梁（抗剪）	—	0.020	—	0.030
	非底部加强区连梁（抗弯）	0.0250	—	0.050	—

六、构件性能分析

采用SATWE软件及ETABS NonlinearC V9.2.0进行结构计算分析。通过比较两种软件建模下的结构分析主要结果：总质量，周期及1.0恒载+1.0活载工况下主要构件内力，判断模型的可靠性。通过分析结果发现两种软件的结构主要信息较吻合，结构模型可靠。

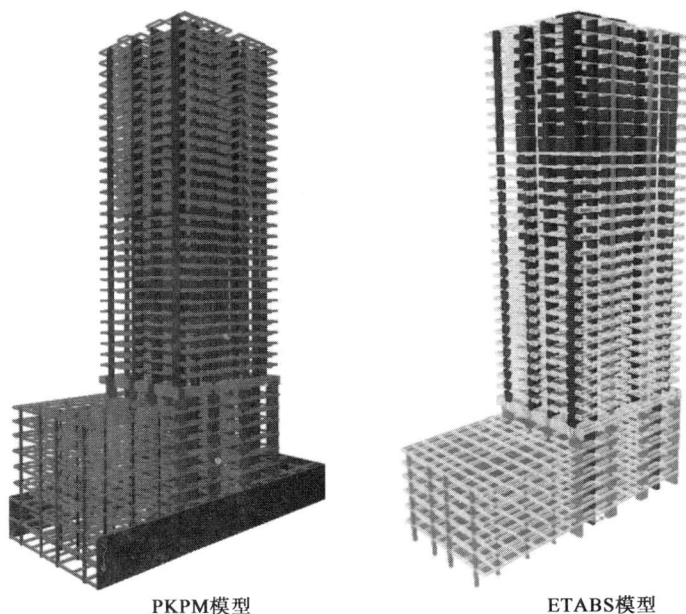

PKPM模型　　　　　ETABS模型

图6-7　结构模型图

结构前 3 阶的振型图，依次为 X 向、Y 向平动振型及扭转振型。

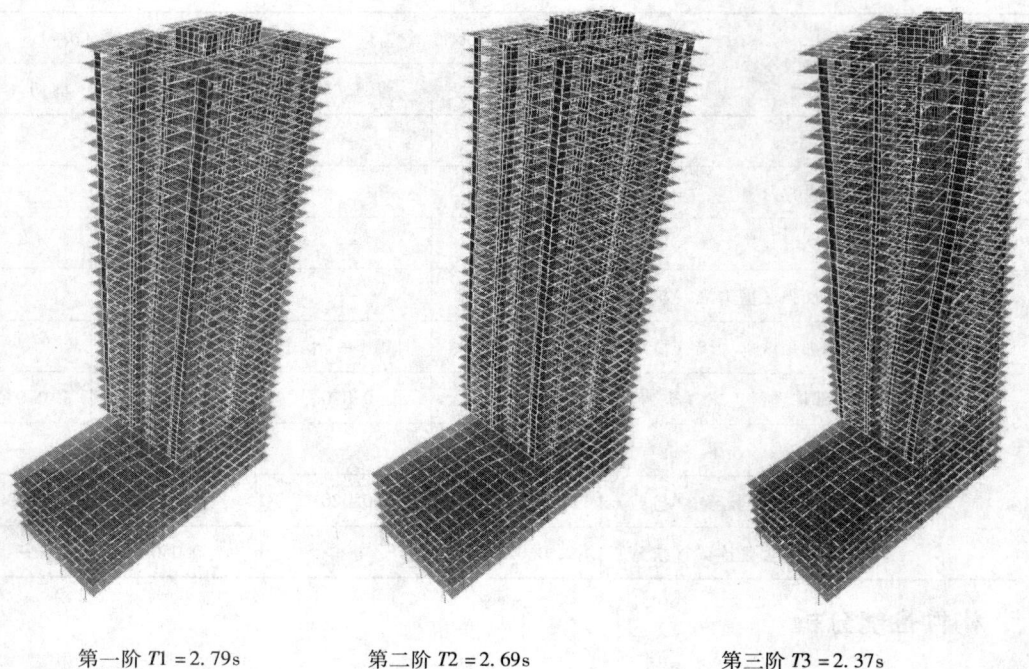

第一阶 $T_1 = 2.79\text{s}$ 第二阶 $T_2 = 2.69\text{s}$ 第三阶 $T_3 = 2.37\text{s}$

图 6 - 8   结构前 3 阶的振型图

1. 风荷载作用下结构性能分析

（1）风荷载作用下结构整体性能分析

验算结构在重现期为 50 年风荷载作用下的变形（结构层间位移角、楼层整体位移），以及结构在重现期为 100 年的风荷载作用下的承载力（层间剪力和倾覆弯矩），分析结果如表 6 - 12 所示：

风荷载作用下结构分析结果表 表 6 - 12

作用方向	X 方向		Y 方向	
分析软件	SATWE	ETABS	SATWE	ETABS
最大层间位移角	1/2914	1/3101	1/2495	1/2906
最大楼层位移（mm）	28	27	36	32
基底剪力（kN）	5323	4945	7221	6653
基底弯矩（kN·m）	389151	369809	503641	475373

以结构层间位移角和层间剪力的分析为例，如图 6 - 9、图 6 - 10 所示：

通过对比，两程序分析结果较吻合，层间位移角均小于 1/2000，满足设定的性能要求。

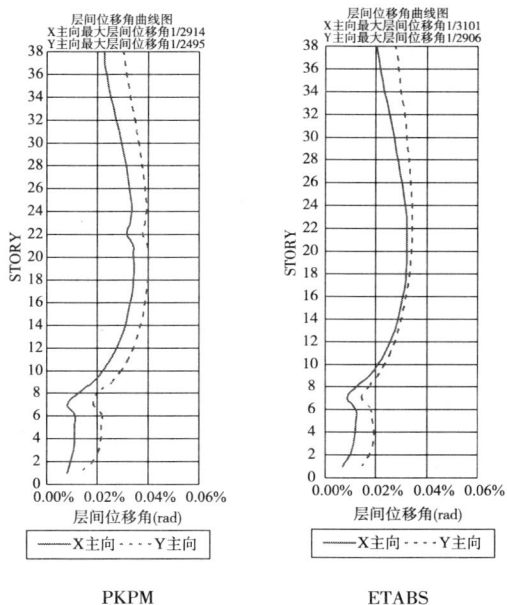

图 6-9　不同软件层间位移角对比　　　　图 6-10　不同软件楼层剪力对比

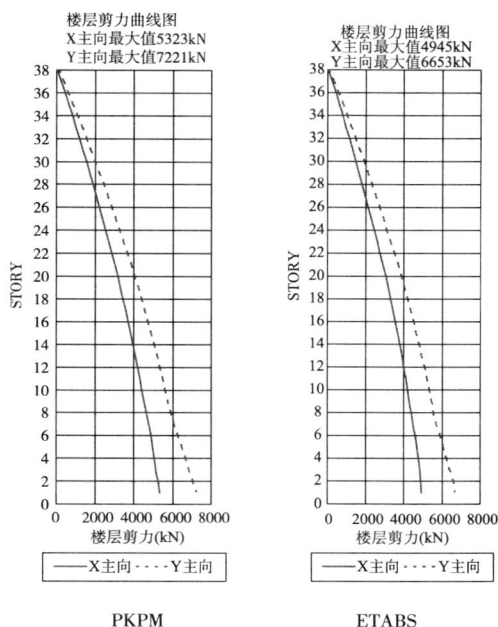

（2）重现期为 100 年的风荷载作用下结构构件性能分析

框支柱无超筋信息，框支柱抗剪及抗弯承载力均满足内力需求，构件承载力满足设定的性能要求。落地剪力墙、转换梁、底部加强区剪力墙、底部加强区连梁、非底部加强区连梁均无超筋信息。

综上分析，结构整体及构件性能均能满足风荷载作用下的性能目标。

2. 小震作用下结构性能分析

小震作用下的结构抗震设计分别采用 SATWE 和 ETABS 9.20 中文版进行。在 SATWE 和 ETABS 的分析中采用相同的分析参数：考察结构特性参数时采用刚性楼板假设；结构构件的抗震等级和结构构件的特殊设定（如框支柱、转换梁等）严格按照规范规定设置，以便分析程序自动按照规范考虑结构、构件的内力增大、调整系数等。

（1）小震作用下结构整体性能分析

在 X 向、Y 向小震作用下，验算结构承载力（层间剪力及层倾覆弯矩）和变形（整体位移及层间位移角），分析结果如表 6-13 所示：

小震作用下结构分析结果　　　　　　　　　表 6-13

分析方法	振型分解反应谱分析		弹性动力时程分析
分析软件	SATWE	ETABS	
结构总重量（ton）	81556.1	83235.7	—
第一平动周期 $T1$（s）	2.79	2.76	

分析方法	振型分解反应谱分析		弹性动力时程分析	
第二平动周期 $T2$（s）	2.69	2.61		
第一扭转周期 $T1$（s）	2.37	2.20		
$T1/T1$	0.85	0.80		
最大扭转位移比	1.23（26 层）	1.34（首层）		
分析软件	SATWE			
最不利层间刚度比	X 方向	Y 方向	X 方向	Y 方向
地震剪力与层间位移比值法（下/上）	0.93	0.92	—	—
层间位移角比值法（下/上）	1.10	0.98		

分析软件	SATWE	ETABS	SATWE	ETABS	SATWE	ETABS	SATWE	ETABS
最大层间位移角	1/1513	1/1486	1/1622	1/1701	1/2049	1/1803	1/2299	1/2078
最大楼层位移（mm）	48	49	50	48	35	35	36	35
基底剪力（kN）	9856	9829	9319	9849	9797	9787	8767	9502
基底弯矩（kN·m）	520310	542449	555216	574975	402011	393693	386510	401935

以 X 向小震作用下结构的层间位移角及剪力为例，分析结果如图 6-11、图 6-12 所示：

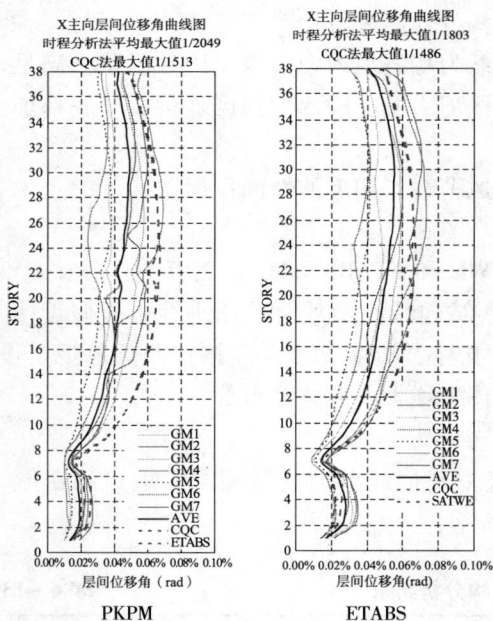

图 6-11　不同软件层间位移角对比　　　图 6-12　不同软件楼层剪力对比

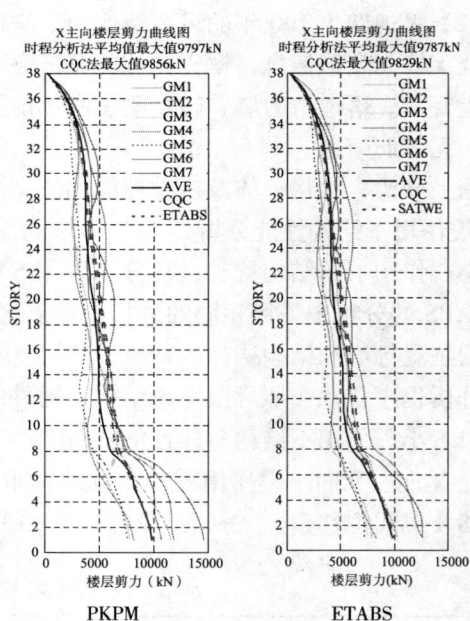

从以上弹性时程分析图可见，两个分析程序所得的结果规律基本一致，不同的地震波作用下结构的内力与变形有着较明显的区别，但其平均效应均小于振型分解反应谱法下的结构内力与变形，故本工程以振型分解反应谱法分析结果作为设计依据。另外，分析结果

表明结构层间位移角小于 1/1300，满足设定的性能要求。

（2）小震作用下结构构件性能分析

各构件内力需求及配筋分析如下：1）框支层框支柱最大轴压比均小于 0.50，首层基本小于 0.50，无超筋信息；2）落地剪力墙最大轴压比均小于 0.50，最大剪应力水平0.017，无超筋信息；3）转换梁无超筋信息；4）底部加强区剪力墙的最大轴压比为0.56，最大剪应力水平为 0.025，无超筋信息；5）底部加强区连梁无超筋信息；6）非底部加强区连梁无超筋信息；7）转换层以上塔楼平面凹进位置 200 厚加强板最大剪力均不大于 20 kN。以上构件承载力均满足设定的性能需求。

综上分析，结构整体及构件性能均能满足小震作用下的性能目标。

3. 中震作用下结构性能分析

中震作用下的结构抗震设计采用 SATWE 进行，分别对结构进行中震不屈服分析和中震弹性分析。

（1）中震作用下结构整体性能分析

中震作用下，结构整体性能分析如表 6 – 14 所示：

中震作用下结构分析结果　　　　　　　　　　　　　　　　　　表 6 – 14

分析方法	振型分解反应谱分析	
作用方向	X 方向	Y 方向
最大层间位移角	1/526	1/564
最大楼层位移（mm）	138	145
基底剪力（kN）	28336	26791
基底弯矩（kN·m）	1498766	1596245

（2）中震作用下结构构件性能分析

各构件内力需求及配筋分析如下：

1）框支柱无超筋信息，构件承载力满足中震弹性内力组合需求和中震弹性性能要求；

2）落地剪力墙最大剪应力水平为 0.047，没有出现抗剪超限，无超筋信息，构件承载力满足中震弹性内力组合需求和中震弹性性能要求；

3）转换梁无超筋信息，构件承载力满足中震弹性内力组合需求和中震弹性性能要求；

4）底部加强区剪力墙最大剪应力水平为 0.072，无超筋信息，其抗剪承载力满足中震弹性内力组合需求，构件抗剪承载力满足中震弹性性能要求；底部加强区剪力墙抗弯无超筋信息，其抗弯承载力满足中震不屈服内力组合需求，构件抗弯承载力满足中震不屈服性能要求；

5）底部加强区连梁无超筋信息，其抗弯承载力满足中震不屈服内力组合需求，构件抗弯承载力满足中震不屈服性能要求；

6）非底部加强区剪力墙连梁约有 10% 出现抗剪超筋信息，其抗剪承载力基本满足中震不屈服内力组合需求，构件抗剪承载力基本满足中震不屈服性能要求；约有 10% 出现抗弯超筋信息，其抗弯承载力基本满足中震不屈服内力组合需求。

综上分析，结构整体及构件性能基本满足中震作用下的性能目标。

4. 大震作用下结构性能分析

采用前面所列的 7 条地震波（GM1 ~ GM7），分别按 X 向、Y 向为主方向进行双向弹塑性时程分析，并以 X 向结果平均值和 Y 向结果平均值的不利情况进行结构抗震性能设计。

（1）分析软件和计算模型

采用 PERFORM – 3D 程序进行静力及动力弹塑性分析。由于共需要计算 14 个不同情况的弹塑性动力时程分析工况，如果不对模型进行简化，则每个时程工况约需要运算 90 ~ 120 小时。因此，在保证结构的重量、刚度、动力特性等不变的基础上对本报告的分析模型进行简化，去掉对结构特性影响不大的次梁。经过对模型的简化，每个时程工况约需要运算 50 ~ 70 小时。

为了真实考虑结构实配钢筋的影响，整个弹塑性分析模型的钢筋按结构初步设计配筋进行输入。利用华南理工大学高层建筑结构研究所开发的 PERFORM – 3D 复杂结构建模前处理程序 ETP V1.0 程序，读取 ETABS 或 SAP2000 程序的几何模型、构件截面及弹性材料信息。ETP V1.0 的界面如图 6 – 13 所示。纤维截面划分、剪力墙配筋输入信息如图 6 – 14 所示。

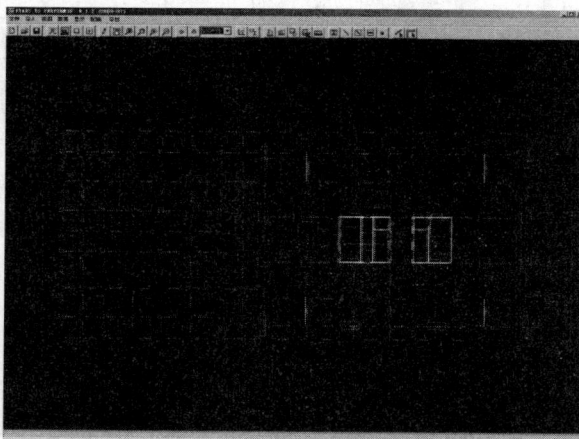

图 6 – 13　PERFORM – 3D 复杂结构建模前
处理程序 ETP V1.0 程序界面图

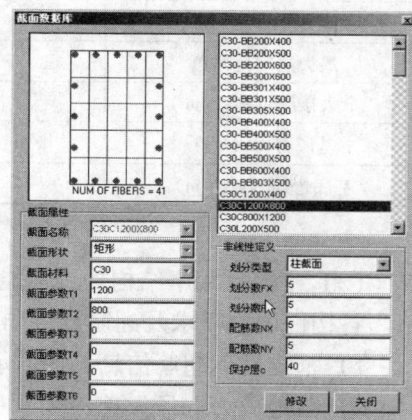

图 6 – 14　PERFORM – 3D 前
处理纤维截面划分

（2）大震作用下结构整体性能分析

1）验算结构在大震作用下的承载力（层间剪力及层倾覆弯矩）和变形（整体位移及层间位移角），分析结果如表 6 – 15 所示。

大震作用下结构分析结果　　　　　　　　　　　　　　　　表 6 – 15

分析方法	弹塑性动力时程分析	
作用方向	X 方向	Y 方向
最大层间位移角	1/294	1/388

续表

分析方法	弹塑性动力时程分析	
最大楼层位移（mm）	226	210
基底剪力（kN）	50975	54349
基底弯矩（kN·m）	2326375	2314189
分析方法	PUSH – OVER 弹塑性静力推覆分析	
作用方向	X 方向	Y 方向
推覆分析需求层间位移角	1/202	1/206

以结构的楼层剪力及层间位移角为例，分析结果如图 6 – 15 所示：

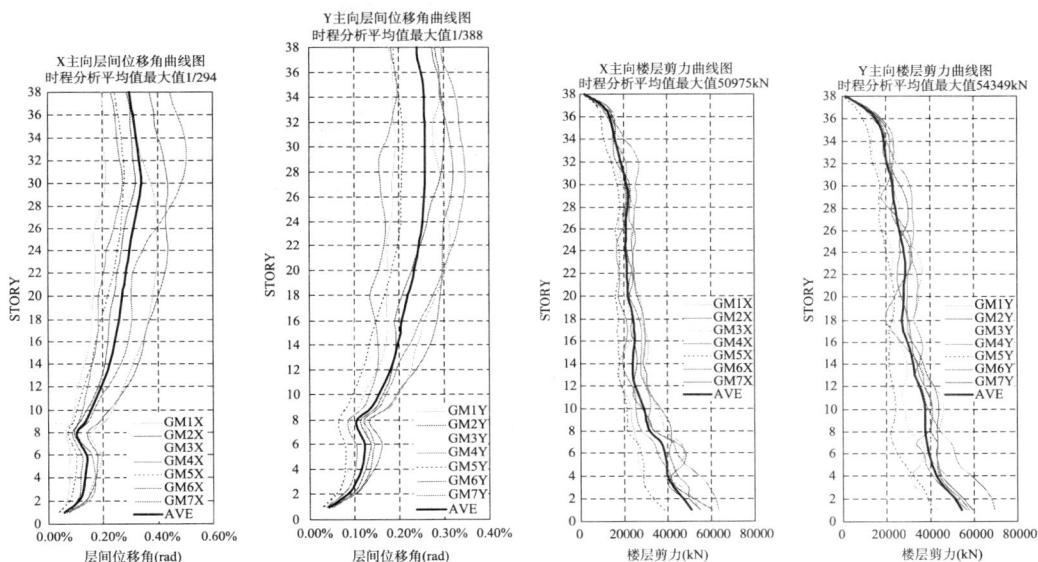

图 6 – 15　大震作用下结构层间位移角及楼层剪力结果（PERFORM – 3D）

从弹塑性分析结果可知，最大层间位移角平均值为 1/294，满足设定的抗震性能目标。

2）选取典型地震波作用下对结构耗能情况进行分析，如图 6 – 16、图 6 – 17 所示：

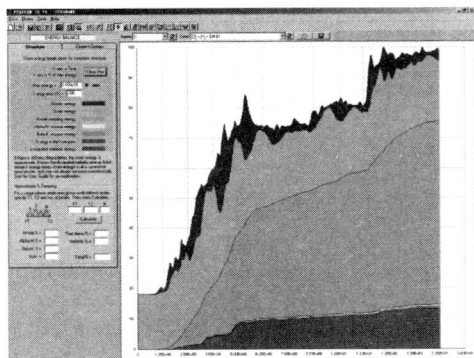

图 6 – 16　GM4X 工况下能量耗散分布图

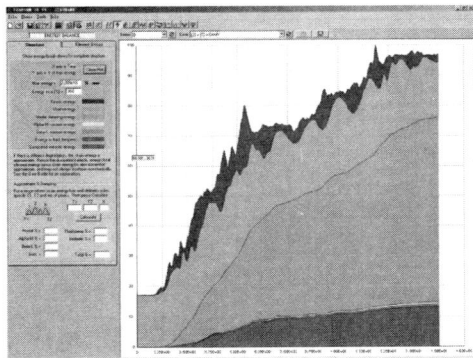

图 6 – 17　GM4X 工况下能量耗散分布图

3）在倒三角形荷载作用下，分别对结构进行在 X、Y 向大震作用下弹塑性静力推覆能力谱验算，需求曲线采用我国规范反应谱生成。以 X 主向 PUSH-OVER 分析结果为例，如图 6-18、图 6-19 所示。能力曲线与需求谱曲线的交点坐标（SHEAR，DRIFT）为（38700kN，0.004943），需求层间位移角为 1/202，与需求点相对应的加载步/总加载步为 20/100。分析结果表明大震作用下的结构变形性能满足需求谱需求，结构满足大震作用下的抗倒塌性能目标。

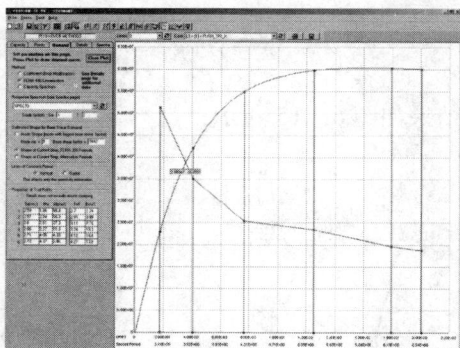

图 6-18　X 方向弹塑性静力推覆能力谱验算图

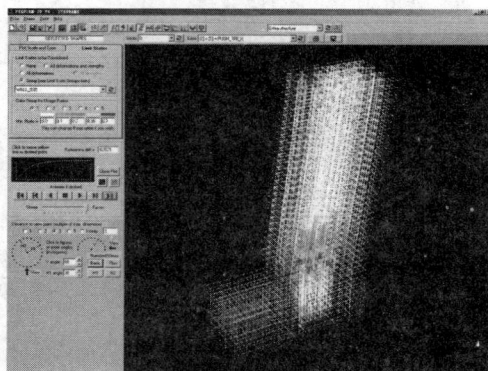

图 6-19　X 方向弹塑性静力推覆极限变形图

（3）大震作用下结构构件性能分析

1）不屈服构件承载力性能分析

①框支柱抗剪、抗弯承载力复核。以加固后的典型框支柱 KZZ1 为例，分析结果如表 6-16、表 6-17 所示：

KZZ1 抗剪承载力复核（kN）　　　　　　　　　　　　表 6-16

地震波	GM1	GM2	GM3	GM4	GM5	GM6	GM7	V_{AVE}	$V_R = f_{ck}bh_0$	$\gamma_V = \dfrac{1.2V_{\text{AVE}}}{V_R}$ 剪力比
MAX	5350	5554	3987	4440	3120	4890	4890	4604	90040	0.06

KZZ1 抗弯承载力复核（kN·m）　　　　　　　　　　表 6-17

地震波	GM1	GM2	GM3	GM4	GM5	GM6	GM7	M_{AVE}	M_R 屈服承载力（XTRACT）	$\gamma_M = \dfrac{M_{\text{AVE}}}{M_R}$ 需求能力比
MAX	23400	30690	16950	25600	15200	23300	23800	22706	24560	0.92

屈服承载力采用 XTRACT 程序计算，计算结果如图 6-20 所示：

分析结果表明框支柱抗剪及抗弯承载力满足设定的性能要求。

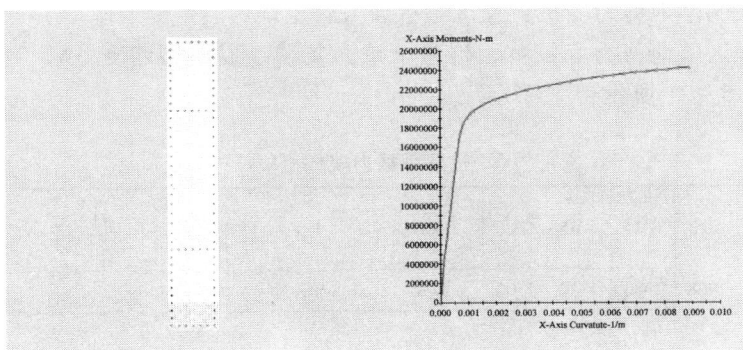

图 6 – 20 KZZ1 抗弯承载力计算

②落地剪力墙抗剪、抗弯承载力复核。以典型剪力墙支 SW2 为例，分析结果如表 6 – 18、表 6 – 19 所示：

SW2 抗剪承载力复核（kN） 表 6 – 18

地震波	GM1	GM2	GM3	GM4	GM5	GM6	GM7	V_{AVE}	$V_R = f_{ck}bh_0$	$\gamma_V = \dfrac{1.2V_{AVE}}{V_R}$剪力比
MAX	7570	6615	5848	6000	4400	7200	6500	6305	82134	0.09

SW2 抗弯承载力复核（kN·m） 表 6 – 19

地震波	GM1	GM2	GM3	GM4	GM5	GM6	GM7	M_{AVE}	M_R 屈服承载力（XTRACT）	$\gamma_M = \dfrac{M_{AVE}}{M_R}$需求能力比
MAX	38700	46090	29460	40800	23500	37000	41000	36650	59000	0.62

屈服承载力采用 XTRACT 程序计算，计算结果如图 6 – 21 所示：

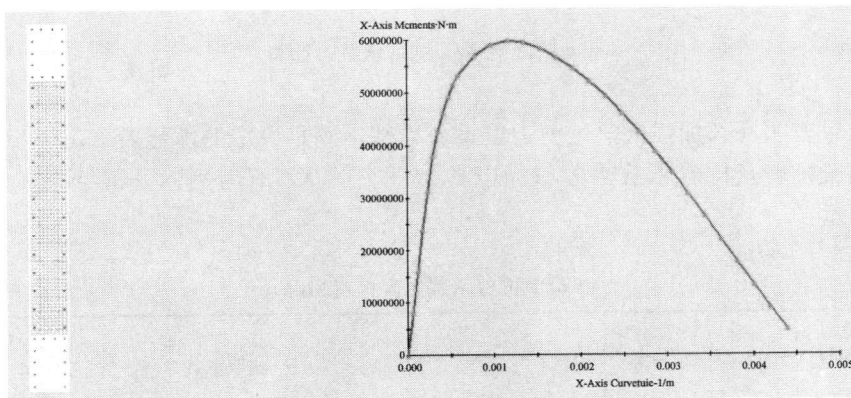

图 6 – 21 SW2 抗弯承载力计算

分析结果表明落地剪力墙抗剪及抗弯承载力满足设定的性能要求。

③底部加强区落地剪力墙抗剪、抗弯承载力复核。以典型墙支 SW3 为例，分析结果如表 6-20、表 6-21 所示：

SW3 抗剪承载力复核（kN）
表 6-20

地震波	GM1	GM2	GM3	GM4	GM5	GM6	GM7	V_{AVE}	$V_R = f_{ck}bh_0$	$\gamma_V = \dfrac{1.2V_{AVE}}{V_R}$剪力比
MAX	4700	4590	2968	3980	2830	2700	3730	3643	56595	0.08

SW3 抗弯承载力复核（kN·m）
表 6-21

地震波	GM1	GM2	GM3	GM4	GM5	GM6	GM7	M_{AVE}	屈服承载力 M_R（XTRACT）	$\gamma_M = \dfrac{M_{AVE}}{M_R}$需求能力比
MAX	32900	28750	19710	31700	19900	18700	23200	24980	35000	0.71

屈服承载力采用 XTRACT 程序计算，计算结果如图 6-22 所示：

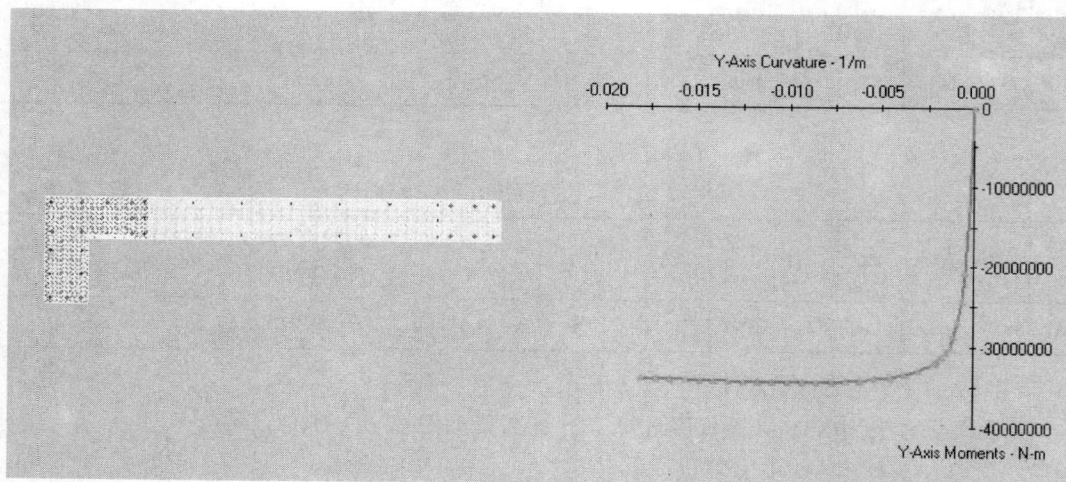

图 6-22　SW3 抗弯承载力计算

分析结果表明底部加强区落地剪力墙承载力基本满足设定的性能要求。

④转换梁抗剪及抗弯承载力复核。以典型框支梁 KZL1 为例，分析结果如表 6-22、表 6-23 所示：

KZL1 抗剪承载力复核（kN）
表 6-22

地震波	GM1	GM2	GM3	GM4	GM5	GM6	GM7	V_{AVE}	屈服承载力 V_R	$\gamma_V = \dfrac{1.2V_{AVE}}{V_R}$ 需求能力比
MAX	10430	11380	8210	9100	8110	7600	8100	8990	112039.2	0.10

表 6 – 23

KZL1 抗弯承载力复核（kN·m）

地震波	GM1	GM2	GM3	GM4	GM5	GM6	GM7	M_{AVE}	屈服承载力 M_{R}	$\gamma_{\mathrm{M}} = \dfrac{M_{\mathrm{AVE}}}{M_{\mathrm{R}}}$ 需求能力比
MAX	17100	18590	14520	15600	14500	14500	15400	15744	22800	0.69

屈服承载力采用 XTRACT 程序计算，计算结果如图 6 – 23 所示：

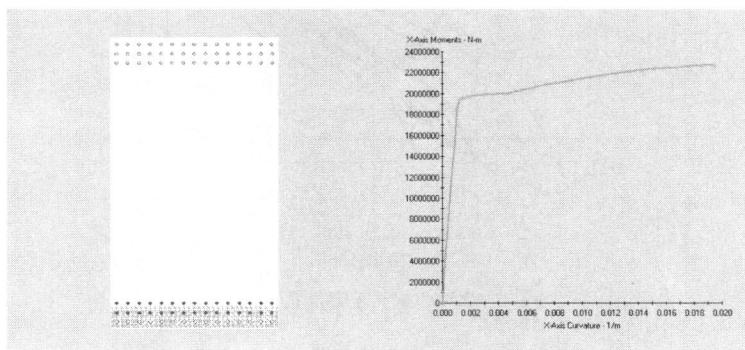

图 6 – 23　KZL1 抗弯承载力计算

分析结果表明转换梁抗剪及抗弯承载力满足设定的性能要求。

2）可屈服构件变形分析及复核

计算分析表明：GM4 工况地震波激励下的结构反应较大。故本节分析中的变形性能示意图均为 GM4 工况下的性能状态图。

①剪力墙抗弯变形性能状态

剪力墙抗弯薄弱部位主要集中在转换层以上一层及底层，如图 6 – 24 所示。变形较大出现在核心筒外围墙肢。剪力墙最大弯曲变形小于 IO 状态 0.035 的限值。剪力墙抗弯变形性能基本处于大震不屈服状态。

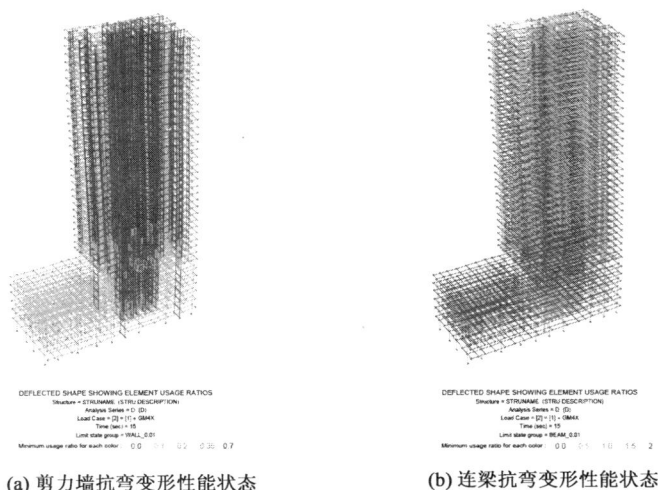

(a) 剪力墙抗弯变形性能状态　　　　(b) 连梁抗弯变形性能状态

图 6 – 24　可屈服构件变形性能状态图

②连梁抗弯变形性能状态

连梁抗弯薄弱部位主要集中 33～38 层，如图 6－24 所示。梁最大的变形出现在两个核心筒之间的连梁，典型滞回曲线如图 6－25 所示。连梁抗弯变形最大值接近 LS 状态 0.025 的限值。连梁抗弯变形性能基本处于大震有限屈服状态。

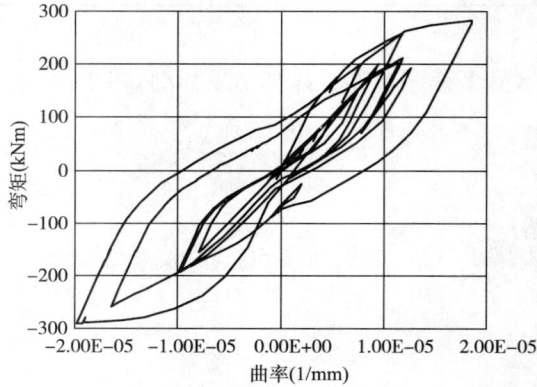

图 6－25 典型连梁滞回曲线

综上分析，结构整体及构件性能均能满足大震作用下的性能目标。

七、结论

本工程已建结构部分满足当时国家相关规范（1989 系列结构规范）的构造要求，对已建部分竖向构件进行抗震构造及承载力加固、改造后，已建结构满足现行国家相关规范（2002 系列结构规范）的承载力要求。

通过基于性能的抗震分析，可以证明本工程结构设计满足现行国家相关规范（2002 系列结构规范）的"小震不坏、中震可修、大震不倒"结构抗震性能要求。

通过结构抗风性能分析，可以证明本工程已建结构部分与新建结构部分结构设计满足现行国家相关规范（2002 系列结构规范）重现期为 100 年风荷载的承载力要求和重现期为 50 年风荷载的刚度要求。

（注：本工程抗震超限设计完成于 2009 年）

工程实例七　家亿花园结构抗震超限设计

一、工程概述

广州家亿花园工程位于广州市海珠区滨江东路中山大学北门西侧地段。两层地下室，地上分为3个塔楼，结构连为一体。其中北塔31层－结构高度99.100m，东南塔30层－结构高度96.050m，西南塔15层－结构高度50.300m。工程于2000年9月开工建设，并已建地下2层及地上4层（3层为转换层）。2003年11月完成基础工程验收。本设计在已建地下室及转换层的前提下（拆除第4层，即转换层以上一层）进行住宅塔楼设计。

1. 结构超限情况

1）竖向抗侧力构件不连续。第3层为结构转换层，部分竖向抗侧力构件不连续。

2）扭转不规则。结构最大扭转位移比X方向1.37，Y方向1.35，大于规范的允许值1.20，存在扭转不规则。

3）狭长、凹凸不规则。塔楼标准层L形平面，长宽比为2.3，大于规范的允许值2.0。

4）竖向平面收进不规则。塔楼部分在16层缩减一户型，收进后水平尺寸与下部楼层水平尺寸之比为0.60，不满足规范不小于0.75的允许值。

2. 结构特殊情况

1）塔楼剪力墙与已建水平转换构件错位。本工程已建至转换层上一层楼面，但塔楼新建筑平面与原建筑平面有较大调整，需拆除转换层上一层楼面，并重新在已建转换层上布置塔楼剪力墙，因而导致塔楼剪力墙与已建水平转换构件错位。为满足塔楼的建筑平面需求，必须在已建转换层上设置新的水平转换构件。

2）竖向质量突变。

图7-1　广州家亿花园实景

二、结构体系

1. 结构抗侧力体系

塔楼采用现浇钢筋混凝土部分框支剪力墙结构。结构平面图如图7-2、图7-3所示。

其中中部核心筒剪力墙及周围部分剪力墙直接落地,塔楼住宅部分剪力墙在转换层通过梁式转换结构转换为框支柱。结构主要抗侧力构件如表7-1(其中已建部分主要转换构件-框支柱、落地剪力墙及转换梁均采用型钢混凝土结构):

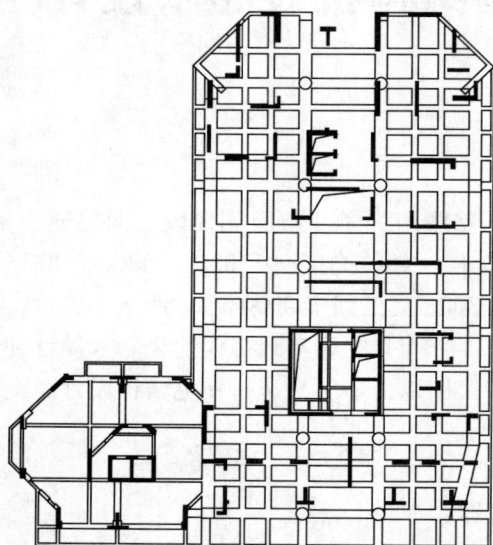

图7-2 转换层结构布置

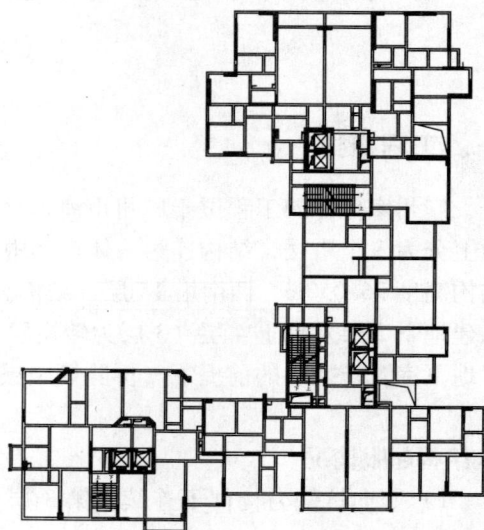

图7-3 标准层结构布置

主要抗侧力结构构件典型尺寸 表7-1

已建部分			新建部分		
构件类型	截面	备注	构件类型	截面	备注
框支柱	1200mm×1200mm	钢管混凝土叠合柱	一般剪力墙	墙厚200~400mm	
中心落地剪力墙	墙厚500mm布置详图7-2	端柱设置型钢的剪力墙	中心落地剪力墙	墙厚200~250mm	布置详图7-2
转换梁	1000mm×2000mm详图7-1	型钢混凝土梁	转换梁	梁高1200mm	梁宽详平面图

1)已建结构全部框支柱采用钢管混凝土叠合柱,钢管直径600mm,壁厚14mm,详图7-4;

2)已建剪力墙暗柱纵筋配筋率1.4%~1.7%(未包含型钢),型钢配筋率2.0~4.0%,体积配箍率0.8%,墙段水平分布筋配筋率0.4%~0.6%,竖向分布筋配筋率0.4%~0.6%;

3)已建结构转换梁采用型钢混凝土梁,详图7-4;

4)新建部分转换梁采用普通钢筋混凝土梁;

5)原支承型钢梁的剪力墙暗柱设置钢骨从而实现型钢梁与墙柱的连接,详图7-4;

6)竖向构件型钢均从转换层通长设置至基础,详图7-5。

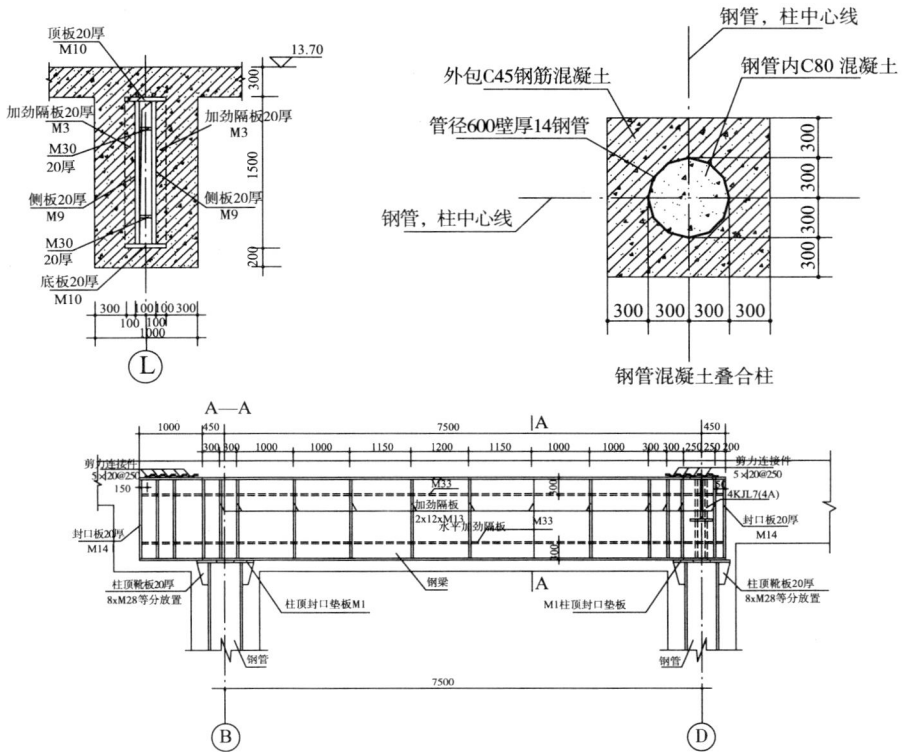

图7-4 型钢混凝土梁及钢管混凝土叠合柱

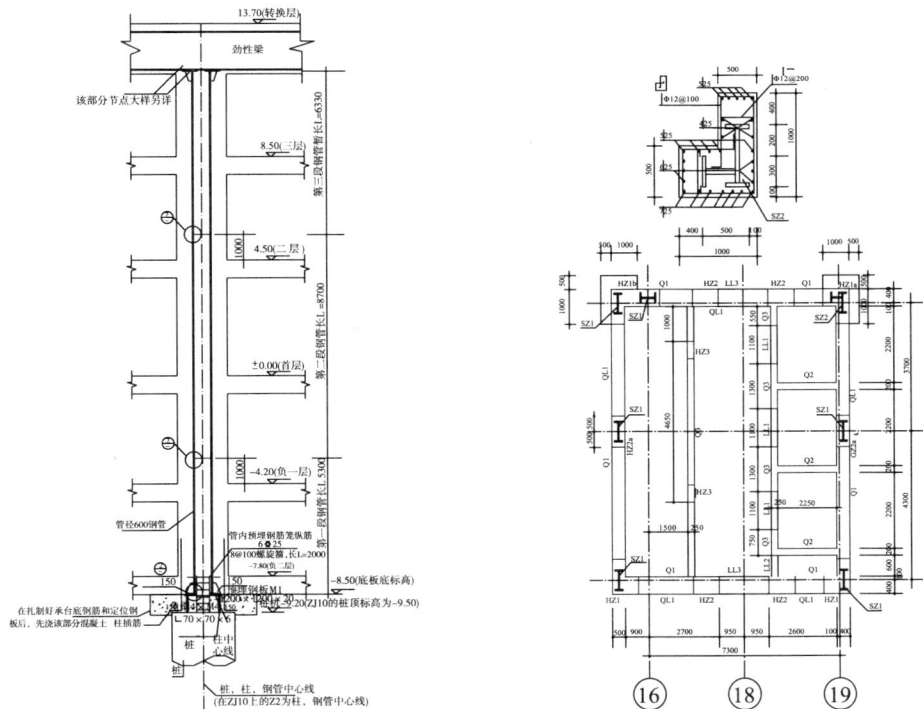

图7-5 竖向构件型钢纵向设置示意

2. 楼盖系统

所有楼盖均采用现浇钢筋混凝土梁板式结构。已建转换层楼板厚度为200mm，局部厚板转换结构为800~1500mm。

3. 结构抗震等级

结构抗震等级详表7-2。

新建结构抗震等级　　　　　　　　　　　　表7-2

框架柱	二级
加强区剪力墙	特一级
非加强区剪力墙	二级
转换梁	特一级

4. 结构加强措施

（1）已建结构的加强措施

中部核心筒剪力墙及周围部分剪力墙直接落地，主要转换构件-框支柱、落地剪力墙及转换梁均采用型钢混凝土结构。

（2）新建转换构件与已建转换层的可靠联结

1）已建竖向构件钢筋的有效利用

转换层上一层拆除后，已建竖向构件纵筋予以保留：当已建塔楼竖向构件与新建塔楼平面墙体位置一致时，则作为新建墙体纵筋锚入墙内；否则，作为附加拉结筋锚入新建水平转换构件内。作为附加拉结筋的已建竖向构件纵筋承担整个转换层上部塔楼在罕遇地震作用下的楼层总水平作用力，保证新建转换层与已建转换层的可靠联结。

2）新增转换梁与已建转换层楼板的可靠联结

新增转换梁若与已建转换梁错位，则在已建转换层楼板处梅花间距300设置Φ12竖向插筋（植筋），界面凿毛后按施工缝处理，以保证新旧混凝土楼面的可靠粘结，如图7-6所示：

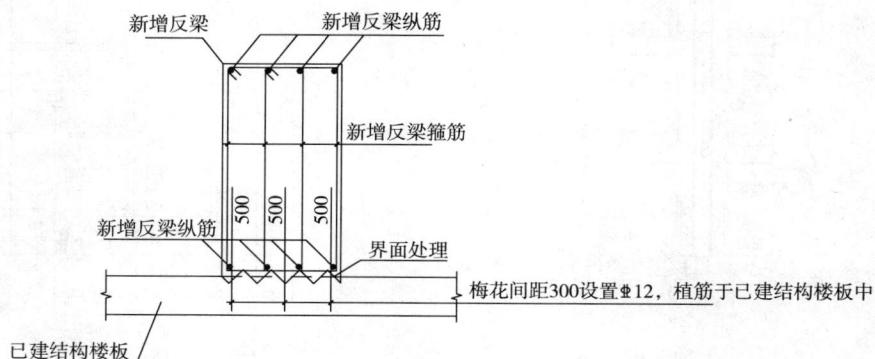

图7-6　新增转换梁与已建转换层楼板的可靠联结示意

3）新增转换梁与已建转换梁的可靠联结

新增转换梁若与已建转换梁同位，则在已建转换梁内植筋$\Phi14@100$（2），界面凿毛并按施工缝处理；新增转换梁与已建转换梁形成叠合梁，如图7-7所示。

（3）增设落地剪力墙

塔楼北面新建电梯核心筒穿越转换层结构平面，伸至结构底板，以增加落地剪力墙数量，加强转换层抗侧刚度、承载力及抗扭能力。

新增剪力墙筒体若直接伸至底板，则必须在原结构底板处重新设置基础。参考原基础设计及地质资料，并结合已建结构底板及建筑使用要求，采用小直径钢管混凝土钻孔桩，桩径167mm，壁厚7mm，桩承载力特征值取500kN。基础方案如图7-8所示：

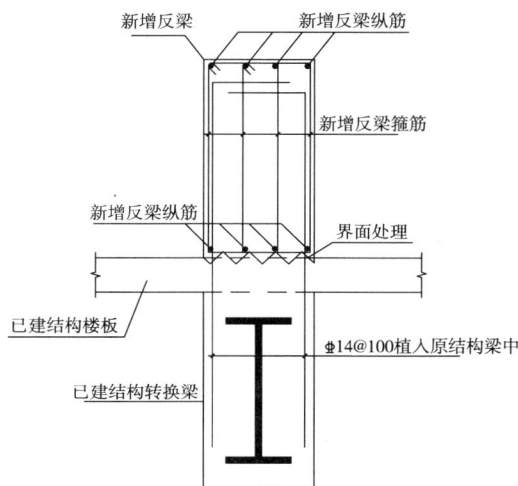

图7-7 新增转换梁与已建转换梁的可靠联结示意图

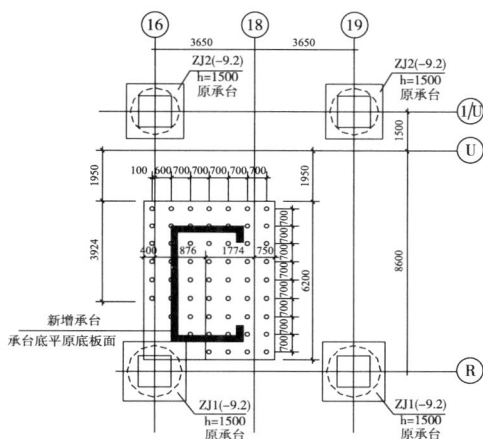

图7-8 新建桩基示意图

新建基础技术可行，但工程所在地地下水丰富，在深约8m的地下室底板处重设基础，施工难度较高。经过经济及技术综合分析后，决定采用如下方案，既保证新增剪力墙筒体能提供应有的抗侧刚度，又充分利用周边已有桩基础的承载力富裕，而避免重新设置基础：

1）在已有转换层上，新增转换梁承托新增剪力墙筒体。新增剪力墙筒体在转换层以上的重量通过转换梁传至相应周边框支柱，进而直接由原桩基础承托。

2）转换层以下的新增剪力墙筒体则直接支承于现有底板上。底板仅承托转换层以下新增剪力墙筒体的重量。经复核，对已有底板进行局部加厚及配筋，底板能满足抗冲切及抗弯承载力需求，并能有效将新增剪力墙筒体的重量传至相应周边桩基础。

3）转换层上下的新增剪力墙筒体将分开施工段，施工缝拟为转换层以下一层层高。新增剪力墙筒体在该层处上下均预留插筋，待结构主体封顶后（转换层以上新增剪力墙筒体重量已基本传至周边框支柱），再采用微膨胀补偿混凝土浇筑。

（4）重要转换构件的局部加强

对于抗剪承载力不足的已建塔楼北面两端角部落地剪力墙，采用增加剪力墙厚度的方法予以加强，见图7－9。

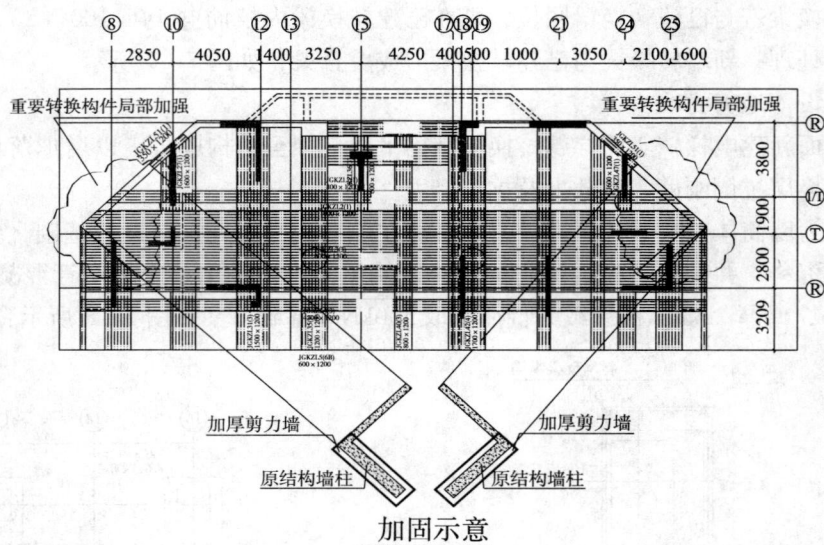

图7－9　重要转换构件的局部加强

（5）平面薄弱处楼板局部加强

L形平面狭长交界处，板厚局部加强为150mm，双层双向配置Φ12@200加强筋。

三、荷载与作用

1. 风荷载

广州基本风压：重现期为100年时$w_o = 0.60 \text{ kN/m}^2$，进行承载力分析；重现期为50年时$w_o = 0.50 \text{ kN/m}^2$，进行刚度分析。地面粗糙度C类，建筑体形系数$\mu_s = 1.4$。

2. 地震作用

根据《建筑抗震设计规范》GB 50011—2001（本工程以下简称《抗规》），各阶段地震作用下地震设计参数如表7－3所示：

地震设计参数 表7－3

设计等级	地震烈度	50年设计基准期超越概率	重现周期（年）	地震影响系数	地面最高加速度PGA（gal）
1	多遇地震（小震）	63%	50	0.08	35
2	设防烈度（中震）	10%	475	0.23	100
3	罕遇地震（大震）	2%	2475	0.50	—

其中抗震设防烈度7度；设计基本地震加速度 = 0.1g；建筑场地类别Ⅱ类场地，第一组，$T_g = 0.35$s；多遇地震作用下弹性分析时，阻尼比$\xi = 0.05$，设防烈度地震作用下弹性分析时，阻尼比$\xi = 0.05$，罕遇地震作用下弹性分析时，阻尼比$\xi = 0.06$。

　　时程分析使用的地震波：时程曲线从人工模拟曲线及实际记录时程曲线中挑选。这些时程曲线分析后得到的小震下的基底剪力与规范振型反应谱产生的小震下的基底剪力作了比较，发现满足《抗规》的要求，即单个时程分析计算基底剪力结果应大于反应谱法结果的65%，时程分析的基底剪力结果的平均值应大于反应谱法结果的80%。相应地震参数如表7-4所示。

地震参数

表7-4

地震波代号	地震波信息		
	名称（地点）	时程曲线	反应谱曲线
GM1	人工波	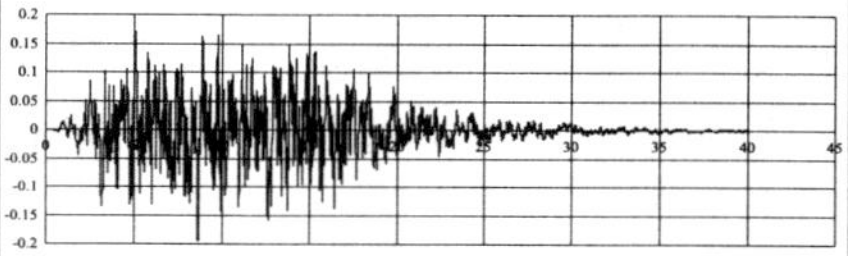	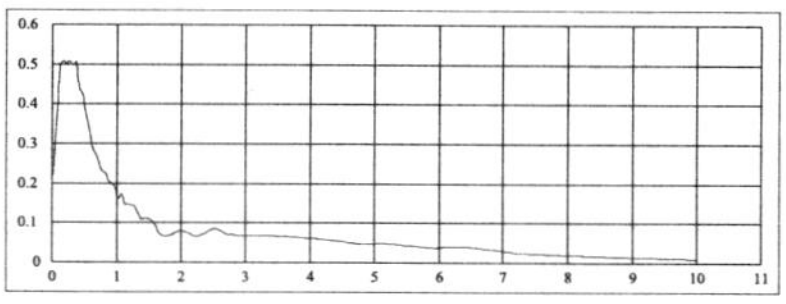
GM2	人工波	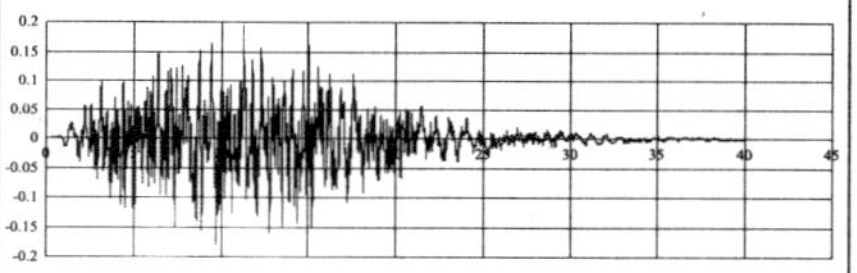	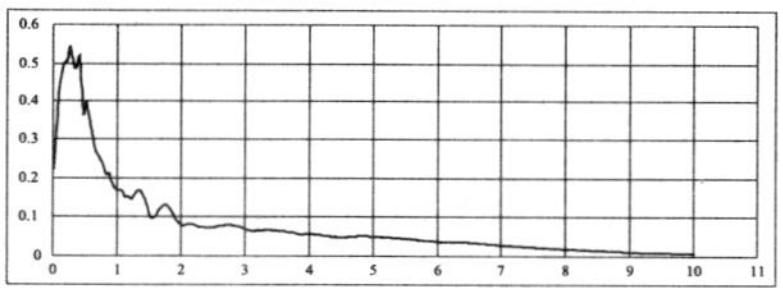
GM3	San Fernando 8244 Origon Blvd	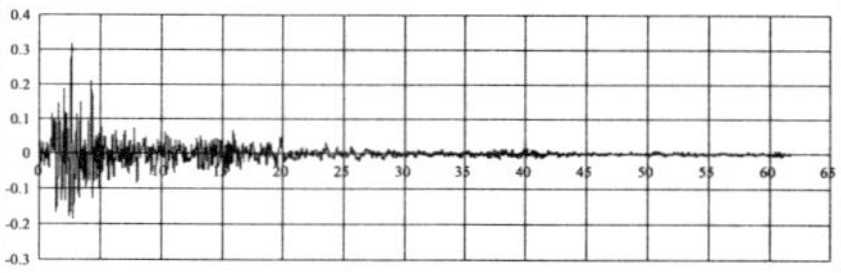	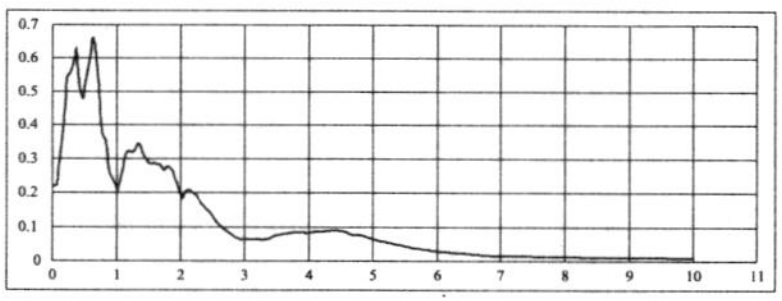
GM4	Hollywood Strorage P. E.	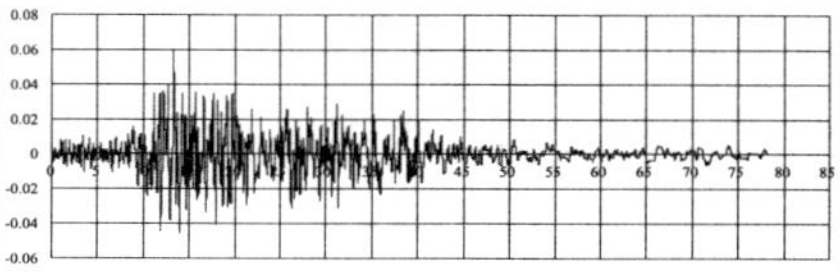	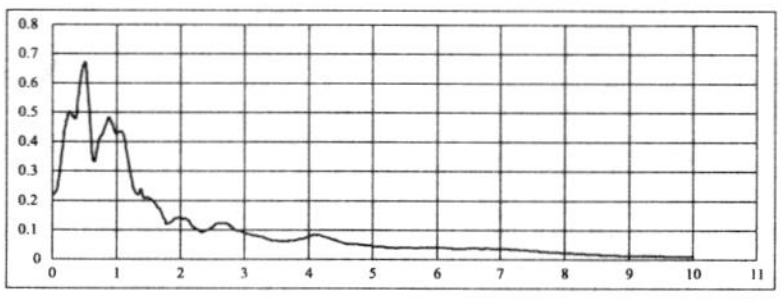
GM5	Bonds Corner EI Centro	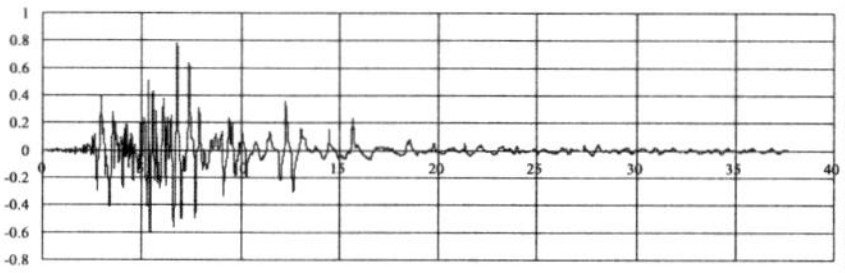	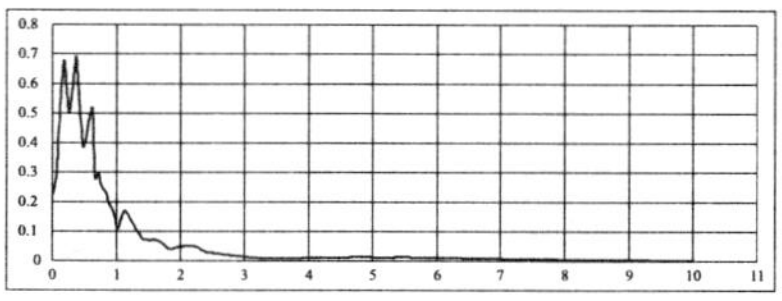

3. 荷载组合与性能目标设计表达式

（1）多遇地震作用下的结构构件弹性设计

299

所有结构构件的承载力应按规范给出的设计表达式求出最不利的荷载组合进行设计，考虑结构、构件的内力增大、调整系数。

静力分析设计表达式：$S \leq R$，或 $S_E \leq \dfrac{R}{\gamma_{RE}}$，符号意义同前。

（2）设防烈度地震作用下的主要结构构件弹性和不屈服设计

结构构件分别按弹性或不屈服进行性能分析。

1）框支层以下落地剪力墙，框支柱，转换梁按弹性性能分析，即不考虑地震组合内力调整系数，但考虑作用分项系数，考虑材料分项系数和抗震承载力调整系数 γ_{RE}。

静力分析设计表达式：$S_E \leq \dfrac{R}{\gamma_{RE}}$，符号意义同前。

2）底部加强区剪力墙（塔楼），底部加强区连梁按不屈服性能分析，即不考虑地震组合内力调整系数，作用分项系数均取为1，不考虑材料分项系数和抗震承载力调整系数 γ_{RE}。

静力分析设计表达式：$S_{Ek} \leq R_k$，符号意义同前。

（3）罕遇地震作用下的关键结构构件不屈服设计

1）框支层以下落地剪力墙，框支柱，转换梁按不屈服性能分析，即不考虑地震组合内力调整系数，作用分项系数均取为1，不考虑材料分项系数和抗震承载力调整系数 γ_{RE}。

静力分析设计表达式：$S_{Ek} \leq R_k$，符号意义同前。

动力分析设计表达式：

抗剪承载力复核：$S_{Ek} = \gamma_v \left(D + 0.5L + E \right)_{平均} = 1.2 \left(D + 0.5L + E \right)_{平均} \leq R_k$

抗弯承载力复核：$S_{Ek} = \gamma_v \left(D + 0.5L + E \right)_{平均} = 1.0 \left(D + 0.5L + E \right)_{平均} \leq R_k$

式中 γ_v 为强剪弱弯调整系数，考虑到强剪弱弯的抗震设防概念，抗剪承载力复核时，γ_v 取 1.2；抗弯承载力复核时，γ_v 取 1.0。

2）底部加强区非落地剪力墙、连梁等可屈服构件根据美国规范 ASCE - 41 对结构构件的变形验算，并进行构件变形控制，如下式：

$$\nabla_{Ek} = \left(D + 0.5L + E \right)_{平均} \leq \delta$$

δ 为 ASCE - 41 构件变形控制指标。ASCE - 41 构件变形控制设计中，考虑到强剪弱弯的抗震设防概念，剪切变形控制比抗弯变形控制严格，故此处不再引入强剪弱弯调整系数 γ_v。

四、基础复核

已建结构基础采用人工挖孔桩，桩长 18～28m，持力层为中、微风化泥质细砂岩（天然湿度下的单轴抗压强度 5.0～10.0MPa），桩径 1～2m，扩大头 2～3m，桩设计承载力设计值 12200～34000kN。经复核，已建结构桩基础满足国家相关规范要求。

五、性能目标

参考国家相关规范、规程，并结合工程实践经验，对本工程进行不同程度地震作用下的性能分析，从而保证结构在小震及中震作用下的刚度和承载力；以及在大震作用下的抗倒塌能力。相关结构及构件性能目标如表7-5、表7-6所示。

结构层间位移性能目标　　　　　　　　　　　　　　　表7-5

建筑结构	小震	中震	大震
除转换层外的结构层	1/1000	1/500	1/150
框支转换层	1/2000	1/800	1/400

结构构件性能目标　　　　　　　　　　　　　　　　　表7-6

构件	小震	中震	大震
框支柱	弹性	弹性	不屈服
转换梁	弹性	弹性	不屈服
框支层以下落地剪力墙	弹性	弹性	不屈服
底部加强区剪力墙（塔楼）	弹性	不屈服	部分屈服
非底部加强区剪力墙（塔楼）	弹性	部分屈服	部分屈服
底部加强区连梁	弹性	不屈服	部分屈服
非底部加强区连梁	弹性	部分屈服	部分屈服

六、结构性能分析

本工程主要采用 PKPM 系列的 SATWE 软件、EPDA 软件及美国 CSI 公司开发的 ETABS NonlinearC V9.2.0 进行结构计算分析。结构前3阶的振型图，依次为 X 向平动、Y 向平动、扭转，如图7-10所示。

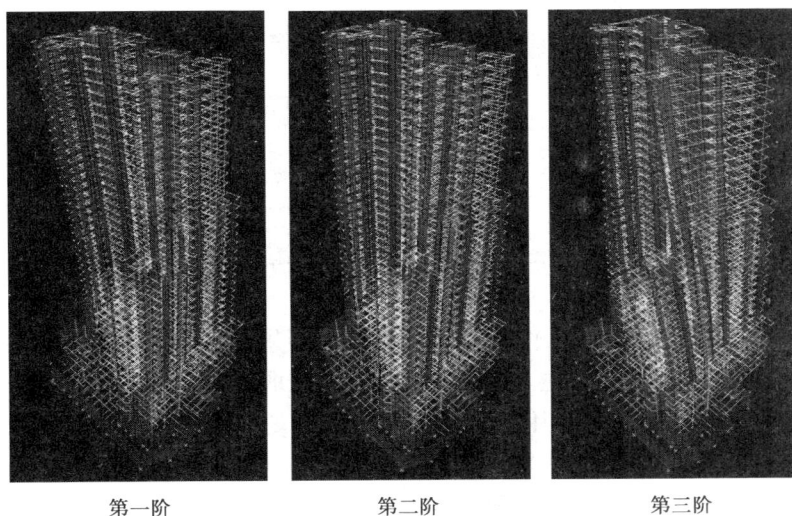

第一阶　　　　　　　　第二阶　　　　　　　　第三阶

图7-10　振型图

1. 风荷载作用下结构性能分析

（1）风荷载作用下结构整体性能分析

验算结构在重现期为 50 年风荷载作用下的变形（结构层间位移角、楼层整体位移）和在重现期为 100 年的风荷载作用下的承载力（层间剪力和倾覆弯矩），分析结果如表 7-7 所示。

风荷载作用下结构分析结果　　　　　　　　　　　　表 7-7

风载作用	规范静力分析			
作用方向	X 方向		Y 方向	
分析软件	SATWE	ETABS	SATWE	ETABS
最大层间位移角	1/1326	1/1410	1/2058	1/2150
最大楼层位移（mm）	54	50	35	40
基底剪力（kN）	8396	7680	6199	6396
基底弯矩（kN·m）	481606	41480	325176	281405

作用力方向沿斜交 45 度时，风荷载作用下的补充分析结果，如表 7-8 所示：

风荷载作用下结构分析结果　　　　　　　　　　　　表 7-8

风载作用	规范静力分析	
作用方向	45°方向	135°方向
分析软件	SATWE	SATWE
最大层间位移角	1/1244	1/1680
最大楼层位移（mm）	51	43
基底剪力（kN）	7155	7915
基底弯矩（kN·m）	414860	438061

作用力方向沿斜交 45°时，风作用下的补充分析结果与 0°及 90°时基本接近，故整个性能分析以 0°及 90°作用方向为主。施工图设计时，则取各自最不利效应作为设计依据。

以在重现期为 50 年风荷载作用下结构位移角及重现期为 100 年的风荷载作用下层间剪力为例，分析结果如图 7-11、图 7-12 所示：

两程序分析结果较吻合，层间位移角均小于 1/1000，满足设定的性能要求。

（2）重现期为 100 年的风荷载作用下结构构件性能分析

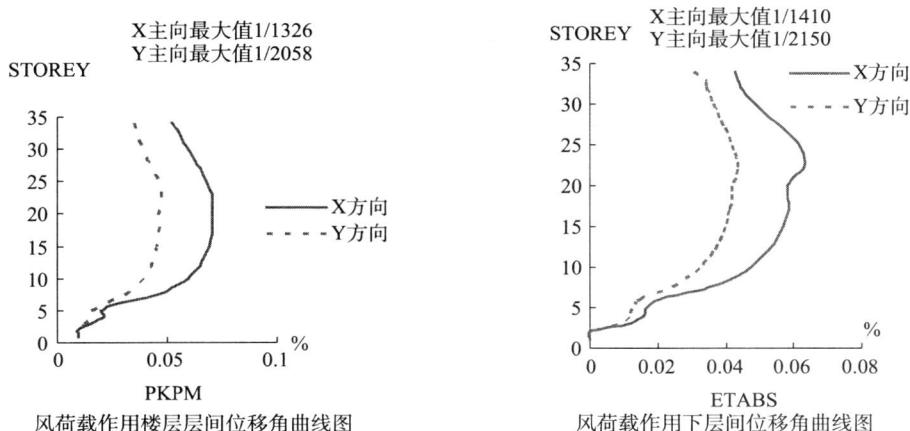

图 7-11　不同软件层间位移角对比（重现期为 50 年风荷载）

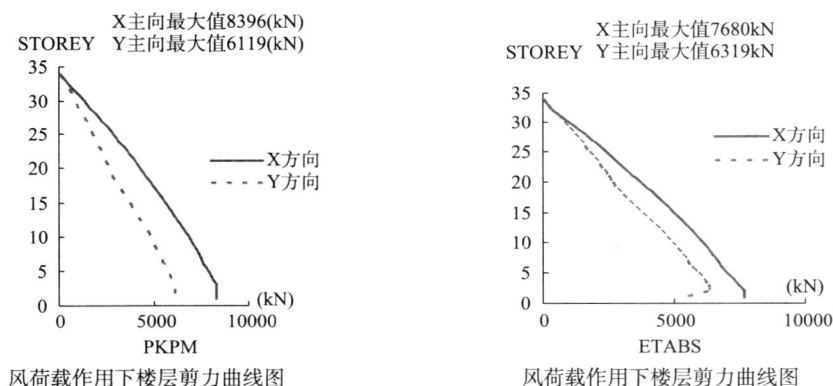

图 7-12　不同软件楼层剪力对比（重现期为 100 年风荷载）

1）原结构构件复核

①原型钢混凝土转换梁无超筋信息，其抗剪及抗弯承载力均满足内力需求。

②除塔楼北面两端角部落地剪力墙（见图 7-9）抗剪承载力不满足内力需求外，落地剪力墙无超筋信息。采用加厚剪力墙的方法加强塔楼北面两端角部落地剪力墙，以满足其承载力要求。

2）新建结构构件设计。

①新建钢筋混凝土转换梁、底部加强区剪力墙（塔楼）及连梁、非底部加强区剪力墙（塔楼）无超筋信息，抗剪及抗弯承载力均满足内力需求。

②非底部加强区个别层连梁出现抗弯超限，采用双筋梁复核截面均满足结构内力需求。其他层连梁均没有出现超筋信息。

综上分析，在风荷载作用下，结构满足设定的性能要求。

2. 小震作用下结构性能分析

小震作用下的结构抗震设计分别采用 SATWE 和 ETABS 9.20 进行计算。

（1）小震作用下结构整体性能分析

在 X 向、Y 向小震作用下，验算结构承载力（层间剪力及层倾覆弯矩）和变形（整体位移及层间位移角），分析结果如表 7 - 9 所示。

多遇地震作用下结构分析结果　　　　　　　　　　　　　　表 7 - 9

分析方法	振型分解反应谱分析		弹性动力时程分析			
分析软件	SATWE	ETABS				
结构总质量	59811t	56890t				
第一平动周期 T_1	2.72	2.61				
第二平动周期 T_2	2.47	2.44				
第一扭转周期 T_t	1.91	1.85				
T_t/T_1	0.70	0.71				
最大扭转位移比	1.37	1.39				
分析软件	SATWE					
最不利层间刚度比	X 方向	Y 方向	X 方向		Y 方向	
地震剪力与层间位移比值法（下/上）	0.87	1.03	—		—	
层间位移角比值法（下/上）	1.10	1.07				
分析软件	SATWE	ETABS	SATWE	ETABS	SATWE	ETABS	SATWE	ETABS
最大层间位移角	1/1371	1/1326	1/1406	1/1451	1/1515	1/1400	1/1677	1/1480
最大楼层位移（mm）	44	43	42	42	37	41	36	40
基底剪力（kN）	8170	7806	8702	8555	7445	7494	7790	7877
基底弯矩（kN·m）	331680	365641	296352	360628	302262	250474	2917108	250470

同时还进行了作用力沿斜交 45°方向地震作用的补充分析。其补充分析结果与 0°及 90°时基本接近，故整个性能分析以 0°及 90°作用方向为主。施工图设计时，则取各自最不利效应作为设计依据。

取在 X 向小震作用下结构的层间位移角及剪力分析结果，如图 7 - 13、图 7 - 14 所示：

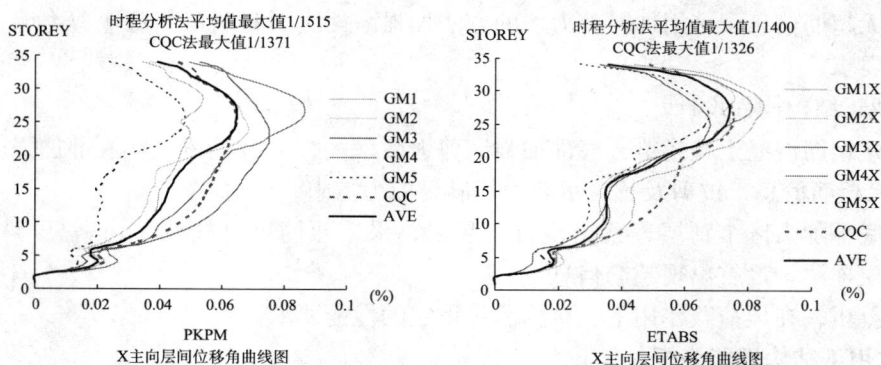

图 7 - 13　不同软件层间位移角对比

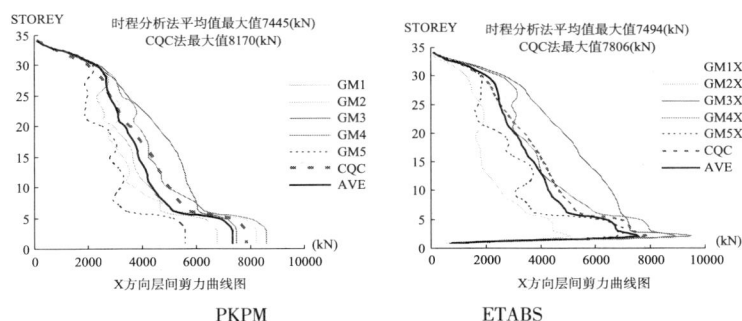

图 7-14　不同软件楼层剪力对比

从以上弹性时程分析图可见，两个分析程序所得的结果规律基本一致，不同的地震波作用下结构的内力有着较明显的区别，但其平均效应均小于振型分解反应谱法下的结构内力，故本工程采用振型分解反应谱法下的结构内力进行设计。

（2）小震作用下结构构件性能分析

1）原结构构件复核

①框支柱最大轴压比均少于 0.60，框支柱、原型钢混凝土转换梁无超筋信息，抗剪及抗弯承载力均满足内力需求。

②除塔楼北面两端角部落地剪力墙（见图 7-9）抗剪承载力不满足内力需求外，框支层以下剪力墙无超筋信息。采用加厚剪力墙的方法加强塔楼北面两端角部落地剪力墙，以满足其承载力要求。

2）新建结构构件设计

①新建钢筋混凝土转换梁、底部加强区剪力墙（塔楼）及连梁、非底部加强区剪力墙剪力墙无超筋信息，抗剪及抗弯承载力均满足内力需求。

②非底部加强区个别层连梁出现抗弯超限，采用双筋梁复核截面均满足结构内力需求。其他层连梁均没有出现超筋信息。

综上分析，结构满足设定的小震作用下的性能要求。

3. 中震作用下结构性能分析

（1）中震作用下结构整体性能分析

在 X 向、Y 向中震作用下，验算结构承载力（层间剪力及层倾覆弯矩）和变形（整体位移及层间位移角），分析结果如表 7-10 所示。

设防烈度地震作用下结构分析结果　　　　　　　　　　　　　　表 7-10

分析方法	振型分解反应谱分析		弹性动力时程分析	
作用方向	X 方向	Y 方向	X 方向	Y 方向
分析软件	SATWE		SATWE	
最大层间位移角	1/508	1/517	1/563	1/607
最大楼层位移（mm）	118	114	102	102
基底剪力（kN）	22051	23669	20899	22108
基底弯矩（kN·m）	895204	994440	845160	849985

（2）中震作用下结构构件性能分析

1）原结构构件复核

①框支柱、原型钢混凝土转换梁无超筋信息，抗剪及抗弯承载力均满足中震弹性内力组合需求，框支柱、转换梁处于中震弹性状态。

②除塔楼北面两端角部落地剪力墙（见图7-9）抗剪承载力不满足中震弹性内力组合需求外，框支层以下剪力墙无超筋信息。采用加厚剪力墙的方法加强塔楼北面两端角部落地剪力墙，以满足中震弹性内力组合需求。

2）新建结构构件设计

①新建钢筋混凝土转换梁无超筋信息，抗剪及抗弯承载力均满足中震弹性内力组合需求。新建钢筋混凝土转换梁处于中震弹性状态。

②底部加强区剪力墙（塔楼）、连梁无超筋信息，抗剪及抗弯承载力均满足满足中震不屈服内力组合需求，底部加强区剪力墙、连梁处于中震不屈服状态。

③非底部加强区部分连梁（约10%）出现配筋超限，连梁不满足中震不屈服内力组合需求。其余连梁没有出现超筋信息。部分连梁处于中震屈服状态。

综上分析，结构满足设定的中震作用下的性能要求。

4. 大震作用下结构性能分析

罕遇地震作用下的结构抗震设计采用 SATWE 及 EPDA 进行。

（1）罕遇地震作用下已建转换层与新建转换层联结验算

1）罕遇地震作用下新建转换层抗倾覆复核

经复核，塔楼竖向构件均无出现偏心受拉或轴心受力情况，新建转换层未出现零应力区，转换层满足罕遇地震作用下结构抗倾覆要求。

2）罕遇地震作用下已建转换层与新建转换层界面处抗剪承载力复核

整个转换层上部塔楼在罕遇地震作用下的楼层总水平作用力为17335kN。作为附加拉结筋而锚入新建转换层梁板的已建竖向构件纵筋面积约为444351mm²。则附加拉结筋抗剪承载力：

$$R = \gamma f_y A_s = 0.2 \times 300 \times 444351 = 26661 \text{kN} > 17335 \text{kN}$$

γ——钢筋抗剪承载力折减系数，参照《混凝土结构设计规范》GB 50010—2002（本工程以下简称《混规》）第10.9.1条预埋件钢筋抗剪承载力相关计算原理，并结合本工程情况，取 $\gamma = 0.2$。

已建转换层与新建转换层联结承载力满足罕遇地震作用下的性能要求。

（2）罕遇地震作用下重要构件不屈服性能分析

按中震（或大震）不屈服做结构设计，所有抗震等级程序自动按四级处理，并取消结构构件的特殊设定（如框支柱、转换梁等），分析程序不自动按照规范考虑结构、构件的内力增大、调整系数。

经复核，框支柱、原型钢混凝土转换梁无超筋信息，抗剪及抗弯承载力均满足大震不屈服内力组合需求，处于大震不屈服状态。除塔楼北面两端角部落地剪力墙（见图7-9）抗剪承载力不满足大震不屈服内力需求外，框支层以下剪力墙无超筋信息。落地剪力墙处于大震不屈服状态。采用加厚剪力墙的方法加强塔楼北面两端角部落地剪力墙，以满足大震不屈服内力组合需求。新建钢筋混凝土转换梁无超筋信息，抗剪及抗弯承载力均满足大震不屈服内力组合需求，转换梁处于大震不屈服状态。

（3）PUSH－OVER 弹塑性静力推覆分析结果

分析表明，主体塔楼（转换层以上）部分剪力墙及连梁在大震作用下处于屈服状态，为进一步评估结构在罕遇地震作用下的抗倒塌能力，对结构进行 PUSH－OVER 弹塑性静力推覆分析，分析结果如表 7－11 所示。

罕遇地震作用下结构分析结果　　　　　　　　表 7－11

分析方法	PUSH－OVER 弹塑性静力推覆分析	
分析软件	EPDA	
分析方向	X 方向	Y 方向
推覆分析需求层间位移角	1/212	/241

倒三角形荷载作用下，Y 方向结构推覆极限变形如图 7－15，结构弹塑性静力推覆能力谱验算图如图 7－16：

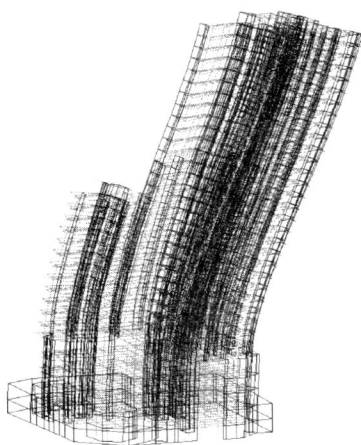

所在地区：全国；罕遇地震；场地类型：2设计地震分组：1抗震设防烈度：7
地震影响系数最大值Amax(g):0.500特征周期Tg(s):0.350弹性状态阻比：0.060
能力曲线与需求谱曲线的交点坐标（T,A）:3.252，0.088 需求层间位移角:1/212
与需求点相对应的总加载步号：41

图 7－15　Y 方向弹塑性静力推覆
极限变形图

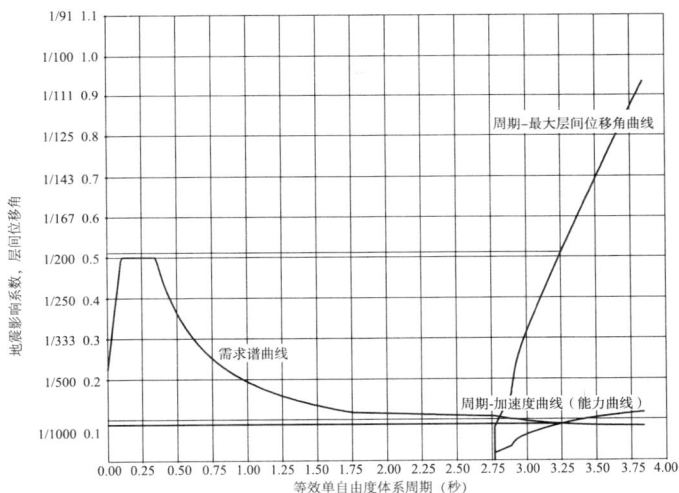

图 7－16　Y 方向弹塑性静力推覆能力谱验算图

由上图 7－15 和图 7－16 知：Y 方向结构变形性能均满足需求谱需求，Y 方向地震作用结构达到大震作用下的抗倒塌性能目标。

相似的分析表明：X 方向结构变形性能亦满足需求谱需求，X 方向地震作用结构达到大震作用下的抗倒塌性能目标。

综上分析，结构满足设定的罕遇地震作用下的性能要求。

七、结论

通过抗风性能分析，可以证明本工程已建结构部分与新建结构部分主体结构同时满足国家相关规范（2002 系列结构规范）重现期为 100 年风荷载的承载力要求和重现期为 50 年风荷载的刚度要求。

通过基于性能的抗震分析，可以证明本工程已建结构部分基本满足当时国家相关规范（1989 系列结构规范）的构造要求，同时满足国家相关规范（2002 系列结构规范）的承载力要求；新建结构部分主体结构满足国家相关规范（2002 系列结构规范）的"小震不坏、中震可修、大震不倒"结构抗震性能。

（注：本工程抗震超限设计完成于 2008 年）

工程实例八　合和商业中心结构抗震超限设计

一、工程概述

本工程为高层商住楼，位于东莞运河西路西侧，建筑范围长约68m、宽约50m。本工程设两层（局部3层）地下室，3层裙房，第4层为架空花园，第5～26层为住宅。裙房和地下室不设缝，4层以上通过设缝分为两个塔楼（左塔和右塔）。总建筑面积44573m²。结构总高度为83.40m。

图8-1　合和商业中心实景

结构超限及特殊情况

本工程原按我国89系列规范进行设计，共28层，并于1995建成地下室及右塔2层裙房，该已建部分通过分项验收，但一直没有投入使用。现甲方对本工程进行后续开发，拟建楼层数减少为26层。原设计单位按我国2002系列规范对结构重新进行设计，并对已建部分（包括地基基础部分）按规范进行复核。经复核发现，地基基础均满足现行规范要求，但已建的塔楼大部分框架柱的箍筋设置不满足现行规范的构造要求，故设计单位要求对不满足规范构造要求的框架柱进行全面加固。本工程处于抗震设防6度地区，由小震弹性结果初步判断，结构的刚度和承载力均有较大富裕，故本文引入基于性能的抗震评估与加固方法，以结构层间位移、构件变形限值和结构损伤指数作为性能目标，通过基于构件意义上的结构弹性、弹塑性静力和动力分析，论证结构在不进行构造加固的条件下，满足"小震不坏、中震可修、大震不倒"的抗震设防目标。

二、结构体系

本工程采用框架－剪力墙结构。工程建设场地的抗震设防烈度为 6 度，框架和剪力墙的抗震等级均为三级。地下室和裙房不设缝，裙房顶以上通过设置变形缝分为双塔（左塔和右塔）。已建裙房结构平面布置如图 8 – 2 所示。

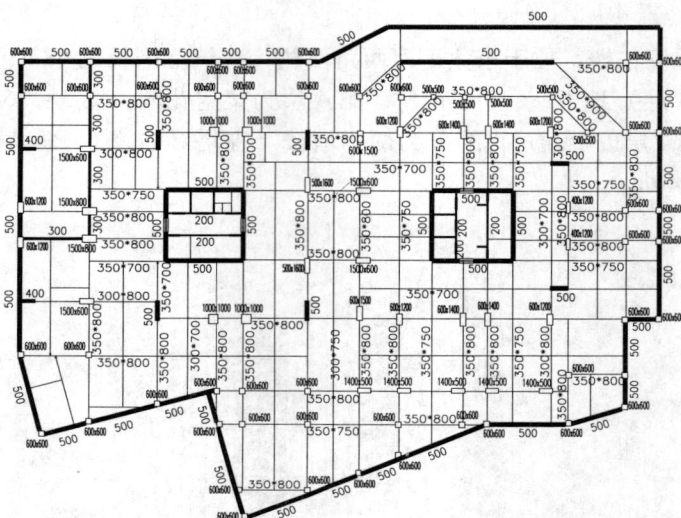

图 8 – 2　已建裙房结构平面布置图

三、荷载与作用

1. 风荷载

东莞市基本风压：重现期为 50 年时 $w_o = 0.55$ kN/m²；重现期为 100 年时 $\omega_o = 0.65$ kN/m²；地面粗糙度 C 类，建筑体形系数 $\mu_s = 1.3$。

2. 地震作用

根据《建筑抗震设计抗规》GB 50011—2001（本工程以下简称《抗规》），并参考《建筑工程抗震性态设计通则（试用）》CECS160：2004，各阶段地震作用下地震设计参数如表 8 – 1 所示。

地震设计参数　　　　　　　　　　　　　　　　　　　　表 8 – 1

设计等级	地震烈度	50 年设计基准期超越概率	重现周期（年）	地震影响系数	地面最高加速度 PGA（Gal）
1	多遇地震（小震）	63%	50	0.04	18
2	设防烈度（中震）	10%	475	0.11	50
3	罕遇地震（大震）	2%	2475	0.23	110

· 抗震设防烈度 6 度。

· 设计基本地震加速度 = 0.05g。

· 建筑场地类别 II 类场地，第一组，Tg = 0.35s。

· 时程分析使用的地震波：取符合本工程场地土特征的人工地震波 2 条及国际上具有完整时程校正的典型地震纪录 5 条，其相应地震参数如表 8 - 2 所示。

· 阻尼：

— 多遇地震作用下弹性分析，阻尼比 ξ = 0.05 ；

— 设防烈度地震作用下弹性分析，阻尼比 ξ = 0.05；

— 罕遇地震作用下的弹塑性分析及不屈服分析，阻尼比 ξ = 0.06。

地震参数 表 8 - 2

地震波代号	地震波信息				
	年代	名称（地点）	记录峰值加速度	时程曲线	反应谱曲线
GM2	1995	Kobe	0.33g		
GM3	1964	North ridge	0.22g		
GM5	1900	LIVER MORE	0.23g		
GM7	1999	Kocaeli Turkey	0.25g		

续表

地震波代号	地震波信息				
	年代	名称（地点）	记录峰值加速度	时程曲线	反应谱曲线
GM12	1981	Gorinth Greece	0.29g		
GM16		人工波	0.19g		
GM17		人工波	0.19g		

3. 荷载组合与性能目标设计表达式

小震作用下所有结构构件的承载力应按现行规范给出的设计表达式求出最不利的荷载组合进行设计，考虑结构、构件的内力增大、调整系数。

在中震作用下，关键结构构件按弹性进行性能分析。

地下室和裙房的框架柱、剪力墙按中震弹性进行复核，即不考虑地震组合内力调整系数（通过设置结构抗震等级为四级），但考虑作用分项系数、考虑材料分项系数和抗震承载力调整系数 γ_{RE}，设计表达式：$S_E \leqslant \dfrac{R}{\gamma_{RE}}$，符号意义同前。

大震作用下，关键结构构件按不屈服进行性能分析。

地下室和裙房的框架柱、剪力墙按大震不屈服进行复核，即不考虑地震组合内力调整系数，作用分项系数均取为 1，不考虑材料分项系数和抗震承载力调整系数 γ_{RE}，设计表达式：$S_{Ek} \leqslant R_k$，符号意义同前。

根据 FEMA 356 进行弹塑性分析，并验算结构构件承载力和变形时，采用 $D + 0.5L + E_{平均}$（指先加 $D + 0.5L$ 荷载，然后进行弹塑性分析，再取其在各地震波作用下的平均值）。

四、性能目标

在充分认识结构各部分体系受力与变形特征的基础上，参考现行国家相关规范、规程，并结合中国的工程实践经验，对本工程进行不同程度地震作用下的性能分析，从而保证结构在小震及中震作用下的刚度和承载力；以及在大震作用下的抗倒塌能力。相关结构及构件性能目标如表 8 - 3、表 8 - 4、表 8 - 5、表 8 - 6 所示。

结构构件性能目标 表 8 - 3

构件	小震	中震	大震
框架柱	OP	IO	LS
框架梁	OP	IO	LS
框架梁柱节点	OP	OP	IO
剪力墙	OP	OP	IO
基础及承台	OP	OP	IO

主要结构构件、结构层及结构总体损伤指 表 8 - 4

类型	损伤指数
框架柱	< 0.4
框架梁	0.4 ~ 1
剪力墙	< 0.4
结构层	< 0.4
结构总体	< 0.4

主要结构构件变形性能目标 表 8 - 5

构件类型	IO 限值		LS 限值		CP 限值	
	转角	剪切（%）	转角	剪切（%）	转角	剪切（%）
框架柱	0.003	—	0.012	—	0.015	—
框架梁	0.005	—	0.01	—	0.02	—
剪力墙	0.003	0.006	0.006	0.015	0.009	0.020

结构层间位移性能目标 表 8 - 6

建筑结构	OP	IO	LS	CP
结构层	0.125%	0.25%	1.00%	1.5%

五、结构弹性计算复核

本工程主要采用中国中国建筑科学研究院 PKPM 系列的 SATWE 软件、EPDA 软件及美国 BUFFALO 大学开发的二维平面杆系分析程序 IDARC 2D 6.0 程序进行结构弹性分析。

1．重力荷载和风荷载作用下结构整体性能复核

重力荷载和风荷载作用下的结构位移计算采用中国建筑科学研究院 PKPM 系列的 SAT-WE。在重现期为 50 年的风荷载作用下结构层间位移角如图 8 - 3 所示：

可见层间位移均小于 1/800，满足规范的要求。

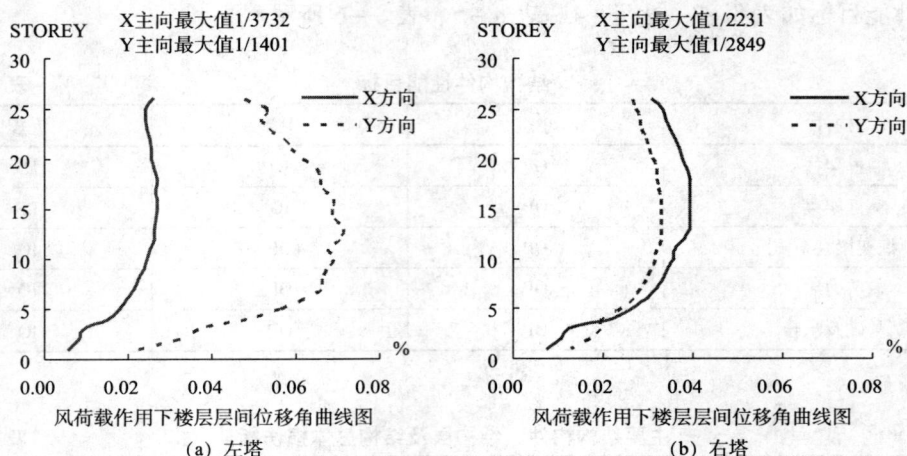

STOREY X主向最大值1/3732
Y主向最大值1/1401

STOREY X主向最大值1/2231
Y主向最大值1/2849

风荷载作用下楼层层间位移角曲线图
(a) 左塔

风荷载作用下楼层层间位移角曲线图
(b) 右塔

图 8 - 3 风荷载作用下楼层层间位移角曲线图

在重现期为 100 年的风荷载作用下结构楼层剪力分布如图 8 - 4 所示:

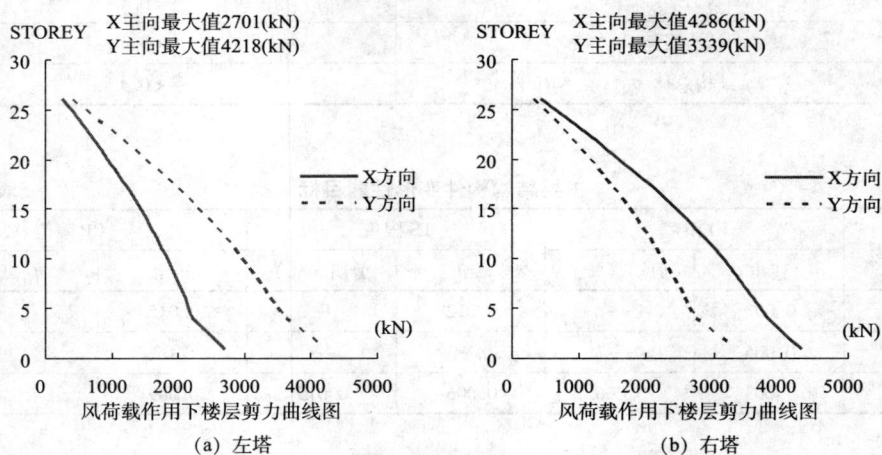

STOREY X主向最大值2701(kN)
Y主向最大值4218(kN)

STOREY X主向最大值4286(kN)
Y主向最大值3339(kN)

风荷载作用下楼层剪力曲线图
(a) 左塔

风荷载作用下楼层剪力曲线图
(b) 右塔

图 8 - 4 风荷载作用下楼层剪力曲线图

综上所述, 结构在重力荷载和风荷载作用下的整体性能满足规范的要求。

2. 多遇地震作用下结构整体性能复核

多遇地震作用下的结构抗震性能指标采用 SATWE 和 IDARC 2D 6.0 程序进行计算。在 SATWE 和 IDARC 的分析中采用相同的分析参数: 考察结构特性参数时采用刚性楼板假设; 结构构件的抗震等级和结构构件的特殊设定 (如框支柱、转换梁等) 严格按照规范规定设置, 以便分析程序自动按照规范考虑结构、构件的内力增大、调整系数等。

取在 X 向小震作用下结构的层间位移角分析结果, 如图 8 - 5、图 8 - 6。从以上弹性时程分析图可见, 结构在不同地震波作用下整体位移与层间位移角有着较明显的区别, 但整体结果仍较为吻合。

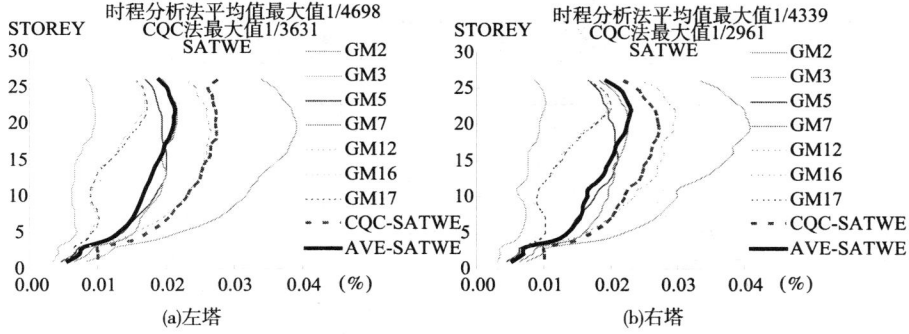

图 8 - 5　SATWE 分析结果

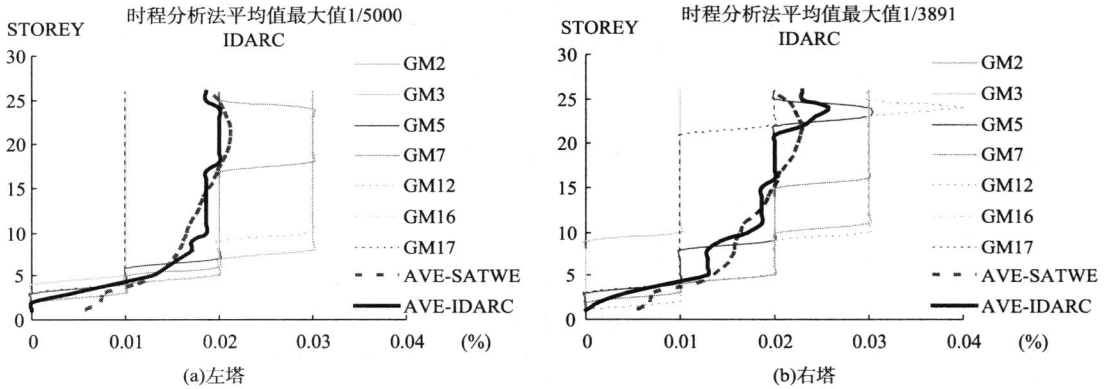

图 8 - 6　IDARC 分析结果

结构的自振周期和扭转周期比如表 8 - 7 所示。

周期（SATWE 计算结果）　　　　　　表 8 - 7

振型号	周期（s）		X 平动系数		Y 平动系数		扭转系数	
	左塔	右塔	左塔	右塔	左塔	右塔	左塔	右塔
1	2. 5239	2. 1898	0	0	0. 97	1	0. 03	0
2	2. 0887	2. 0299	1	1	0	0	0	0
3	1. 5423	1. 3682	0	0	0. 03	0	0. 97	1
4	0. 7318	0. 587	0	0. 01	0. 87	0. 96	0. 12	0. 03
5	0. 5609	0. 5815	1	0. 99	0	0. 01	0	0
6	0. 501	0. 4687	0	0	0. 12	0. 02	0. 88	0. 98
7	0. 3964	0. 3237	0. 01	0. 36	0. 68	0. 1	0. 31	0. 54
8	0. 2972	0. 3038	0. 37	0. 67	0. 28	0. 06	0. 35	0. 27
9	0. 2872	0. 2911	0. 17	0. 01	0. 26	0. 96	0. 56	0. 03
10	0. 2763	0. 2466	0. 48	0. 03	0. 17	0. 08	0. 35	0. 89

315

续表

振型号	周期（s）		X 平动系数		Y 平动系数		扭转系数	
	左塔	右塔	左塔	右塔	左塔	右塔	左塔	右塔
11	0.2426	0.2155	0.01	0.93	0.67	0.03	0.32	0.03
12	0.2355	0.1893	0	0.02	0	0.82	1	0.16
13	0.2262	0.1792	0	0.07	0.02	0.06	0.98	0.87
14	0.2168	0.173	0	0.01	0.07	0.03	0.93	0.96
15	0.2102	0.1563	0	0.89	0	0.01	1	0.1
振型参与质量系数			93.76%	97.99%	93.49%	97.71%		
第一扭转周期与第一平动周期比							0.61	0.63

结构自振周期在合理范围以内，结构第一扭转周期与第一平动周期比均少于规范 0.85 的要求。

结构最大刚度比（地震剪力与层间位移比值法 – 上层/下层）为 1.13（左塔），1.15（右塔），均少于规范 1.40 的要求；结构最大扭转位移比为 1.37（左塔），1.16（右塔）均少于规范 1.40 的要求（不考虑裙楼处扭转位移比）。

根据上述分析结果，结构基本满足多遇地震下的抗震整体性能要求。

3. 重力荷载、风荷载、多遇地震作用下的结构构件承载力复核

框架柱（包括用壳单元进行模拟计算但截面高宽比不大于 4 的剪力墙）的压弯承载力和抗剪承载力均满足现行规范要求，但如结构施工图反映的情况一样，已建部分的地下室和裙房的大部分塔楼范围框架柱的箍筋配箍率不满足规范要求。剪力墙（指核心筒剪力墙）的承载力和配筋构造满足规范要求。除结构施工图纸注明要加固的已建框架梁、次梁外，其他梁均满足规范的要求。

4. 罕遇地震作用下的结构不屈服复核

罕遇地震作用下的结构抗震性能采用拟弹塑性的弹性反应谱方法进行分析，考虑结构开裂刚度退化，在计算中用周期调整系数 1.1 予以考虑，且结构阻尼比取值为 $\xi = 0.06$。分析采用 SATWE 进行计算。

地下室、裙房框架柱均满足大震不屈服的承载力需求。地下室、裙房剪力墙均满足大震不屈服的承载力需求。根据上述分析结果，东莞合和商业中心结构基本满足罕遇地震下的抗震性能要求。

六、罕遇地震作用下结构弹塑性分析复核

采用 PKPM 系列的 EPDA 软件及二维平面杆系分析程序 IDARC 2D6.0 程序进行结构弹塑性分析。

1. 宏观指标分析结果

结构在 7 条地震波作用下的层间位移角如图 8 – 7、图 8 – 8 所示：

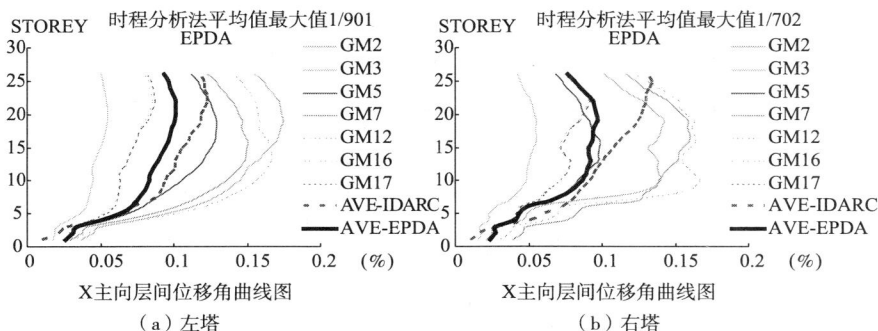

图 8-7　EPDA 分析结果

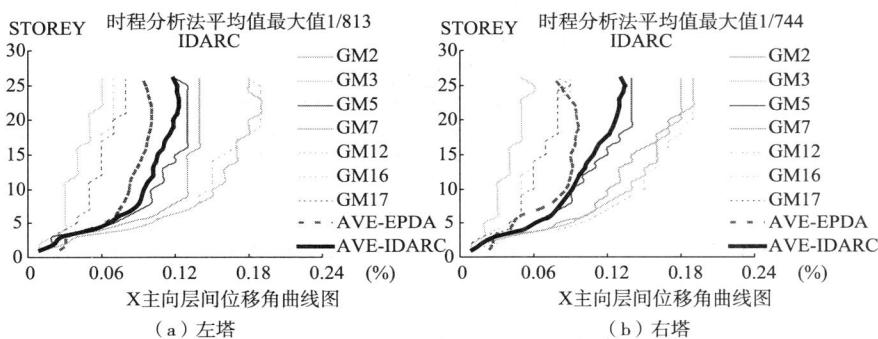

图 8-8　IDARC 分析结果

从以上弹塑性分析数据可见，EPDA 与 IDARC 分析结果虽不能完全吻合，但并无原则上矛盾，结构最大层间位移角约为 1/700，满足设定的抗震性能目标。

结构进行 PUSHOVER 静力弹塑性分析结果如图 8-9、图 8-10 所示：

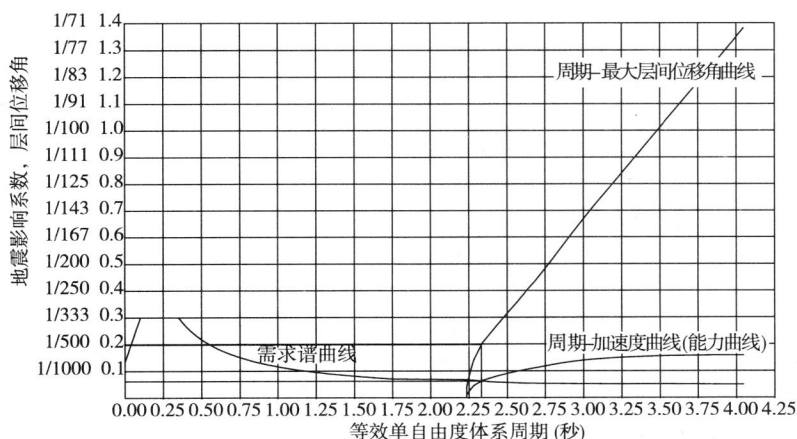

所在地区:全国;罕遇地震;场地类型:2 设计地震分组:1 抗震设防烈度:6
地震影响系数最大值 Amax (g): 0.300 特征周期 Tg (s): 0.350 弹性状态阻尼比: 0.050
能力曲线与需求谱曲线的交点坐标 (T,A): 2.331, 0.062 需求层间位移角: 1/506

(a)左塔

317

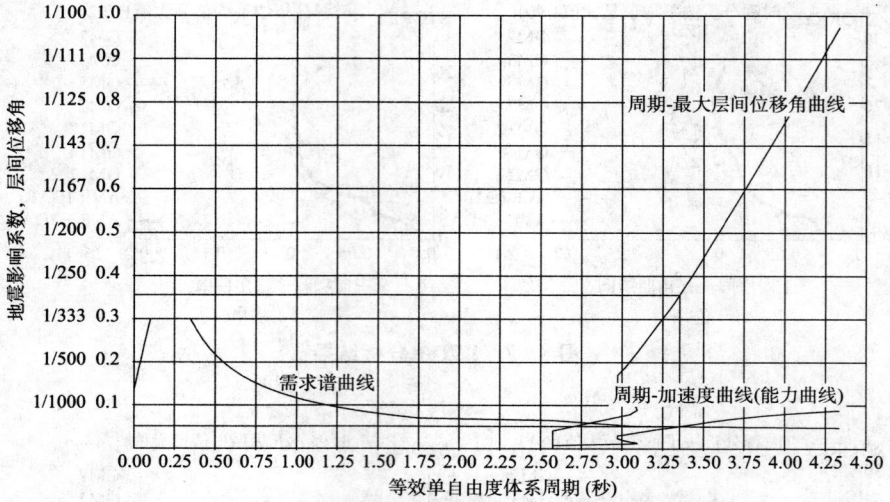

所在地区:全国;罕遇地震;场地类型:2 设计地震分组:1 抗震设防烈度:6
地震影响系数最大值 Amax (g): 0.300 特征周期 Tg (s): 0.350 弹性状态阻尼比: 0.050
能力曲线与需求谱曲线的交点坐标 (T,A): 3.354, 0.052 需求层间位移角: 1/281

(b) 右塔

图 8－9 X 主向矩形荷载作用下静力推覆能力谱验算图－EPDA

********** PLOT OF BASE SHEAR VS. TOP DEFORMATION **********

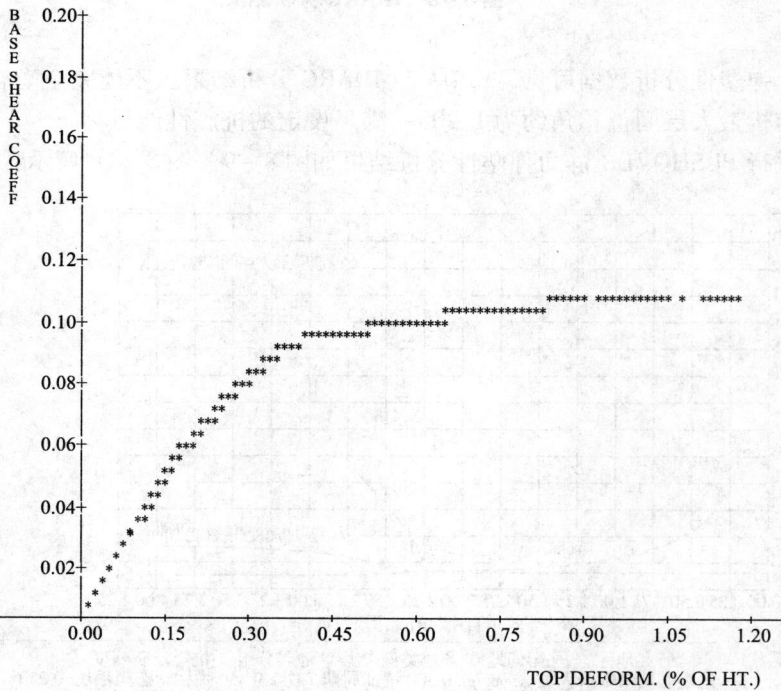

(a) 左塔

********** PLOT OF BASE SHEAR VS. TOP DEFORMATION **********

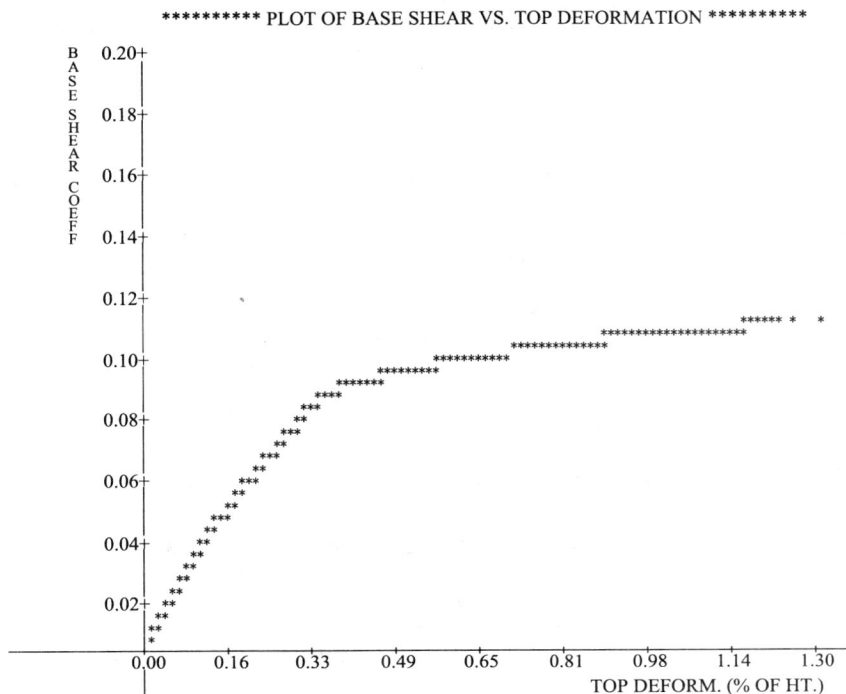

（b）右塔

图 8 – 10　X 主向矩形荷载作用下静力推覆能力谱验算图 – IDARC（左塔和右塔）

　　由 IDARC 静力推覆曲线可见，罕遇地震作用下的位移需求性能仍处于弯曲"拐点"以前。结构满足罕遇地震作用下的性能目标。

2. 结构构件的抗震性能

（1）结构构件承载力性能分析

　　根据弹塑性时程分析，底部具有代表性的框架柱抗剪承载力验算如表 8 – 8、表 8 – 9 所示。

罕遇地震作用下柱抗剪承载力验算—左塔　　　　　　　　　表 8 – 8

柱编号	X 主向			Y 主向		
	Z1 – 1	Z1 – 2	Z1 – 3	Z1 – 1	Z1 – 2	Z1 – 3
柱截面	1500 × 800	1500 × 800	1500 × 800	1500 × 800	1500 × 800	1500 × 800
2/3 轴剪力需求值（kN）	101/47	152/74	107/42	48/57	20/144	41/104
2/3 轴剪力承载力（kN）	3084/2066	5580/3131	3662/2041	3084/2066	5580/3131	3662/2041
是否满足	满足	满足	满足	满足	满足	满足

罕遇地震作用下柱抗剪承载力验算—右塔　　　　　　表 8 – 9

柱编号	X 主向			Y 主向		
	Z2 – 1	Z2 – 2	Z2 – 3	Z2 – 1	Z2 – 2	Z2 – 3
柱截面	600 × 1400	600 × 1400	600 × 1400	600 × 1400	600 × 1400	600 × 1400
2/3 轴剪力需求值（kN）	92/149	77/69	88/67	83/110	44/136	52/118
2/3 轴剪力承载力（kN）	1455/2231	1283/1524	1473/2842	1455/2231	1283/1524	1473/2842
是否满足	满足	满足	满足	满足	满足	满足

由上表可见，地下室和裙房框架柱在罕遇地震作用下剪力需求较小，构件剪力承载力满足 IO 要求。

底部具有代表性的框架柱压弯承载力验算如表 8 – 10、表 8 – 11 所示。

X 向罕遇地震作用下柱的最大轴力（左塔）（kN）（首层）　　　　表 8 – 10

柱编号	Z1 – 4	Z1 – 5	Z1 – 6	Z1 – 7	Z1 – 2
柱截面	600 × 1200	600 × 1200	1500 × 600	1500 × 800	1500 × 800
绕 X 轴/Y 轴弯矩（kN·m）	447/160	357/64	65/607	146/625	204/607
大震轴力（kN）	8845	8450	10713	11810	11184
绕 X 轴/Y 轴需求钢筋（mm²）	1440/1440	1440/1440	1800/1800	2400/2400	2400/2400
绕 X 轴/Y 轴实配钢筋（mm²）	2700/3680	2700/3680	3640/2450	3640/2450	3640/2450
是否满足	满足	满足	满足	满足	满足

X 向罕遇地震作用下柱的最大轴力（右塔）（kN）（首层）　　　　表 8 – 11

柱编号	Z2 – 4	Z2 – 5	Z2 – 6	Z2 – 7	Z2 – 8
柱截面	600 × 1500	1500 × 600	1500 × 600	600 × 1500	1400 × 500
绕 X 轴/Y 轴弯矩（kN·m）	229/147	211/560	125/479	240/205	201/597
大震轴力（kN）	4788	13040	13356	4062	6991
绕 X 轴/Y 轴需求钢筋（mm²）	1800/1800	1800/1800	1800/1800	1800/1800	1400/1400
绕 X 轴/Y 轴实配钢筋（mm²）	4660/3070	4660/3070	4660/3070	4660/3070	3260/2450
是否满足	满足	满足	满足	满足	满足

从上表可见，底层框架柱均满足 IO 承载力要求。

底部首层具有代表性的剪力墙的剪应力比如表 8 – 12、表 8 – 13 所示。

剪力墙编号	W398－403	W386－390	W381－385	W355－257
剪力平均值 1 （kN）	$1.63E+04$	$1.24E+04$	$9.57E+03$	$6.38E+03$
剪力平均值 2 （kN）	$-1.62E+04$	$-1.23E+04$	$-9.44E+03$	$-6.38E+03$
$b \times h_0$ （mm×mm）	500×8100	500×8100	500×7600	500×7600
$f_{ck}bh_0/1000$ （kN）	$1.42E+05$	$1.42E+05$	$1.33E+05$	$1.33E+05$
剪应力比 $V/f_{ck}bh_0$	$1.15E-01$	$8.73E-02$	$7.19E-02$	$4.80E-02$

剪力墙编号	W404－407	W391－394	W362－364	W368－372
剪力平均值 1 （kN）	$8.91E+03$	$8.43E+03$	$8.27E+03$	$9.66E+03$
剪力平均值 2 （kN）	$-8.86E+03$	$-8.12E+03$	$-8.28E+03$	$-9.65E+03$
$b \times h_0$ （mm×mm）	500×8400	500×8400	500×7600	500×7600
$f_{ck}bh_0/1000$ （kN）	$1.47E+05$	$1.47E+05$	$1.33E+05$	$1.33E+05$
剪应力比 $V/f_{ck}bh_0$	$6.06E-02$	$5.74E-02$	$6.23E-02$	$7.26E-02$

从上表可见，底层剪力墙均满足 IO 抗剪承载力要求。

根据 EPDA 的计算结果，按《高层建筑混凝土结构技术规程》JGJ3－2002 进行大震作用下的框架梁柱节点核心区截面抗震验算，验算公式如下：

梁柱节点剪力平均值，$V_{jm} = \dfrac{\eta_{jb} \sum M_{bm}}{h_{b0} - a'_s}\left(1 - \dfrac{h_{b0} - a'_s}{H_c - h_b}\right)$，取 $\eta_{jb} = 1$，$\sum M_{bm}$ 为罕遇地震作用下节点左、右梁端反时针或顺时针方向组合的弯矩平均值之和。节点核心区承载力限值为 $0.30\eta_j\beta_c f_{ck}b_j h_j$，偏于安全地取 $\eta_j = 1$。节点核心区实配钢筋承载力为 $1.1\eta_j f_{tk}b_j h_j + 0.05\eta_j N\dfrac{b_j}{b} + f_{yvk}A_{svj}\dfrac{h_{b0} - a'_s}{s}$，同样偏于安全地取 $\eta_j = 1$。

选取典型的节点复核如表 8－14 所示。

验算节点		罕遇地震作用下节点剪力平均值 V_{jm} （kN）	节点核心区承载力限值 （kN）	节点核心区实配钢筋承载力 （kN）	是否满足
一层 （2×F）	左右方向	348	9720	3514	是
	上下方向	410	4860	1756	是
二层 （2×F）	左右方向	443	8424	3170	是
	上下方向	587	3931	1479	是
三层 （2×F）	左右方向	444	8424	3157	是
	上下方向	620	3931	1473	是

验算节点		罕遇地震作用下节点剪力平均值 V_{jm}（kN）	节点核心区承载力限值（kN）	节点核心区实配钢筋承载力（kN）	是否满足
地下一层 （4×D）	左右方向	348	6834	2428	是
	上下方向	161	6834	2453	是
一层 （4×D）	左右方向	263	6834	2270	是
	上下方向	163	6834	2268	是
二层 （4×D）	左右方向	561	5616	2092	是
	上下方向	501	5616	2116	是
三层 （4×D）	左右方向	578	5616	2081	是
	上下方向	480	5616	2015	是
地下一层 （6×D/3）	左右方向	365	2412	891	是
	上下方向	81	6432	2350	是
地下夹层 （6×D/3）	左右方向	322	2412	788	是
	上下方向	118	6432	2103	是
一层 （6×D/3）	左右方向	475	2412	882	是
	上下方向	192	6432	2327	是
二层 （6×D/3）	左右方向	387	1930	749	是
	上下方向	735	5616	2152	是
三层 （6×D/3）	左右方向	499	1930	747	是
	上下方向	609	5616	2148	是
地下一层 （6×C）	左右方向	395	2916	1104	是
	上下方向	207	2916	1104	是
地下夹层 （6×C）	左右方向	272	2916	1098	是
	上下方向	133	2916	1097	是
一层 （6×C）	左右方向	525	2916	1082	是
	上下方向	277	2916	1082	是
二层 （6×C）	左右方向	365	2538	993	是
	上下方向	349	2538	992	是
三层 （6×C）	左右方向	368	2538	983	是
	上下方向	355	2538	983	是

从上述节点核心区验算表可见，框架节点满足大震作用下 IO 要求。

（2）结构构件变形分析及复核

结构构件的变形需求如表 8 – 15 所示。

罕遇地震作用下主要结构构件变形

表 8 – 15

构件类型	最大塑性铰转角		最大剪切应变（％）		IO 限值		LS 限值		CP 限值	
	左塔	右塔	左塔	右塔	转角	剪切（％）	转角	剪切（％）	转角	剪切（％）
框架柱	0.004	0.001	—	—	0.003	—	0.012	—	0.015	—
框架梁	0.007	0.008	—	—	0.005	—	0.010	—	0.020	—
剪力墙	0.001	0.001	0.004	0.003	0.003	0.006	0.006	0.015	0.009	0.020

注：所有构件变形均为各地震作用下平均应变最大值，均在 LS 限值以内。

3. 结构损伤分析

主要结构构件、结构层及结构总体损伤指数如表 8 – 16 所示。

主要结构构件、结构层及结构总体损伤指数

表 8 – 16

类型	损伤指数		损伤指数目标
	左塔	右塔	
框架柱	0.30	0.10	< 0.40
框架梁	0.45	0.45	0.40 ~ 1.00
剪力墙	0.10	0.10	< 0.40
结构层	0.30	0.25	< 0.40
结构总体	0.25	0.20	< 0.40

注：以上损伤指数均为各地震波作用下的平均效应。

从上表可见，除个别框架梁外，结构构件、结构层及结构总体损伤指数均小于0.4。因此，总体结构在大震作用下处于可修复性能状态。

根据上述分析结果，结构满足罕遇地震作用下的抗震性能目标。

七、基础复核

本工程场地土无液化土层，采用支承于中风化砂岩上的人工挖孔灌注桩，桩端岩石承载力特征值为 4000kPa。由于结构总层数比原设计减少两层，并采用轻质砌体，经复核地基基础满足规范要求。

八、结论

通过基于性能的结构安全性评估分析，证明东莞合和商业中心在已建成的剪力墙、框架柱、框架梁及非框架梁不进行加固的情况下，满足重力荷载和风荷载作用下的承载力要求，地震作用下均满足构件变形、承载力及损伤指数性能目标，框架节点满足大震作用下的 IO 性能目标，结构满足层间位移性能目标。即在不对已建部分的框架柱进行构造加固的情况下，结构满足国家规范"小震不坏、中震可修、大震不倒"的抗震设防目标。

（注：本工程抗震超限设计完成于 2006 年）

工程实例九　中州中心二期结构抗震超限设计

一、工程概述

中州中心二期项目位于广州市新港东路与科韵路交汇处，该项目总建筑面积173689m²，建筑功能为商业办公综合楼，其中地下两层及地上二十二层。地下二层为车库，地下一层为商场，一～五层为商场、办公、商务中心等，六层为架空层，内设商业配套餐饮，七层～二十二层为商务办公，北面观光门架与主塔楼以第二十一层120m跨度的观光走廊连接，形成巨型"门"架，隐喻"广州之门"，形成极具视觉冲击力的标志性新形象。

图9－1　中州中心二期实景

观光门结构由两个高86.5m的主塔楼和上下两个走廊组成，在满足地下室的整体性条件下，首层以上设置两道抗震缝，将上部结构分成三个相对独立的结构体系。

本例针对观光门架结构体系进行结构抗震超限设计可行性分析。

结构超限及特殊情况如下：

1）非常规高层建筑。主塔楼采用带黏滞阻尼器钢筋混凝土框架剪力墙结构，120m大跨度高空走廊采用带黏滞阻尼器钢桁架结构，结构体系特殊，属于采用新体系、新技术的特殊高层建筑。

2）刚度及承载力不规则。为保证结构顶部高空大跨度钢桁架与主塔楼的可靠连接，主塔楼顶部设置了的劲性钢筋混凝土筒体，结构在顶部出现刚度及承载力突变情况。

3）高宽比超限：结构左塔楼主体高度为86.5m，长×宽＝16.7m×11.0m，最大高宽比约8.0；结构右塔楼主体高度为86.5m，长×宽＝10.0m×10.0m，最大高宽比约8.5，超出规范规定A级高度钢筋混凝土结构5.0的要求。

4）竖向质量突变。主塔楼顶部设置劲性钢筋混凝土筒体及其大跨度钢桁架，导致与相应下一层质量突变。

二、结构体系

本工程两主塔楼高 86.5 m，主塔楼采用带黏滞阻尼器钢筋混凝土框架剪力墙结构，120 m 大跨度高空走廊采用带黏滞阻尼器钢桁架结构，90 m 长（分两跨 36 m + 54 m）低空走廊采用钢桁架结构。

1. 结构抗侧力体系

主塔楼布置：左塔楼长×宽 = 16.7 m×11.0 m，墙厚 600～800mm，框架柱 1050 mm×1050 mm ～1400 mm×1400 mm；右塔楼长×宽 = 10.0 m×10.0 m，墙厚 600～800mm，塔楼结构平面布置如图 9－2、图 9－3 所示。左右塔楼在顶部均加强为劲性钢筋混凝土筒体。

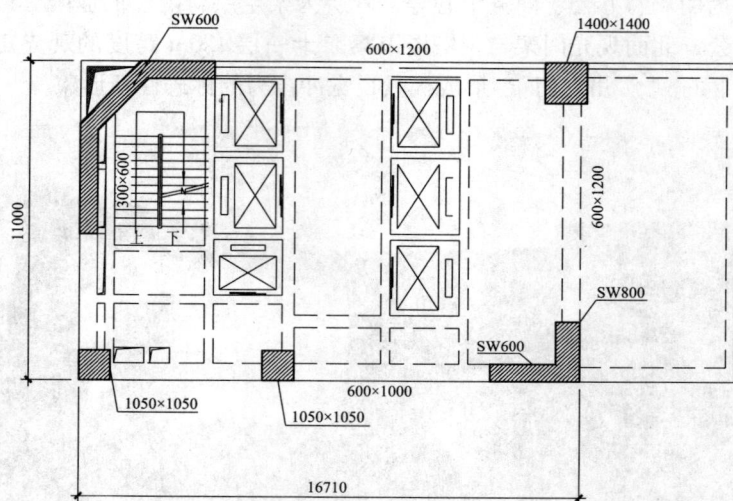

图 9－2 左塔楼结构布置图

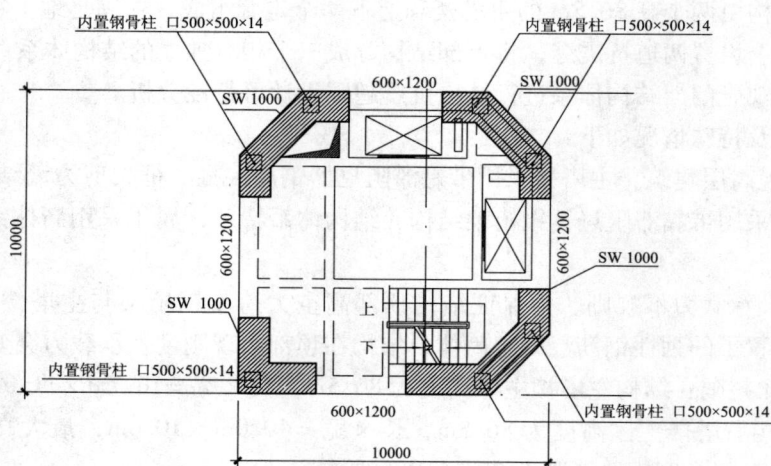

图 9－3 右塔楼结构布置图

本结构若按钢筋混凝土框架剪力墙结构确定抗震等级，则结构全楼抗震等级均为二级。鉴于本结构体形及体系的特殊性，对结构刚度及承载力突变楼层进行适当加强，相应抗震等级提高一级设防，故第 18～19 层按抗震等级一级设计。

2. 钢桁架及阻尼器

高空钢桁架布置：高空大跨度钢桁架，宽约 10.5 m，高 9.5 m，跨高比 12.6。上下弦杆采用 400×800×30 方钢管，腹杆采用 350×500×25 方钢管。低空钢桁架布置：宽约 7.8 m，高 6.2 m，跨高比 8.7。上下弦杆采用 300×400×18 方钢管，腹杆采用 250×400×18 方钢管。

为有效改善结构抗震性能及控制结构在风振作用下的舒适度，主塔楼设置 44 个 100t 黏滞阻尼器，高空大跨度钢桁架设置 24 个 100t 黏滞阻尼器，共设置 68 个 100t 黏滞阻尼器。非线性阻尼参数如下表 9－1 所示。

<table>
<tr><td colspan="3" align="center">阻尼参数</td><td align="right">表 9－1</td></tr>
<tr><td>型号</td><td>DAMPER－2000</td><td>DAMPER－2500</td></tr>
<tr><td>阻尼指数 α</td><td>0.3</td><td>0.4</td></tr>
<tr><td>阻尼系数 C（kN/（m/s）$^{\alpha}$）</td><td>2000</td><td>2500</td></tr>
<tr><td>最大阻尼力 F（kN）</td><td>1000</td><td>1000</td></tr>
<tr><td>最大行程（mm）</td><td>±50</td><td>±50</td></tr>
<tr><td>应用数量</td><td>44</td><td>24</td></tr>
</table>

3. 结构设计关键问题

1）结构整体稳定性分析；2）高空钢桁架与主塔楼的连接；3）结构顶部风振作用下的舒适度；4）基础大震作用下抗拉设计；5）高空钢桁架的施工及其对结构的影响；6）温差效应对结构性能的影响；7）高空钢桁架人群正常活动下的楼面振动分析；8）结构在不同方向的抗风、抗震性能。

4. 结构设计加强措施

1）局部设置劲性钢筋混凝土筒体，在主塔楼与高空钢桁架交接处及其下一层设置内置钢管框架的劲性钢筋混凝土筒体（仅开启适量门洞满足建筑使用要求）。钢管框架与高空钢桁架实现等强度连接，以保证高空钢桁架与主塔楼可靠连接。劲性钢筋混凝土筒体保证大跨度高空钢桁架中巨大的端部弯矩有效、均匀地传递给主塔楼。为保证塔楼顶部刚度及承载力的适当过渡，劲性钢筋混凝土筒体设置至与高空钢桁架下弦交接处以下一层；钢管框架设置至钢筋混凝土筒体以下两层，且此两层结构按规范设防抗震等级提高一级加强设计，并有效保证其在大震作用下的抗震承载力。

劲性钢筋混凝土筒体端部主受拉钢管设置于非受拉区以下一层，并严格控制其最不利工况下的拉应力不大于 200MPa，有效避免钢管所在钢筋混凝土墙柱的裂缝，满足其正常使用情况。

2）高空钢桁架端部设置 200mm 厚钢筋混凝土楼板加强区双层双向配筋，配筋率不少于 0.3%，有效保证高空钢桁架与主塔楼的可靠传力。

3）为满足建筑外立面需要，不能直接设置剪力墙柱于低空钢桁架一侧的主受力上下弦杆处，故设置劲性钢筋混凝土剪力墙及劲性钢筋混凝土挑梁满足其与低空钢桁架的可靠连接。劲性钢筋混凝土剪力墙长 6m，厚 1.05m，端部设置方钢管，有效抵抗低空钢桁架传递的平面内弯矩及扭矩；劲性钢筋混凝土挑梁高 6m，宽 1.05m，内设置钢管桁架，与低空钢桁架实现等强度连接。

4）主塔楼平面规则，为矩形 16.7m×11.0m（左塔），10.0m×10.0m（右塔），并在四周角部尽量全高设置 L 形墙肢，墙厚 600~800，有效保证结构整体抗扭刚度。

5）为进一步提高结构的抗震性能，减轻结构自重，增加建筑使用面积，优化材料成本，采用 C40 以上高强混凝土、钢结构及轻质材料。全楼采用轻质砖墙材料 – 容重不大于 10kN/m³；为了减轻高空连廊的自重，高空连廊的楼板采用轻质楼面材料（不允许采用石材等重地面装修材料）；高空连廊的天面采用轻质防水隔音材料，取消压型钢板上的混凝土层。有效降低结构自重，减小地震反应。

三、荷载与作用

1. 风荷载

本工程结构高度约 86.5m，两主塔楼顶部之间设置一跨度约为 120m 钢桁架，自振周期接近 2.5s，结构体系特殊，对风荷载的作用十分敏感，故对本工程进行了建筑表面风压的风洞模拟试验。

为了保证本工程结构在风载作用下的安全、经济、合理，在静力风作用下的结构分析时，将风洞模拟试验计算的风荷载与按现行规范计算的风荷载相比较，取最不利效应作为本工程静力风作用下的设计分析依据；在动力风作用下的结构分析时，取风洞试验刚性模型的实测脉动风压时程。

基本风压取值：广州基本风压：重现期为 100 年时 $\omega_o = 0.60$ kN/m²，进行承载力分析；重现期为 50 年时 $\omega_o = 0.50$ kN/m²，进行刚度分析；重现期为 10 年时 $\omega_o = 0.30$ kN/m²，进行正常使用状态下的舒适性分析。地面粗糙度 C 类，建筑体形系数 $\mu_s = 1.5$（根据风洞试验确定其体形系数 1.5）。动力风作用分析时的阻尼取值：重现期为 100 年时，阻尼取 0.035；重现期为 50 年时，阻尼取 0.035；重现期为 10 年时，阻尼取 0.010。

2. 地震作用

（1）地震反应谱

本工程的场地地震安全性评估报告（本工程以下简称安评报告）提供了地震反应谱影响系数曲线参数。场地三个设防水准的最大地震影响系数 α_{max} 与特征周期 Tg 取值见表 9-2 所示。

三个设防水准的最大地震影响系数 α_{max} 与特征周期 Tg 值   表 9-2

设防水准	多遇地震	偶遇地震	罕遇地震
（50 年超越概率）	供截面强度验算	供设防烈度验算	结构变形验算
α_{max}	0.0959	0.2567	0.4688
Tg（s）	0.35	0.40	0.45
衰减指数 r	1	1	1

根据安评报告（上述参数）及《建筑抗震设计规范》GB 50011－2001（本工程以下简称《抗规》）反应谱的相关参数，绘制 50 年超越概率 63.2% 反应谱曲线如图 9－4 所示，图中 F1（T）、F2（T）分别表示《抗规》和安评报告所提供的反应谱。

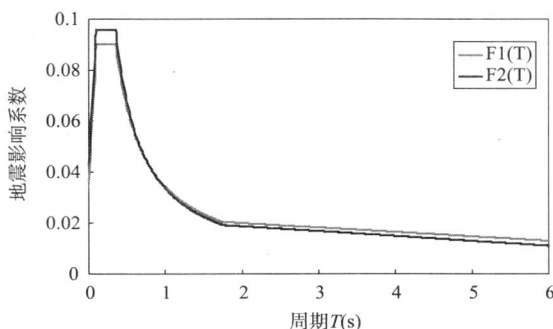

图 9－4　50 年超越概率 63.2% 的地震反应谱影响系数曲线

由上图可见，根据安评报告所提供的公式求得的反应谱曲线在长周期段（2～5 秒区域）均小于规范值。由于本结构第一自振周期接近 2.5s，结构地震响应受长周期影响为主。分析结果表明，多遇地震及设防烈度地震作用下，按规范反应谱分析所得的结构响应均大于安评报告。因此本工程地震反应谱曲线以《抗规》作为设计依据。

（2）地震作用分析参数

本工程安评报告同时提供了场地地面的加速度峰值，地震作用分析时，取安评报告及规范加速度峰值的较大值。根据《抗规》，并参考安评报告，各阶段地震作用下地震设计参数如表 9－3 所示。

各阶段地震作用下地震设计参数　　　　　　　　　　　表 9－3

设计等级	地震烈度	50 年设计基准期超越概率	重现周期（年）	地震影响系数	地面最高加速度 PGA（Gal）
1	多遇地震（小震）	63%	50	0.08	40
2	设防烈度（中震）	10%	475	0.23	110
3	罕遇地震（大震）	2%	2475	0.50	220

其中抗震设防烈度 7 度。设计基本地震加速度 = 0.1g。建筑场地类别 Ⅱ 类场地，第一组，T_g = 0.35s。地震反应谱根据《抗规》取用。阻尼－根据模拟地震振动台试验确定小震作用下弹性分析，阻尼比 ξ = 0.035；中震作用下弹性分析，阻尼比 ξ = 0.035；大震作用下的不屈服分析，阻尼比 ξ = 0.035。

时程分析使用的地震波：取本工程安评报告提供的人工地震波 2 条及国际上具有完整时程校正的符合本工程场地土特征的典型地震纪录 5 条，如表 9－4、图 9－5 所示。

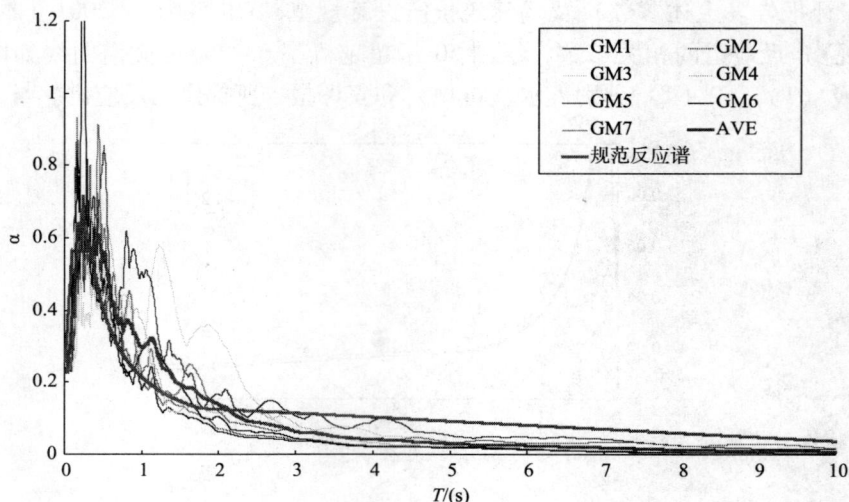

图 9 - 5　各地震波反应谱对比图

时程分析选用的地震波　　　　　　　表 9 - 4

编号	GM1	GM2	GM3	GM4	GM5	GM6	GM7
地震波	人工波	人工波	Takatori	El Centro	Hollywood Strorage P. E	Loma Prieta Oackland Outer Wharf	Taft Lincoln School

　　时程曲线从安评报告提供的人工模拟曲线及实际记录时程曲线中挑选。将时程分析得到的小震下（63%超越概率）基底剪力与规范振型反应谱产生的小震下基底剪力作了比较，结果满足《高层建筑混凝土结构技术规程》JGJ3—2002（本工程以下简称《高规》）第3.3.5条的要求，即单个时程分析计算基底剪力大于反应谱法的65%，时程分析的基底剪力平均值大于反应谱法的80%。

3. 荷载组合与性能目标设计表达式

　　（1）小震作用下的结构构件弹性设计

　　所有结构构件的承载力应按现行规范给出的设计表达式求出最不利的荷载组合进行设计，考虑结构、构件的内力增大、调整系数。

　　（2）中震作用下的主要结构构件弹性和不屈服设计

　　结构构件分别按弹性或不屈服进行性能分析。

　　1）对结构重要部分，顶部加强区墙柱（即主塔楼顶部5层）、大跨度钢桁架的抗剪及抗弯承载力按弹性性能分析；对非加强区墙柱的抗剪承载力按弹性性能分析。

　　2）对非顶部加强区，墙柱抗弯承载力按不屈服性能分析；对框架梁抗剪及抗弯承载力按不屈服性能分析。

　　（3）大震作用下的关键结构构件不屈服设计

　　1）对结构重要部分，顶部加强区墙柱（即主塔楼顶部5层）、大跨度钢桁架抗剪及抗弯承载力按不屈服性能分析；对非加强区墙柱的抗剪承载力按不屈服性能分析。

2）对非顶部加强区，墙柱抗弯性能；对框架梁抗剪及抗弯性能等可屈服构件根据 ASCE - 41 对结构构件的变形验算，并进行构件变形控制。

四、性能目标

在充分认识结构各分体系受力与变形特征的基础上，参考美国规范 FEMA356、ASCE - 41、中国规程 CECS160，并结合中国的工程实践经验，设定如下的性能目标。

1）结构宏观变形性能目标如表 9 - 5 所示。

2）结构构件承载力性能目标如表 9 - 6 所示。

结构层间位移性能目标　　　　　　　　　　　　　　表 9 - 5

建筑结构	小震	中震	大震
除转换层外的结构层	1/800	1/500	1/300

结构构件性能目标　　　　　　　　　　　　　　表 9 - 6

区域	构件		小震	中震	大震
全楼	高空钢桁架		OP	OP	IO
	低空钢桁架		OP	OP	IO
顶部加强区（主塔楼顶部 5 层）	剪力墙		OP	OP	IO
	框架柱		OP	OP	IO
非顶部加强区	剪力墙	抗剪	OP	OP	IO
		抗弯	OP	IO	LS
	框架柱	抗剪	OP	OP	IO
		抗弯	OP	IO	LS
	框架梁	抗剪	OP	IO	LS
		抗弯	OP	LS	CP
基础	桩基础		$\leqslant R_{AE}$	$\leqslant 1.5 R_{AE}$	$\leqslant 1.8 R_{AE}$
全楼	阻尼器（耗能支撑）		安全工作性能范围		

注：OP 充分运行阶段、IO 基本运行、LS 生命安全、CP 接近倒塌，详细解释请参考第一章第一节

3）主要结构构件在罕遇地震作用下的变形性能目标，如表 9 - 7 所示：

大震作用下主要结构构件变形性能目标　　　　　　表 9 - 7

构件类型		LS 限值（δ_{LS}）		CP 限值（δ_{CP}）	
		转角	剪切（%）	转角	剪切（%）
剪力墙	底部加强区剪力墙（抗剪）	—	—	—	—
	底部加强区剪力墙（抗弯）	0.0070	—	—	—
框架柱	底部加强区连梁（抗剪）	—	0.020	—	—
	底部加强区连梁（抗弯）	0.0250	—	—	—

续表

构件类型		LS 限值（δ_{LS}）		CP 限值（δ_{CP}）	
		转角	剪切（%）	转角	剪切（%）
框架梁	非底部加强区连梁（抗剪）	—	0.020	—	0.030
	非底部加强区连梁（抗弯）	0.0250	—	0.050	—

五、结构性能分析

结构前 4 阶的振型图如图 9-6 所示，依次为 X 向平动、Y 向平动、扭转、扭转。

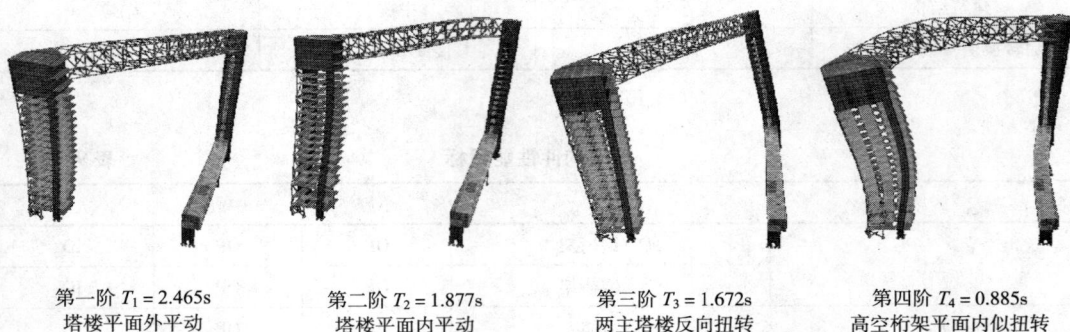

第一阶 $T_1 = 2.465$s　　第二阶 $T_2 = 1.877$s　　第三阶 $T_3 = 1.672$s　　第四阶 $T_4 = 0.885$s
塔楼平面外平动　　塔楼平面内平动　　两主塔楼反向扭转　　高空桁架平面内似扭转

图 9-6　结构前 4 阶振型图

1. 结构整体稳定性分析

本工程观光门架结构两塔楼为钢筋混凝土框架剪力墙结构，高约 86.5m，宽约 10m，高宽比约 8.5。塔楼顶部支承一跨度 120m 钢桁架，桁架宽 12m，高 9.5m，共两层，总重约 2600t。为确保结构整体稳定性要求，对结构进行多种工况下的稳定分析。

本例采用 SAP2000 软件进行结构的线性屈曲分析，并采用美国太平洋地震工程研究中心（PEER）开发的抗震分析研究软件 OpenSEES v1.7.2 对结构作进行几何非线性稳定分析。其中几何非线性分析分为考虑初始缺陷的材料非线性屈曲及大变形情况的几何非线性屈曲，目前一般仅能对其几何非线性进行有效分析，而材料非线性性能对结构稳定性则一般通过较大的安全系数以近似考虑。

结构的整体稳定性分析是一个复杂的分析过程，故本例采用以下具体的措施，以保证观光门架结构整体稳定分析的可靠性。

（1）结构整体模型的等效简化门式钢架

1）简化原理：将整体结构划分成三部分，如图 9-7 所示，左右塔楼通过周期等效简化成悬臂杆，高空连廊通过周期等效成一横梁，忽略低空连廊对屈曲分析的影响。通过模态分析与线性屈曲分析评估等效效果。

2）原结构模型与简化模型的周期对比如表 9-8 所示。原结构模型与简化模型的分析与对比较吻合，简化模型能较合理地反映原结构模型的周期特性。

原结构与简化结构的模态分析结果对比表　　　　　　　　　　　表 9 – 8

模态分析	振型		原结构周期（s）		简化结构周期（s）	
	T_1	T_2	T_1	T_2	T_1	T_2
整体结构	Y 方向	X 方向	2.502	1.888	2.409	1.530
左塔楼	Y 方向	X 方向	2.690	2.228	2.710	2.300
右塔楼	Y 方向	X 方向	1.517	1.426	1.510	1.442
高空边廊	Y 方向	X 方向	0.993	0.564	1.002	0.561

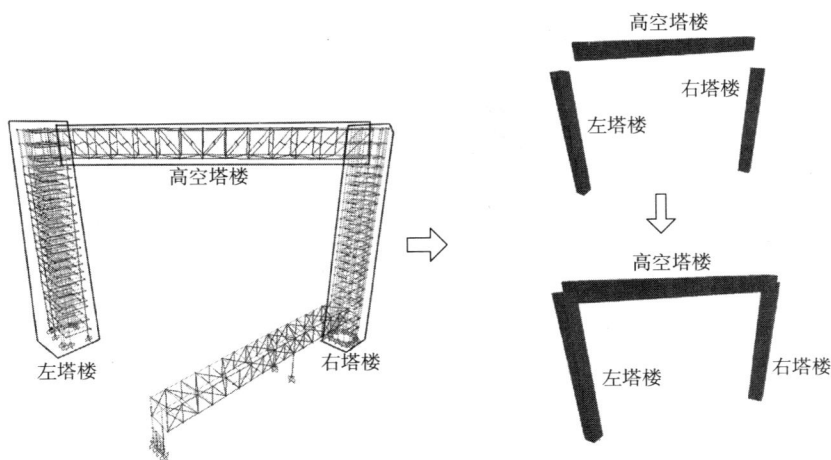

图 9 – 7　整体结构简化方法示意图

3）单个塔楼与简化模型稳定性分析与对比

去除高空及低空钢桁架的连接，但考虑其传递过来的弯矩，单独考察单个主塔楼的稳定分析，以较弱的左塔楼为例，原结构模型与简化模型的分析及对比如图 9 – 8 和表 9 – 9 所示：

单个塔楼结构模型与简化模型的分析与对比较吻合，简化模型能较合理地反映原结构模型的稳定特性。值得注意的是：在不考虑材料非线性的屈曲分析中，结构顶部因高空桁架传递过来的弯矩对结构稳定分析影响较小。另外，本单塔稳定分析相当于一悬臂构件，未考虑作用弯矩方向（钢桁架平面内方向）侧向支承作用，而理论及计算分析均表明，该方向的侧向支承作用对结构稳定性贡献较大。因此，可以认为结构主塔楼只可能在桁架平面外失稳，而在钢桁架平面内不会产生失稳现象。

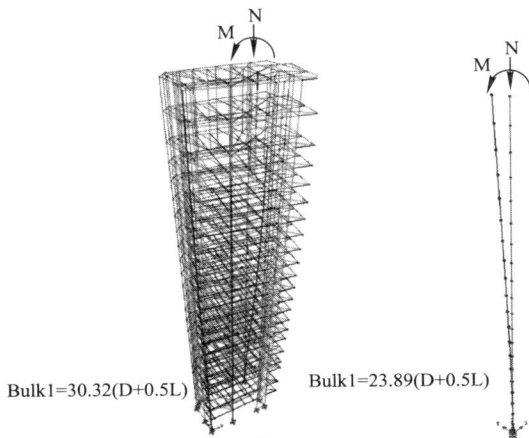

图 9 – 8　左塔楼线性屈曲模态

原结构与简化结构的线性屈曲分析结果对比 表 9 – 9

模态分析	是否考虑顶部弯矩	原结构屈曲系数	简化结构屈曲系数
左塔楼	是	27.25	22.13
左塔楼	否	30.32	24.89

4）整个结构与简化模型的稳定性分析与对比

整个结构（图 9 – 9）与简化模型（图 9 – 10）的分析与对比如表 9 – 10 所示：

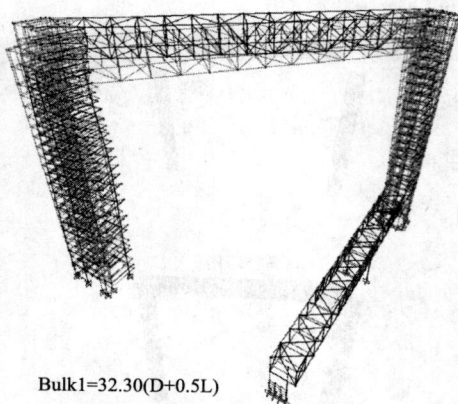

Bulk1=32.30(D+0.5L)

图 9 – 9 整体原结构线性屈曲模态

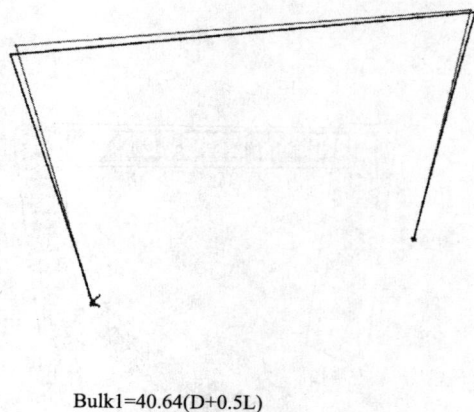

Bulk1=40.64(D+0.5L)

图 9 – 10 整体简化结构线性屈曲模态

原结构与简化结构的线性屈曲分析结果对比 表 9 – 10

模态分析	线性屈曲模态	原结构屈曲系数	简化结构屈曲系数
整体结构	Y 方向	32.30	40.64

结果表明，整个结构模型与简化模型的分析与对比较吻合，简化模型能较合理地反映原结构模型的稳定特性。

（2）多种工况结构下的几何非线性分析

本工程整体稳定性性能分析中，多种工况分析均采用荷载标准组合。工况如表 9 – 11 所示。

几何非线性分析工况 表 9 – 11

几何非线性分析工况	恒定荷载	增量荷载	屈曲荷载系数（稳定系数）
1	0	$D + 0.5L$	32.27
2	0	$D + 0.5L + W_Y$	32.16
3	W_Y	$D + 0.5L$	32.18
4	0	$D + 0.5L + W_X$	32.23
5	W_X	$D + 0.5L$	32.26

注：D 为恒载，L 为活载，W_X 为 X 方向风荷载（基本风压 $0.5kN/m^2$），W_Y 为 Y 方向风荷载（基本风压 $0.5kN/m^2$），Y 方向为门架主向。恒定荷载为初始施加，保持不变，增量荷载为第二次施加，数值按倍数增大直至屈曲为止。

以工况 1 典型几何非线性分析为例，分析结果如图 9 – 11：

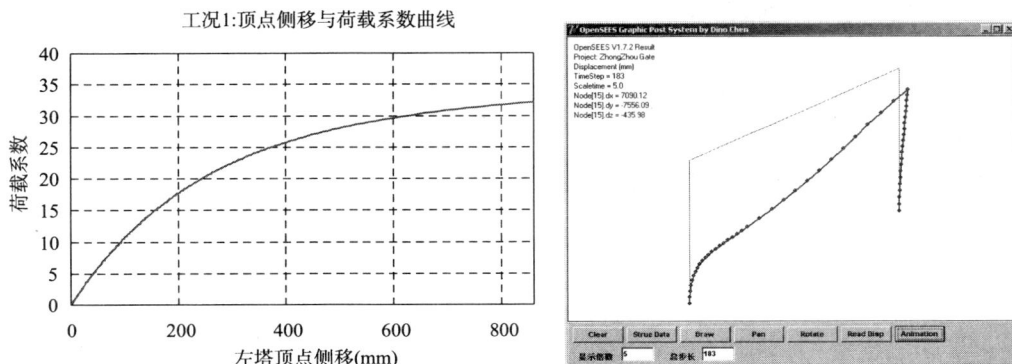

图 9 – 11　几何非线性工况 1 分析结果

分析结果表明，结构整体稳定受平面外稳定性能控制，屈曲荷载系数约为 32.2。考虑结构材料非线性性能对结构稳定性的影响，安全系数取 5.0。故考虑材料非线性性能影响的结构整体稳定安全系数为 6.4。结构满足整体稳定性安全要求。

2. 静力作用结构性能分析

由于本结构体形的特殊性及业主对结构性能的要求，经多轮方案及计算对比分析，决定在本结构中设置 68 个 100t 级的黏滞阻尼器，以保证结构在风作用下的舒适度要求，并进一步提高结构在地震作用下的性能水平。以静力加载方式的水平作用无从考察黏滞阻尼器在结构中的功效，故本节的静力作用下结构性能分析仅作为结构整体性能的概念性把握，并对结构构件的性能作初步的了解和判断；同时，静力作用下的结构性能分析也较难对结构进行有效的变形性能评估，故本节的性能分析主要以结构的承载力作为评估指标。进一步的性能评估详见下节动力作用下结构性能分析。

本节采用 ETABS NonlinearC V9.2.0 进行结构计算分析。在计算分析之前，为确保结构建模的可靠性，同时采用 SATWE 软件进行建模。通过比较两种软件建模下的结构分析主要结果如总质量，周期及 $1.0D + 1.0L$ 荷载工况下主要构件内力，判断模型的可靠性。对比结果表明，两种软件的结构主要信息较吻合，结构模型可靠。分别对结构进行在静风载和地震（小震、中震、大震）作用下的整体性能分析和构件性能分析，静力分析结果表明，结构具有较好的抗侧刚度及承载力；结构整体及构件性能基本满足风及地震作用下的承载力和刚度需求。本节主要描述单塔静力弹塑性推覆分析。

对两主塔楼分别进行 PUSH – OVER 弹塑性静力推覆分析，以定性把握结构的承载力性能。推覆分析时，不考虑阻尼器的贡献，且两主塔楼均去除高空及低空钢桁架，但在主塔楼顶部施加高空桁架传递至塔楼的竖向荷载。列举在倒三角形荷载作用下，左塔楼结构在大震作用下的弹塑性静力推覆分析模型及 Y 主向结果如图 9 – 12 所示：

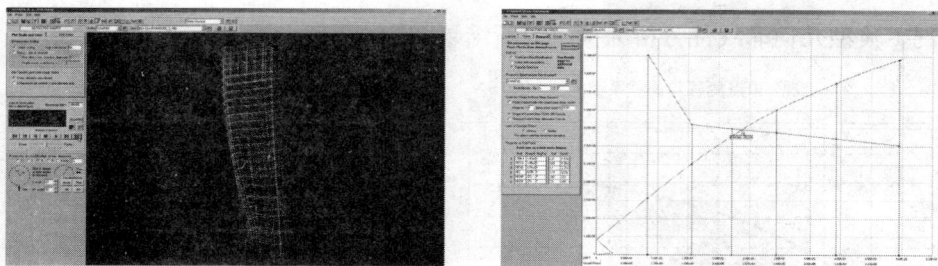

图 9 – 12　左塔楼静力非线性分析模型及结果

能力曲线与需求谱曲线的交点坐标：基底剪力 $V = 8655\text{kN}$，最大层间位移角 $= 1/287$，即需求层间位移角：$1/287$。上述结果为单塔楼的大震性能点需求分析，而实际结构是双塔楼上连接一大跨度桁架结构体系，故大震性能点需求分析仅供参考。但值得注意的是：结构极限屈服点处，基底剪力 $V = 12700\text{kN}$，相应方向小震振型分解反应谱法基底剪力为 $V = 1873\text{kN}$，相应比例为 6.8，结构在此方向有较好抗侧承载力。

3. 动力作用下结构性能分析

本节主要分析结构在实测脉动风压时程及地震时程激励作用下的性能水平。采用 ETABS NonlinearC V9.2.0，并结合华南理工大学高层建筑结构研究所研发的风荷载时程生成程序进行结构计算分析。

（1）动力风作用下结构性能分析

1）基于风洞试验数据的结构风振时程分析方法

本节分析基于风洞试验数据的结构风振时程分析方法，风振时程分析的荷载时程数据是通过风洞试验得到。风洞试验考虑了 36 个风向角的影响，模型用有机玻璃制作而成，比例为 $1:200$。风洞试验模型如图 9 – 13 所示。

图 9 – 13　风洞试验模型图

自主开发了基于风洞试验的荷载时程生成程序，该程序根据结构表面测点分布自动计算风动力荷载时程并导入结构分析程序 ETABS 时进行风振时程分析计算。程序界面如图 9-14 所示。

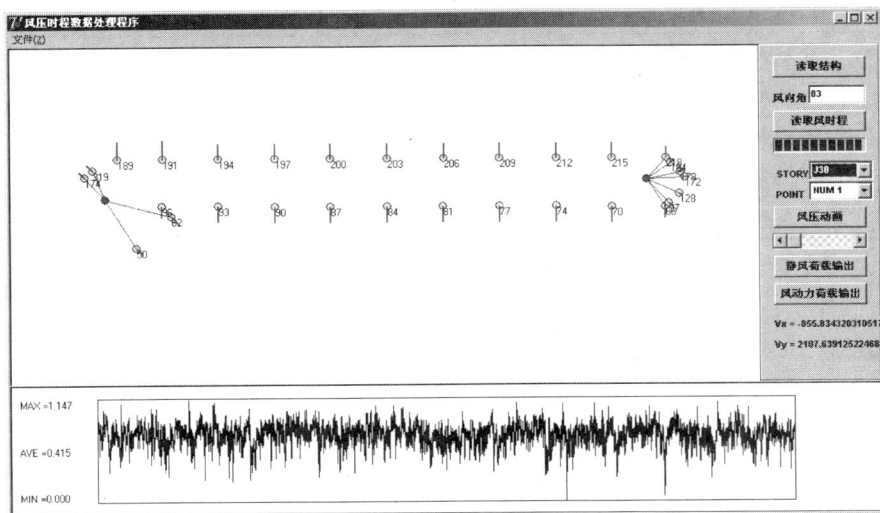

图 9-14　风动力荷载时程数据生成程序界面图

生成风动力荷载时程数据以后，采用结构分析程序 ETABS 对结构时行风振时程分析。

2）动力风作用下结构整体性能分析

按风洞模拟试验得出的动力风作用下结构的整体性能分析如表 9-12：

动力风作用下整体性能分析　　　　　　　　　　表 9-12

作用方向	0°		90°		45°		135°	
是否设置阻尼器	是	否	是	否	是	否	是	否
层间位移角	1/2222	1/1845	1/859	1/765	1/1692	1/1398	1/943	1/864
整体位移（mm）	23.4	28.0	71.4	80.1	35.4	43.4	65.6	71.4
底部总剪力（kN）	2179	2351	5303	5518	2916	3232	4969	4970
底部总倾覆弯矩（kN·m）	114665	129918	335695	364460	182116	216580	292564	299926

注：层间位移角，楼层整体位移取两主塔楼中较大值，底部总剪力及底部总倾覆弯矩取两塔楼之和。

综上分析，设置黏滞阻尼器提高了结构在动力风作用下的整体性能。动力风作用下，结构最大层间位移角 1/859，小于 1/800，结构整体性能满足设定的性能目标。

3）动力风作用下结构构件性能分析

动力风作用下剪力墙、框架柱、钢桁架等构件性能分析如下：

①剪力墙无抗剪、抗弯超筋信息，剪力墙抗剪、抗弯承载力满足动力风作用下的内力需求，剪力墙处于弹性状态。剪力墙抗拉、抗压承载力分析如表 9-13 所示。

②框架柱无抗剪、抗弯超筋信息，框架柱抗剪、抗弯承载力满足静力风作用下的内力需求，框架柱处于弹性状态。框架柱抗拉、抗压承载力分析如表 9-14 所示。

剪力墙剪力墙抗拉、抗压承载力分析　　　　表 9 – 13

是否设置阻尼器	是	否
最大压力（kN）	55075	56025
最大轴压比 $N/（f_c \cdot A）$	0.475	0.483
最大拉力（kN）	13163	13194
最大拉应力 N/A	150	150
最大剪力（kN）	6493	6543
最大剪应力 $V/（f_c \cdot A）$	0.056	0.057
其他超筋（限）情况	无	无

注：剪力墙拉力由设置于其内 3 根钢管柱承担。

框架柱抗拉、抗压承载力分析　　　　表 9 – 14

是否设置阻尼器	是	否
最大压力（kN）	31981	32198
最大轴压比 $N/（f_c \cdot A）$	0.706	0.711
最大拉力（kN）	7590	7687
最大拉应力 N/A	197	199
最大剪力（kN）	1326	1437
最大剪应力 $V/（f_c \cdot A）$	0.053	0.057
其他超筋（限）情况	无	无

注：框架柱拉力由设置于其内 1 根钢管柱承担。

③钢桁架构件无应力超限，钢桁架构件承载力满足内力需求，钢桁架构件处于弹性状态。钢桁架构件承载力分析如表 9 – 15 所示。并经复核，高空钢桁架弦杆箱形截面杆件最大长细比为 48，未出现失稳应力超限；低空钢桁架弦杆箱形截面杆件最大长细比为 45，未出现失稳应力超限。钢桁架构件满足稳定性要求。

钢桁架构件承载力分析　　　　表 9 – 15

	高空钢桁架弦杆		低空钢桁架弦杆	
是否设置阻尼器	是	否	是	否
最大压力（kN）	10204	10260	3872	3926
最大压应力比 N/fA	0.432	0.434	0.164	0.166
最大拉力（kN）	7731	8007	3422	3443
最大拉应力 N/A	113.0	117	50.0	50.3
其他超筋（限）情况	无	无	无	无

④框架梁无超筋信息，框架梁承载力满足内力需求，框架梁处于弹性状态。

⑤阻尼器最大轴力 179kN，最大行程 26.3mm，阻尼器在工作允许范围以内。

4）结构风振舒适度评估

按 10 年一遇风作用效应，评估结构顶部舒适度性能水平。风向角每隔 30°进行一次风振时程分析，风向角如图 9 - 15 所示。顶部加速度最大值出现在连廊跨中。X 方向加速度最大值出现在风向角为 210°的工况，Y 方向加速度最大值出现在风向角为 30°的工况。

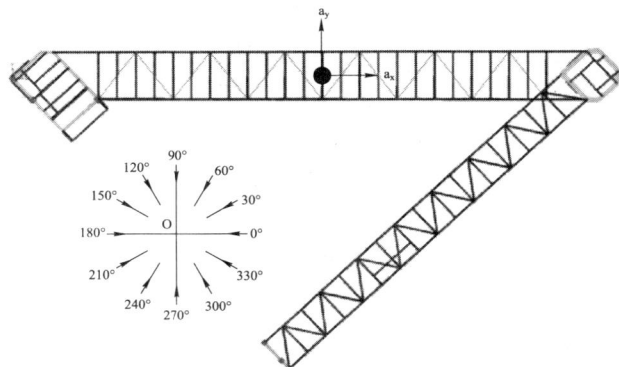

图 9 - 15 风振时程分析风向角示意

结构风振加速度分析结果如表 9 - 16 所示：

风振加速度计算汇总 表 9 - 16

是否设置阻尼器	最不利风向角	X 方向加速度 a_x（m/s^2）	Y 方向加速度 a_y（m/s^2）	《高规》限值 公共建筑	《高钢规》限值 公共建筑
否	210°	0.044	0.494	0.250	0.280
	30°	0.038	0.692	0.250	0.280
是	210°	0.017	0.001	0.250	0.280
	180°	0.017	0.034	0.250	0.280

是否设置黏滞阻尼器对结构风振加速度的影响对比如图 9 - 16 所示：

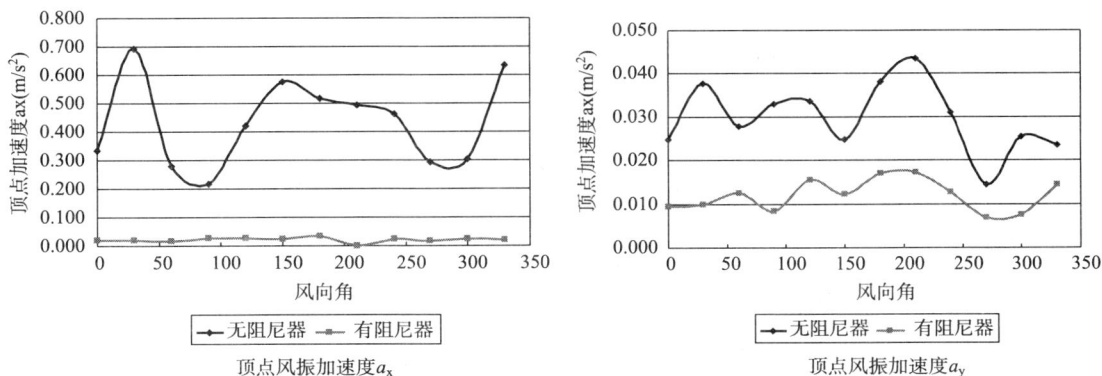

顶点风振加速度 a_x

顶点风振加速度 a_y

图 9 - 16 黏滞阻尼器对结构顶点风振加速度影响

分析结果表明，10 年一遇风荷载作用下，结构舒适度受横风向控制，顺风向结构顶点加速度基本不起控制作用。不设置黏滞阻尼器，结构顶部加速度达 0.69，远大于《高规》限值；而设置阻尼器能有效地降低结构顶点加速度，并使其控制在《高规》允许的舒适度要求范围。设置黏滞阻尼器大大提高了结构整体及构件性能，结构整体及构件性能均能满足设定的性能目标。设置黏滞阻尼器能有效减少结构顶部加速度，满足设定的舒适度要求。

（2）地震作用下结构性能分析

动力作用下结构性能分析中，对弹性或不屈服性能构件进行承载力分析，对有限屈服或有限破坏构件进行变形分析。因此，中、小震作用下，主要对结构整体及构件进行承载力评估；大震作用下，主要对结构整体及构件进行变形性能评估。中、小震作用下的结构评估，采用 ETABS 9.2.0 软件进行分析；大震作用下的结构评估，采用 PERFORM－3D 软件进行结构分析。

1）小震作用下结构整体性能分析

①结构整体性能分析如表 9－17 所示：

小震作用下整体性能分析　　　　　　　　　　　　　　　表 9－17

作用方向	0°		90°		45°		135°	
是否设置阻尼器	是	否	是	否	是	否	是	否
层间位移角	1/3080	1/2232	1/2885	1/1749	1/2678	1/1765	1/2513	1/1432
整体位移（mm）	16.5	21.6	18.6	29.4	17.7	24.8	21.3	34.9
底部总剪力（kN）	2624	3472	2057	2496	2629	3596	1847	2311
底部总倾覆弯矩（kN·m）	421659	508629	88617	114737	435107	519930	94038	117740

注：层间位移角，楼层整体位移取两主塔楼中较大值，底部总剪力及底部总倾覆弯矩取两塔楼之和。

其中，具有代表性的层间剪力及弯矩在各楼层的分布图如图 9－17 所示：

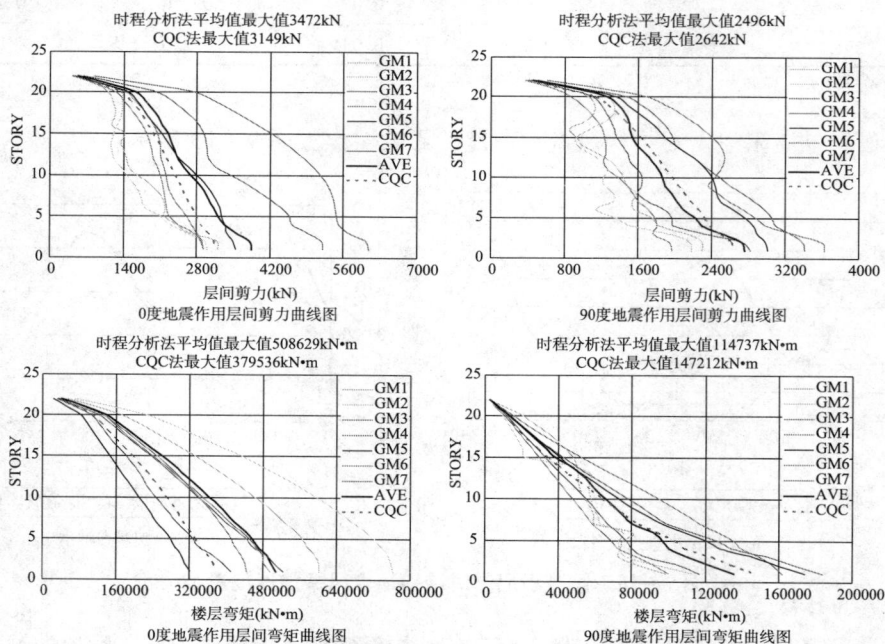

图 9－17　弹性时程分析典型楼层剪力及弯矩示意图

时程曲线分析后得到的小震下（63%超越概率）的基底剪力与规范振型反应谱产生的小震下的基底剪力作了比较：单个时程分析计算基底剪力结果大于反应谱法结果的 65%，时程分析的基底剪力结果的平均值大于反应谱法结果的 80%。时程分析地震波满足相应规范要求。

②小震作用下结构构件性能分析

a. 剪力墙抗拉、抗压承载力性能分析如表 9 – 18 所示。剪力墙无抗剪、抗弯超筋信息，剪力墙抗剪、抗弯承载力满足小震弹性工况下的内力需求，剪力墙处于弹性状态。

剪力墙抗拉、抗压性能分析   表 9 – 18

是否设置阻尼器	是	否
最大压力（kN）	51549	54205
最大轴压比 $N/(f_c \cdot A)$	0.588	0.590
最大拉力（kN）	10940	11335
最大拉应力 N/A	125	130
最大剪力（kN）	5799	6057
最大剪应力 $V/(f_c \cdot A)$	0.050	0.052
其他超筋（限）情况	无	无

注：剪力墙拉力由设置于其内钢管柱 3 根 500×500×30 – Q345 承担，剪力由钢筋混凝土剪力墙承担。

b. 框架柱抗拉、抗压承载力分析如表 9 – 19 所示。框架柱无抗剪、抗弯超筋信息，框架柱抗剪、抗弯承载力满足小震弹性工况下的内力需求，框架柱处于弹性状态。

框架柱抗拉、抗压承载力分析   表 9 – 19

是否设置阻尼器	是	否
最大压力（kN）	33270	34297
最大轴压比 $N/(f_c \cdot A)$	0.735	0.758
最大拉力（kN）	6579	6980
最大拉应力 N/A	171	182
最大剪力（kN）	1295	1600
最大剪应力 $V/(f_c \cdot A)$	0.052	0.065
其他超筋（限）情况	无	无

注：框架柱拉力由设置于其内钢管柱 1 根 500×500×40 – Q345 承担。

c. 钢桁架构件承载力分析如表 7 – 20 所示。钢桁架构件无应力超限，钢桁架构件承载力满足内力需求，钢桁架构件处于弹性状态。经复核，高空钢桁架弦杆箱形截面杆件最大长细比为 48，未出现失稳应力超限；低空钢桁架弦杆箱形截面杆件最大长细比为 45，未出现失稳应力超限。钢桁架构件满足稳定性要求。

d. 框架梁无超筋信息，框架梁承载力满足内力需求，框架梁处于弹性状态。

钢桁架构件承载力分析　　　　　　　　　　　　　　　　　　　表 9 – 20

	高空钢桁架弦杆		低空钢桁架弦杆	
是否设置阻尼器	是	否	是	否
最大压力（kN）	8320	8648	3182	3238
最大压应力比 N/fA	0.353	0.367	0.135	0.137
最大拉力（kN）	6435	6814	2948	3012
最大拉应力 N/A	94.07	99.62	43.09	44.04
其他超筋（限）情况	无	无	无	无

e. 阻尼器最大轴力 546 kN，最大行程 22mm，阻尼器在工作允许范围以内。

③结构整体耗能状况

在 GM3 工况下，结构各主要分体系耗能状况如图 9 – 18 所示，阻尼器耗能约占结构总输入能量的 56%。

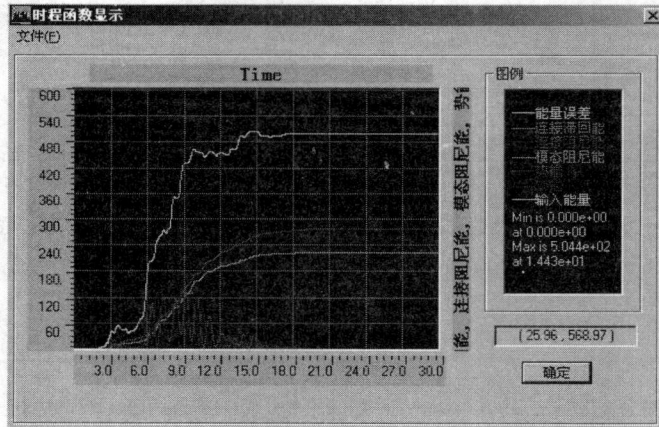

图 9 – 18　能量耗散示意图

2）中震作用下结构整体性能分析

①中震作用下结构整体性能分析如表 9 – 21 所示：

中震作用下整体性能分析　　　　　　　　　　　　　　　　　　表 9 – 21

作用方向	0°		90°		45°		135°	
是否设置阻尼器	是	否	是	否	是	否	是	否
层间位移角	1/827	1/652	1/712	1/537	1/709	1/542	1/691	1/445
整体位移（mm）	63.3	73.8	75.9	96.0	66.7	79.7	82.8	113.4
底部总剪力（kN）	9713	11938	6761	8443	9006	11648	5469	7289
底部总倾覆弯矩（kN·m）	1318259	1519714	315170	381714	1371026	1567847	311543	372509

注：层间位移角，楼层整体位移取两主塔楼中较大值，底部总剪力及底部总倾覆弯矩取两塔楼之和。

②中震作用下结构构件性能分析及结构耗能状况

分别对剪力墙、框架柱、钢桁架、框架梁等构件进行性能分析，结果表明，结构构件均满足设定的性能目标。分析结构在中震作用下的整体耗能状况，阻尼器耗能约占总输入能力的36%。

3）大震作用下结构性能分析

①大震作用下结构整体性能分析

由于弹塑性时程分析计算复杂，且计算量较大。根据上述计算结果判断结构的最不利地震作用方向为90°，故本节仅作90°方向下的大震作用下的结构性能分析，结构整体性能分析如表9-22所示：

罕遇地震作用下结构弹塑性动力时程分析结果　　　　表9-22

作用方向	90°	
是否设置阻尼器	是	否
层间位移角	1/398	1/285
整体位移（mm）	147.92	175.01
底部总剪力（kN）	13504	17815
底部总倾覆弯矩（kN·m）	701967	811950

②大震作用下结构构件性能分析

剪力墙、框架柱、钢桁架构件等不屈服构件承载力分析如下：

a. 剪力墙性能分析

顶部加强区典型剪力墙抗拉承载力复核如表9-23所示：

第19层墙肢SW-3抗拉承载力复核（kN）　　　　表9-23

GM1	GM2	GM3	GM4	GM5	GM6	GM7	$1.2N_{AVE}$	$N_R = n \cdot f_y \cdot A_e$	$\gamma_N = \dfrac{1.2N_{AVE}}{N_R}$
8446	8585	13310	9785	9667	8038	7950	11277	44838	0.252

注：其余墙未出现受拉情况。

典型剪力墙抗剪承载力复核（以第19层墙肢SW-1为例）如表9-24所示：

第19层墙肢SW-1抗剪承载力复核（kN）　　　　表9-24

GM1	GM2	GM3	GM4	GM5	GM6	GM7	$1.2V_{AVE}$	$V_R = f_{ck}bh_0$	剪应力比 $\gamma_V = \dfrac{1.2V_{AVE}}{V_R}$
5346	5367	7267	5596	6241	5497	5125	6932	198936	0.035

典型剪力墙如第19层SW-1抗弯承载力复核如表9-25所示：

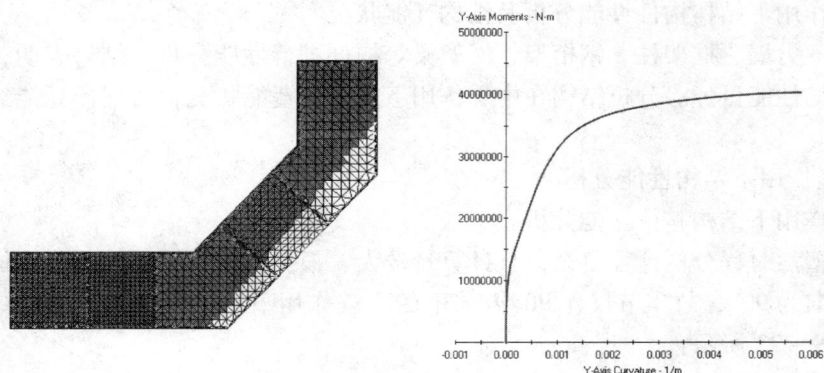

图 9 – 19　SW – 1 抗弯承载力计算 – XTRACT

第 19 层墙肢 SW – 1 抗弯承载力复核（kN·m）　　　表 9 – 25

GM1	GM2	GM3	GM4	GM5	GM6	GM7	M_{AVE}	屈服承载力 M_R（XTRACT）	需求能力比 $\gamma_M = \dfrac{M_{AVE}}{M_R}$
38314	38840	47256	40224	42454	39126	40446	40952	40000	1.024

以上分析结果表明，顶部加强区剪力墙的抗拉、抗剪、抗弯承载力均基本满足大震不屈服工况的内力需求，剪力墙处于大震不屈服状态。

非顶部加强区典型剪力墙抗剪承载力复核如表 9 – 26 所示：

第 1 层墙肢 SW – 1 抗剪承载力复核（kN）　　　表 9 – 26

GM1	GM2	GM3	GM4	GM5	GM6	GM7	$1.2V_{AVE}$	$V_R = f_{ck}bh_0$	剪应力比 $\gamma_N = \dfrac{1.2V_{AVE}}{V_R}$
6900	7428	8031	7267	9564	6935	7115	9127	198936	0.046

非顶部加强区，剪力墙抗剪承载力基本满足大震不屈服工况的内力需求，剪力墙处于大震不屈服状态。非顶部加强区，剪力墙抗弯变形性能详见下文可屈服构件变形性能分析。

b. 框架柱性能分析

顶部加强区框架柱抗拉承载力复核如表 9 – 27：

第 19 层框架柱 KZ – 2 抗拉承载力复核（kN）　　　表 9 – 27

GM1	GM2	GM3	GM4	GM5	GM6	GM7	$1.2N_{AVE}$	$N_R = n \cdot f_y \cdot A_e$	$\gamma_N = \dfrac{1.2N_{AVE}}{N_R}$
3987	4161	6046	5846	4793	4256	5154	5870	19504	0.301

注：其余框架柱未出现受拉情况。

典型框架柱抗剪承载力复核如表 9 - 28 所示：

第 19 层框架柱 KZ - 2 抗剪承载力复核（kN）　　　　表 9 - 28

GM1	GM2	GM3	GM4	GM5	GM6	GM7	$1.2V_{AVE}$	$V_R = f_{ck}bh_0$	剪应力比 $\gamma_V = \dfrac{1.2V_{AVE}}{V_R}$
489	408	507	456	481	460	428	554	35721	0.015

典型框架柱如第 19 层 KZ - 2 抗弯承载力复核如表 9 - 29 所示：

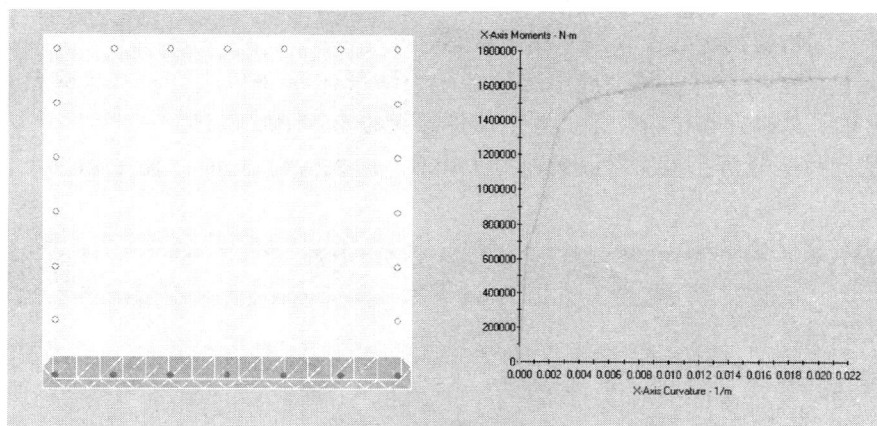

图 9 - 20　KZ - 2 抗弯承载力计算 - XTRACT

第 19 层框架柱 KZ - 2 抗弯承载力复核（kNm）　　　　表 9 - 29

GM1	GM2	GM3	GM4	GM5	GM6	GM7	M_{AVE}	屈服承载力 M_R（XTRACT）	需求能力比 $\gamma_M = \dfrac{M_{AVE}}{M_R}$
846	703	1285	1240	837	944	1009	981	1600	0.613

分析结果表明，顶部加强区框架柱构件性能基本满足大震不屈服性能目标。

非顶部加强区典型框架柱抗压承载力复核如表 9 - 30 所示：

第 1 层框架柱 KZ - 1 抗压承载力复核（kN）　　　　表 9 - 30

GM1	GM2	GM3	GM4	GM5	GM6	GM7	N_{AVE}	$N_R = f_{ck}A_c$	压应力比 $\gamma_N = \dfrac{N_{AVE}}{N_R}$
31880	32080	52460	44870	42630	36010	36250	47345	63504	0.746

典型框架柱抗剪承载力复核如表 9 - 31 所示：

第 1 层框架柱 KZ－1 抗剪承载力复核（kN）　　　　表 9－31

GM1	GM2	GM3	GM4	GM5	GM6	GM7	$1.2V_{AVE}$	$V_R = f_{ck}bh_0$	剪应力比 $\gamma_V = \dfrac{1.2V_{AVE}}{V_R}$
1177	1076	1727	1583	1612	1370	1199	1670	63504	0.026

　　非顶部加强区，框架柱构件性能基本满足大震不屈服性能目标。非顶部加强区，框架柱抗弯变形性能详见下文可屈服构件变形性能分析。

　　c. 钢桁架构件性能分析：钢桁架构件无应力超限，其承载力均满足大震不屈服工况下的内力需求，钢桁架构件处于大震不屈服状态。

　　d. 基础性能分析：经复核，底层墙柱轴压力增量在 80％ 以内，桩基础满足相应工况下的内力需求。基础存在抗拉需求，底层墙柱最大拉力约 10000kN。

　　e. 阻尼器性能分析：阻尼器最大轴力 750kN，最大行程 37mm，阻尼器在工作允许范围以内。

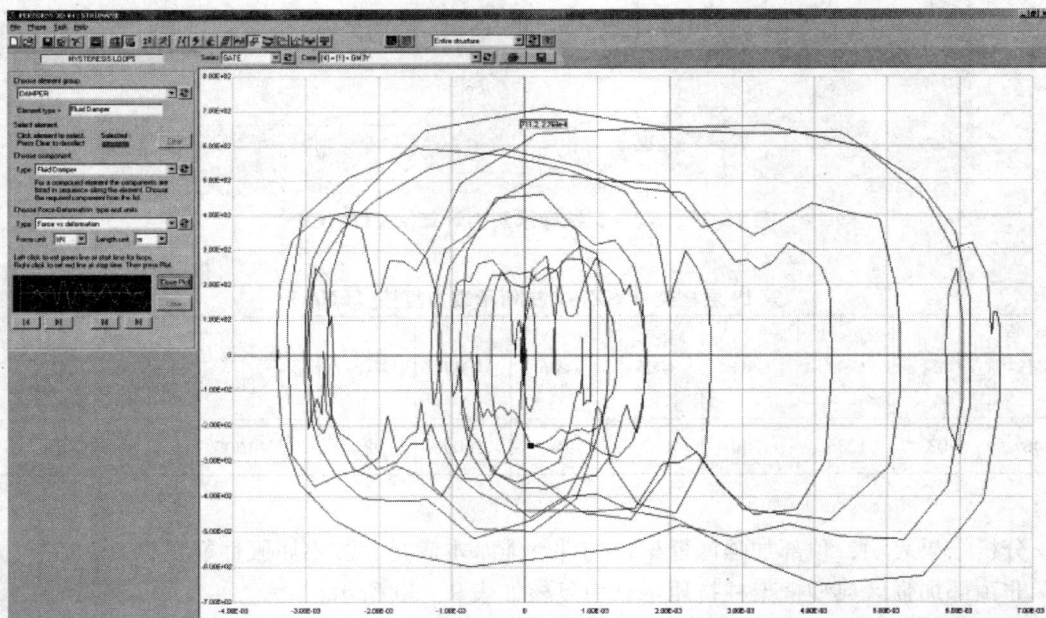

图 9－21　阻尼器工作性能示意图

　　综上分析，不屈服构件的承载力性能基本满足大震作用下设定的性能目标。

　　可屈服构件变形分析及复核如下：

　　这里主要分析可屈服构件的变形性能。计算分析表明：GM3 工况地震波激励下的结构反应较大。故以下分析中的变形性能示意图，均为 GM3 工况下的性能状态图。剪力墙、框架柱、框架梁抗弯变形性能状态图如图 9－22 所示。

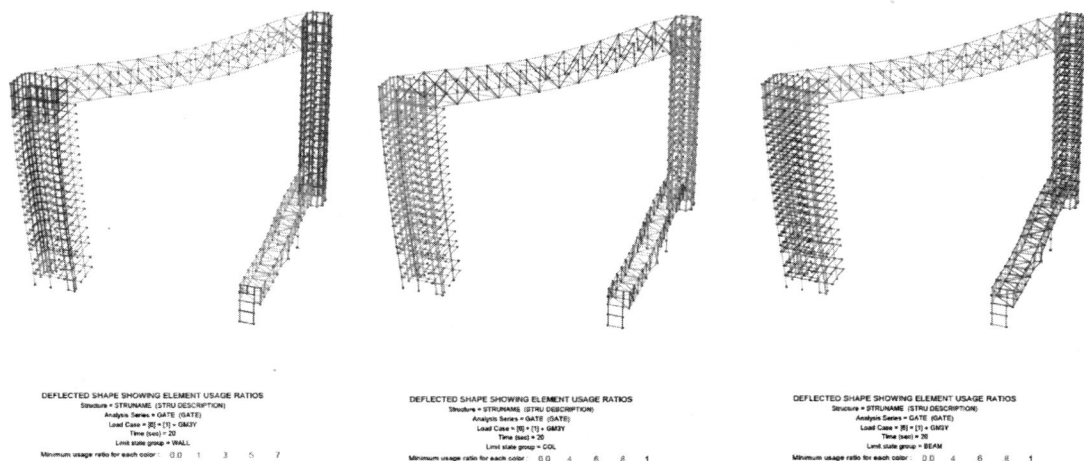

图 9 - 22　剪力墙、框架柱、框架梁抗弯变形性能状态

剪力墙抗弯薄弱部位主要集中在主塔楼的底部。剪力墙抗弯变形最大值接近 LS 状态 0.007 的限值。剪力墙抗弯变形性能基本处于大震有限屈服状态。框架柱抗弯变形性能小于 LS 状态 0.025 的限值。框架柱抗弯变形性能处于大震有限屈服状态。框架梁抗弯薄弱部位主要集中在左塔楼中下部 3 ~ 12 层。框架梁抗弯变形最大值接近 CP 状态 0.050 的限值。框架梁抗弯变形性能基本处于大震有限破坏状态。可屈服构件的变形性能基本满足大震作用下设定的性能目标。

③结构整体耗能状况

GM3 工况下，结构各主要分体系耗能状况如图 9 - 23 所示。未设置阻尼器时，结构非线性耗能占总体耗能的 8.5% ；设置阻尼器时，结构非线性耗能占总体耗能的 3.0% ，阻尼器耗能占总体耗能的 23% 。

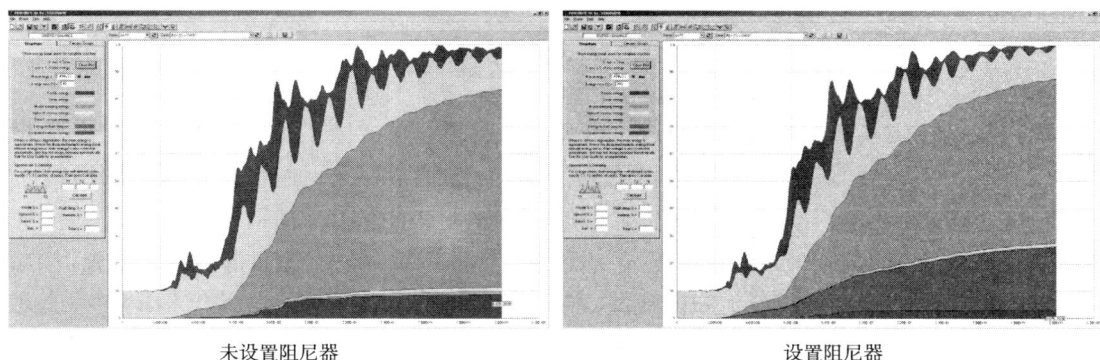

未设置阻尼器　　　　　　　　　　　　设置阻尼器

图 9 - 23　GM3 工况下能量耗散示意图

（3）动力分析小结

综上动力分析，结构具有较好的抗侧刚度及承载力；结构整体及构件性能基本满足风及地震作用下的承载力和刚度需求。设置黏滞阻尼器后，结构能有效保证其在风振作用下的舒度，并进一步提高其在地震作用下的抗震性能。

4. 温差效应结构性能分析

120m 跨高空钢桁架连廊在温差效应下，按最大温差 30℃，结构受力如图 9-24 所示，高空钢桁架在温差效应下，最大杆件内力为 754kN，约占 $1.0D+1.0L$ 荷载工况下的 8.5%，温差效应对高空钢桁架不起控制作用；桁架整体对塔楼的作用力为 870kN，相当于小震工况下塔楼底部地震作用力的 49%，温差效应导致的高空钢桁架对主塔楼的作用力基本不起控制作用。分析表明，在温差效应作用下，钢桁架及主塔楼的内力需求较小，对结构基本不起控制作用。

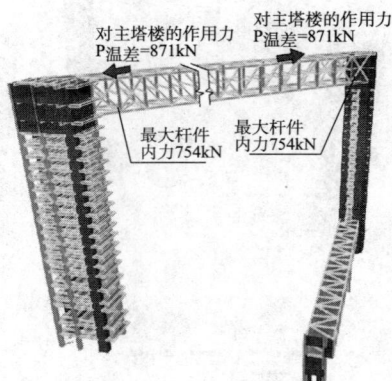

图 9-24　温差效应对高空钢桁架的影响

5. 高空钢桁架正常使用状态下的挠度及楼板振动分析

（1）高空钢桁架正常使用状态下的挠度分析

高空钢桁架跨度达 120m，宽 10m，高 9.5m，跨高比 12.6，折算线荷载 $D+L=182kN/m$。在此标准荷载组合下，钢桁架中点最大挠度如图 9-25 所示：

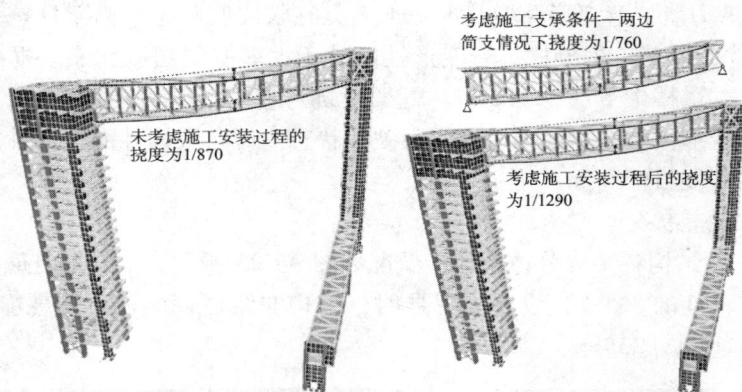

图 9-25　高空桁架挠度分析

大跨度钢桁架未考虑施工安装情况的挠度为 1/870。考虑施工安装过程中的挠度及起拱时（施工方案详见 5.7 节），在整体顶升过程中，钢桁架自重引起的弯矩将按两边简支计算，其相应挠度为 1/760。施工安装时，进行施工起拱 1/760，则钢桁架相当于在自重情况下挠度为 0。因此在考虑施工安装情况下的挠度分析时，只需在结构整体模型分析中，去掉钢桁架自重，即仅分析其附加恒载及活载下的挠度。分析表明，大跨度钢桁架考虑施工安装情况后的真实挠度为 1/1290，满足正常使用状态下的要求。

（2）高空钢桁正常使用状态下的楼面振动分析

高空钢桁架跨度达 120m，折算线荷载 $D+L=183kN/m$。高空钢桁架跨度大、荷载轻，人群正常活动下，可能会引起不适的楼面振动，故对其进行正常人群活动下的楼面振动舒适度分析。本节参考美国 ATC（Applied Technology Council）1999 年发布的《ATC Design Guide 1—Minimizing Floor Vibration》设计指南，进行高空连廊楼板振动舒适度验算。

为避免因少量人员跳跃引起的结构不利的共振响应，当结构竖向自振频率满足 $f_n \geqslant 3.00\text{Hz}$ 时，可不验算楼板振动舒适度。本结构高空连廊竖向振动的自振频率为 1.59Hz，小于 3.00Hz，楼板振动舒适度需要进行进一步评估。

人行走引起的楼板振动的峰值加速度 a_p 计算如下：

$$\frac{a_p}{g} = \frac{p_0 e^{-0.35 f_n}}{\beta \omega} \leqslant \frac{a_0}{g}$$

式中，p_0 为人们行走产生的作用力（kN）；$\beta \omega$ 为楼板结构对人员行走振动的阻抗，β 为结构阻尼比，ω 为楼盖阻抗有效重量（kN）；g 为重力加速度；a_0 为楼板振动峰值加速度限值。

本结构验算中：$P_0 = 0.84 \text{ kN}$，$f_n = 1.59 \text{ Hz}$，$\omega = 9300 \text{ kN}$，分别取结构阻尼比为 0.01 和 0.005 时进行验算：

结构阻尼比 $\beta = 0.01$ 时，$\dfrac{a_p}{g} = \dfrac{p_0 e^{-0.35 f_n}}{\beta \omega} = \dfrac{0.84 e^{-0.35 \times 1.59}}{0.01 \times 9300} = 0.0052 \leqslant \dfrac{a_0}{g} = 0.0150$

结构阻尼比 $\beta = 0.005$ 时，$\dfrac{a_p}{g} = \dfrac{p_0 e^{-0.35 f_n}}{\beta \omega} = \dfrac{0.84 e^{-0.35 \times 1.59}}{0.005 \times 9300} = 0.0104 \leqslant \dfrac{a_0}{g} = 0.0150$

大跨度钢桁架楼面振动加速度峰值控制在 $0.0150g$ 内，高空连廊楼面振动舒适度满足要求。

6. 高空桁架与主塔楼交接处楼板应力分析

偏于保守地按振型分解反应谱法（静力 – 未考虑设置阻尼器工况）验算高空桁架与主塔楼交接处楼板应力。

（1）小震作用下楼板应力性能分析

楼板在小震工况下对最不利部位取内力截面切割，如图 9 – 26 所示，得出楼板的合成剪力，根据《抗规》附录 E 公式（E.1.2）进行验算：

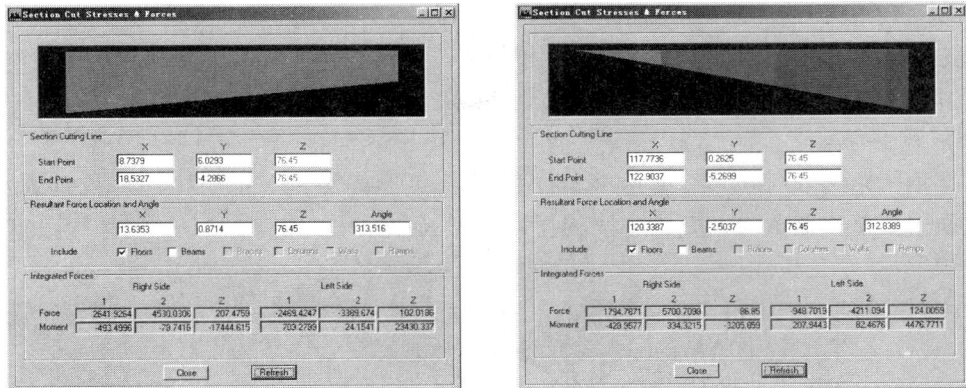

图 9 – 26　小震作用下高空桁架与塔楼连接部位楼板内力截面切割图

左塔连接部位：

$$V_f = 2642\text{kN} < \frac{1}{\gamma_{RE}}(0.1 f_c b_f t_f) = \frac{1}{0.85} \times 0.1 \times 19.1 \times 13800 \times 200 \times 10^{-3} = 6202\text{kN}$$

右塔连接部位部：

$$V_f = 1795\text{kN} < \frac{1}{\gamma_{RE}}(0.1f_c b_f t_f) = \frac{1}{0.85} \times 0.1 \times 19.1 \times 7600 \times 200 \times 10^{-3} = 3416\text{kN}$$

验算结果表明，楼板抗力满足小震作用下内力需求。

（2）大震作用下楼板应力性能分析

偏于保守地按弹性大震法，即按 $D + 0.5L + 6.25E$ 组合工况，分析楼板在大震作用下的应力性能如下：

左塔连接部位：

$$V_f = 3418\text{kN} < 0.1f_{ck} b_f t_f = 0.1 \times 19.1 \times 13800 \times 200 \times 10^{-3} = 5272\text{kN}$$

右塔连接部位：

$$V_f = 2513\text{kN} < 0.1f_{ck} b_f t_f = 0.1 \times 19.1 \times 7600 \times 200 \times 10^{-3} = 2903\text{kN}$$

楼板抗力满足大震作用下内力需求。

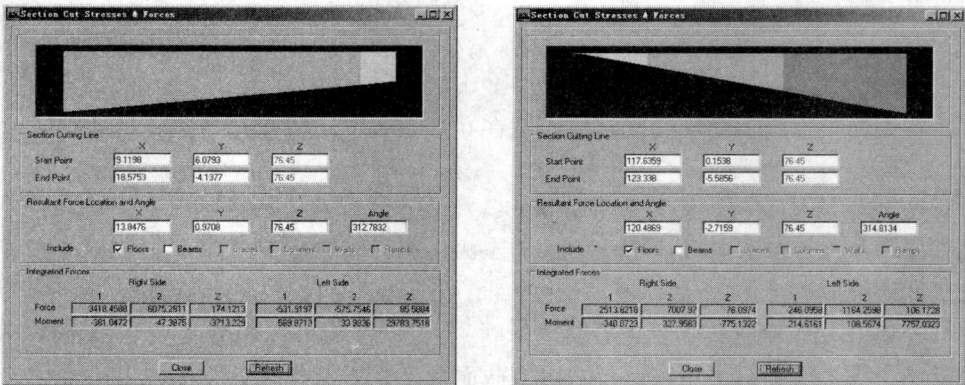

图 9 - 27　大震作用下高空桁架与塔楼连接部位楼板内力截面切割图

综上分析，高空桁架与主塔楼交接处楼板能有效传递高空桁架与主塔楼间的内力。

7. 高空钢桁架结构施工方案及其对结构受力的影响分析

（1）施工方案

高空钢桁架高 86.5m，跨度达 120m，属大跨度空间结构。钢结构杆件自重约 480t，两侧立面桁架单位自重为 162t，中间三层联系梁及水平支撑重约 156t。拟采用以下方案施工：

1）整体吊装：本钢桁架整体重量约 480t，且高度达 86.5m。目前国内最大履带吊车型号仅为 500t，采用双机抬吊仍无法满足整体吊装要求。

2）单片吊装后空中安装：钢桁架单侧重量为 162t，可用两台 300t 履带吊装至 86.5m（对单侧而言）。由于单侧桁架跨度 120m，单侧桁架平面外刚度较弱，故在桁架整体空中安装完毕前，吊车不能移动，否则单侧桁架将会平面外失稳。因此，完成两侧的钢桁架吊装需要设置 4 台 300t 履带吊车，同时，还需设置吊装中间三层联系梁及水平支撑的履带吊车。此方案可行，但需同时设置多台履带吊车（至少 5 台），实际场地可能影响吊车运行，而且空中安装工期较长，费用较高。

3）整体液压顶升方案：86.5m 标高处的两榀钢桁架在地面拼装并加以必要的水平支撑后，利用塔楼预设的轨道采用整体顶升的方法提升到设定标高，再利用高强螺栓（或附以等强焊接）与预埋于混凝土结构中的型钢钢骨连接，最后进行两榀钢桁架间的楼盖施工。此方法在国内较多大跨度结构中得到应用。本工程 480t 属小吨位结构，常规的 1000t～2000t 较多。若按该法施工，则需在两端与核心筒连接部位处安装顶升预埋件。

综上分析，本高空钢桁架拟采用整体液压顶升的方法施工。

（2）施工过程对原结构的影响分析

整体顶升过程中，钢桁架自重引起的弯矩将按两边简支支承，跨中弯矩计算如下：

$$M_{中k} = 1/8 \times （4800/120） \times 120^2 = 36000 \text{kN} \cdot \text{m}$$

则单根杆件的内力标准值约为：

$$P_{中k} = 1/2 \times \frac{M_{中}}{H} = 1/2 \times \frac{72000}{9.5} = 3788 \text{kN}$$

弦杆（$400 \times 800 \times 30$）内力标准值约为其全截面抗力的 20%，经复核，桁架弦杆能满足施工吊装时的内力需求。

考虑整体顶升过程中，钢桁架自重引起的弯矩将按两边简支支承与结构整体模型分析中，两边是弹性约束的情况不一致。故整体模型分析中，桁架端部在竖向荷载作用下的内力偏于保守，而跨中内力偏小。偏于保守地认为因顶升过程而引起的跨中弯矩增量为桁架总重引起的弯矩的一半。则单根杆件的内力增量约为：

$$P_{中k} = 1/2 \times \frac{M_{中}}{H} = 1/2 \times \frac{36000}{9.5} = 1894 \text{kN}$$

弦杆（$400 \times 800 \times 30$）内力增量标准值约为其全截面抗力的 10%，经复核，桁架弦杆能满足考虑施工因素引起的桁架跨中杆件的内力增量需求。

8. 振动台试验分析

试验结果及分析详见本书第 5 章第 3 节。试验宏观现象和实测数据分析表明，结构总体上满足初步设计目标的抗震设防要求。装设了阻尼器后，结构的整体及构件的抗震性能得到有效的提高。

六、结论

广州中州二期观光门工程整体结构属于体型复杂的超限结构，在设计中采用基于性能的抗震设计方法，利用多种分析手段验证不同水准下结构的抗震性能，可以证明中州中心二期观光门架主体结构的抗震性能比规范的"小震不坏、中震可修、大震不倒"要求略有提高，满足结构抗震安全性要求。

通过详细的抗风性能分析，结构满足重现期为 100 年风荷载的承载力要求；结构满足重现期为 50 年风荷载的刚度要求；结构满足重现期为 10 年风荷载的舒适度要求。

（注：本工程抗震超限设计完成于 2009 年）